W0320516

Zur Arbeit mit dem Buch

Das Schulbuch Politik & Co. wurde eigens für den brandenburgischen Rahmenlehrplan entwickelt. Die Konzeption des Unterrichtswerks ermöglicht es Schülerinnen und Schülern, die zentralen Kompetenzen des Faches Politische Bildung zu erwerben. Für Lehrerinnen und Lehrer ist das Buch eine Hilfe, um einen modernen Unterricht zu verwirklichen.

Zum Aufbau des Buches

Die **Auftaktseiten** dienen der Lernstandserhebung und der Annäherung an das Thema. Zu erwerbende Kompetenzen werden für jedes Kapitel ausformuliert und machen transparent, über welches Können die Schülerinnen und Schüler am Ende des Kapitels verfügen sollten.

Durch die Arbeit mit dem **Materialienteil** können die Sach-, Methoden-, Urteils- und Handlungskompetenzen schrittweise erworben und sinnvoll miteinander verknüpft werden. Die authentischen Quellen (Zeitungsartikel, Bilder, Karikaturen, Grafiken ...) wurden sorgfältig ausgewählt und um verständliche Autorentexte ergänzt.

Die **differenzierten Aufgabenstellungen** ermöglichen ein selbstständiges Erschließen der auf **Doppelseiten** übersichtlich präsentierten Themen. Sie beziehen sich häufig auf konkrete Problemlösungen oder Entscheidungssituationen und fördern so die Nachhaltigkeit des Lernens. **Angebote zur Binnendifferenzierung** ermöglichen es der Lehrkraft, auch heterogenen Lerngruppen gerecht zu werden. Zusatzaufgaben sind mit einem ⊕ gekennzeichnet. Hilfen mit einem ⊘.

Da fachspezifische Methodenkompetenzen unabdingbar für die Erschließung des Sachwissens sind, werden sie auf deutlich hervorgehobenen **Methodenseiten** ausführlich erklärt. Sie sind immer auf konkrete Inhalte bezogen.

Die Rubrik **„Was wir wissen – was wir können“** dient der Sicherung der Kompetenzen. Das grundlegende Sachwissen des Kapitels wird auf der Seite „Was wir wissen“ übersichtlich und verständlich zusammengefasst. Die Seite „Was wir können“ beinhaltet Angebote zur Überprüfung des Sachwissens und dient Schülerinnen und Schülern, Sach-, Methoden-, Urteils- und Handlungskompetenzen in einer konkreten Entscheidungssituation sinnvoll anzuwenden.

Ein **Glossar** zum Nachschlagen wichtiger Grundbegriffe und ein **Register** zum Auffinden von Querverweisen sind wichtige Hilfsmittel und erleichtern das selbständige Arbeiten mit dem Buch.

Hinweise

- Aufgrund der besseren Lesbarkeit wird im Folgenden darauf verzichtet, immer beide Geschlechter anzusprechen („Schülerinnen und Schüler“), auch wenn selbstverständlich beide gemeint sind.
- Materialien ohne Quellenangaben sind vom Bearbeiter verfasst.

Inhalt

Politik & Co.

Politische Bildung

Brandenburg

herausgegeben
von Hartwig Riedel

für die Jahrgangsstufen 9 und 10

bearbeitet von
Claudia Müller
Erik Müller
Stephan Podes
Hartwig Riedel
Martina Tschirner

C.C. Buchner Bamberg

Politik & Co.

Politische Bildung
für die Jahrgangsstufen 9 und 10
herausgegeben von Hartwig Riedel

Bearbeiter:	Claudia Müller Erik Müller Stephan Podes Hartwig Riedel Martina Tschirner
Redaktion:	Markus Willers

1. Auflage 5 4 3 2 1 2014 2013 2012
Die letzte Zahl bedeutet das Jahr dieses Druckes.
Alle Drucke dieser Auflage sind, weil untereinander unverändert, nebeneinander benutzbar.
Dieses Werk folgt der reformierten Rechtschreibung und Zeichensetzung.

www.ccbuchner.de

Grafische Gestaltung und Herstellung: Wildner + Designer GmbH, Fürth, www.wildner-designer.de
Druck- und Bindearbeiten: Stürtz GmbH, Würzburg

ISBN 978-3-7661-**8841**-0

7 Grundlagen der internationalen Politik

Methoden

FREIE
BILDUN
FÜR ALLE!

IM HERBST SIND
WAHLEN
UND DAS IST AUCH

DEM DEUTSCHEN VOLKE

Toaster
Milch
Zucker
Toast Brot
Nutella
Brot Körbe

1

Wir entdecken Politik

Politik klingt abstrakt und langweilig? Aber unser ganzes Leben wird davon beeinflusst, jeder spürt die Auswirkungen, auch du. Politik regelt das alltägliche Zusammenleben der Menschen und ist fast überall. In der Politik geht es um die Lösung von Problemen, die die Öffentlichkeit betreffen. Meist versuchen dabei verschiedene Gruppen, ihre gegensätzlichen Interessen durchzusetzen. Politik ist deshalb auch ein Kampf um Herrschaft, Macht und Einfluss. Jugendliche können ebenfalls an der Politik mitwirken. Es gibt Vereine, Jugendparlamente und lokale Aktionsgruppen, in denen du mitmischen kannst, in denen du Politik machen kannst ...

Kompetenzen

Am Ende dieses Kapitels solltest du Folgendes können:

- erläutern, was man unter Politik versteht
- Internet-Recherchen zu politischen Themen durchführen
- das Politische an Alltagskonflikten erkennen
- demokratische Handlungsspielräume selbst erobern

Was weißt du schon?
Alle Bilder haben etwas mit Politik zu tun. Suche dir ein Bild aus und begründe, warum du dieses Bild am ehesten mit Politik in Verbindung bringen kannst.

1.1 Politik – was ist das eigentlich?

M 1 Politik – verschieden interpretiert

Kinder, Jugendliche, Erwachsene, Politiker oder Wissenschaftler verstehen unter Politik teilweise ganz unterschiedliche Dinge, wie die Zusammenstellung von Definitionen zeigt:

Politik ist die Macht der Reichen über das Volk.
(Sven, Schüler, 16 Jahre)

Politik (ist) gesellschaftliches Handeln, ... welches darauf gerichtet ist, gesellschaftliche Konflikte über Werte verbindlich zu regeln.
(Gerhard Lehmbruch, 1968)

Politik ist die Summe der Mittel, die nötig sind, um zur Macht zu kommen und sich an der Macht zu halten und um von der Macht den nützlichsten Gebrauch zu machen.
(Machiavelli, um 1515)

Politik ist angewandte Liebe zum Leben.
(Hannah Arendt)

Politik ist Kampf um die rechte Ordnung.
(Otto Suhr, 1950)

Politik bezeichnet jegliche Art der Einflussnahme und Gestaltung sowie die Durchsetzung von Forderungen und Zielen, sei es in privaten oder öffentlichen Bereichen.
(Schubert, Klein, Politik-Lexikon)

M 2 Was ist Politik?

Politik regelt das Zusammenleben der Menschen. Der Begriff Politik stammt vom griechischen Wort „polis" ab. Polis bedeutet Stadt oder Gemeinschaft. In einer „polis" hatten alle Bürger einer Stadt das Recht (und auch die Pflicht) über die Angelegenheiten der Gemeinschaft mitzubestimmen. Auch Kinder und Jugendliche haben das Recht, Politik zu machen. Das bedeutet zwar nicht, dass sie gleich in den Bundestag gewählt werden können. Das ist erst mit 18 Jahren möglich. Und Kinder können auch nicht Mitglied in einer Partei werden. Da Politik aber nicht nur von Parteien gemacht wird, gibt es spezielle Vereine, in denen Kinder und Jugendliche Politik machen können. Denn sie dürfen und sollen mithelfen, ihre Anliegen vorzutragen und Probleme zu verändern (z. B. in der Schülervertretung oder in Kinder- und Jugendparlamenten).

In der Politik geht es um die Lösung von Problemen, die die Öffentlichkeit betreffen. Verschiedene Gruppen versuchen dabei, ihre Interessen durchzusetzen. Politik ist auch der Kampf um Macht und Einfluss.

Nach: http://kindersache.vorsicht.outermedia.de, Abruf am 4.4.2011

M 3 Ohne Regeln geht es nicht – Miniprojekt

Stellt euch folgende Situation vor: Eure ganze Klasse stürzt auf dem Weg nach Amerika mit dem Flugzeug ab. Zum Glück können sich alle auf eine einsame Insel retten.

Die Insel ist unbewohnt, aber es gibt genügend Trinkwasser und Nahrung, um zu überleben. Mit dem Holz des Waldes können Unterkünfte gebaut und Feuer gemacht werden. Jetzt stellt sich die Frage, wie ihr euch organisieren wollt:

- Überlegt, welche Probleme auf der Insel auftreten werden und wie ihr sie lösen könnt. Haltet eure Überlegungen schriftlich fest.
- Versucht, eine allgemeine Regel zu formulieren, wie zukünftig Entscheidungen in der Gruppe getroffen werden sollen. Überlegt dabei, ob für bestimmte Entscheidungen andere Entscheidungsregeln gelten sollen – z. B. unterschiedliche Mehrheitsregeln.
- Schreibt fünf Regeln auf, von denen ihr glaubt, dass sie wichtig für das Zusammenleben auf der Insel und die Lösung von Konflikten sind.
- Vergleicht am Ende eure Ergebnisse mit den anderen Gruppen und diskutiert die Vorschläge.

M 4 Die Feststellung der Mehrheit

Für manche Gruppenentscheidungen können unterschiedliche Mehrheitsregeln sinnvoll sein: Bei der *relativen Mehrheit* genügt es, wenn ein abzustimmender Vorschlag die meisten Stimmen erzielt. Bei der *absoluten Mehrheit* ist es notwendig, dass ein Vorschlag über 50% der Stimmen erhält, um angenommen zu werden. Bei der *qualifizierten Mehrheit* muss schließlich eine vorher festgelegte Mehrheit über 50% erreicht werden, z. B. eine Dreiviertelmehrheit.

Aufgaben

1. Notiere fünf Stichworte, die dir einfallen, wenn du den Begriff „Politik" hörst und formuliere mit deinen Ergebnissen deine „eigene" Politikdefinition (M 1, M 2).
2. Ordne folgende Begriffe den Politikdefinitionen aus M 1 zu (Mehrfachzuordnungen sind möglich): *Politische Ordnung, Staatskunst, Macht, Gestaltung, Hingabe, Interessendurchsetzung, Regeln* (M 1, M 2).
3. Bildet Gruppen mit jeweils fünf Personen und löst die Aufgaben – auch mithilfe von M 4 – im Miniprojekt (M 3).

1.2 Politik – wer „mischt" mit?

M 5 Forderungen – Vorschläge – Interessen

TV-Magazin weist auf Sicherheitslücken beim Personalausweis hin

Energiegipfel: Die Regierungskoalition trifft die Vorstandsvorsitzenden der Energiekonzerne

Elternbeiräte sprechen sich für Schulkleidung aus

Datenauskünfte über den Vater ihres Kindes

Journalisten decken auf: „Gratis-Partnersuche" als Köder

Bundestag stärkt Datenschutz am Arbeitsplatz

Schulen: Lehrerwertung im Netz verletzt Datenschutz

Verbraucherschützer fordern schärfere Gesetze gegen Internetkriminalität

Die SPD-Fraktion fordert den Ausbau der Ganztagsschulen

M 6 Mitmischen lohnt sich … !

Viele Menschen denken, Politik ist kompliziert und langweilig. Politik kann aber ganz schön spannend sein. Vor allem dann, wenn es um ein Thema geht, das einen selbst betrifft. So wie Antonio und Leyla. Die sind verärgert, weil die Gemeinde das öffentliche Freibad, in dem sie jeden Sommer ihre Ferien verbringen, schließen will, um Kosten zu sparen. Da ihre Mitschüler auch davon betroffen sind, sprechen sie das Thema in der Klasse an. Auf einer Wandzeitung halten die Schüler Argumente für und gegen die Schließung des Freibades fest: Auf der einen Seite will die Gemeinde Gelder einsparen, um mehr in Bildung zu investieren, Schulen und Kindertagesstätten auszubauen. Auf der anderen Seite ist das Freibad in der Gemeinde und für die Schüler ein wichtiger öffentlicher Treffpunkt. Nach der Diskussion in der Klasse entdecken einige Schüler auf dem Nachhauseweg, dass sich bereits eine Bürgerinitiative gegen die Schließung des Bades gegründet hat. Die sammelt auf dem Marktplatz Unterschriften und diskutiert mit interessierten Bürgern. Die Klasse entschließt sich daraufhin, eine öffentliche Diskussionsrunde mit der Bürgermeisterin, einem Mitglied der Bürgerinitiative sowie zwei Schülern in der Schulaula zu veranstalten. Sie will dabei erfahren, wer über die Schließung des Freibades entscheiden darf und wer welche Position vertritt. Leyla berichtet später in der Schülerzeitung, dass die Initiative der Schüler erfolgreich war und die Gemeinde ihre Pläne zur Schließung des Freibades zurückgenommen hat.

M 7 Drei Seiten von Politik

Bezeichnung	Erscheinungsformen	Merkmale	Ziel	Dimensionen
Polity	• Verfassung • Gesetze • politische Institutionen	• Verfahrensregelungen	• Ordnung	**Form**
Policy	• Aufgaben und Ziele • Probleme • Werte • Politikfelder (Wirtschaftspolitik, Sozialpolitik, Familienpolitik, etc.)	• Durchführung / Umsetzung („Implementation“) von Gesetzen und Politikzielen • Problemlösung • Aufgabenerfüllung • Wert- und Zielorientierung	• Gestaltung	**Inhalt**
Politics	• Interessen • Konflikte	• Macht • Aushandlung • Partizipation • Entscheidung	• Interessendurchsetzung	**Prozess**

Politische Ordnung (Polity-Dimension): Wer kann über diese Fragen entscheiden? Und wie wird entschieden? Sollen gewählte Vertreter entscheiden oder die Bürger selbst? Sollen sich alle gemeinsam nach einer ausführlichen Diskussion auf eine Lösung einigen oder soll gelten, was die Mehrheit beschlossen hat? Hierbei geht es um den Rahmen und die Form von Politik. Das sind Regeln, Verfahrensweisen, Gremien, Institutionen.

Inhalte der Politik (Policy-Dimension): In der Politik geht es oft um gesellschaftliche Probleme und deren Lösung. Soll ein öffentliches Schwimmbad geschlossen werden? Sollen Gewaltspiele am PC verboten werden? Was kann gegen Kinderarmut in der Welt getan werden? – All diese Fragen können diskutiert werden.

Konflikte (Politics-Dimension): Die dritte Dimension beschäftigt sich mit dem Prozess der Meinungsbildung und Entscheidungsfindung: Warum ist eine Diskussion über ein politisches Problem überhaupt notwendig? Wer ist von dem Problem betroffen? Und: Welche Meinung vertreten die Betroffenen? Bei dieser Seite von Politik geht es um Konflikte, um verschiedene Interessen und deren Durchsetzung.

Aufgaben

1. In M 5 äußern sich sehr viele Akteure zu politischen Themen. Nenne jeweils die Akteure und beschreibe das angesprochene Problem.
2. Suche dir eine Schlagzeile aus M 5 heraus und zeige auch mit Hilfe von M 6 Wege auf, wie der jeweilige Akteur sein Anliegen durchsetzen könnte.
3. Erläutere anhand von M 7 folgende These am Beispiel der Kernenergie:
   „Politik ist die Verwirklichung von Politik – policy – mit Hilfe von Politik – politics – auf der Grundlage von Politik – polity.“
   (Zitiert nach Karl Rohe)

1.3 Politik – wie kann ich mich informieren?

M 8 Der Politik auf der Spur: Internet-Recherchetipps

Politik begegnet uns überall. Auf Plakaten, in den Nachrichten, bei Gesprächen am Frühstückstisch oder mit Freunden, in der Zeitung, im Internet oder im Radio. Das Wort recherchieren bedeutet ermitteln, nachforschen, erkunden. Mit einer Recherche könnt ihr euch über etwas informieren, Hintergründe und Umstände kennen lernen. Wenn ihr etwas noch nicht wisst, erfahrt ihr bei einer Recherche Neues über euer Thema, könnt euch ein Bild machen und eine Meinung zu einer Sache bilden. Euch stehen viele Medien für Recherchen zur Verfügung, z.B. Bücher, Zeitungen, das Fernsehen, Filme, das Internet, das Radio. Wichtig ist, dass ihr genau wisst, wonach ihr sucht und wo ihr am leichtesten fündig werdet. In den Boxen findet ihr eine kleine Auswahl von Informations- und Recherchemöglichkeiten.

Zeitungen

Die wichtigsten überregionalen **Qualitäts-Tageszeitungen** in Deutschland sind:

Süddeutsche Zeitung – *http://www.sueddeutsche.de/*
Frankfurter Allgemeine Zeitung – *http://www.faz.net/s/homepage.html*
Frankfurter Rundschau – *http://www.fr-online.de/home/-/1472778/1472778/-/index.html*
Die Welt – *http://www.welt.de/*
Die Tageszeitung (taz) – *http://www.taz.de/*
Der Tagesspiegel – *http://www.tagesspiegel.de/*
Handelsblatt – *http://www.handelsblatt.com/*
Financial Times Deutschland – *http://www.ftd.de/*

Wichtige politische **Wochenzeitschriften/-zeitungen** und **politische Monatsmagazine** sind:

Die Zeit – *http://www.zeit.de/index*
Der Spiegel – *http://www.spiegel.de/*
Dein Spiegel (Monatsmagazin für Kinder und Jugendliche) – *http://www.spiegel.de/thema/dein_spiegel/*
Focus – *http://www.focus.de/*
Cicero – *http://www.cicero.de/*
Neon – *http://www.neon.de/*

Darüber hinaus gibt es einige **Lokal- und Regionalzeitungen**:

Lausitzer Rundschau – *http://www.lr-online.de/*
Oranienburger Generalanzeiger – *http://www.die-mark-online.de/*
Märkische Allgemeine – *http://www.maerkischeallgemeine.de/*
Potsdamer Neueste Nachrichten – *http://www.pnn.de/*
Teltower Stadtblatt – *http://www.teltower-stadtblatt.de/*

Politische Institutionen

Die Verfassungsorgane auf Bundesebene und in Brandenburg sind:

Bundespräsident –
http://www.bundespraesident.de/

Deutscher Bundestag –
http://www.bundestag.de/

Bundesrat –
http://www.bundesrat.de/

Bundesregierung –
http://www.bundesregierung.de/Webs/Breg/DE/Bundesregierung/bundesregierung.html

Bundesverfassungsgericht –
http://www.bundesverfassungsgericht.de/

Brandenburgischer Landtag –
http://www.landtag.brandenburg.de/de/startseite

Brandenburgische Landesregierung –
http://www.brandenburg.de/de/buerger

Verfassungsgericht des Landes Brandenburg) –
http://www.verfassungsgericht.brandenburg.de

Weitere Informationsquellen

Bundeszentrale für politische Bildung –
http://www.bpb.de/

Brandenburgische Landeszentrale für politische Bildung –
http://www.politische-bildung-brandenburg.de

Google-News –
http://news.google.de/nwshp?hl=de&tab=wn

Politik.de (Portal für Politik und Demokratie) –
http://www.politik.de/

Politik Digital (Informationsplattform „Internet und Politik") –
http://politik-digital.de/

Wikipedia (Online-Enzyklopädie) –
http://de.wikipedia.org/wiki/Wikipedia:Hauptseite

Youtube (Video-Portal) –
http://www.youtube.com/

Nachrichtensendungen

Tagesschau (ARD) –
http://www.tagesschau.de/

heute (ZDF) –
http://www.heute.de/

rbb (Rundfunk Berlin-Brandenburg) –
http://www.rbb-online.de/nachrichten/index.html

Aufgabe

Führe nach Vereinbarung in der Klasse eine Internet-Recherche zu einem aktuellen politischen Thema durch und erstelle dazu eine digitale Materialsammlung, die das Problem und die Interessen deutlich macht (M 8).

Was wir wissen

Politikdefinition
M 1

Es gibt nicht *die* verbindliche Politikdefinition. Verschiedene Definitionen stehen nebeneinander und heben, je nach Blickwinkel, unterschiedliche Aspekte hervor. Am häufigsten werden „Herrschaft und Macht“ (also die Fähigkeit zur Interessendurchsetzung auch gegen Widerstand) sowie die Herstellung gesellschaftlich verbindlicher Regeln genannt. In einer weitgefassten Definition bezieht sich Politik nicht nur auf den staatlichen und gesellschaftlichen Bereich, sondern auch auf die Konfliktaustragung und Interessendurchsetzung im engsten persönlichen Umfeld.

Regeln
M 3

Politik braucht Regeln. In jeder Gemeinschaft bildet sich immer eine Form von sachlicher Arbeitsteilung und von personeller Hierarchie heraus. Dort, wo es keine Regeln gibt, setzt sich letztlich der Stärkere unkontrolliert durch. Durch Spielregeln hingegen wird das Zusammenleben berechenbar, und auch Schwächere können sich auf den Schutz der Regeln verlassen.

Politik für Jugendliche
M 6

Politik kann von jedem mitgestaltet werden. Politik findet nicht nur im Bundestag statt, sondern an (fast) allen Orten des täglichen Lebens. Kinder und Jugendliche haben in ihren Gemeinden, in Schulen und Vereinen sowie (eingeschränkt) auch bei Parteien und Jugendverbänden die Möglichkeit, ihren Interessen und Forderungen Gehör zu verschaffen.

Dimensionen der Politik
M 7

Analytisch lässt sich die Politik in drei Dimensionen gliedern:

- **Polity:** struktureller Rahmen – Institutionen, Normen / Gesetze
- **Politics:** Prozesse – Austragung von Interessenkonflikten, Ringen um Durchsetzung im politischen Willensbildungsprozess
- **Policy:** materielle Politik und ihre Umsetzung – Politikfelder, Sachinhalte, „Implementation“

Politikdimensionen-Rallye

1. Infostand einer politischen Partei
2. Maßnahmen zum Elbe-Hochwasserschutz
3. Debatte im Brandenburgischen Landtag
4. Schüler-Demonstration vor dem Brandenburgischen Landtag
5. Baufertigstellung Flughafen Berlin Brandenburg
6. parteiinterne Diskussionen zur Bildungsreform
7. Grundgesetz
8. Durchführung einer Bildungsreform
9. Kindergeld
10. Streik
11. Bundestagswahl
12. Urheberrechtsgesetz
13. Kandidaten-Redegefecht im Fernsehen („TV-Duell")

Rallye-Regeln:

1. Die Klasse wird in drei gleich große Gruppen aufgeteilt. Jede Gruppe erhält eine Kennfarbe, z.B. rot, gelb, grün und startet an einer von drei vorbereiteten Stationen. An jeder Station befindet sich jeweils ein Auslagetisch für Präsentationskarten (oder eine magnetische Tafel oder ein Flipchart). Je eine Station steht dabei für „Polity", „Politics" und „Policy".
2. Jede Gruppe wird mit den inhaltlich gleichen 13 Kärtchen von rechts ausgestattet, aber jede Gruppe erhält die Karten in ihrer jeweils eigenen Farbe.
3. Nachdem sich jede Gruppe an einer Station platziert hat, berät sie für fünf Minuten, welche ihrer Karten sie an der gerade aufgesuchten Station mit der Schrift nach unten liegen lassen soll, um die Politikbeispiele der jeweiligen Politikdimension richtig zuzuordnen. Nach fünf Minuten muss die Entscheidung per Gruppendiskussion gefallen sein, denn dann wird (gegen den Uhrzeigersinn) zur nächsten Station aufgerückt, wo sich der Vorgang wiederholt, bevor jede Gruppe dann nach weiteren fünf Minuten ihre verbleibenden Karten an der dritten Station ablegt.
4. Schließlich wird ausgewertet: Jede Gruppe bekommt pro richtig gelegtes Kärtchen einen Punkt. Diskutiert in der Klasse, welche Kärtchen welcher Farbe nicht richtig abgelegt wurden und sammelt die Punkte.

Nach: • http://wiki.zum.de, Stichwort: Lernspiele im Sprachunterricht, Abruf am 24.4.2011;
• http://www.sn.schule.de, Abruf am 24.4.2011

adidas

2

Gesellschaft im 21. Jahrhundert

Damit das Zusammenleben der Menschen funktioniert, bedarf es bestimmter Regeln und Übereinkünfte. Diese unterliegen aber auch einem steten Wandel, mit dem man sich immer wieder auseinandersetzen muss. Teil der Gesellschaft zu werden, heißt, den Erwartungen anderer und gleichzeitig auch sich selbst und seinen eigenen Lebensvorstellungen gerecht zu werden.

Kompetenzen

Am Ende dieses Kapitels solltest du Folgendes können:

- erläutern, was man unter Identität versteht und wie sich diese im Zusammenleben mit anderen und dem Anspruch auf eine eigene Lebensgestaltung entwickelt
- erläutern, was Werte sind, und wissen, dass sich diese verändern
- darstellen, warum sich Rollenbilder und Rollenerwartungen ändern

Was weißt du schon?
Vervollständige den Satz:
Mit anderen zusammen zu sein, bedeutet für mich ...

2.1 Identität und Lebensgestaltung

2.1.1 Der Einzelne in der Gesellschaft

M 1 Ich will ich sein

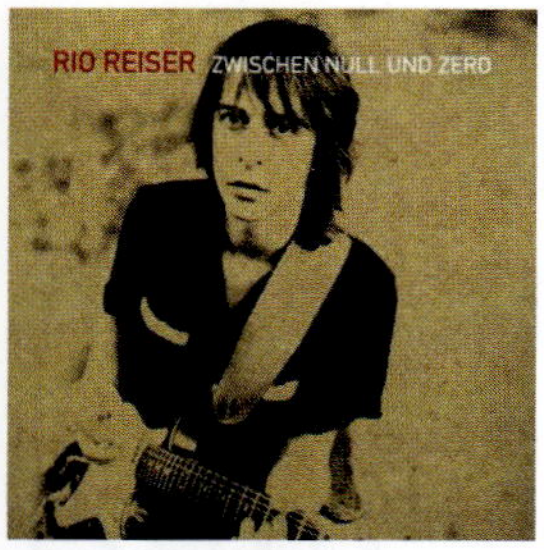

Rio Reiser (1950 – 1996): Berliner Rocksänger, Textdichter und Komponist

Ich will ich sein, anders kann ich
nicht sein.
Ich will nicht sein, wie der oder der.
Ich will sagen, was ich denke.
Ich will ich sein, anders kann ich
nicht sein.
Ich will nicht nur sehen, was alle
sehen.
Ich will nicht nur gehen, wohin alle
gehen.
Will nicht nur lachen, wenn alle
lachen.
Will nicht nur machen, was alle
machen.
Ich will singen, was ich singen will.
Und ich will sagen, was ich sagen
will.
Ich will leben, wie ich leben will.
Und will lieben, wen ich lieben will.
Und will nicht getreten werden
und will nicht treten.

Rio Reiser, Ich will ich sein, Volksmund Verlag und Produktion Ralph Steiz KG, Stadum

M 2 Ich will ich sein – aber wer bin ich eigentlich?

Ich-Identität
Darunter versteht man die Gewissheit eines Menschen, er selbst und unverwechselbar zu sein und sich von anderen zu unterscheiden.

Soziale Identität
Soziale Identität bildet der Mensch durch die Zugehörigkeit zu Gruppen aus und meint die Fähigkeit, den Erwartungen anderer entsprechen zu können.

„Ich will ich sein", das sagt sich sehr einfach, aber: „Wer bin ich eigentlich?" Reicht ein Blick auf den Personalausweis aus, um herauszufinden, wer ich bin? Zumindest stehen dort Name, Anschrift, Geburtstag und -ort, Körpergröße und Augenfarbe und auch ein Passfoto ist dabei. Aber reicht das aus, um zu sagen, wer man ist? Gehört zum Ich nicht noch etwas mehr? Zum Beispiel die Beziehung zu anderen Menschen, zu den Eltern und Geschwistern, Freunden und Freundinnen, zu den Mitschülerinnen und Mitschülern, zu den Mitmenschen ganz allgemein? Gehört zur Persönlichkeit nicht auch das, was mir wichtig ist, oder mein Verhältnis zu den Dingen, wie Natur, Technik, Musik und Kunst oder zur Gesellschaft? Gehört dazu nicht auch die Antwort auf die Frage, wie ich zu mir selbst stehe oder was ich mit meinem Leben will?
Jeder Mensch wünscht sich, als eigenständige Persönlichkeit wahrgenommen zu werden. Die Einzigartigkeit ist uns wichtig, aber auch das Gemeinsame, was uns mit anderen verbindet. Seinen Weg zu finden ist nicht einfach und benötigt viel Zeit. Die Suche nach der eigenen Identität ist ein lebenslanger Prozess, der von der uns umgebenden Gesellschaft, aber auch von vielen Zufällen beeinflusst werden kann.

M 3 Jugend – eine besondere Lebensphase?

Die Jugend als eine eigenständige Lebensphase zwischen der Kindheit und dem Erwachsensein ist eine historisch sehr junge Erscheinung. Heutzutage ist man nach dem Gesetz mit 14 Jahren Jugendlicher und erwachsen mit dem Erreichen des 18. Lebensjahres. Die große Mehrheit der Heranwachsenden wechselte noch im ausgehenden 19. und beginnenden 20. Jahrhundert von der Kindheit direkt in das Erwachsenenalter, das vor allem durch Arbeit und die Sicherung der Lebensgrundlagen geprägt war. Nur für eine kleine Minderheit vor allem sozial sehr gut gestellter junger Menschen (in der Regel junger Männer) gab es einen Lebensabschnitt, in dem man von den Zwängen der Kinderzeit befreit war, sich aber noch nicht um den eigenen Lebensunterhalt kümmern musste. Erst mit Beginn der 1950er Jahre, durch die Verlängerung der Schul- und Ausbildungszeiten kann man davon sprechen, dass es die Jugendzeit als eigenständige Lebensphase für alle jungen Menschen gibt. In der Jugendphase bildet der heranwachsende Mensch seine Persönlichkeit und seine Identität, die Gewissheit, dass er „er selbst ist", aus. Auf der Suche nach der eigenen Identität geraten Jugendliche häufig in Konflikt mit den Erwartungen der Eltern und ihrer Umwelt. Von den Eltern lässt man sich nicht mehr so viel sagen und hinterfragt häufig das, was man tut. Rückhalt sucht man immer öfter bei der Freundin oder dem Freund, weniger bei den Eltern. Bei Gleichaltrigen finden Jugendliche Verständnis für ihre Probleme. Langsam beginnt ein Ablöseprozess von den Eltern. Das muss nicht bedeuten, dass man sich völlig von der Familie entfernt, man entwickelt nur ein anderes Verhältnis zu ihr und möchte mehr Handlungsspielräume für sich selbst. Dieser Ablöseprozess ist für alle Beteiligten oft nicht leicht.

Soziale Gruppe
Der Mensch lebt nicht für sich allein. Unser gesamtes Leben verbringen wir in verschiedenen Gemeinschaften oder sozialen Gruppen. Sie sind für uns von besonderer Bedeutung, weil sie unserem Leben Halt geben. Die Mitglieder einer Gruppe fühlen sich auf bestimmte Weise miteinander verbunden (z. B. durch gemeinsame Interessen) und bilden ein „Wir-Gefühl" aus. Dadurch grenzen sie sich von anderen Gruppen ab.

M 4 Identität im Netz

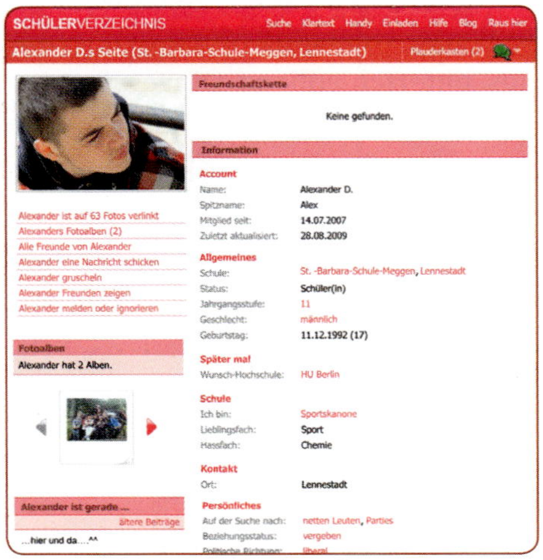

„Außenwirkung von Selbstdarstellungen in sozialen Netzwerken – sechs Profilbeispiele mit Erläuterungen", www.klicksafe.de

Aufgaben

1. Beschreibe das Lebensgefühl des Ichs in dem Song von Rio Reiser (M 1). Was hält das Ich davon ab, „ich" zu sein?
2. Gestalte einen Steckbrief oder ein Plakat zu deiner Person (M 2). Berücksichtige dabei die für dich wichtigen und charakteristischen Dinge.
3. Vergleiche dein Ergebnis mit den Profilen in einem sozialen Netzwerk (M 4).
4. Diskutiert die Frage, inwiefern die Internet-Profile der „realen Identität" entsprechen. Gibt es eher Chancen oder Gefahren der Nutzung sozialer Netzwerke?
5. „Die kleinste Einheit der Gesellschaft ist die Familie". Nimm Stellung zu diesem Zitat.

2.1.2 Welche Werte sind uns wichtig?

M 5 Eine Rangliste der Werte erstellen

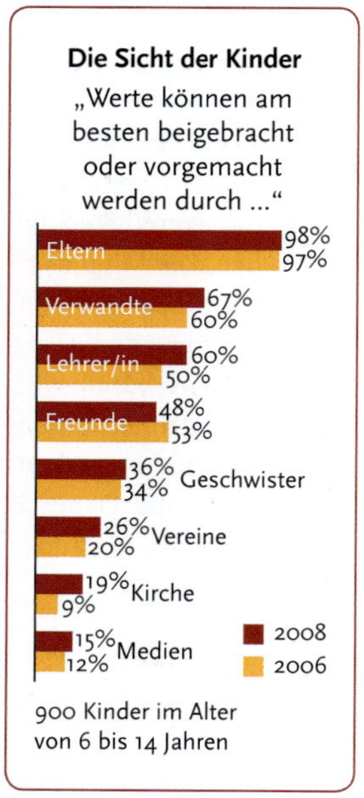

Quelle: Unicef. Dezember 2008; BMFSFJ, Famlienreport 2009

Bei der Erstellung der 15. Shell-Jugendstudie (2006) wurden 2.500 Kinder, Jugendliche und junge Erwachsene im Alter zwischen 12 und 25 Jahren zu unterschiedlichen Bereichen ihres Lebens befragt. U. a. geben sie darüber Auskunft, welche Werte ihnen besonders wichtig sind. Erstellt nun selbst eure persönliche Rangliste der zehn wichtigsten Werte. Vergleicht sie dann mit der Nachbarin / dem Nachbarn.

Freundschaft	Partnerschaft	Familienleben
Eigenverantwortung	viele Kontakte	Unabhängigkeit
Kreativität	Gesetz und Ordnung	Fleiß und Ehrgeiz
Sicherheit	Gesundheitsbewusstsein	Lebensgenuss
Gefühle berücksichtigen	Lebensstandard	Toleranz
Umweltbewusstsein	Selbstdurchsetzung	soziales Engagement
Macht und Einfluss	Gottesglauben	politisches Engagement

M 6 Was sind Werte und Normen?

Werte oder Wertvorstellungen sind Einstellungen oder Maßstäbe, nach denen Menschen individuell ihr Handeln, Denken oder Fühlen ausrichten. Jeder von uns hat eigene Wertvorstellungen. Was für den einen ein Wert ist, muss für den anderen noch lange nicht wichtig sein. Pünktlichkeit und Verlässlichkeit zum Beispiel können dem einen wertvoll sein, dem anderen jedoch nicht. Die individuellen Wertvorstellungen verändern sich in der Regel im Laufe des Lebens. Werte sind aber auch Orientierungspunkte für die Gesellschaft als Ganzes. So sind zum Beispiel die Menschenrechte, die Verfassung oder die Religion Werte. Daneben gibt es auch materielle Werte, wobei die Menschen durchaus unterschiedliche Dinge als wertvoll erachten: Für den einen ist es das Auto, den anderen sein Fahrrad usw. Soziale oder gesellschaftliche Normen sind Regeln oder Verhaltensvorschriften für die einzelnen Mitglieder einer Gesellschaft. Normen sind von Gesellschaft zu Gesellschaft verschieden und unterliegen einem starken Wandel. Normen setzen Werte in Regeln um, so wird zum Beispiel der Wert „Ehrlichkeit“ in der Norm „Du sollst nicht lügen“ umgesetzt.

M 7 Die Vielfalt der Werte

„Kinder brauchen Werte" lautet das Motto einer Initiative des Bundesfamilienministeriums – ganz so, als gelte es, gegen einen akuten Mangel anzugehen. Nicht nur das Ministerium, auch zwei Drittel der Deutschen meinen, dass Kinder heute „zu wenig Werte" vermittelt bekommen, fand eine Allensbach-Umfrage im vergangenen Jahr heraus. Aus Sicht vieler Deutscher „zerfallen" Orientierungen zunehmend. Pädagogen werden deshalb immer wieder aufgefordert, den Werteschwund in den Schulen aufzuhalten.

Anders als das verbreitete Gefühl es will, mangelt es heute jedoch keineswegs mehr an Werten als früher, wie Jürgen Rekus, Pädagogik-Professor an der Universität Karlsruhe sagt. Im Gegenteil: „Das Problem besteht eher darin, dass es eine Fülle von Werten gibt, die in Konkurrenz zueinander stehen." Werte können überhaupt nicht zerfallen, sagt auch Volker Ladenthin, Professor für Erziehungswissenschaft an der Universität Bonn. [...] In modernen Gesellschaften existierten hingegen konkurrierende Werteangebote. Statt von „Wertezerfall" müsse deswegen von „Wertepluralismus" gesprochen werden – und der sei „ein wichtiges Kennzeichen demokratischer Gesellschaften". [...] Wertekonflikte sind im Wertepluralismus unvermeidbar. „Der eine trägt Hose mit Bügelfalte, der andere Jeans. Was ist richtig?", sagt auch Jürgen Rekus. Wenn eine Gesellschaft sich wandelt, dann ändern sich auch jene Vorstellungen, die allgemein als wünschenswert gelten und den Gruppenmitgliedern Orientierung beim Denken und Handeln geben. [...] Zu dieser Wirklichkeit gehöre auch das Erleben von Menschen mit deren eigenen, womöglich fremd erscheinenden Werten. Mündige Bürger müssen das zeitlebens aushalten, im besten Falle begrüßen können.

Walther Schmidt, Tagesspiegel, 27.8.2008

Wertewandel
Wenn sich die Einstellungen und Ansichten der Menschen über die Wichtigkeit und Gültigkeit von Werten ändern, dann spricht man von einem Wertewandel. Dieser hat oft auch Auswirkungen auf die Politik. So ist der Wert „Gesundheit" heute wichtiger als früher, was z. B. zu einem Rauchverbot in Gaststätten geführt hat.

Pluralismus
Vielfalt

Die „Goldene Regel"
Trotz der Wertevielfalt gibt es so etwas wie eine „Goldene Regel" menschlichen Verhaltens.

– Was für mich eine unliebe und unangenehme Sache ist, das ist auch für den anderen eine unliebe und unangenehme Sache.
(Buddhismus, 5. Jh. v. Chr.)
– Was ihr von anderen erwartet, das tut ebenso auch ihnen.
(Bibel, Neues Testament)
– Handle so, dass die Maxime deines Willens jederzeit zugleich als Prinzip einer allgemeinen Gesetzgebung gelten könne.
(Immanuel Kant, 1785)
– Was du nicht willst, das man dir tut', das füg' auch keinem andern zu.
(Sprichwort)

Aufgaben

1. Jugendliche und Erwachsene haben häufig sehr unterschiedliche Werte. Sammle dafür Beispiele. Ihr könnt auch eine Szene für ein kleines Rollenspiel schreiben, in dem die unterschiedlichen Wertvorstellungen zum Ausdruck kommen, z. B. bei einem Dialog mit den Eltern am Mittagstisch (M 5).
2. Erläutere den Satz: „Werte lassen sich nicht verordnen!"
3. Sammle Gründe dafür, warum sich Werte im Lauf der Zeit wandeln (M 7).
4. Finde Beispiele für Wertekonflikte (M 7) und beurteile die These, „mündige Bürger" müssten die Vielfalt der Werte zeitlebens aushalten.
5. Formuliere deine persönliche „Goldene Regel" und zeige an Beispielen aus deinem Alltag auf, wie du danach handeln kannst (Randspalte).

2.1.3 Rollen und Rollenkonflikte

M 8 Wie wird man ein Mitglied der Gesellschaft?

Erziehung
So bezeichnet man alle zielgerichteten und absichtsvollen Maßnahmen, die Eltern, Lehrer u.a. unternehmen, um Heranwachsenden dabei zu helfen, selbstständig handelnde und urteilende Persönlichkeiten zu werden. Dabei geht es um das Erlernen von Verhaltensregeln und die Übertragung von Gefühls- und Denkmustern der Gesellschaft.

Zunächst sorgt die Familie dafür, dass aus einem Säugling langsam ein Mitglied der Gesellschaft wird. Später wird diese Aufgabe auch von anderen übernommen. So wirken unterschiedlichste Einflüsse aus Nachbarschaft, Freundeskreis, Kindergarten, Schule, Fernsehen, Werbung usw. auf das Kind ein. Der Einfluss kann planvoll und beabsichtigt (Erziehung), aber auch unabsichtlich geschehen. Den gesamten Prozess, den ein Mensch durchläuft, um seine Persönlichkeit auszubilden und ein Mitglied in der Gesellschaft zu werden, nennt man **Sozialisation**.
Während der Sozialisation werden uns Normen und Wertvorstellungen vermittelt, die für das Zusammenleben innerhalb der Gesellschaft notwendig sind. Normen kann man als Regeln bezeichnen, die von den Mitgliedern der Gesellschaft akzeptiert werden müssen. Für den Einzelnen können Normen aber auch Einschränkungen bedeuten. Wenn man die Regeln bricht, macht man sich unbeliebt oder wird vielleicht aus der Gruppe ausgeschlossen. Ihr könnt das mit dem Sport vergleichen. Ein Fußballspiel zum Beispiel verläuft nach festen Regeln, an die sich alle Spieler halten müssen, denn sonst bricht Chaos aus. Fußballer, die gegen die Regeln verstoßen oder sich beim Spiel unsportlich verhalten, werden vom Platz gestellt.

M 9 Soziale Rollen: „Die ganze Welt ist eine Bühne“

„Die ganze Welt ist eine Bühne
Und alle Frau'n und Männer bloße Spieler.
Sie treten auf und gehen wieder ab,
Sein Leben lang spielt einer manche Rollen,
Durch sieben Akte hin.“
William Shakespeare, Wie es euch gefällt (II 7)

In der Umgangssprache gebrauchen wir sehr häufig den Begriff der Rolle. Mit den sprachlichen Bildern wird sehr schnell deutlich, was mit dem soziologischen Begriff Rolle gemeint ist. Die soziale Rolle beschreibt unser eigenes Verhältnis zur Gesellschaft.
Mit der Geburt betreten wir die „Bühne der Gesellschaft“. Nach und nach lernen wir, diesen oder jenen „Part“ und damit unterschiedliche Rollen zu spielen. Manchmal müssen wir auch unterschiedliche Masken aufsetzen, um schließlich mit dem Tod wieder von der Bühne abzutreten. Dann übernehmen andere unsere Rollen. Alles geschieht unter den kritischen Augen der Zuschauer und auch der Mitspieler. Jeder erwartet von uns, dass wir unseren Text kennen. Jeder erwartet von uns etwas anderes. Die Rollen, die wir einnehmen, können ganz unterschiedlich sein. So sind wir Sohn oder Tochter, Freund oder Freundin, Mitglied im Chor oder Torwart der Schulauswahl, Schülerin oder Schüler, freiwilliger Feuerwehrmann, Pfadfinderin usw. Aber nicht immer erfüllen wir auch die Erwartungen, die an uns formuliert werden, und so kann es dann zu einem Rollenkonflikt kommen.

Nach: Hans Peter Henecka, Grundkurs Soziologie, 9. Aufl., Konstanz 2009, S. 101 ff.

M 10 Was wollen denn nur alle von mir?

Karikatur: Marie Marcks

Katja besucht die 9. Klasse eines Gymnasiums. In der letzten Zeit hat sie große Probleme mit dem Aufstehen. Auch heute muss ihre Mutter sie drei Mal wecken, bis sie endlich aus dem Bett kommt. Katzenwäsche und ohne Frühstück zum Bus. Normalerweise schafft sie es in der letzten Minute – nur heute nicht. Als sie auf den nächsten Bus wartet, denkt sie sich schon einmal eine Entschuldigung aus. Wecker kaputt, Mutter verschlafen. Aber Herr Becker, der Deutschlehrer, den sie heute in der ersten Stunde haben, kennt kein Pardon und macht ein ziemliches Theater, als Katja mit einer viertel Stunde Verspätung die Klassentür öffnet. Er erwartet absolute Pünktlichkeit. Katjas Freundin Lisa hat schon sehnsüchtig gewartet, um von dem Film zu erzählen, den sie gestern im Kino gesehen hat. Eigentlich will Katja aber lieber aufpassen und sich am Unterricht beteiligen, um Herrn Becker wieder milde zu stimmen. Nach sechs anstrengenden Unterrichtsstunden geht es wieder nach Hause. Weil Katja auf Lisa wartet, verpasst sie an diesem Tag den Bus ein zweites Mal. Zuhause sitzen ihre Mutter und ihre Geschwister schon am Mittagstisch und warten. Als Katja sich hinsetzen will, klingelt das Handy. Marie will sich am Nachmittag mit ihr verabreden. Die Mutter ist sauer, weil sie Telefonieren beim Essen nicht duldet. Ihre Mutter erinnert sie daran, dass die Familie heute zum Geburtstag ihrer Patentante eingeladen ist. Am Abend soll sie auf die jüngeren Geschwister aufpassen, weil sich ihre Mutter mit einer Freundin verabredet hat. Ausgerechnet heute hat aber der Schwimmverein ein Sondertraining für den Wettkampf am kommenden Sonntag angesetzt. „Was wollen denn bloß alle von mir?", denkt Katja.

Aufgaben

1. Sozialisation ist ein lebenslanger Prozess. Finde Beispiele dafür, dass man auch als Erwachsener sozialisiert wird (M 8).
2. Erläutere, welche Erwartungen du an die Rolle der Klassensprecherin / des Klassensprechers stellst, damit diese gut ausgefüllt wird.
3. „Wir alle spielen Theater" (Erving Goffman, 1922-1982, US-amerikanischer Soziologe). Diskutiert diese Behauptung.
4. Arbeite heraus, zwischen welchen Rollen, die Katja einnimmt, es zu Konflikten kommt (M 10). Ergänze Situationen, in denen du selbst schon einmal einen Rollenkonflikt erlebt hast. Beschreibe, wie sich solche Rollenkonflikte lösen lassen.

Methode

M 11 Projekt- / Gruppenarbeit auswerten

Gothic

HipHop

Emo

Punk

Skater

Zu allen Zeiten haben Jugendliche versucht, sich durch ihren eigenen Lebensstil und ihre eigene Kultur von der Welt der Erwachsenen abzugrenzen. Die Fotos zeigen Jugendkulturen vergangener Jahrzehnte. Waren die Jugendkulturen in früheren Zeiten noch überschaubar und waren die Szenen noch deutlich voneinander zu unterscheiden, so ist die Vielfalt der aktuellen Entwicklung kaum mehr zu überblicken.

Aufgabe

Untersucht in Gruppenarbeit die Jugendkulturen, indem ihr herausarbeitet, was den Jugendlichen damals wichtig war, welches Lebensgefühl sie hatten, und wie sie dieses zum Ausdruck brachten (Musik, Kleidung, Werte und Einstellungen). Welche Bedeutung hatten / haben die Jugendkulturen für die jeweilige Gesellschaft und für die Jugendlichen selbst? Überlegt, warum Jugendkulturen meist eine Sache der Jugend bzw. der jungen Erwachsenen bleiben. Dazu könnt ihr eine vergangene Jugendkultur auswählen oder die aktuelle Szene in eurer Stadt oder Gemeinde untersuchen. Sammelt Informationen und erstellt eine Dokumentation (z. B. in Form einer Collage, einer Wandtafel, eines Videoclips ...). Bewertet eure Arbeit mithilfe der Zielscheibe.

Auswertung gemeinschaftlich gelöster Aufgaben, Projekte oder Rollenspiele

Erfordern Aufgaben das Zusammenarbeiten in Gruppen, so ist es sinnvoll, die eigene Arbeit anhand von Kriterien zu bewerten. Die folgenden Fragen können helfen, den Erfolg der Gruppenarbeit zu bewerten. Die Note 1 steht dabei für sehr gut / voll erfüllt, die 6 für ungenügend / nicht erfüllt.

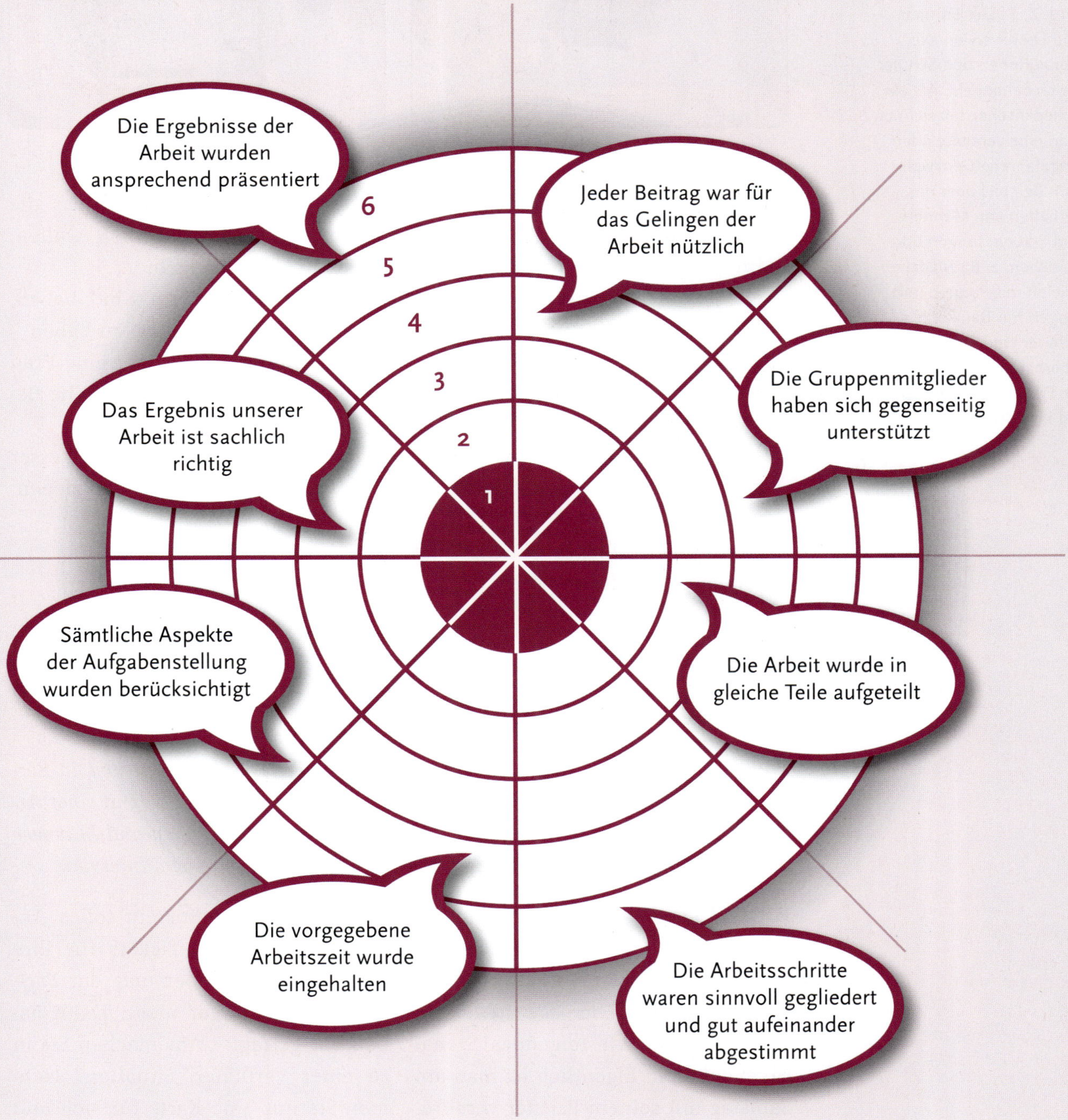

2.1.4 Geschlechterrollen im Wandel

M 12 Neue Männer – neue Frauen?

Rollenklischee
Als Rolle bezeichnet man das Verhalten, welches von einem Einzelnen innerhalb der Gesellschaft erwartet wird. Z. B. Lehrerinnen und Lehrer sollen alle Schülerinnen und Schüler gleich behandeln. Als ein Rollenklischee bezeichnet man eine veraltete oder eingefahrene Denkweise zum Beispiel über das Verhalten von Männern und Frauen, Jungen und Mädchen, z. B.: Mädchen spielen mit Puppen und Jungen mit Bauklötzen, Männer sind Ernährer und Oberhaupt der Familie und die Frauen kümmern sich um Haushalt und Familie.

Traditioneller Mann
- Die Frau soll für den Haushalt und die Kinder da sein, der Mann ist für den Beruf und für die finanzielle Versorgung zuständig.
- Wenn ein Mann und eine Frau sich begegnen, soll der Mann den ersten Schritt tun.
- Männer können einer Frau ruhig das Gefühl geben, sie würde bestimmen, zuletzt passiert doch das, was er will.
- Der Mann erfährt in seiner Arbeit seinen persönlichen Sinn.

Traditionelle Frau
- Der Beruf ist gut, aber was die meisten Frauen wirklich wollen, ist ein Heim und Kinder.
- Eine Frau muss ein Kind haben, um ein erfülltes Leben zu haben.
- Hausfrau zu sein ist für eine Frau genauso befriedigend wie eine Berufstätigkeit.
- Frauen sind von Natur aus besser dazu geeignet, Kinder aufzuziehen.

Peter Döge, Rainer Volz, Wollen Frauen den neuen Mann? Traditionelle Geschlechterbilder als Blockaden von Geschlechterpolitik, Sankt Augustin, November 2002, S. 24

M 13 Neue Partnerschaften

Prof. Dr. Jutta Allmendinger, die Präsidentin des Wissenschaftszentrums in Berlin, führte im Auftrag der Frauenzeitschrift BRIGITTE im Jahr 2009 mit einer Arbeitsgruppe eine Untersuchung zum Rollenverständnis von Frauen und Männern durch. Die Ergebnisse der Studie erläuterte Allmendinger in einem Interview:

BRIGITTE: Wie gestalten denn die selbstbewussten jungen Frauen ihre Partnerschaft?

Allmendinger: Um das herauszufinden, haben wir folgendes Szenario angeboten: Eigentlich ist man am Samstag mit seinem Partner verabredet, plötzlich kommt ein tolles Angebot rein – zwei Tickets für ihre Lieblingsband. Leider mag der Partner diese Band gar nicht. Dann haben wir gefragt: „Was machen Sie in so einer verflixten Situation? Nehmen Sie nur eine Karte für sich und gehen dann allein in dieses Konzert? Nehmen Sie zwei Karten für sich und den Partner, obwohl Sie wissen, dass er diese Band nicht besonders mag? Oder nehmen Sie zwei Karten und gehen mit einer Freundin? Oder kaufen Sie gar keine Karte?" Über die Hälfte der Frauen kaufen zwei Karten: für sich und die Freundin. [...] Nur 27 Prozent der Männer kaufen zwei Karten, um mit einem Freund zu ihrer Lieblingsband zu gehen, 36 Prozent verzichten ganz und kaufen gar keine Karte. [...]

Partnerschaften sind [den Frauen] sehr wichtig, aber sie legen auch Wert auf eine Welt jenseits davon, genauso wie auf eine Welt jenseits der Erwerbstätigkeit. Frauen pflegen ihre Freundschaften, stellen sie nicht hintenan. Freundeskreise sind auch ein starkes Motiv, nicht umzuziehen.

BRIGITTE: Wie verkraften das die Männer, die ja auch angefangen haben, über ihre eigene Rolle nachzudenken?

Allmendinger: [...] Sie haben verstanden: „So geht es nicht weiter. Ich muss Konzessionen machen, mich mit meiner Familie, meinem Umfeld abstimmen." Sie sind nachdenklich geworden, aber es fehlen ihnen die Vorbilder. Auch da könnte man politisch viel tun. Mir ist zum Beispiel noch kein Politiker begegnet, der sagt, er könne jetzt den Termin nicht wahrnehmen, weil er auf sein Kind aufpassen müsse.

BRIGITTE: In welchen Rollen sind Männer denn [...] gefragt?

Allmendinger: In der Partnerschaft als fürsorglicher Vater. Insgesamt gibt es in den Männerkulturen einen großen Umbruch. Klassische Männerjobs gehen verloren. Das Bild des mächtigen, anerkannten und gut verdienenden Mannes „in den besten Jahren" hat ausgedient. [...] Es ist was in Bewegung. Bis auf ein paar sehr traditionelle Männer wollen die wenigsten die Frauen wieder auf die alten Gleise zurücksetzen. Sie akzeptieren die Erwerbstätigkeit ihrer Partnerinnen stärker als vorher, mehr Männer als noch vor zwei Jahren würden Elternzeit nehmen. Das sind ermutigende Anfänge, es muss aber noch mehr geschehen. Doch es liegt nicht an der Bockigkeit der Männer. Sie wissen einfach noch nicht genau, wohin.

http://www.brigitte.de/gesellschaft/politik-gesellschaft/brigitte-studie-2009-allmendinger-1034143/, 12.3.2010

Konzession
Zugeständnis

M 14 Ist Erziehung immer noch Frauensache?

Erziehung ist Frauensache, denken viele Männer. Das ist das Ergebnis einer Studie von Wissenschaftlern des Rostocker Zentrums zur Erforschung des demografischen Wandels. „Der Wandel hin zu einer eher ausgeglichenen Arbeitsteilung in Partnerschaften findet nur langsam statt. Vor allem die Geburt des ersten Kindes zementiert oft bestehende Rollenbilder", sagte Forscher Christian Schmitt. Gemeinsam mit seinen Kolleginnen Heike Trappe und Annelene Wengler untersuchte der Bevölkerungsexperte das Rollenverhalten von Paaren.

Demografischer Wandel
Wandel der Bevölkerung

Den Forschern ist vor allem aufgefallen, dass Paare mit Kindern ihre Aufgabenteilung meist „wesentlich traditioneller“ gestalteten als kinderlose. Zudem übernehmen viele Paare nach ihrer Heirat auch bei der Hausarbeit wieder die herkömmliche Arbeitsteilung - anders als die Mehrzahl der Partner in nichtehelichen Lebensgemeinschaften. [...]
Auch international zeigten sich Abweichungen von der deutschen Familien- und Geschlechternorm. So verstünden die skandinavischen Länder die Gleichstellung „als Grundprinzip ihrer sozialstaatlichen Ausrichtung“. Auch in den USA und Kanada seien Frauen stärker ins Erwerbsleben einbezogen. Beides führe dazu, dass die Aufgabenteilung zwischen den Geschlechtern besser ausbalanciert sei.
mb/dpa, Focus, 13.4.2010

M 15 Er arbeitet, sie macht den Haushalt – gilt das immer noch?

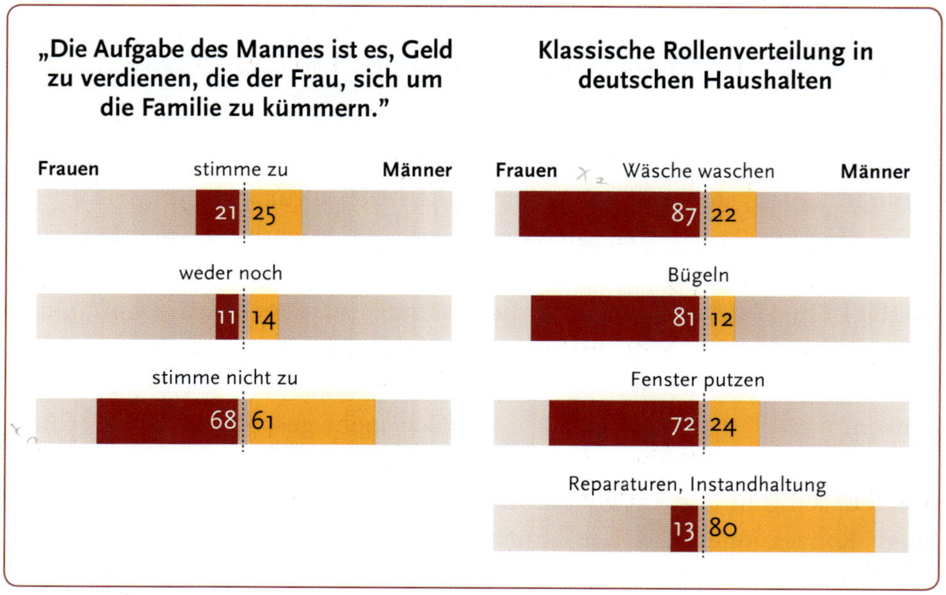

Bundesministerium für Familie, Senioren, Frauen und Jugend, Gender-Datenreport, München 2005, S. 308 und Bauknecht/Research Plus, Gesund leben 2006

Aufgaben

1. Beschreibe mithilfe von M 12 mögliche Eigenschaften eines neuen Rollenbildes für Männer und Frauen (mögliche Anregungen aus M 12 – M 15).
2. Überlege, welches Rollenverständnis für dich „passt“. Tausche dich darüber mit deinem Banknachbarn aus.
3. Vergleiche – auch mithilfe der nebenstehenden Methode – die Ergebnisse der Studien aus M 13 – M 15. In welchen Fragen unterscheiden sich die Ergebnisse? Erkläre die Unterschiede.

M 16 Mit Zahlen, Statistiken und Schaubildern umgehen

Interpretationen von Statistiken und Schaubildern

Eine Statistik ist die systematische Sammlung und Ordnung von Informationen in Form von Zahlen. Diese Zahlen werden entweder in Tabellen oder optisch aufbereitet als Diagramme und Schaubilder ausgewertet und dargestellt. Statistiken helfen uns in vielen Alltagssituationen. Es gibt kaum einen Lebensbereich, der nicht statistisch erfasst wird. So gibt es u. a. Statistiken zu den Bereichen Bevölkerung, Beschäftigung, Gesundheit, Kriminalität, Wohnungen, Verkehr, Wirtschaft. Aus diesen Statistiken können wichtige Erkenntnisse zum Beispiel für die Verkehrsplanung oder den Bau von Kindergärten und Schulen gezogen werden. Die Zahlen oder auch Daten müssen nach strengen Regeln erhoben werden. Weil Zahlen sehr abstrakt sind, stellt man sie gerne in Diagrammen dar. Es gibt unterschiedliche Formen von Diagrammen: Kreis- oder Tortendiagramm, Säulendiagramm, Balkendiagramm, Kurvendiagramm. Zahlen kann man als absolute (genaue, gerundete) Zahlen oder als Prozentzahlen angeben. Die Prozentzahlen verdeutlichen den Anteil an einer Gesamtmenge.

Beispiele

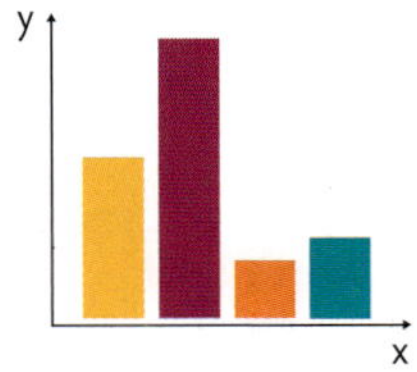

Säulen-/Balkendiagramm

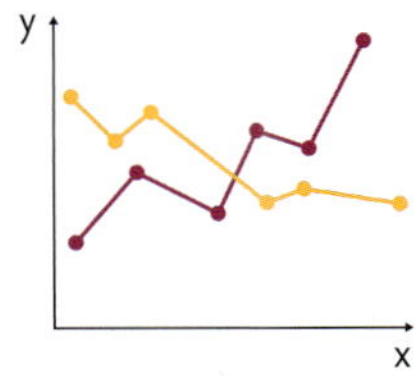

Kurven-/Liniendiagramm

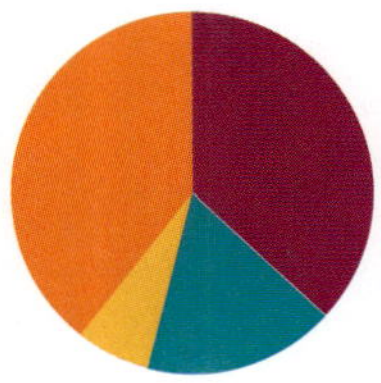

Kreis-/Tortendiagramm

Auswertung und Interpretation

Uns sollte immer bewusst sein, dass man mit der Unterstützung von Zahlenmaterial Tatsachen verfälscht darstellen kann. Häufig werden damit ganz bestimmte Interessen verfolgt. Dies gilt v. a. in der Wirtschafts- und Sozialstatistik. Deshalb ist es notwendig, nicht nur nach der Quelle einer Statistik zu fragen, sondern auch kritisch zu überprüfen, wie die Zahlen in einer grafischen Darstellung präsentiert wurden. Denn mit unterschiedlichen Darstellungen lassen sich bei denselben Zahlen durchaus unterschiedliche Wirkungen erzielen.

Arbeitsschritte

1. Beschreiben

- Woher stammen die Daten? Wer hat sie erfasst und veröffentlicht? (Quelle)
- Welcher Sachverhalt wird dargestellt? Wie lautet das Thema? Welcher Zeitraum wird dargestellt?
- Welche Darstellungsform wurde gewählt? (Säulen-, Balkendiagramm ...)
- Absolute oder relative Zahlen?

2. Auswerten

- Welche Entwicklung ist zu erkennen? (Dabei sind hohe und niedrige Werte, Trends, Veränderungen zu beachten!)

3. Erklären

- Erst wenn du das Diagramm / die Tabelle genau beschrieben und ausgewertet hast, kannst du versuchen, deine Aussagen zu erklären oder Schlussfolgerungen zu ziehen.

4. Bewerten

- Wurden die Zahlen sinnvoll im Diagramm umgesetzt? Wurden die Abstände auf den Achsen richtig gewählt?
- Sind die Zahlen noch aktuell?

Was wir wissen

Einflüsse auf die Sozialisation
M 2, M 3

Die Ausbildung der eigenen Persönlichkeit und einer sozialen Identität ist ein lebenslanger Prozess. Anders als zu früheren Zeiten verläuft dieser aber nicht nur durch wechselseitige Beziehungen in der Familie, mit Freunden oder in der Schule, sondern findet in zunehmendem Maße auch in sozialen Netzwerken im Internet statt. Fraglich ist, ob die virtuelle und reale Identität einer Person deckungsgleich sind.

Werte und Normen
M 6, M 7

Leben in der Gesellschaft ist nur möglich, wenn sich deren einzelne Mitglieder an Verhaltensregeln – Normen – halten. Abhängig sind die Normen von Werten, also den grundlegenden Zielvorstellungen in einer Gesellschaft. Nicht alle Mitglieder einer Gesellschaft teilen jedoch dieselben Normen und Werte (Wertepluralismus). Außerdem verändern sich Werte auch im Laufe der Zeit (Wertewandel).

Sozialisation
M 8, M 9

Als Sozialisation bezeichnet man die Verinnerlichung der durch die Gesellschaft vermittelten Sitten, Bräuche, Normen und Werte durch ein Individuum und die damit verbundene Persönlichkeitsentwicklung. Erst durch die Kenntnis dieser Regeln wird das Individuum in einer Gesellschaft sozial handlungsfähig. Sozialisation ist somit ein lebenslanger Prozess. Gruppen, Personen und Institutionen, welche die sozialen Lernprozesse des Individuums steuern und beeinflussen, bezeichnet man als Sozialisationsinstanzen.

Rollen und Rollenerwartungen
M 10, M 13, M 14

Innerhalb der einzelnen Gruppen übernehmen wir unterschiedliche Rollen, die mit ganz bestimmten Erwartungen verbunden sind. So werden an uns unterschiedliche Erwartungen als Schülerin, als Tochter, als Freundin, als Mitglied in der Volleyballmannschaft oder im Schulchor formuliert. Es ist nicht immer leicht, die Vielzahl von Erwartungen, die an einen in unterschiedlichen Lebensbereichen gestellt werden, in Einklang zu bringen. Es kann dabei nämlich zu Rollenkonflikten kommen. Man spricht von einem Intra-Rollenkonflikt, wenn widersprechende Erwartungen an dieselbe Rolle einer Person (z. B. als Schülerin) herangetragen werden. Ein Inter-Rollenkonflikt liegt vor, wenn der Konflikt dadurch entsteht, dass nicht zu vereinbarende Erwartungen aus verschiedenen Rollen (z. B. Freundin und Tochter) einer Person gleichzeitig erfüllt werden sollen. Dass sich Vorstellungen darüber, wie bestimmte Rollen auszufüllen sind, auch verändern können, zeigt der Wandel des Geschlechterverhältnisses.

Warum Jugendliche heute anders sind

Prof. Dr. Urs Gasser ist Medienwissenschaftler an der Universität St. Gallen / Schweiz. Er schreibt u.a. über soziale Netzwerke.

SZ Wissen: Sind 16-Jährige anders als Sie oder ich?

Gasser: Nehmen Sie zum Beispiel das Thema Identität: Bei der sozialen Identität, also bei dem, was andere über einen denken, spielt die Online-Identität heute eine große Rolle. Zu meiner Zeit war die soziale Identität vor allem dadurch geprägt, mit wem ich in der Schule gut auskam, wie ich mich gekleidet habe, ob ich ein cooles Bike fuhr oder nicht. Das ist heute anders, heute passiert vieles online, vor allem auf den Social Networking Sites wie Facebook, MySpace oder StudiVZ.

SZ Wissen: Im Kern geht es doch immer noch ums Coolsein. Heute filmt man sich einfach mit seinem Bike und lädt den Film hoch.

Gasser: Das Konzept der sozialen Identität verändert sich nicht wesentlich, man definiert sich immer noch über ähnliche Dinge wie die Kleidung oder das Rad. Aber die Formen sind völlig anders. Ich bin öfter umgezogen. Jeder Ortswechsel ermöglichte eine Identitätsänderung, theoretisch hatte ich die Chance, völlig neu zu beginnen. Die Kids im Internet haben heute diese Möglichkeit nicht mehr.

SZ Wissen: Haben Sie da immer ein neues Image ausprobiert?

Gasser: Ja, ich war nicht gefangen in alten Sozialstrukturen. Haben Sie heute [...] ein Onlineprofil, verfolgt sie das rund um die Erde, so bildet sich eine überaus stabile soziale Identität. Die Identität ist klebriger geworden und gleichzeitig stärker für andere nachvollziehbar. Das ganze Leben ist dokumentiert, Tag für Tag kommen mehr Daten dazu. Man kann zudem nach jeder Person gezielt im Netz suchen. [...] Heute gibt es eine andere Erwartung zwischen Jugendlichen, was privat ist und was öffentlich. Die Grenze verwischt.

Interview: Hubert Filser, Generation Internet – Die Identität wird klebrig, Süddeutsche Zeitung, 19.3.2009

Aufgaben

1. Die Jugend heutzutage sei anders geworden, behauptet Urs Gasser. Arbeitet aus dem Text das Andere heraus.
2. Diskutiert, inwiefern es die Grenzen zwischen öffentlich und privat heutzutage noch gibt und ob sie überhaupt notwendig sind.

2.2 Sozialisationsinstanzen

2.2.1 Wie leben Familien heute?

M 1 Ganz schön bunt und vielfältig

Leonie Hildebrandt (15) lebt mit ihrer Mutter, ihrem Freund und dessen 18-jährigem Sohn zusammen. Neben diesem Stiefbruder hat Leonie noch eine ältere Schwester, die zurzeit in England ist. Leonies Vater hat mit seiner neuen Lebensgefährtin eine kleine Tochter. Sie wohnen in einem Haus gegenüber. Leonies Mutter arbeitet als Bürokraft, ihr Vater fährt Taxi.

Lasse Koth (15) hat zwei ältere Brüder, der älteste ist schon von zu Hause ausgezogen. Lasses Eltern, ein Lehrer und eine Erzieherin, sind bald 18 Jahre verheiratet.

SPIEGEL: Ihr lebt in sehr unterschiedlichen Elternhäusern. Was hält eurer Meinung nach eine Familie zusammen?

Leonie: Liebe auf jeden Fall, bei allen Mitgliedern einer Familie. Das ist wichtig.

Lasse: Gemeinsamkeiten sind wichtig, und dass man sich auch mal streitet, dass man miteinander über alles redet. Vertrauen und so was. Vor allem auch gegenseitiges Interesse.

SPIEGEL: Wie äußert sich das?

Lasse: Mein Vater spielt Fußball, er geht zu den Spielen vom FC St. Pauli. Da hat er mich als Kind immer mitgenommen. Ich spiele Eishockey, da guckt er dann auch meistens zu und fiebert mit. So haben wir Sachen, über die wir reden können.

Thorbjörn: Ich denke, man muss viel reden und auch Zeit miteinander verbringen. Jeder sollte Zeit für sich haben, aber wer alles alleine macht, versteht sich mit anderen nicht wirklich gut. Dann hat es auch nicht mehr so viel mit Familie zu tun.

Leonie: Ja, die Eltern müssen schon nachhaken, was die Kinder machen, mit welchen Leuten sie zu tun haben, die Freunde vielleicht auch kennen lernen, wenn es denn sein muss. Eltern sollten Kinder nicht zu sehr einengen, sie auch mal allein lassen, aber sich doch sehr um sie kümmern und sie nicht vernachlässigen.

SPIEGEL: Aycan, deine Familie stammt aus Kurdistan, du hast viele Geschwister. Hast du das Gefühl, dass die deutschen Familien weniger Zusammenhalt haben als ihr?

Aycan: Nein, ich denke sogar manchmal, die haben mehr.

SPIEGEL: Woran machst du das fest?

Aycan: In deutschen Familien wird sehr viel miteinander geredet. Wir sprechen auch miteinander, aber bei uns setzen sich nicht alle zusammen und diskutieren. Wir reden eher zu zweit.

SPIEGEL: Deine Mutter ist alleinerziehend, du bist das älteste von fünf Kindern. Wann habt ihr Zeit, euch zu unterhalten?

Aycan: Abends, wenn die anderen schlafen. Dann sitzen wir vor dem Fernseher und reden. [...]

SPIEGEL: Wie ist das bei euch anderen: Wann und worüber sprecht ihr mit euren Eltern?

Lasse: Wenn es Essen gibt, dann sitzen wir alle zusammen, und dann schnackt man, wie der Tag war. Dann lässt man ein bisschen Frust ab. [...]

SPIEGEL: Würdest du dir wünschen, dass deine Eltern mehr mitreden?

Lasse: Nee, eher ein bisschen weniger.

SPIEGEL: Wo mischen sie sich denn ein?

Lasse: Schule, Freunde, Sport, was auch immer. In wirklich alles.

SPIEGEL: Wie reagierst du darauf, wenn du eigentlich in Ruhe gelassen werden willst?

Lasse: Einfach genervt. [...]

Leonie: Mit meiner Mutter ist das

auch immer so. Immer wenn ich esse, kommt sie mit der Schule an. Das stört mich total, vor allem beim Essen. [...]

SPIEGEL: Leonie, [...] wie ist das bei dir in deiner Patchwork-Familie?

Leonie: Für mich ist meine Familie gar nicht ungewöhnlich.

SPIEGEL: Bist du in deinem Freundeskreis keine Ausnahme mit deinen Stief- und Halbgeschwistern?

Leonie: So habe ich das noch gar nicht gesehen. Für mich ist das eine ganz normale Familie. Wir hatten letztes Jahr auch mal ein Jahrestreffen mit der ganzen Verwandtschaft, darunter auch welche, die nur entfernt mit uns verwandt sind. Das waren über 50 Leute, meine Mutter hat das organisiert.

SPIEGEL: Hattest du bei den vielen Menschen das Gefühl, die sind meine Familie?

Leonie: Nein. Es war schon lustig, aber ich kenne die ja gar nicht.

SPIEGEL: Wer gehört für euch zur Familie?

Thorbjörn: Ich finde, es gibt drei verschiedene Familien. Einmal Frau, Mann, Kinder, dann Oma, Opa, Tanten, Cousins und Cousinen und schließlich noch alle, die mit einem verwandt sind.

SPIEGEL: Wie sehr hängt ihr an euren Großeltern?

Leonie: Sie sind mir sehr wichtig. Wenn mein Opa oder meine Oma Geburtstag haben, fahren wir hin und feiern mit denen.

Thorbjörn: Meine Oma und mein Opa wohnen auf dem Land, da bin ich total gerne.

Interview von Jan Friedmann, Merlind Theile, in: Spiegel Spezial, Nr. 4/2007, S.80-83

Thorbjörn Keppler (15) wächst als Einzelkind bei seiner Mutter auf, sie ist beim Kreis Dithmarschen angestellt. Thorbjörns Eltern sind geschieden. Seinen Vater, der in Mecklenburg-Vorpommern als Förster arbeitet, sieht er etwa alle zwei Wochen.

Aycan Atug (16) kam mit ihrer Familie vor zehn Jahren aus Kurdistan nach Deutschland. Sie hat vier jüngere Geschwister. Vor sechs Jahren verließ der Vater die Familie, Aycan hat keinen Kontakt mehr zu ihm. Ihre Mutter ist alleinerziehend, sie arbeitet als Putzfrau in einem Hotel und spricht kaum Deutsch. (...) Aycan möchte in drei Jahren ihr Abitur machen.

M 2 Formen des Zusammenlebens

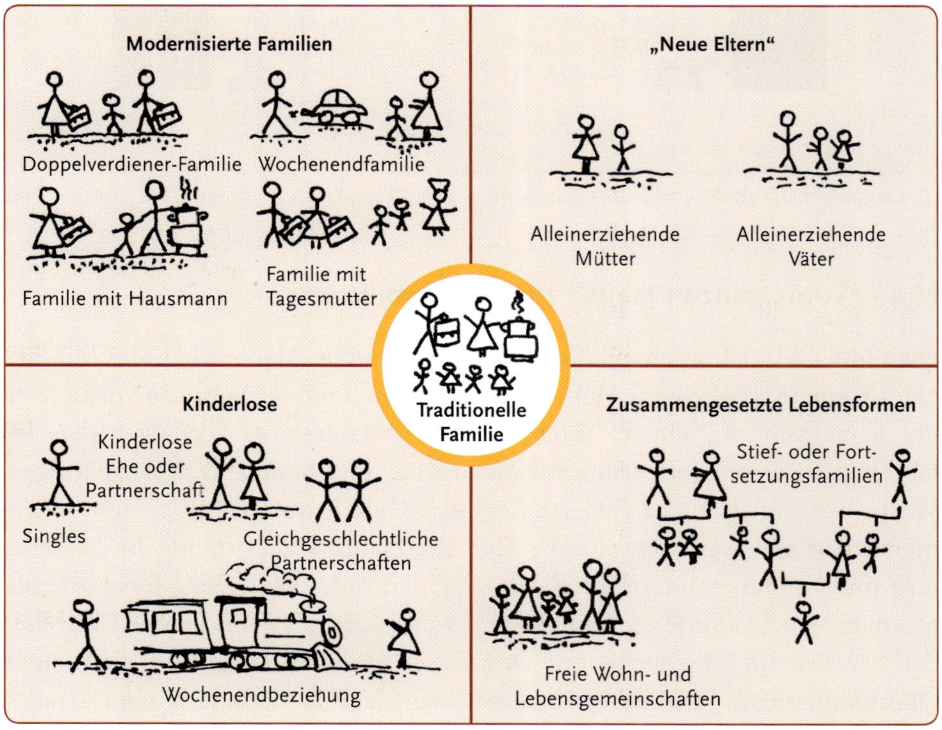

M 3 In welchen Familienformen wachsen Kinder heute auf?

Das Wort Familie stammt vom Lateinischen „familia" ab, das bedeutet „Hausgemeinschaft", denn früher lebten auch alle Mitglieder einer Familie (Eltern, Kinder, Großeltern und weitere Verwandtschaft) unter einem Dach. Heute ist das anders. Meistens leben nur noch Vater, Mutter und die Kinder als Klein- oder Kernfamilie zusammen. Daneben haben sich aber viele andere Formen von Familien und Lebensgemeinschaften entwickelt. Die Familie sorgt vor allem dafür, dass die Kinder versorgt werden und auf ihr späteres Leben mit anderen Menschen vorbereitet werden.

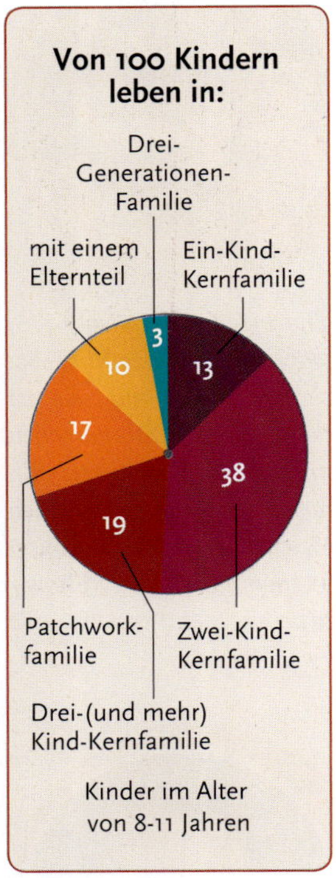

Quelle: TNS Infratest, 2007

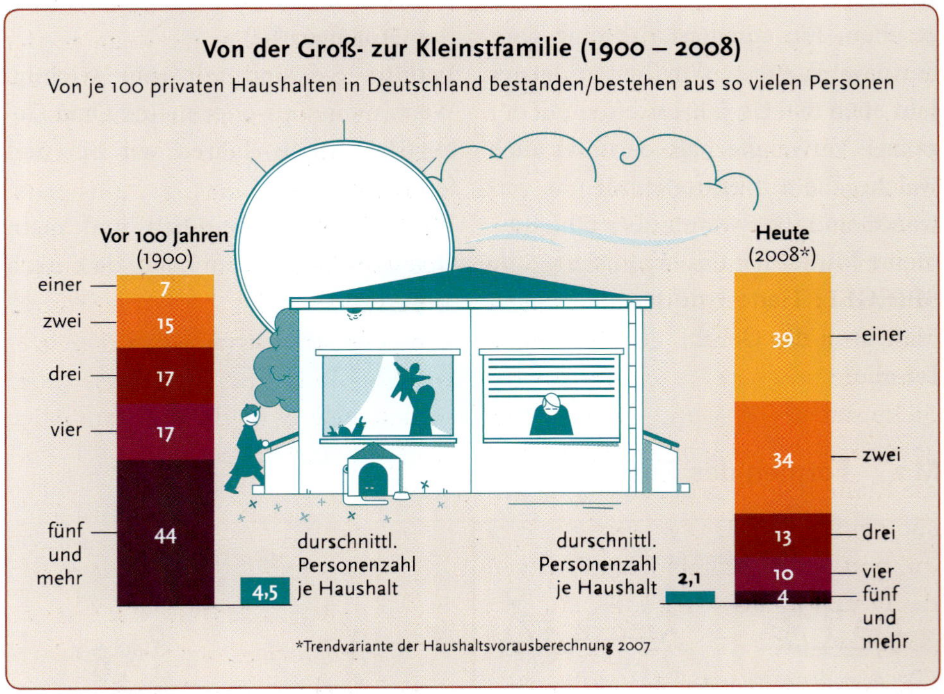

Globus Grafik 2121; Quelle: Statistisches Bundesamt

M 4 Vom „ganzen Haus" zur Kleinfamilie

Die Römer bezeichneten mit „familia" eine Gemeinschaft von Menschen, die gemeinsam in einem Haushalt lebten. Die Grundbedeutung dieses Wortes ist also „Haus". Zu dieser Gemeinschaft gehörten nicht nur die Eltern und Kinder, sondern alle Generationen einer Familie einschließlich der Sklaven und Bediensteten. Das Oberhaupt dieses Familienverbandes war der „pater familias", der uneingeschränkte Macht über alle Mitglieder der „familia" hatte. So verfügte er über das gesamte Vermögen der „familia" und konnte ihre Angehörigen vor Gericht vertreten.

Die „familia" bestimmte im Wesentlichen das Leben der Menschen bis weit über das Ende des Mittelalters hinaus. Man sprach aber nicht von „familia", sondern vom „Haus" oder „ganzen Haus". Arbeitsplatz und

Wohnbereich waren räumlich nicht voneinander getrennt.
Eine gefühlsmäßige Bindung der Menschen im „ganzen Haus" war oft nachrangig. So wurde weniger aus Liebe geheiratet, sondern vielmehr darauf geachtet, was der Ehepartner als „Mitgift" oder Erbe in die Gemeinschaft einbringen konnte. Auch das Verhältnis zwischen Eltern und Kindern war weniger durch Liebe oder Zuneigung geprägt. Kinder wurden mehr als Arbeitskräfte angesehen. Die Kindheit selbst war auf die ersten Lebensjahre beschränkt. Erst im Zuge der Industrialisierung und insbesondere in den großen Städten kam es zur Trennung von Wohnstätte und Arbeitsplatz. Mit dieser Veränderung ging ein Wandel im Zusammenleben der Menschen einher. An die Stelle der Lebens- und Produktionsgemeinschaft des ganzen Hauses trat die Kleinfamilie als Lebens- und Konsumgemeinschaft. Die häusliche Produktion wurde immer überflüssiger, denn man konnte jetzt alles auf den größer werdenden Märkten kaufen. Für die Frauen bedeutete dies, dass sie entweder als Arbeiterinnen in die Fabrik gingen, um zum Lebensunterhalt beizutragen, oder mehr Zeit für die Erziehung der Kinder aufbringen konnten. Zur Kleinfamilie gehörten nur noch die Eltern und ihre Kinder. Die Kleinfamilie, in der nur noch zwei Generationen zusammenlebten, setzte sich im Laufe des 20. Jahrhunderts in Europa immer mehr durch. Natürlich gibt es neben der modernen Kleinfamilie auch noch andere Familienformen auf der Welt. Das Südseevolk der Ifaluks lebt z. B. in großen Familienverbänden zusammen, die man durchaus mit dem Leben im ganzen Haus vergleichen kann.
Bei den Ifaluks bilden die Eltern und die Familie ihrer verheirateten Töchter den Familienverband, wohingegen die Söhne mit Erreichen der Pubertät aus dem Haus der Eltern ausziehen und bis zur Heirat bei Verwandten leben. Nach der Hochzeit leben sie dann in der Familiengemeinschaft der Ehefrauen. Interessant ist auch, dass bei den Ifaluks entgegen der sonst üblichen Erbregeln Land von der Mutter auf die Tochter vererbt wird.
Großfamilien gibt es heute nur noch in den Teilen der Welt, die noch nicht von der Industrialisierung erfasst wurden. So leben viele Menschen in weiten Teilen Afrikas in familialen Großgemeinschaften.

In vielen Teilen der Welt leben die Menschen noch in Großfamilien, hier eine Berberfamilie in Marokko.

Aufgaben

1. Arbeite aus dem Gespräch der vier Jugendlichen heraus, was ihnen am Familienleben jeweils wichtig ist (M 1).
2. Stelle dar, welche Vorteile und welche Nachteile das Leben in den Familien der Jugendlichen deiner Auffassung nach mit sich bringen könnte (M 1).
3. Führt in der Schule eine anonyme Umfrage nach den Familienformen eurer Mitschüler durch, und vergleicht die Ergebnisse mit M 3.
4. Wie hat sich das Zusammenleben der Menschen in den vergangenen hundert Jahren verändert? Formuliere Aussagesätze (M 3, M 5).
   Beispiel: „Im Jahr 1900 lebten in 44 von 100 Haushalten fünf und mehr Personen, 2008 lebten hingegen in vier von 100 Haushalten fünf und mehr Personen."
5. Erläutere, welche Bedeutung die Industrialisierung für den Wandel der Familienstrukturen hatte (M 3, M 4).

2.2.2 Wie lassen sich Konflikte in der Familie lösen?

M 5 Alles Erziehungssache?

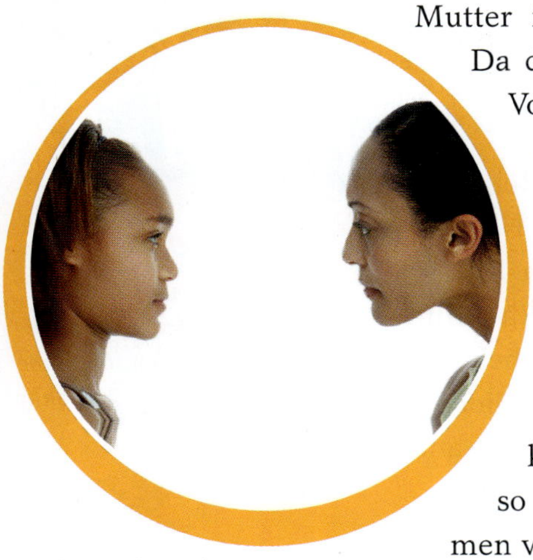

Häufigstes Streitthema: Chaos im Kinderzimmer

Die 14-jährige Julia lebt mit ihrer Mutter in einer kleinen Wohnung. Da die Mutter vor Kurzem eine Vollzeit-Arbeitsstelle annehmen musste, vereinbarte sie mit Julia, dass diese bestimmte kleinere Aufgaben im Haushalt übernimmt. Das funktionierte bisher aber oft nicht, weil Julia die Aufträge vergaß, keine Lust dazu hatte oder so lange mit Freunden zusammen war, dass keine Zeit blieb, die Arbeit zu erledigen. Die Mutter kritisiert auch, dass Julia so unordentlich ist. Nicht nur in Julias Zimmer bricht regelmäßig das Chaos aus, sondern sie lässt auch im Wohnzimmer, das der Mutter als Schlafzimmer dienen muss, alles liegen. Die Mutter ist sehr sauer, wenn sie nach der Arbeit erst einmal eine halbe Stunde oder mehr aufräumen muss. [...] Als die Mutter ihrer Freundin ihr Leid klagt, hört sie von dieser: „Das ist Erziehungssache!". „Ich möchte aber, dass sich im Zusammenleben mit Julia eine Art Partnerschaft entwickelt", erwidert die Mutter. Wer bestimmte Erziehungsziele erreichen will, muss geeignete Erziehungsmittel verwenden. Wer von einem Kind absoluten (blinden) Gehorsam und Unterordnung verlangt, wird dies mit harten Strafen, Drohungen und Befehlen zu verwirklichen versuchen.

Bernd Werdich, Bundeszentrale für politische Bildung (Hrsg.), Zeitlupe, Nr. 30, 1994, S. 9

M 6 Erziehungsmittel

Liebesentzug	unterstützen	drohen
Vorbild sein	schlagen	überzeugen
loben	fördern	tadeln
strafen	helfen	befehlen

Aus: Bundeszentrale für politische Bildung (Hrsg.), Zeitlupe, Nr. 30, 1994, S. 9

M 7 Streiten will gelernt sein – aus einem Ratgeber für Eltern

Gestritten wird überall: in der Ehe mit dem Partner, in der Familie mit den Kindern, im Bekanntenkreis mit Freunden und im Beruf mit Kollegen. Überall dort, wo es unterschiedliche Meinungen und Haltungen gibt, wird diskutiert und zuweilen auch heftig gestritten. Wer hat nicht schon erlebt, dass eine zuerst kleine „wohl gemeinte" Bemerkung sich später zu einem großen Streit entwickelt hat? [...] Streiten ist jedoch unvermeidbar und gehört zum Leben. Streiten muss nicht negativ sein, sondern kann wie ein Gewitter die Luft in einer Beziehung reinigen. Doch damit ein Streit sich positiv [...] auswirken kann, sind ein paar Grundregeln [...] zu berücksichtigen – und es ist auch ein gewisses Maß an Streit-„Kultur" notwendig. Insbesondere für Kinder ist die Art und Weise der Auseinandersetzung zwischen und mit den eigenen Eltern prägend und dient als gutes oder schlechtes Vorbild für die spätere, eigene Konfliktbewältigung.

Regeln für faires Streiten

1. Stell dich dem Konflikt und gehe die Probleme möglichst schnell an, denn Probleme, die runtergeschluckt werden, werden nur noch größer.
2. Wähle einen sinnvollen Zeitpunkt für die Aussprache, nicht unbedingt dann, wenn der andere gerade einen wichtigen Termin hat.
3. Überlege dir unbedingt schon vorher, was du sagen möchtest.
4. Versuche, Übertreibungen (z. B. mit Worten wie „nie" oder „immer") zu vermeiden. Sage also nicht „Nie habt ihr Zeit für mich!", besser: „Ich würde gerne mehr Zeit mit euch verbringen!".
5. Vorwürfe bringen nichts, formuliere besser konkrete Wünsche.
6. Sprich deine Gefühle an und formuliere „Ich-Botschaften".
7. Vergangenes sollte man nicht „aufwärmen".
8. Lass dein Gegenüber ausreden und zwinge dich dazu, ihm gut zuzuhören.
9. Merke: Es gibt in Konfliktsituationen nur selten eindeutig einen Schuldigen und keinen Sieger.

Nach: www.elternimnetz.de/cms/paracms.php?site_id=5&page_id=195, 18.6.2009

Aufgaben

1. Wie sollte sich Julias Mutter deiner Meinung nach verhalten? Welche der genannten Erziehungsmittel sollte sie anwenden, auf welches verzichten (M 5, M 6)?
2. Verdeutliche, weshalb ein Streit auch seine guten Seiten haben kann (M 7).
3. Formuliere auf der Grundlage der Regeln für „faires" Streiten einige „fatale" Regeln, die man vermeiden sollte (M 7).

2.2.3 Leben in der Clique

M 8 Was die Clique bedeutet

Kira, 15 Jahre

Es ist doch ganz einfach, Freunde zu haben. Ich habe aber nur eine beste Freundin. In unserer Clique sind wir acht Mädels, manchmal sind auch noch ein paar Jungs dabei. Stress gibt es bei uns in der Clique eigentlich nur dann, wenn wir lästern. Aber wir vertragen uns auch ziemlich schnell wieder.

Anton, 15 Jahre

Unsere Clique trifft sich meistens nur am Wochenende, weil wir alle weit voneinander entfernt wohnen. Wir sitzen dann zusammen, machen eigentlich nichts Besonderes, reden, hören Musik. Es tut gut, mit den anderen zusammen zu sein. Das Gefühl, dazuzugehören, das ist mir unwahrscheinlich wichtig.

M 9 Wenn es Streit gibt

Clique
Sie wird häufig auch als **Peer-Group** bezeichnet. „Peer" bedeutet im Englischen gleichaltrig.

Gruppendruck / Gruppenzwang
Er bewirkt eine Veränderung des Verhaltens oder der Einstellung von Personen innerhalb einer bestimmten Gruppe. Es kann vorkommen, dass die Personen diese Verhaltensweise nur innerhalb der Gruppe zeigen.

Streitigkeiten gibt es bei uns [in der Clique] leider relativ oft! Meistens geht es um Kleinigkeiten oder es ist eine Eigentümlichkeit einer Einzelnen, die nervt. Nur selten gibt es einen klar definierbaren Grund für Unstimmigkeiten. Doch sobald einen einmal etwas stört, reagiert man auf jede Kleinigkeit immer heftiger und die schlechte Stimmung schaukelt sich hoch. Deshalb ist echter Streit besser als nur sauer zu sein. Da wir uns so gut kennen, weiß man fast immer, zu welcher man gehen kann, die höchstwahrscheinlich die gleiche Meinung hat. […] Das zieht sich dann über einen längeren Zeitraum und wir versuchen erst, uns gegenseitig aus dem Weg zu gehen und reden kaum mit denjenigen, mit denen wir zerstritten sind. Höchstens mal unter vier Augen mit einer „Gegnerin" – so ist das einfacher, vernünftig zu bleiben. Irgendwann versuchen wir dann doch mit allen Beteiligten darüber zu sprechen. Manchmal geht eine „Partei" genervt weg, oder wir beschließen, es dabei zu belassen. […] Wir treffen uns im Chat und diskutieren dort, was uns stört. Das ist oft einfacher, weil man dort besser formulieren kann. Das bremst die Wut. […] Oder wir lassen unseren Ärger ab, damit wir in den „Verhandlungen" gelassener bleiben können. […] Oft vergehen Wochen, bis sich die Situation beruhigt hat – und eines Tages ist dann alles so wie immer, ohne dass die Sache wirklich geklärt ist. Das ist zwar keine unbedingt gute Lösung, aber oft die bequemste, denn eigentlich wollen wir ja nicht streiten. Ein Verhalten, was einmal schrecklich genervt hat, kann einen fast freuen, wenn man länger nicht in Kontakt war und das wieder erkennt.

Nyke Boniatowsky, Lucie Schooss, Unsere Clique: alle Mädchen aus der Zinnober, in: Szene, Gruppen, Peers, Friedrich Jahresheft Schüler 2010, S. 32 ff.

M 10 In der Clique Entscheidungen treffen

Szenario 1
Die beiden Freundinnen Laura und Lisa feiern gemeinsam ihren 15. Geburtstag. Sie laden ihre gesamte Clique ein. Die Eltern der beiden haben zugestimmt, dass sie zu Hause feiern dürfen. Die Abmachung war aber, dass es auf dem Fest keine alkoholischen Getränke geben darf. Als die Party in vollem Gange ist, kommen unangemeldet ältere Jungs hinzu und bringen [ein paar Flaschen Bier] mit …

Szenario 2
Eure Clique fährt in der Straßenbahn zum Live-Konzert. Die Spannung steigt, die Vorfreude ist groß. Ihr bekommt mit, wie zwei Jugendliche einen etwas sonderbar gekleideten, schmächtigen Jungen angreifen. Der Junge ist sichtlich verängstigt. Er versucht, in den vorderen Teil der Straßenbahn zu gelangen, doch die älteren Jugendlichen versperren ihm sowohl den Weg nach vorn zum Schaffner wie zu den Ausgangstüren …

Szenario 3
Du fühlst dich eigentlich ganz wohl in deiner Clique. Seit einiger Zeit benimmt sich ein Mitglied der Clique, Benjamin, aber wie ein „Platzhirsch". Er protzt mit den teuersten Klamotten, er bekommt am meisten Taschengeld von allen und will neuerdings immer über die Köpfe der anderen hinweg entscheiden, was gemeinsam in der Clique unternommen werden soll …

Szenario 4
Die Clique um Martin und Kevin ist eine eingeschworene Gemeinschaft. Die Jugendlichen tragen die gleichen Markenjeans und hören die gleiche Musikrichtung. Lukas, der erst kürzlich in die Stadt gezogen ist, kommt neu in die Klasse. Er hat andere Vorlieben, legt keinen Wert auf Markenkleidung und hört andere Musik. Mit Michael aus der Clique hat er sich schon angefreundet. Der Rest der Clique lehnt Lukas aber ab …

Landeszentrale für politische Bildung Baden-Württemberg, Demokratie (er-)leben, Politik & Unterricht, Heft 2/3 2006, S. 21

Aufgaben

1. Arbeite die Bedeutung der Clique aus den Aussagen der Jugendlichen heraus und ergänze diese mit eigenen Aussagen (M 8). Erstelle eine Liste: Was ist gut und was ist weniger gut an Cliquen.
2. In M 6 wird beschrieben, wie in einer Clique mit Konflikten umgegangen wird. Nimm in einem Brief an die Erzählerin / den Erzähler Stellung und gib Ratschläge für einen besseren Umgang mit Konflikten (M 9).
3. Bildet Gruppen. Versetzt euch in die vier beschriebenen Situationen. Wie würdet ihr in eurer Clique jeweils entscheiden? Begründet eure Entscheidung ausführlich (M 10).
4. Gruppendruck kann sich positiv, aber auch negativ auf das Verhalten des Einzelnen auswirken. Verdeutliche dies an selbst gewählten Beispielen.

2.2.4 Die Schulklasse – eine Gruppe wie jede andere?

M 11 Klassengemeinschaft

Viele Klassen lassen sich am Ende des Schuljahres und nicht nur zum Schulabschluss ein Klassen-T-Shirt anfertigen, um die Zusammengehörigkeit auszudrücken oder eine Erinnerung für später zu haben.

M 12 Eine klasse Gemeinschaft?

Schweigen ist Silber, Lästern ist Gold? Jeder will mal gehässig sein, keine Frage. Was aber auf Seiten wie isharegossip.com anonym abgeladen wird, das ist Diffamierung. Die Gehässigkeit kennt auf dieser Internetseite keine Grenzen. X „ist die größte Schlampe der Schule" […]. In diesem Ton geht es weiter mit Beleidigungen und persönlichen Angriffen, über 2.000 Kommentare ist die Liste lang. X ist Schülerin an einem Berliner Gymnasium, ihr Vorname und die Klasse, in die sie geht, werden auf der Homepage genannt. X ist Opfer von isharegossip.com geworden – einer Website, die eine neue Dimension des Cybermobbings darstellt. Dass Schüler Schüler im Internet belästigen, beleidigen oder bedrohen, ist kein neues Phänomen. Doch während in sozialen Netzwerken wie SchülerVZ und Facebook sichtbar ist, wer über wen in Chats oder auf den virtuellen Pinnwänden lästert, sind die Kommentare bei isharegossip.com anonym – und umso brutaler. […]

Direktoren von Berliner Schulen berichten, dass sie sich gegen isharegossip.com machtlos fühlen. Denn auch wenn sie die Seite auf den Servern der Schule längst gesperrt haben, können sie nicht verhindern, dass die Schüler in ihrer Freizeit Kommentare posten. Klassenlehrer führen deshalb mit ihren Schülern Gespräche über das Thema Cybermobbing und versuchen sie zu bewegen, gar nicht erst auf der Seite aktiv zu werden. Ist ein Kind beleidigt worden, sollten die Eltern einen Screenshot als Beweis machen und sich an die Polizei wenden – doch müssen sich die Kinder überhaupt trauen, Lehrern oder Eltern von den Beleidigungen zu berichten.

Pia Frey, Sonja Pohlmann, Tagesspiegel, 24.2.2011

Verbot von isharegossip.com
Nach einer Prügelattacke auf einen Berliner Jugendlichen wegen Beleidigungen auf *isharegossip.com* (engl: ich teile den Klatsch) ist die „Mobbing-Website" abgeschaltet worden.

M 13 Mobbing ist eine Form von Gewalt

„Die meisten denken, sie wissen, was Mobbing ist, doch niemand hat auch nur einen Schimmer, wie es sich anfühlt!" Jeder, der schon mal gemobbt wurde, weiß, wie es sich anfühlt, verbal und körperlich fertig gemacht zu werden. Als Laie könnte man denken, dass die ständigen Angriffe auf Geist, Seele und Körper das Schlimmste am Mobbing wären. Doch in Wirklichkeit macht einem Gemobbten die Ohnmacht zu schaffen, aus dem Teufelskreis des Mobbings nicht mehr rauszukommen. Niemand, der einem hilft, nichts, das helfen könnte. Denn Mobber finden immer einen Grund zu mobben.

Mobbing basiert auf Gruppendynamik. Dabei gibt es ein ganz einfaches Prinzip: In einer Gemeinschaft gibt es immer jemanden, der sich mehr behaupten kann als andere. Ohne eine richtige Wahl kommt diese Person automatisch zu einer Führungsposition. Diesem Gruppenleader schließen sich einige andere an. Hat er mit jemandem Streit oder einen Konflikt, so „hetzt" er seine „Anhänger" gegen das Opfer auf. Auch wenn ein Mitglied der Gruppe gut mit dem Anführer befreundet ist und das Mitglied Streit mit jemandem hat, kann es zum Mobbing kommen. Es machen nahezu alle Mitglieder der Mobbergruppe mit, weil sie Angst haben, selber gemobbt zu werden. Aus dem gleichen Grund wird die Gruppe auch immer größer. Um auch ja in ihrer Gruppe anerkannt zu werden, denken sich die Gruppenmitglieder viele Dinge aus, um ihr Opfer fertig zu machen. Sie finden immer eine Schwachstelle oder ein Makel, mit dem sie es aufziehen können. Haupttäter und Mitläufer werden also zu Mobbern.

Alexander Hemker, http://www.schueler-gegen-mobbing.de/portal/, 9.3.2011

Mobbing ist eine Form von Gewalt – die Opfer sind oft hilflos.

Gruppendynamik
Das kaum berechenbare Zusammenwirken und Funktionieren der zwischenmenschlichen Beziehungen von Mitgliedern in einer Gruppe nennt man Gruppendynamik.

M 14 Warum wird „gemobbt"?

Um Cyber-Mobbing besser verstehen zu können, lohnt ein Blick auf den vermeintlichen „Nutzen", den Mobbing für die TäterInnen haben kann:

- Entlastung: Mobbing dient als Ventil für aufgestaute Aggressionen.
- Anerkennung: Mobbing wird dazu verwendet, sich einen bestimmten Ruf zu verschaffen, z. B. besonders „cool" zu sein.
- Stärkung des Gemeinschaftsgefühls: Mobbing geschieht meist in der Gruppe nach dem Motto: „Gemeinsam sind wir stark."
- Demonstration von Macht: Mobbing wird eingesetzt, um Stärke zu zeigen, um klar zu stellen, wer „das Sagen hat".
- Angst: Oft spielen auch Versagensängste oder die Angst, selbst zu einem Mobbing-Opfer zu werden, eine Rolle. Vor allem „MitläuferInnen" wollen ihre Zugehörigkeit zur Gruppe nicht riskieren.

Barbara Buchegger, Aktiv gegen Cybermobbing, Schulmaterialien, Saferinternet.at, Wien 2009, S. 9

M 15 (Cyber-)Mobbing ist kein Kavaliersdelikt

Tipp
Die genannten Gesetze und Paragrafen findet ihr unter *www.gesetze-im-internet.de* oder unter *http://dejure.org*.

Auch wenn es kein Gesetz gegen Mobbing gibt, kann es dennoch eine Straftat sein. Relevante Paragrafen des Strafgesetzbuches (StGB) sind: §§ 185-187, 201, 238. Außerdem greift der Paragraf 22 des Kunsturhebergesetzes (KUG). Folgende Fälle sind typisch:

1. Marcus erhält immer wieder beleidigende E-Mails. Den Absender kennt er nicht.
2. Katharina entdeckt im Internet einen „Katha-Hate-Blog", der von ihrer ehemals besten Freundin Emma verfasst wird. Dort sind neben vielen beleidigenden Einträgen auch Fotos von Katharina sowie ein Gedicht eingestellt, das Katharina eigentlich für ihren Freund verfasst, es aber auch an Emma geschickt hatte.
3. Leon ruft Murat gegen seinen Willen ständig auf dem Handy an.
4. Sarah entdeckt auf einer privaten Homepage ihr Foto.
5. Paul findet auf einer Website eine Fotomontage, die ihn mit seiner Klassenlehrerin zeigt.

M 16 Was kann man als Betroffener tun?

Die Experten raten Folgendes:

- Rede mit einer Vertrauensperson (Freund, Freundin, Lehrer, Eltern) darüber, auch wenn es dir peinlich ist. Du bist dann nicht mehr alleine. Überlegt gemeinsam die nächsten Schritte, die auch bedeuten können, eine Anzeige bei der Polizei zu erstatten.
- Den Cyber-Mobber sperren. Die meisten Anbieter von sozialen Netzwerken (z. B. SchülerVZ) räumen die Möglichkeit ein, Mobber zu melden oder zu ignorieren. Oder: Handy-Nr. wechseln, den E-Mail-Spam-Filter entsprechend einstellen.
- Antworte nicht auf beleidigende Nachrichten, denn sonst tust du genau das, was die Mobber von dir erwarten.
- Beweise sichern. Fertige Screenshots an, speichere E-Mails, zeichne Anrufe auf. Das hilft, die Mobber zu ermitteln.

Nach: www.klicksafe.de, 24.3.2011

Aufgaben

1. Nennt Beispiele für Mobbing. Unterscheidet dabei zwischen verbalen und nonverbalen Handlungen und Mobbing durch körperliche Gewalt (M 11, M 12, M 15).
2. Zeigt die Folgen für die Mobbing-Opfer auf: Unterscheidet in gesundheitliche und soziale Folgen (M 11 – M 15).
3. Mobbing ist leider ein altbekanntes Phänomen in der Schule. Im digitalen Zeitalter hat es durch das Cybermobbing aber eine neue Qualität erfahren. Nennt typische Handlungen des Cybermobbings und zeigt die Unterschiede zum herkömmlichen Mobbing auf (M 11 – M 15).
4. Überprüfe, welche der in M 15 genannten Paragrafen in den geschilderten Fällen zur Anwendung kommen könnten.
5. Diskutiert, inwiefern es sinnvoll ist, Portale wie isharegossip.com zu verbieten.

2.2.5 Was sind Vorurteile?

M 17 Wie sind die Deutschen?

Die Deutschen sind zuverlässig, fleißig und haben keinen Humor. Das denken sie jedenfalls über sich selbst. Doch was sagen Nachbarn und Besucher über die Bewohner der Bundesrepublik?
Die europäischen Nachbarn halten die Deutschen vor allem für gut organisiert, akkurat und leicht pedantisch. Das ergab eine Studie der GfK Marktforschung, in der rund 12.000 Bürger in Deutschland, Frankreich, Großbritannien, Italien, den Niederlanden, Österreich, Polen, Russland, Tschechien und der Türkei befragt wurden.
Zuverlässigkeit, Umgänglichkeit und Geselligkeit sind Eigenschaften, die oft in den Deutschen gesehen werden. Jeder fünfte Niederländer beschreibt die Deutschen als nette und freundliche Menschen, immerhin ein Fünftel der Franzosen betont die Partnerschaft mit den europäischen Nachbarn. In Russland geben acht Prozent der Menschen an, dass sie die Deutschen mögen. Allerdings: Nahezu jeder fünfte Tscheche hält die Deutschen für arrogant, acht Prozent der Österreicher sagen spontan, dass sie die Deutschen nicht mögen, und knapp jeder zehnte Italiener verbindet Deutschland immer noch mit Hitler und den Nazis.

Angelika Sanktjohanser, www.focus.de/wissen/bildung/deutsch/stereotype_aid_21930.html, 12.3.2011

Deutsche auf Mallorca – auf der Beliebtheitsskala ganz unten.

M 18 Was sind Vorurteile?

Ein Vorurteil ist eine [...] verfestigte, vorgefasste Meinung gegenüber Personen, Bevölkerungsgruppen, Ländern oder Sachverhalten, die nicht auf Erfahrung beruht. Während man sich ein Urteil bilden kann, weil man die entsprechenden Erfahrungen gemacht hat, übernimmt man ein Vorurteil als ein Stereotyp (feste, starre Vorstellung) von jemand, den man in seiner Beurteilung anerkennt. Meistens enthalten Vorurteile eine Abwertung anderer Menschen oder Gruppen, durch die man sich selbst und die Gruppe, der man sich zugehörig fühlt, aufwertet. Vorurteile zielen besonders auf soziale Minderheiten innerhalb einer Gesellschaft, von denen man sich auf diese Weise abschirmen kann, ohne sich mit ihren Problemen auseinandersetzen zu müssen. Vorurteile werden oft mit der Erziehung vermittelt (auch die Bereitschaft, Vorurteile aufzunehmen), und es ist schwer, verfestigte Vorurteile wieder abzubauen.

Dieter Claessens / Karin Claessens, Gesellschaft. Lexikon der Grundbegriffe, Reinbek 1992, S. 235

M 19 Wir hatten sie die Pest genannt

Karikatur: Mester, Baaske Cartoons, Müllheim

Mike: Ich glaube, es war das Umfeld, in dem ich aufgewachsen bin. In unserer Umgebung wohnen fast nur Ausländer und mein Vater war schon immer der Ansicht, diese Menschen haben hier in unserem Land nichts zu suchen, weil sie schuld an der Arbeitslosigkeit, unter der er gelitten hat, wären und unter der ich leiden würde. Ich hatte keinen eigenen Kopf, sondern versuchte alles, um es meinem Vater recht zu machen. Schnell fand ich Freunde, die derselben Ansicht waren.

Es war also dein Vater, der daran schuld war, und der Gruppenzwang, der dann auf dich zukam?

So gesehen schon. Man kann sagen, dass ich einen richtigen Hass empfunden hatte, nur dadurch, dass ich ständig mit solchen Leuten zusammen war und wir uns nur über Ausländer beschwerten und sie schlecht machten. Wir hatten sie damals die Pest genannt …

Kamen auch Fälle vor, bei denen Unschuldige bzw. Wehrlose zu Schaden kamen?

Es fällt mir schwer, diese Geschichte wieder aufzurollen: Damals war eine Mutter mit ihrer Tochter unterwegs. Die Mutter trug ein Kopftuch und genau das war es, was die Jungs und mich so wütend machte. Zuerst warf einer von den Jungs einen Stein nach der Mutter und dann haben wir alle mitgemacht. Wir haben leere und halbvolle Flaschen geworfen. Einige von den Flaschen trafen die beiden auch, jedoch gingen sie weiter. Das Mädchen, ich schätze, sie war damals höchstens elf Jahre alt, fing an, laut zu weinen, als eine Flasche sie am Bein traf. Wir haben aber erst aufgehört, als wir sie nicht mehr sehen konnten.

Hat denn niemand etwas unternommen?

Einige grillten und einige saßen auf ihren Terrassen. Sie haben zwar gesehen, was wir getan haben, aber niemand hat sich eingemischt. Ich glaube, die meisten Leute haben Angst, etwas gegen Nazis zu unternehmen. […]

Wie kam es dann dazu, dass du nichts mehr von Nazis wissen wolltest? […]

Auch meine damaligen Freunde wurden immer weniger, denn die meisten fanden Arbeit und arbeiteten mit Ausländern zusammen. Deswegen wurden sie dann aus der Clique verstoßen. Wir waren also am Ende nur noch Vier und ich wollte nicht zu den Letzten gehören. Ich bemühte mich auch um einen Ausbildungsplatz und fand ihn dann in einer Tischlerei. Sie gehört einem Polen und als ich mit ihm sprach, war es plötzlich so, als ob meine Vergangenheit in den Abfluss fiel. Sie waren gar nicht so, wie mein Vater sie beschrieb. Mein Chef stottert nicht, stinkt nicht und er gibt mir die Chance zu arbeiten, also nimmt er mir auch nicht die Arbeit weg.

http://www.grundschulenrw.de/angebote/zeus/thema/rechtegewalt/06_15flasch.htm, 22.2.2007

M 20 Wie entstehen Vorurteile?

Ein Experiment: Der amerikanische Psychologe M. Sherif führte mit 12-jährigen Jungen ein Experiment durch und wollte dabei herausfinden, wie Vorurteile entstehen.

Stufe 1: Ungefähr zwei Dutzend Jungen, die sich vorher nicht kannten, trafen sich in einer Ferienanlage. Nach drei bis vier Tagen wurden wie üblich Freundschaften geschlossen.

Stufe 2: Nun wurden die Jungen in zwei Gruppen eingeteilt, wobei die Freunde bewusst auseinandergerissen wurden, was zunächst etwas Protest auslöste. Nach einigen weiteren Tagen verstanden sich die Jugendlichen innerhalb der Gruppe recht gut. Die einen nannten sich „Bulldoggen", die anderen die „Roten Teufel". Jeder glaubte, in der Gruppe zu sein, die tüchtiger, sportlicher und kameradschaftlicher ist.

Stufe 3: Jetzt ließ der Psychologe die beiden Gruppen bei sportlichen Wettkämpfen gegeneinander antreten, so etwa beim Tauziehen. Es kam zu offener Feindschaft zwischen den Gruppen. Jeder hielt die anderen für unfair und schließlich prügelten sie sich. Später kam es zu Überfällen auf die jeweils andere Unterkunft. Die Jugendlichen wurden befragt, was sie von den beiden Gruppen hielten: Dabei wurde die jeweils eigene Gruppe als die kameradschaftlichere, tapferere und nettere Gruppe bezeichnet, die „Feindgruppe" galt als unsportlicher, gemeiner und feiger.

Stufe 4: Der Leiter des Experiments versuchte, die Beziehungen zwischen den beiden Gruppen wieder in Ordnung zu bringen. Schließlich gelang es ihm tatsächlich, die Spannungen zwischen den verfeindeten Lagern abzubauen und den Frieden wiederherzustellen.

Dies gelang durch einen gemeinsamen Ausflug, der gemeinsam vorbereitet wurde, durch ein Fußballspiel gegen eine dritte Mannschaft, wobei aus den verfeindeten Mannschaften eine neue gebildet wurde. Schließlich brach durch einen „Zufall" die Wasserversorgung im Ferienlager zusammen und es gelang nur mit gemeinsamer Anstrengung, die Wasserversorgung wiederherzustellen.

Nach: Wolfgang Redwanz, Vorurteile, in: Zeitlupe 33/1994, Bonn 1994, S. 4

Aufgaben

1. Beschreibe, wie für dich ein typischer Amerikaner, Franzose, Italiener, Japaner ... aussieht. Begründe, wie dieses Bild entstanden ist (M 17).
2. Verdeutliche, welche Rolle der Gruppenzwang in Mikes Leben spielte (M 19).
3. Erläutere, wie die Vorurteile gegenüber der jeweils anderen Gruppe im Experiment (M 20) entstanden und wie sie schließlich abgebaut werden konnten.

Was wir wissen

Konflikte in der Familie
M 3

Wie in jeder Gruppe, in der Menschen intensiv zusammenleben, so kann es auch innerhalb der Familie zu Konflikten kommen. Die Ursachen dafür können sehr unterschiedlich sein. Manchmal entstehen Konflikte in der Familie, weil Eltern mit ihrer Erziehung ganz bestimmte Ziele verfolgen, diese aber den Kindern nicht immer einsichtig sind, oder wenn Erwartungen nicht erfüllt werden.

In den meisten Familien gelingt es, die Konflikte auf dem Verhandlungsweg zu lösen. Aber auch Streiten will gelernt sein. Die Anwendung von Gewalt ist in unserem Staat durch ein Gesetz verboten. Jedes Kind und jeder Jugendliche hat ein Recht auf eine gewaltfreie Erziehung.

Bedeutung der Peer-Group
M 8

Der starke Einfluss, den die Sozialisationsagentur oder Sozialisationsinstanz Familie auf Kinder und Jugendliche ausübt, lässt im Laufe unserer Entwicklung immer weiter nach. Neben die Familie treten nun Kindergarten, Schule, Jugendgruppe oder Peer-Group. Die Peer-Group trägt entscheidend zur Entwicklung der eigenen Persönlichkeit bei.

Die Schulklasse – eine besondere Gruppe
M 11, M 12

Viele der Gruppen, in denen wir uns bewegen, können wir uns nicht aussuchen – wir sind sozusagen zu einer Zwangsmitgliedschaft verpflichtet. Eine solche Gruppe ist beispielsweise die Schulklasse. Dennoch funktioniert das Zusammenleben und die Zusammenarbeit in den meisten Klassen gut und viele Schülerinnen und Schüler fühlen sich wohl. In einigen Schulklassen lässt sich allerdings auch beobachten, dass einzelne Schülerinnen oder Schüler als Außenseiter eine isolierte Position einnehmen, weil er oder sie wegen einer Eigenschaft oder einer Verhaltensweise die Ablehnung der Gruppe erfährt.

Mobbing
M 8 – M 12

Die schlimmste Form der Ausgrenzung ist das Mobbing. Es zielt ganz bewusst darauf ab, andere zu demütigen und zu schikanieren und kann unterschiedliche Formen von verbaler und nicht-verbaler bis hin zu körperlicher Gewalt annehmen. Eine besonders gemeine Form des Mobbings ist das Cybermobbing, weil es nicht in der direkten Auseinandersetzung, sondern im Internet vor einem nicht überschaubaren Publikum stattfindet. Häufig leiden die Opfer sehr lange unter den seelischen, gesundheitlichen und sozialen Folgen des Mobbings.

Vorurteile
M 14, M 16

Um die Ausgrenzung einzelner Klassen- oder Gruppenmitglieder zu verhindern, muss der Umgang mit Vorurteilen und Konflikten gelernt werden. Vorurteile sind teilweise oder vollständig falsche Urteile, die wir uns nicht selbst bilden, sondern meist von anderen übernehmen. Meist sind es einseitige Bewertungen von Personen oder Gruppen. Sie sitzen sehr „tief“ und finden immer wieder Bestätigung. So werden Menschen aufgrund ihrer Hautfarbe oder ihres Aussehens abgewertet. Dies geschieht immer in der Vorstellung, dass man selbst gut ist, die anderen aber die Schlechten sind. Vorurteile sind dann besonders gefährlich, wenn sie unser Handeln gegenüber anderen Menschen in der Gesellschaft bestimmen.

Der Mobbing-Test

Ob du bereits Mobbing-Opfer bist, kannst du leicht mit diesem Test überprüfen. Beantworte dafür alle Fragen ehrlich mit „ja“ oder „nein“ und rechne den erzielten Punktestand aus. Schaue anschließend in die Testauswertung:

1. Deine Möglichkeiten, sich frei zu äußern, sind stark eingeschränkt.	20P
2. Du gehörst einer anderen Nationalität oder Religion an als die meisten anderen in deiner Klasse.	15P
3. Du wirst von deinen Mitschülern nie privat eingeladen.	5P
4. Du wirst mit Telefonterror belästigt.	20P
5. Die Mitschüler verstummen, wenn du den Raum betrittst.	10P
6. Man lacht über dich.	10P
7. Man spricht nicht mehr mit dir.	20P
8. Du wirst ständig kritisiert.	15P
9. Man verbreitet Gerüchte über dich.	15P
10. Man greift deine persönliche Meinung an.	10P
11. Du bist sexuellen Belästigungen verbal oder tätlich ausgesetzt.	20P
12. Man zwingt dich Dinge zu tun, die dein Selbstbewusstsein verletzen.	20P
13. Man stellt deine Entscheidungen in Frage.	10P
14. Man imitiert dich, deinen Gang, deine Stimme, dein Lachen.	20P
15. Man gibt dir Aufgaben weit unter deinem Können.	10P
16. Man gibt dir Aufgaben, die deine Möglichkeiten übersteigen.	10P
17. Man verdächtigt dich, psychisch krank zu sein.	15P
18. Du hast keine Freude mehr an deiner Arbeit.	15P
19. Du warst in letzter Zeit öfter krank.	15P
20. Du warst in letzter Zeit gereizt.	10P
21. Du gehst nicht zu Klassenfesten oder sonstigen freiwilligen Veranstaltungen der Schule.	10P
22. Dir wurde schon einmal körperliche Gewalt angedroht.	15P
23. Deine persönlichen Dinge werden beschädigt (Schulranzen, Bücher, Mäppchen, Fahrrad, ...).	10P
24. Du gehst weniger aus als früher.	10P
25. Mitschüler werden gegen dich aufgestachelt.	20P
26. Man macht Witze auf deine Kosten.	20P
27. Mitschüler, zu denen du früher engeren Kontakt hattest, ziehen sich zurück.	15P
28. Du leidest an Schlafstörungen.	10P

Nach: Schüler-Mobbing, Mobbingtest, in: http://www.schueler-mobbing.de/mobb/modules/freecontent/index.php?id=6, Abruf am 23.4.2012

Testauswertung:

Gesamtpunktzahl unter 40 Punkte:
Du brauchst dir keine Sorgen zu machen.

Gesamtpunktzahl 40 - 80 Punkte:
Es kann der Anfang von Mobbing sein, kann aber auch andere Ursachen haben, wie Konflikte zu Hause oder im Freundeskreis.

Gesamtpunktzahl 80 - 165 Punkte:
Du bist Mobbing ausgesetzt, musst aber nicht „das Handtuch werfen“. Durch selbstbewusstes Auftreten und mutiges Ansprechen der Situation könntest du das Schiff noch wenden.

Gesamtpunktzahl über 165 Punkte:
Du bist Opfer von Mobbing. Die Situation ist für dich unerträglich und du solltest dich nicht scheuen, Hilfe von außen zu holen.

2.3 Ursachen und Formen sozialer Ungleichheit

2.3.1 Welche soziale Struktur hat Brandenburg?

M 1 Alter in Jahren und Familienstand in Brandenburg

	Einheit	2002	2006	2010
Einwohner	1.000	2.582	2.548	2.503
darunter weiblich	%	50,6	50,5	50,4
Ausländer	1.000	67	66	67
darunter weiblich	%	38,1	41,4	43,1

Alter in Jahren	Einheit	2002	2006	2010
unter 6	%	4,3	4,4	4,6
6 bis unter 18	%	12,3	9,7	8,9
18 bis unter 25	%	9,3	9,1	7,4
25 bis unter 35	%	11,2	10,5	11,1
35 bis unter 45	%	18,0	16,6	13,3
45 bis unter 55	%	15,0	17,3	18,7
55 bis unter 65	%	12,8	11,7	13,6
65 oder mehr	%	17,1	20,7	22,5

Familienstand	Einheit	2002	2006	2010
Männer	1.000	1.276	1.262	1.241
ledig	%	43,3	43,2	43,1
verheiratet	%	47,2	46,3	45,4
verwitwet	%	2,8	3,0	3,3
geschieden	%	6,6	7,5	8,2
Frauen	1.000	1.306	1.286	1.263
ledig	%	34,2	33,9	33,8
verheiratet	%	45,6	45,0	44,3
verwitwet	%	12,3	12,2	12,3
geschieden	%	8,0	8,9	9,6

Quelle: http://www.statistik-berlin.de/produkte/KleineStatistik/AP_KleineStatistik_DE_2011_BB.pdf, Abruf am 16.4.2012

M 2 Wanderungen über die Grenzen Brandenburgs

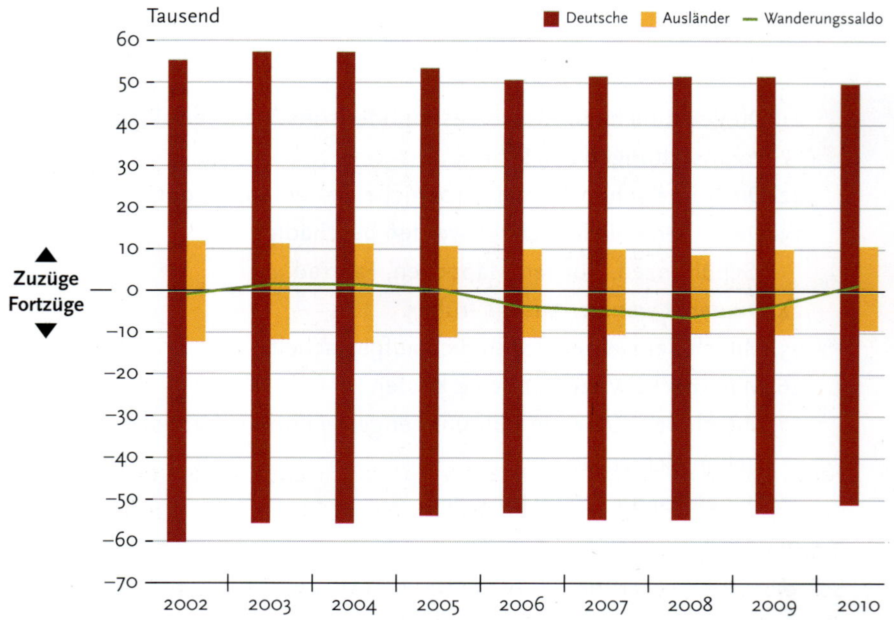

Quelle: ebd.

M 3 Mittleres monatliches Familiennettoeinkommen von Familien mit Kindern unter 18 Jahren

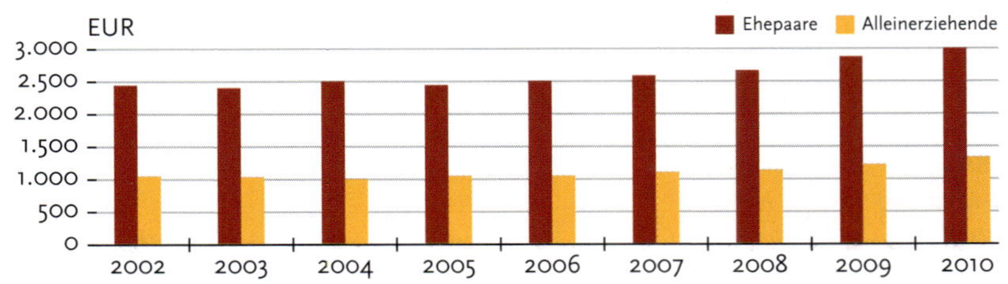

Quelle: ebd.

Bruttoinlandsprodukt (Bip) in Brandenburg
2002: 46,6 Mrd. Euro
2006: 51,2 Mrd. Euro
2010: 55,8 Mrd. Euro
Quelle: ebd.

M 4 Studierende in Brandenburg

	Einheit	2002	2006	2010
Studierende	Anzahl	37.500	42.331	50.941
darunter weiblich	%	50,6	49,8	50,9
an Universitäten	Anzahl	25.086	27.601	33.954
darunter weiblich	%	54,5	54,7	55,0
an Kunsthochschulen	Anzahl	641	648	540
darunter weiblich	%	47,1	42,1	49,4
an Fachhochschulen	Anzahl	11.293	13.393	15.766
darunter weiblich	%	42,2	40,1	42,1
an Verwaltungsfachhochschulen	Anzahl	480	689	681
darunter weiblich	%	44,8	52,8	51,5

Quelle: ebd.

M 5 Arbeitslosenquote in Brandenburg

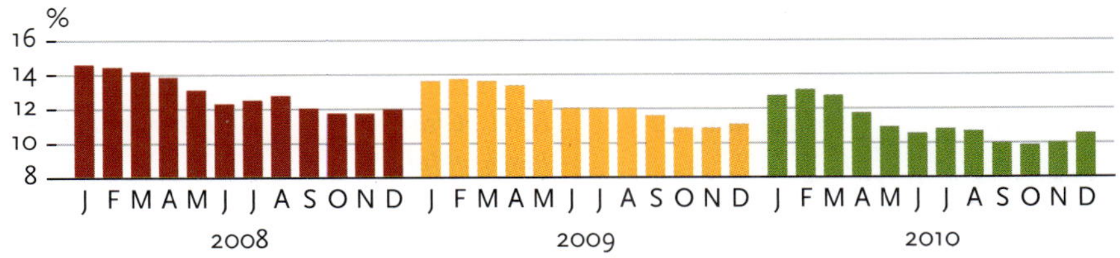

	Einheit	2002	2006	2010
Arbeitslosenquote	%	17,5	17,0	11,1

Quelle: ebd.

Aufgaben

1. Formuliert in Partnerarbeit jeweils die Kernaussage der Statistiken von M 1 bis M 5. Diskutiert, welche Bedeutung das Dargestellte für das Land Brandenburg hat.
2. Schreibt einen Leserbrief für die regionale Zeitung, indem ihr Wünsche für die zukünftige Sozialpolitik Brandenburgs äußert.

2.3.2 Welche soziale Struktur hat Deutschland?

M 6 Ein Modell zur Schichtung der Gesellschaft erstellen

Ordnet die folgenden Personen modellhaft so über- bzw. untereinander und / oder nebeneinander an, dass sie entsprechend ihrem Rang die Gesellschaftspyramide in Deutschland abbilden, wie du sie wahrnimmst. Stellt euer Modell vor und setzt euch mit Einwänden auseinander.

Petra Plietsch
a) 17 J.
b) ledig, 1 Bruder (Student Medizin)
c) Fissau, EFH
d) Schülerin, 11. Kl.
e) 600 €
f) Hobbies: Lesen, Mode, Reiten und gelegentlich Golf, hilft 2 x pro Woche bei Eutiner Tafel, will in Italien studieren (Architektur)

Erna Puhvogel
a) 82 J.
b) verwitwet, 2 Kinder
c) Sieversdorf, Mietwohnung
d) Kauffrau (früher, immer halbtags)
e) 11.900 €
f) benötigt Gehwagen, Kinder leben im Ausland

Hans Salschick
a) 21 J.
b) ledig, 0 Kinder
c) Malente, 1 Zi. Whg.
d) Malerlehre (abgebrochen), Gelegenheitsjobber (1 x pro Woche Garten)
e) Hartz IV: 4.200 € + Wohngeld
f) will Umschulung zum Gartenbauer machen, aber nicht aus Malente wegziehen (Freunde)

Klaus Heuberger
a) 46 J.
b) verh., 4 Kinder
c) Eutin, EFH Blaue Lehmkuhle
d) selbständiger Fleischermeister, 6 Angestellte, Umsatz: 1,1 Mio. €, Gewinn: 44.000 €
e) 35.000 €
f) 2. Vors. Eutin 08, Mitglied Eutiner Wählervereinigung

Martha Kleinschmidt
a) 48 J.
b) ledig
c) Ahrensbök, EFH Eutiner Str.
d) Hausfrau
e) ca. 80.000 € Kapitalerträge
f) Mitherausgeberin von „Haus und Hof", Hobby: 2 Rauhaardackel

Ursula Standmittel
a) 41 J.
b) ledig, keine Kinder
c) Kiel, Altstadtwohnung
d) selbständige Apothekerin, 8 Angestellte, Umsatz: 3,2 Mio. Euro, Gewinn: 110.000 €
e) 76.000 €
f) FDP-Stadträtin

Bettina Dornhage
a) 51 J.
b) geschieden, 3 Kinder
c) Kasseedorf, EFH
d) MdB, SPD
e) 68.000 €
f) Mitglied in 18 Vereinen und Verbänden, teils in leitender Funktion

Hartmut Herndom
a) 65 J.
b) verh., 3 Kinder
c) Frankfurt, EFH
d) Vorstandsvorsitzender der Deutsche Bahn AG
e) 2,35 Mio. €
f) Vorstandsmitglied der Stiftung Lesen, Mitgl. der student. Verbindung Franconia Berlin

Heinz Kuppler
a) 26 J.
b) ledig, 2 Kinder
c) Kleinstrelitz (40 km südlich von Leipzig)
d) Rangierer
e) 17.000 €
f) trägt 3 x pro Woche morgens die Leipziger Volkszeitung aus

Carina Schönhaar
a) 23 J.
b) verlobt
c) Cottbus, RMH (Reihenmittelhaus mit Verlobtem, zur Miete)
d) Friseurin (Gesellin)
e) 16.000 €
f) will später Meisterin werden, pflegt „nebenbei" demenzkranken Vater

Ali Kügculu
a) 35 J.
b) verh., 1 Kind
c) Hamburg, Speicherstadt
d) Ingenieur, selbst. Teppichhändler, Umsatz: 2 Mio., 16 Mitarbeiter (Familie)
e) 120.000 €
f) aktiv im Dt.-Türk. Verein, mit Lotto King Karl befreundet, in Altona aufgewachsen

Gosha Sikorski
a) 26 J.
b) geschieden, 2 Kinder
c) Kiel Mettenhof, 4 Zi.-Whg.
d) ungelernt, arbeitslos, inoffiziell 5 Putzjobs (jeden Vormittag 5 Std. á 9 €/h)
e) 4.200 € (Hartz IV) + WG, 3.700 € Kindergeld, ca. 11.000 € (Putzen)
f) Mutter hilft bei Kinderbetreuung

Karl „Charlie" Halbseidel
a) 44 J.
b) 3 x geschieden, 2 Kinder
c) Hamburg, Reeperbahn
d) Gastronom und Hotelier, Umsatz: ca. 5 Mio., 10 Mitarbeiterinnen
e) 450.000 €
f) mehrfach vorbestraft, Vorsitz Motorradclub der Harley Angels

Günter Schlauberger
a) 73 J.
b) verh., 1 Kind, 2 Enkel
c) Timmendorfer Strand, EFH Nähe Promenade
d) Oberstudiendirektor a.D.
e) 55.000 €
f) Mitglied der Akademischen Gesellschaft, von Nov.-Feb. mit seiner Frau in Ferienwohnung / Palma

a) Alter, b) Familienstand, c) Wohnort, d) beruflicher Status, e) Einkommen (pro Jahr, verfügbares Einkommen), f) Sonstiges

M 7 Eine moderne Landkarte der Gesellschaft: die Sinus-Milieus

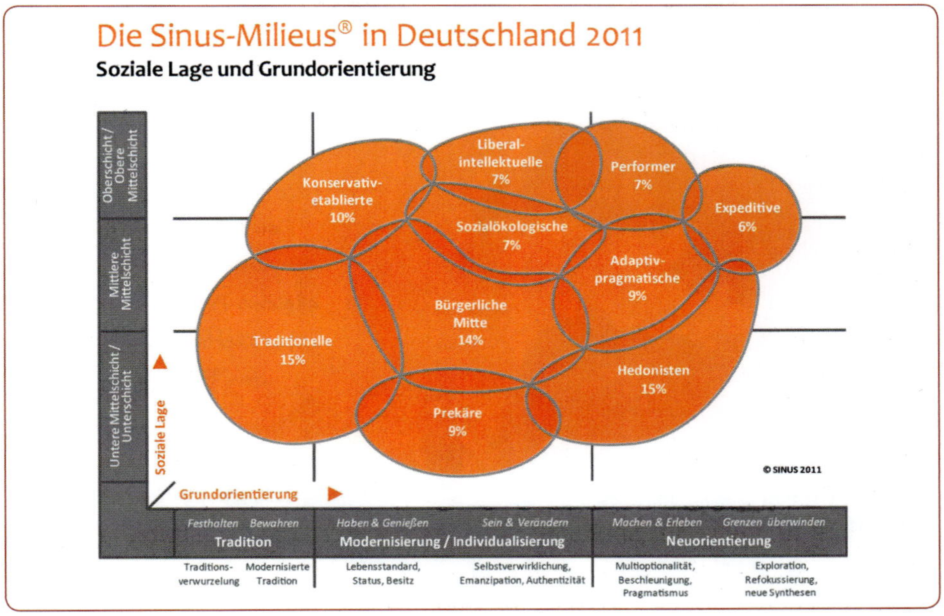

Sinus Markt- und Sozialforschung GmbH, Heidelberg 2011

Der Milieuansatz gruppiert die Menschen nach Unterschieden in ihren Wertorientierungen und Lebensstilen. Dazu werden die Menschen zu ihren Lebenszielen, nach ihren Einstellungen zu Arbeit, Freizeit und Konsum, zu Familie und Partnerschaft, nach ihren Zukunftsperspektiven und politischen Grundüberzeugungen befragt. Das Sinus-Institut definiert den Milieu-Begriff folgendermaßen: „Soziale Milieus fassen, um es vereinfacht auszudrücken, Menschen zusammen, die sich in Lebensauffassung und Lebensweise ähneln, die also gleichsam ‚subkulturelle' Einheiten innerhalb der Gesellschaft bilden." Je weiter rechts ein Milieu positioniert ist, desto moderner ist die Grundorientierung. Gleichzeitig fließt der Aspekt der sozialen Schichtung mit ein. Je höher ein Milieu in der Grafik angesiedelt ist, desto gehobener sind Bildung, Einkommen und Berufsgruppe. Auf den verschiedenen Ebenen der Schichtungshierarchie gibt es aber nicht nur ein typisches Milieu, sondern mehrere nebeneinander existierende Milieus.

Konservativ-etabliertes Milieu: Klassisches Establishment mit Exklusivitäts- und Führungsanspruch, zeigt aber auch Tendenz zum Rückzug. **Liberal-intellektuelles Milieu:** Aufgeklärte Bildungselite mit liberaler Grundhaltung und postmateriellen Wurzeln, hat starken Wunsch nach Selbstbestimmung. **Milieu der Performer:** Effizienzorientierte Leistungselite, denkt global, hohe IT-Kompetenz, sieht sich als stilistische Trendsetter. **Expeditives Milieu:** Unkonventionelle, kreative Avantgarde, individualistisch, sehr mobil, digital vernetzt, sucht nach Grenzen. **Bürgerliche Mitte:** Der leistungs- und anpassungsbereite Mainstream, bejaht die gesellschaftliche Ordnung, strebt nach beruflicher und sozialer Etablierung sowie nach Sicherheit und Harmonie. **Adaptiv-pragmatisches Milieu:** Zielstrebige, junge Mitte der Gesellschaft mit ausgeprägtem Lebenspragmatismus und Nutzenkalkül. **Sozialökologisches Milieu:** Idealistisch, konsumkritisch, globalisierungsskeptisch, besitzt ausgeprägtes ökologisches und soziales Gewissen. **Traditionelles Milieu:** Ordnungsliebende Kriegs- und Nachkriegsgeneration, kleinbürgerlich oder der Arbeiterwelt verhaftet. **Prekäres Milieu:** Um Teilhabe bemühte Unterschicht, Zukunftsangst und Ressentiments. **Hedonistisches Milieu:** Spaß- und erlebnisorientiert, verweigert sich den Konventionen und Leistungserwartungen der Gesellschaft.

Aufgaben

1. Entwickelt in Gruppen ein Schichtungsmodell der Gesellschaft (M 6).
2. Vergleicht euer Gesellschaftsmodell mit dem Modell der Sinus-Milieus und ordnet nun einzelne Karten den Milieus zu (M 6, M 7).
3. Auftraggeber für Milieuforschungen sind vor allem Parteien, Ministerien, Unternehmen oder gesellschaftlich relevante Gruppen und Organisationen: Stelle dar, inwieweit die Ergebnisse solcher praxisorientierter Studien für die Auftraggeber hilfreich sind.

2.3.3 Ungleich gleich ungerecht?

M 8 Gerechte Prüfungsaufgabe?

Karikatur: Hans Traxler

M 9 Ist Ungleichheit ungerecht?

Ungleichheiten im Steuersystem, ungleiche Bildungschancen, Ungleichheiten in der medizinischen Versorgung etc. Handelt es sich in all diesen Fällen tatsächlich um Beispiele sozialer Ungerechtigkeit?

Nicht notwendigerweise! Denn es gibt zum einen unterschiedliche Vorstellungen darüber, was als gerecht oder ungerecht zu bezeichnen ist. So sind hohe Einkommensungleichheiten nur dann ungerecht, wenn man soziale Gerechtigkeit als Ergebnisgleichheit versteht, also jeder das Gleiche bekommen sollte. Einkommensungleichheiten können aber auch sozial gerecht sein, wenn man der Ansicht ist, dass die Einkommensverteilung in einer Gesellschaft die individuelle Leistungsfähigkeit widerspiegeln sollte. In beiden Fällen beruft man sich auf Gerechtigkeit, kommt aber jeweils zu einem anderen Urteil. [...] Ungleichheiten sind somit nicht per se ungerecht und auch nicht immer im Namen der sozialen Gerechtigkeit zu korrigieren.

Stefan Liebig, Meike May, Dimensionen sozialer Gerechtigkeit, in: Aus Politik und Zeitgeschichte, 16.11.2009, S. 3

M 10 Prinzipien der Gerechtigkeit

In der politischen Debatte gibt es Übereinstimmung darin, dass das politische System und seine Gesetze „gerecht“ gestaltet werden sollten. Dabei ist man sich allerdings nicht einig darüber, was unter „gerecht“ zu verstehen ist. Verschiedene Gerechtigkeitsbegriffe haben sich herausgebildet:

(1) Die Auffassung einer **Chancengerechtigkeit**, die allen die gleichen Start- und Entwicklungschancen garantiert, indem finanzielle Notlagen weitgehend ausgeglichen werden. Die wirtschaftlich Starken zeigen sich solidarisch, indem sie höhere Steuern an den Staat abführen.

(2) Die Vorstellung einer **Leistungsgerechtigkeit**, welche zwar jedem das Überleben sichert, die „Leistungserbringer“ und Steuerzahler zur Unterstützung arbeitsloser und nicht arbeitsfähiger Personen aber nicht belastet. Wer am Markt erfolgreich ist, der wird auch belohnt.

(3) Die **Bedarfsgerechtigkeit** verfolgt das Ziel, dass der anerkannte Bedarf (nach Essen, Kleidung, kultureller Teilhabe etc.) eines jeden Gesellschaftsmitglieds gedeckt werden kann. Dazu werden die Einkommensstarken stärker belastet, um finanzielle Notlagen auszugleichen.

M 11 Interview mit einem Nobelpreisträger

Frage: Umverteilung, national wie international, ist Ausfluss der heute nahezu allgemein akzeptierten Idee sozialer Gerechtigkeit. Halten Sie davon denn gar nichts?

Hayek: Nein, nicht das Geringste. Was heißt denn hier Gerechtigkeit? Wer ist denn da gerecht oder ungerecht? Die Natur? Oder Gott? Jedenfalls nicht Menschen, da die Verteilung, die aus dem Marktprozess hervorgeht, nicht das beabsichtigte Ergebnis menschlichen Handelns ist. Daher ist der Begriff der sozialen Gerechtigkeit in einer marktwirtschaftlichen Ordnung mit freier Berufswahl völlig sinnlos. Soziale Gerechtigkeit kann es nur in Befehlswirtschaften geben, wo der Staat über die relativen Einkommen der einzelnen Bürger bestimmt. [...] Diese unglückselige Idee sogenannter sozialer Gerechtigkeit behauptet, dass die Entlohnung des Einzelnen nicht davon abhängen soll, was er tatsächlich zum Sozialprodukt beiträgt, sondern davon, was er verdient.

Frage: Was heißt dann für Sie Gerechtigkeit?

Hayek: Es gibt für mich nur eine Gerechtigkeit, das ist die Gleichheit vor dem Gesetz. Jede Abweichung davon, selbst mit besten Absichten, öffnet der Willkür Tür und Tor, zerstört die Freiheit und damit den höchsten Wert, weil Voraussetzung für alle anderen Werte.

Friedrich August von Hayek (1899-1992), Nobelpreisträger für Wirtschaftswissenschaften

Aufgaben

1. Bildet Kleingruppen und diskutiert, was an der in der Karikatur in M 8 gestellten Aufgabe gerecht, was ungerecht ist.
2. Definiere die Begriffe Ungleichheit und Ungerechtigkeit (M 9).
3. Ordne zu, welche Vorstellung von sozialer Gerechtigkeit der Nobelpreisträger Hayek vertritt (M 10, M 11). Nimm dazu Stellung.

2.3.4 Chancengleichheit – ein Mythos?

M 12 Wie bist du da rübergekommen?

Karikatur: Karl-Heinz Schoenfeld

M 13 Schlägt soziale Herkunft Leistung?

Die Klassenlehrerin von Jost Blümel (Name geändert) ist sich sicher: „Mit seinen Fähigkeiten hätte der Junge es auch auf dem Gymnasium geschafft." Doch der 16-Jährige geht in die 9. Klasse einer Hauptschule. Er hat wache Augen, liest gern Stephen King, schaffte einen Notendurchschnitt von 2,4. „Die Leistungen reichen aber nicht für eine Lehrstelle", ahnt Jost jetzt schon.

Er möchte Tischler werden, aber zu viele bewerben sich um einen Ausbildungsplatz. Obwohl Jost in der Grundschule den Lernstoff schnell aufgefasst hat, war seine Mutter nicht der Meinung, dass er unbedingt aufs Gymnasium soll. Die gelernte Speditionskauffrau hat Jost allein aufgezogen, bezieht Sozialhilfe. Als Jost klein war, hat sie gearbeitet und konnte ihm nicht viel helfen.

So hätte Alexander von Witzlebens Ausbildung nicht verlaufen können. Der 40-jährige Vorstandsvorsitzende des Jenoptik-Konzerns kommt aus einer stolzen Familie, die ihrem Nachwuchs von Anfang an klar macht, dass er hoch hinaus soll. Von Witzleben hätte auch dann studiert, wenn er weniger clever gewesen wäre. Doch mit seinen Fähigkeiten legte er eine Bilderbuchkarriere in der Industrie hin. Ihn und keinen anderen wünschte sich Lothar Späth als Nachfolger an der Spitze des ostdeutschen High-Tech-Unternehmens Jenoptik. [...]

Die Bildungspolitiker rätseln: Warum nutzen nicht mehr junge Leute aus den unteren Schichten die Möglichkeit, kostenlos zu studieren und später einen gut bezahlten Job zu ergattern? Weil Eltern, Lehrer und Manager zusammenarbeiten, um sie draußen zu halten. Die Gesellschaft selektiert gnadenlos, und das beginnt schon in der Grundschule. „Selbst bei guten Noten gehen nur 38 Prozent der Unterschichtkinder auf ein Gymnasium", sagt der Sozialwissenschaftler Rainer Geißler. Damit die Lehrer sie fürs Gymnasium empfehlen, müssen Grundschüler aus benachteiligten Verhältnissen 50 Prozent mehr Leistung bringen, so Geißler. Und selbst wenn sie die Empfehlung bekommen, heißt das noch nicht, dass sie künftig ein Gymnasium besuchen – 52 Prozent der Ungelernten schicken ihre Kinder trotzdem auf eine Haupt- oder Realschule.

Die Sozialerhebung des Deutschen Studentenwerks von 2004 vergleicht, was aus hundert Kindern weniger gebildeter Eltern wird: 64 gehen gar nicht erst auf weiterführende Schulen und fallen damit für eine Karriere in Berufen mit hohem Einkommen und Sozialprestige weitgehend aus. Von den verbleibenden 36 machen 25 trotz Abi einen Bogen um die Unis – da waren's nur noch elf.

Immerhin: Auf Anraten seiner Lehrer erwägt Hauptschüler Jost, auf die höhere Berufsfachschule zu gehen – setzt er sich dort durch, kann er danach noch an einer Fachhochschule studieren. Gute Lehrer könnten Fähigkeiten und Ehrgeiz in einem Jugendlichen auch wecken, sagt Politikwissenschaftler Hennis. Und letztlich gelte doch: „Mit Fleiß und Begabung hatte man immer schon Chancen."

Finn Mayer-Kuckuk, Spiegel Online, 30.6.2004

Bildungsbeteiligung von Kindern
nach akademischem Abschluss des Vaters

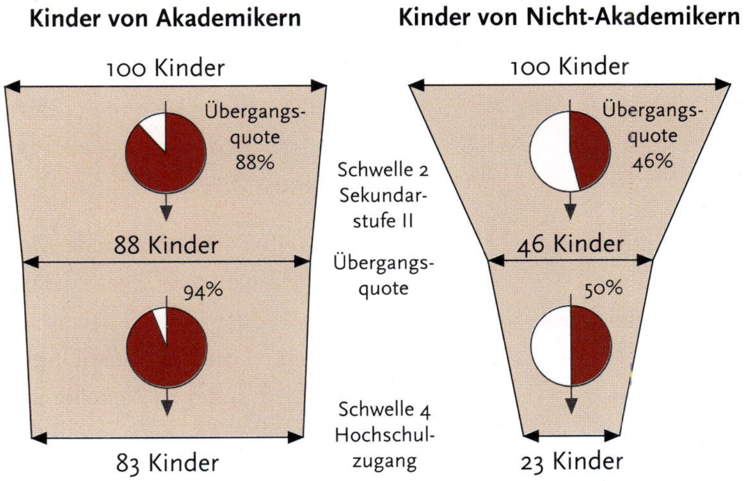

Quelle: Statistisches Bundesamt, Sonderauswertungen Mikrozensus 2001 und 2005; HIS-Studienanfängerbefragung 2005; Eigene Berechnung DSW/HIS.

Lebenslagen in Deutschland. Der 3. Armuts- und Reichtumsbericht der Bundesregierung, 2008, S. 69

Aufgaben

1. Interpretiere die Karikatur (M 12).
2. Erläutere die Grafik in M 13.
3. „Mit Fleiß und Begabung hatte man schon immer Chancen." Stelle gegenüber, was für bzw. gegen diese Sichtweise spricht, und nimm persönlich dazu Stellung (M 13).

Was wir wissen

Sozialstruktur
M 1 – M 7

Jüngere Versuche zur Beschreibung der Gesellschaft tragen der fortschreitenden Differenzierung Rechnung und ergänzen Merkmale wie das Einkommen um Merkmale, die die verschiedenen Wertorientierungen (z. B. Lebensziele, Vorstellungen vom Glück) der Menschen berücksichtigen. Die Verknüpfung dieser Merkmale führt zu verschiedenen sozialen Milieus einer Gesellschaft. Ein sehr bekanntes Modell der Sozialstruktur ist das Modell der Sinus-Milieus.

Dimensionen sozialer Ungleichheit
M 8

Zu allen Zeiten waren manche Menschen innerhalb der Gesellschaft besser gestellt als andere. Diese soziale Ungleichheit lässt sich auch in den modernen Industrie- und Dienstleistungsgesellschaften beobachten. Am deutlichsten ist die Ungleichheit bei der Verfügbarkeit von Einkommen und der damit verbundenen Teilhabe an Macht und Prestige. Ungleichheit lässt sich aber auch im Bereich von Bildung, bei der Stellung von Männern und Frauen oder bei der Herkunft beobachten. Üblich ist eine vertikale Differenzierung, also eine Schichtung in „Oben und Unten".

Ungleich gleich ungerecht?
M 9, M 10

Die bestehenden Ungleichheiten in einer Gesellschaft werden oft „automatisch" als ungerecht und deshalb als beseitigenswert empfunden. Deshalb sollten die Begriffe Ungleichheit und Ungerechtigkeit getrennt werden. Bei der Beschreibung von Ungleichheit handelt es sich zunächst nur um eine Feststellung (Sachaussage). Empfindet man die Ungleichheit als ungerecht, so ist dies ein Werturteil. Gerechtigkeit ist dabei keine objektive, messbare Größe. Was gerecht ist und was nicht, hängt von den Maßstäben ab, die der Betrachter anlegt. So unterscheidet man Chancen-, Leistungs- und Bedarfsgerechtigkeit.

Chancengleichheit
M 12, M 13

Die Entwicklung Deutschlands zur modernen Industrie- und Dienstleistungsgesellschaft bzw. zur Wissens- und Informationsgesellschaft und die damit verbundenen Anforderungen an die Individuen haben seit den 1960er Jahren zu einer enormen **Bildungsexpansion** geführt. Gewinnerinnen dieser Bildungsexpansion sind eindeutig Mädchen und junge Frauen. Im allgemein bildenden Schulwesen bis einschließlich zum Abitur haben sie die Jungen mittlerweile überholt.

Im berufsbildenden Bereich und an den Hochschulen sind aber die Männer nach wie vor erfolgreicher als die Frauen. Frauen holen aber auch dort immer stärker auf. Die Anhebung des Gesamtbildungsniveaus führte jedoch nicht zu einer Umverteilung der Bildungschancen. Insbesondere die Kinder der ungelernten Arbeiter sind vom Bildungsboom kaum erfasst worden; die Beamtenkinder konnten ihren Vorsprung an Gymnasien und Universitäten hingegen deutlich ausbauen.

In kaum einem anderen Land der Erde ist der Schulerfolg eines Kindes so stark abhängig von der sozialen Herkunft wie in Deutschland.

Prinzipien der Gerechtigkeit – ein Gedankenexperiment

Entwirf mit deinen Mitschülern die Verfassung für eine gerechte Gesellschaft. Schreibe in Artikeln die Grundsätze nieder, die du für eine gerechte Gesellschaft für wichtig und notwendig hältst.
Es gelten dabei folgende Bedingungen:

1. Du weißt, wie eine Gesellschaft im allgemeinen funktioniert und dass es bestimmte Grundgüter gibt. „Die wichtigsten gesellschaftlichen Grundgüter sind Rechte, Freiheiten und Chancen sowie Einkommen und Vermögen.“ (Rawls)

Es kommt also darauf an, nach welchen Grundsätzen diese Grundgüter verteilt werden sollen.

2. Der „Schleier der Unwissenheit“:
   Alle individuellen Dinge über dich selbst weißt du nicht – nicht dein Alter, nicht dein Geschlecht, auch nicht deine Begabungen, vor allem aber nicht die politische, soziale und wirtschaftliche Lage, die du künftig einnehmen wirst.

Es kommt also darauf an, dass du in deinem eigenen Interesse bei der Festlegung der Grundsätze eine unparteiische Haltung einnimmst.

Entwurf einer Verfassung für eine gerechte Gesellschaft

Artikel 1: ...

Artikel 2: ...

Artikel 3: ...

2.4 Sozialstaat und soziale Sicherung

2.4.1 Worauf baut das soziale Sicherungssystem auf?

M 1 Niemand muss im Regen stehen ...

Karikatur: Aurel

M 2 Das Sozialstaatsgebot im Grundgesetz

Art 1,1 GG
„Die Würde des Menschen ist unantastbar. Sie zu achten und zu schützen ist Verpflichtung aller staatlichen Gewalt."

Art 20,1 GG
„Die Bundesrepublik Deutschland ist ein demokratischer und sozialer Bundesstaat."

Im Grundgesetz, der deutschen Verfassung, werden den Bürgerinnen und Bürgern ihre Grundrechte garantiert und die Organisation des Staates festgelegt. Artikel 20 fasst die wichtigsten Staatsprinzipien zusammen. Das darin enthaltene „Sozialstaatsgebot" verpflichtet den Staat dazu, das Ziel eines sozialen Ausgleichs bei allen staatlichen Maßnahmen zu berücksichtigen. In Verbindung mit dem Grundrecht auf ein menschenwürdiges Leben ergibt sich daraus ein Anspruch des Einzelnen gegen den Staat, für ihn im Falle seiner – verschuldeten oder unverschuldeten – Bedürftigkeit so zu sorgen, dass sein Existenzminimum gesichert ist. Wer zum Beispiel durch Krankheit oder Alter in eine Notlage geraten ist, muss durch die Unterstützung staatlich organisierter Sozialsysteme eine angemessene Behandlung und ausreichende Hilfe bei der Existenzsicherung erhalten. Der Staat ist auch dazu verpflichtet, „Daseinsvorsorge" zugunsten der Bürgerinnen und Bürger zu betreiben, d.h. die Versorgung mit Gas, Wasser, Strom und Schulen, öffentlichen Verkehrsmitteln u. a. sicher zu stellen. Er muss dies allerdings nicht immer kostenlos tun, sondern kann dafür eine zumutbare Gegenleistung in Geld fordern.

M 3 Die Säulen der sozialen Sicherung

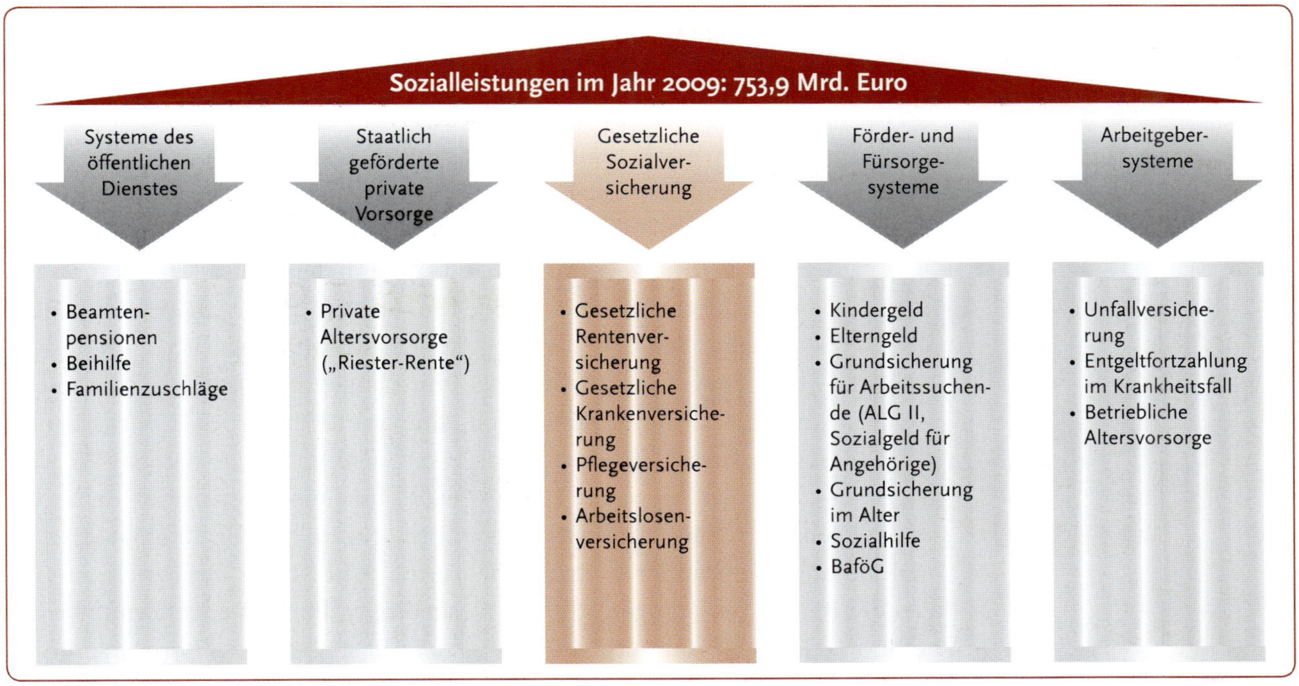

M 4 Das soziale Sicherungssystem in Deutschland

Das Kernstück des Sozialstaats in Deutschland ist die gesetzliche Sozialversicherung. Sie ist im Sozialgesetzbuch geregelt und schreibt verpflichtend vor, dass jeder Mensch, der in einem regulären Beschäftigungsverhältnis (sozialversicherungspflichtige Vollzeit- und Teilzeittätigkeiten) steht, gegen bestimmte Grundrisiken des Lebens versichert sein muss. Arbeitgeber und Arbeitnehmer beteiligen sich je zur Hälfte an der Finanzierung der Versicherungen. Auf diese Weise ist ein Arbeitnehmer versichert bei Arbeitslosigkeit, bei Krankheit, bei Pflegebedürftigkeit, im Alter, wenn er nicht mehr berufstätig sein kann, und bei Unfällen. Diejenigen, die aus den gesetzlichen Sozialversicherungen keine oder keine ausreichenden Leistungen beziehen können, erhalten im Falle ihrer Bedürftigkeit eine Grundsicherung, die aus allgemeinen Steuermitteln finanziert wird.

Darüber hinaus leistet der Sozialstaat auch in besonderen Lebenslagen Unterstützung, z. B. für Familien, Kinder oder die Ausbildung. Der Sozialstaat wird von dem Grundgedanken der „Solidarität" getragen, d.h. dem Prinzip gegenseitiger Hilfe. Im Bedarfsfall tritt die Gemeinschaft mit ihren Mitteln für den Hilfebedürftigen ein.

Aufgaben

1. Sammle die in der Abbildung (M 1) dargestellten Situationen bzw. Risiken. Ordne sie den Säulen und Bausteinen des sozialen Sicherungssystems in Deutschland (M 3) zu.
2. Führe den Satz zu Ende: „Das soziale Sicherungssystem in Deutschland baut auf ..." (M 1 – M 4).

2.4.2 Die Bausteine der gesetzlichen Sozialversicherung

M 5 Die gesetzliche Rentenversicherung und die „Riester-Rente“

Die gesetzliche Rentenversicherung ist für Arbeitnehmer in der Bundesrepublik verpflichtend. Sie ist nach dem Prinzip des Umlageverfahrens konstruiert. Danach werden die Beiträge der Arbeitnehmer und Arbeitgeber, die in die gesetzlichen Rentenkassen eingezahlt werden, sofort zur Finanzierung der Renten verwendet. Die heutigen Einzahler finanzieren also die Renten der jetzigen Altersgeneration. Das bedeutet, dass die Kinder und Enkel der jetzigen Einzahler einmal deren Renten aufbringen müssen. Dieses Prinzip wird auch **Generationenvertrag** genannt. Die Beiträge (19,9 % vom Bruttoarbeitseinkommen im Jahr 2011) teilen sich Arbeitgeber und Arbeitnehmer „paritätisch“, d.h. zu gleichen Anteilen. Das Bruttoeinkommen wird jedoch nur bis zu einer Beitragsbemessungsgrenze (5.500 € West/4.650 € Ost monatlich) zu Grunde gelegt. Der darüber liegende Teil des Einkommens ist beitragsfrei. Der Staat zahlt einen Zuschuss aus allgemeinen Steuermitteln. Die Höhe der Altersrente richtet sich zum einen nach der Einzahlungsdauer und nach der Höhe der eingezahlten Beiträge (also nach der Höhe des Gehalts) über die gesamte Versicherungszeit hinweg. Noch beginnt das Renteneintrittsalter bei 65 Jahren, ab dem Jahre 2012 soll das Renteneintrittsalter schrittweise auf 67 Jahre angehoben werden. Neben der Altersrente erwerben Beitragszahler u. a. Ansprüche auf Witwen/Witwerrente und eine (geringere) Rente bei eingeschränkter Berufsfähigkeit, z. B. durch Krankheit. Zusätzlich zur gesetzlichen Rentenversicherung bieten viele Betriebe eine Altersvorsorge an und schließlich kann jeder sich auch freiwillig privat versichern. Der Staat fördert solche privaten Versicherungsabschlüsse, indem er Zulagen finanziert, wenn das Versicherungsangebot bestimmte Bedingungen erfüllt. Diese private Zusatzversicherung mit staatlicher Förderung wurde nach ihrem „politischen Vater“, dem ehemaligen Arbeitsminister Walter Riester, „Riester-Rente“ genannt. Selbständige können der gesetzlichen Rentenversicherung beitreten, müssen es aber nicht. Beamte werden später vom Staat durch Pensionen aus Steuermitteln versorgt, können aber auch eine „Riester-Rente“ abschließen.

M 6 Die Arbeitslosenversicherung und die Grundsicherung

Für Arbeitnehmer ist die Beteiligung an der gesetzlichen Arbeitslosenversicherung verpflichtend. Im Falle von Arbeitslosigkeit erhält ein Arbeitnehmer die Leistungen der Arbeitslosenversicherung, das Arbeitslosengeld I, wenn er oder sie vorher mindestens 6 Monate sozialversicherungspflichtig beschäftigt gewesen ist. Die Höhe der Zahlung ist abhängig von seinem letzten Nettoentgelt und beträgt ca. 60 % davon. Finanziert werden die Leistungen durch die Beiträge der Arbeitnehmer und Arbeitgeber (seit dem 1.1.2011 3,0 % vom Bruttoentgelt). Hat jemand nach Ablauf der Bezugsdauer (in der Regel 1 Jahr) keine neue Beschäftigung gefunden und kann auch nicht von seinem Partner unterstützt werden, wird Arbeitslosengeld II, die Grundsicherung für Arbeitssuchende, gezahlt. Es ist am Existenzminimum orientiert und beträgt für einen Alleinstehenden 364 Euro. Außerdem werden die Kosten für die (angemessene) Unterkunft übernommen. Das Arbeitslosengeld II ist Bestandteil des Systems der Grundsicherung. Die Grundsicherung dient als letztes Auffangnetz für diejenigen, die sich vorübergehend oder dauerhaft nicht mehr aus eigener Kraft selbst helfen können und bei denen die Familieneinkommen und Sozialversicherungsleistungen nicht ausreichen oder wegfallen. Sie zielt auf Absicherung eines menschenwürdigen Lebens. Die Leistungen der Grundsicherung werden erst nach einer Bedürftigkeitsprüfung gezahlt. Nicht arbeitsfähige Bedürftige erhalten Sozialhilfe, für alte Menschen gibt es die „Grundsicherung im Alter". Alle Leistungen aus dem Grundsicherungssystem haben eine einheitliche Höhe und werden aus allgemeinen Steuermitteln finanziert.

Karikatur: Barbara Henniger

M 7 Die gesetzliche Krankenversicherung und die Pflegeversicherung

Die gesetzliche Krankenversicherung (GKV) ist eine Pflichtversicherung für Arbeitnehmer, Studenten und Landwirte. Beamte, Richter und Selbständige unterliegen nicht der Versicherungspflicht. Jedem Versicherten wird eine dem aktuellen medizinischen Wissensstand entsprechende Versorgung mit Gesundheitsleistungen (Heilbehandlungen, Arzneimittel, Zahnbehandlungen) garantiert. Nicht erwerbstätige Ehepartner und Kinder eines Beitragszahlers sind ohne Zuzahlung mitversichert. Die Finanzierung der Leistungen erfolgt aus den Beiträgen der Versicherten und ihrer Arbeitgeber (seit 1.1.2011 insgesamt 15,5 % des Bruttoentgelts, davon tragen 8,2 % die Arbeitnehmer und 7,3 % die Arbeitgeber). Die Krankenkassen können außerdem Zusatzbeiträge von den Arbeitnehmern erheben. Seit 2009 fließen die Gelder in einen sogenannten „Gesundheitsfonds", aus dem die einzelnen Krankenkassen für jeden Versicherten Geld erhalten. Die GKV tritt auch ein, wenn ein Arbeitnehmer länger als sechs Wochen wegen Krankheit arbeitsunfähig ist. Dann wird das Krankengeld in Höhe von 70 % des Nettolohns ausgezahlt.

Seit 1994 gibt es auch eine gesetzliche Pflegeversicherung. Sie ist sowohl für gesetzlich Krankenversicherte als auch für privat Krankenversicherte verpflichtend. Träger der Pflegeversicherung sind die Krankenkassen. Die pflegerischen Leistungen (ambulante Dienste, Geldleistungen) können nur von pflegebedürftigen Personen in Anspruch genommen werden, die dauerhaft wegen einer körperlichen oder geistigen Krankheit oder Behinderung auf erhebliche Hilfe bei der täglichen Lebensführung angewiesen sind. Die gesetzliche Pflegeversicherung wird über Beiträge finanziert (1,7 % des Bruttoentgelts, je zur Hälfte von Arbeitnehmer und Arbeitgeber aufgebracht). Kinderlose Mitglieder, die älter als 22 Jahre sind, zahlen einen Zuschlag.

M 8 Unfallversicherung und Lohnfortzahlung im Krankheitsfall

Die verpflichtende Gesetzliche Unfallversicherung wird vollständig von den Arbeitgebern finanziert. Sie zahlen die Beiträge (abhängig vom Bruttoeinkommen des Versicherten und von der Gefahrensituation im Betrieb) an die Berufsgenossenschaften. Eine wichtige Aufgabe der Unfallversicherung ist die Unfallverhütung durch den Erlass von Unfallverhütungsvorschriften und die Überwachung ihrer Einhaltung. Bei Arbeitsunfällen oder Unfällen auf dem Weg zur oder von der Arbeit zahlt die Unfallversicherung die Behandlungskosten beim Arzt oder im Krankenhaus. Das gilt auch für den Weg zur Schule oder Universität sowie für Unfälle, die in der Schule oder Universität passieren. Auch mögliche Kosten für die Wiedereinfindung in den Beruf übernimmt die Unfallversicherung. Bei bleibenden Schäden zahlt sie eine Unfallrente an den Betroffenen. Versichert sind alle Arbeitnehmer, teilweise Arbeitgeber, Schüler und Studenten sowie Hilfeleistende bei Unglücksfällen.

Wird ein Arbeitnehmer, dessen Arbeitsverhältnis mindestens vier Wochen ununterbrochen besteht, krank, sodass er vom Arzt vorübergehend für arbeitsunfähig erklärt wird, so hat er Anspruch auf eine einhundertprozentige Lohnfortzahlung durch den Arbeitgeber. Die Lohnfortzahlung endet nach 6 Wochen.

Die Kosten für die Sozialleistungen erhöhen für die Arbeitgeber den Grundlohn und werden auch Lohnnebenkosten genannt.

Aufgaben

1. Arbeitet in Vierergruppen. Teilt die Expertentexte (M 5 – M 8) unter euch auf und bearbeitet sie zunächst alleine, indem ihr Wichtiges markiert. Erläutert euch im Anschluss gegenseitig die jeweiligen Systembausteine. Erstellt abschließend gemeinsam eine Übersichtstabelle und füllt sie aus.

Name der Versicherung	Welches Risiko wird abgesichert?	Passendes Symbol	Wie wird sie finanziert?	Welche Leistungen gibt es?	Wer ist anspruchsberechtigt?

2. Aus dem Sozialstaatsgebot des Grundgesetzes wird abgeleitet, dass Arbeitnehmer einer Sozialversicherungspflicht unterliegen sollen. In den USA ist eine solche umfassende Versicherungspflicht nicht vorhanden. Erst im Laufe des Jahres 2010 konnte unter Präsident Obama eine gesetzliche Basis-Krankenversicherung eingeführt werden. Erörtere Vor- und Nachteile einer verpflichtenden Sozialversicherung.

2.4.3 Wie wird die Höhe der Rente ermittelt?

M 9 Heute schon an die Rente denken?

Daniel Heitmann (45) ist seit 20 Jahren Angestellter bei einer großen Kölner Versicherungsgesellschaft. Er verdient dort monatlich 2.933,70 € brutto. Vor zwei Wochen hat er seinen alten Freund Michael (57) anlässlich eines Fußballspiels in Münster besucht. Nach dem Spiel hat Michael ihm erzählt, dass er gesundheitsbedingt vorzeitig in Rente gehen muss. Michael war zwar aufgrund des gewonnenen Fußballspiels guter Laune, dennoch merkte Daniel ihm seine Sorge um die Zukunft deutlich an. Insbesondere der niedrige Betrag, der mit dem Rentenbescheid ins Haus gesendet wurde, hat Michael bestürzt. Damit wird er seinen bisherigen Lebensstandard nicht halten können. Zurück in Köln vereinbart Daniel einen Beratungstermin bei der Deutschen Rentenversicherung, von der er hin und wieder Post bekommt. Bisher hat er die Briefe einfach nur abgeheftet. Nun möchte er aber genau wissen, mit welcher gesetzlichen Altersrente er einmal rechnen kann.

M 10 Drei Säulen der Altersvorsorge

Die gesetzliche Rente, die in Deutschland 65 % aller Einkommensquellen im Alter ausmacht, wird nach dem Umlageverfahren finanziert, d.h. die jeweils aktuell Erwerbstätigen zahlen Beiträge und diese werden sofort zur Zahlung der Renten an die aufgrund ihres Alters nicht mehr Erwerbstätigen verwendet. Der Vorteil des Umlageverfahrens liegt u. a. darin, dass auf diese Weise die Beitragsentwicklung leicht an die allgemeine Entwicklung des Preis- und Lohnniveaus angepasst werden kann, da die abgeführten Beiträge ebenfalls steigen. Im Gegensatz dazu basieren die private Altersvorsorge und die betriebliche Altersvorsorge auf dem Kapitaldeckungsverfahren. Der Versicherte zahlt monatlich Beiträge für einen Versicherungsvertrag, den man sich wie einen Sparvertrag vorstellen kann. Am Ende der Vertragslaufzeit wird dann das Geld mit Zinsen entweder auf einmal oder als lebenslange monatliche Rente ausgezahlt.

1 Gesetzliche Rentenversicherung Pflichtversicherung für Arbeitnehmer, zahlt u. a. Altersrenten, Hinterbliebenenrenten und Rehabilitationsmaßnahmen	**2 Betriebliche Altersversvorsorge** Betriebsrente über den Arbeitgeber, der einen Teil des Gehalts in einen Versicherungsbeitrag umwandelt	**3 Private Altersvorsorge** Versicherung oder Kapitalanlage, die jeder Einzelne individuell aufbaut, z. B. mit einer privaten Rentenversicherung (→ staatliche Förderung möglich)
→ Finanzierung durch Umlageverfahren	**→ Finanzierung durch Kapitaldeckungsverfahren**	**→ Finanzierung durch Kapitaldeckungsverfahren**

M 11 Wie wird die Höhe der Rente festgelegt?

Die Höhe der gesetzlichen Rente hängt vor allem vom individuellen Arbeitseinkommen im Laufe des Erwerbslebens ab. Für jedes beitragspflichtige Jahr gibt es einen bestimmten Betrag. Zusätzlich berücksichtigt werden Kindererziehungszeiten und Zeiten der Ausbildung, Krankheit oder Schwangerschaft. Um den Rentenbetrag zu ermitteln, wird das individuelle Erwerbseinkommen ins Verhältnis gesetzt zum Durchschnittsverdienst aller Arbeitnehmer in den betreffenden Jahren. Für ein Durchschnittseinkommen gibt es einen sogenannten Entgeltpunkt. Dieser Wert erhöht oder reduziert sich, wenn jemand mehr oder weniger als der Durchschnitt verdient. Wer beispielsweise 10 % mehr als der Durchschnitt verdient, erhält 1,1 Entgeltpunkte. Maximal gibt es 2,1 Entgeltpunkte pro Jahr. Die Deutsche Rentenversicherung informiert jeden Versicherten ab 27 Jahren regelmäßig in der sogenannten Renteninformation über die Zahl seiner bisher erworbenen Entgeltpunkte. Ein Entgeltpunkt entspricht seit Juli 2009 einer Monatsrente von 27,20 € (in den neuen Bundesländern 24,13 €). Dies ist der aktuelle Rentenwert. Die Entgeltpunkte werden für die Berechnung der Altersrente mit dem aktuellen Rentenwert multipliziert. Dieser wird jährlich von der Bundesregierung festgelegt.

Die Höhe der gesetzlichen Rente hängt von diesen Faktoren ab:

Bruttoarbeitsentgelt (im Verhältnis zum allgemeinen Durchschnittsverdienst eines jeden Jahres) ↓ Kindererziehungszeiten ↓ Beitragsfreie Zeiten (für Ausbildung, Krankheit oder Schwangerschaft) Alter bei Rentenbeginn (Zugangsfaktor)	Altersrente = 100 % = Faktor 1,0 Witwen- und Witwerrente = max. 55 % = Faktor 0,55 u. a.	Der aktuelle Rentenwert wird jährlich an die Entwicklung der Bruttolöhne und -gehälter angepasst. ↓ Ein „Nachhaltigkeitsfaktor" **dämpft den Rentenanstieg**, wenn immer weniger Beitragszahler immer mehr Rentnern gegenüberstehen. Im Jahre 2030 wird daher der aktuelle Rentenwert im Verhältnis zu Preisen und Löhnen geringer sein!
Persönliche Entgeltpunkte x	**Rentenartfaktor** x	**Aktueller Rentenwert**

= Monatsrente

Beispiel: Eckrentner (ein Muster-Arbeitnehmer, der 45 Jahre lang genau das Durchschnittseinkommen verdient) 45 Jahre Durchschnittsentgelt von monatlich 2.667 € brutto, keine weiteren beitragsfreien Zeiten, Rente aufgrund eines erreichten Alters von 65 Jahren (ab Jahrgang 1959 schrittweise bis auf 67 Jahre)

45 x	**1** x	27,20 € (West, seit Juli 2009)

= 1.224 €

M 12 Der Generationenvertrag

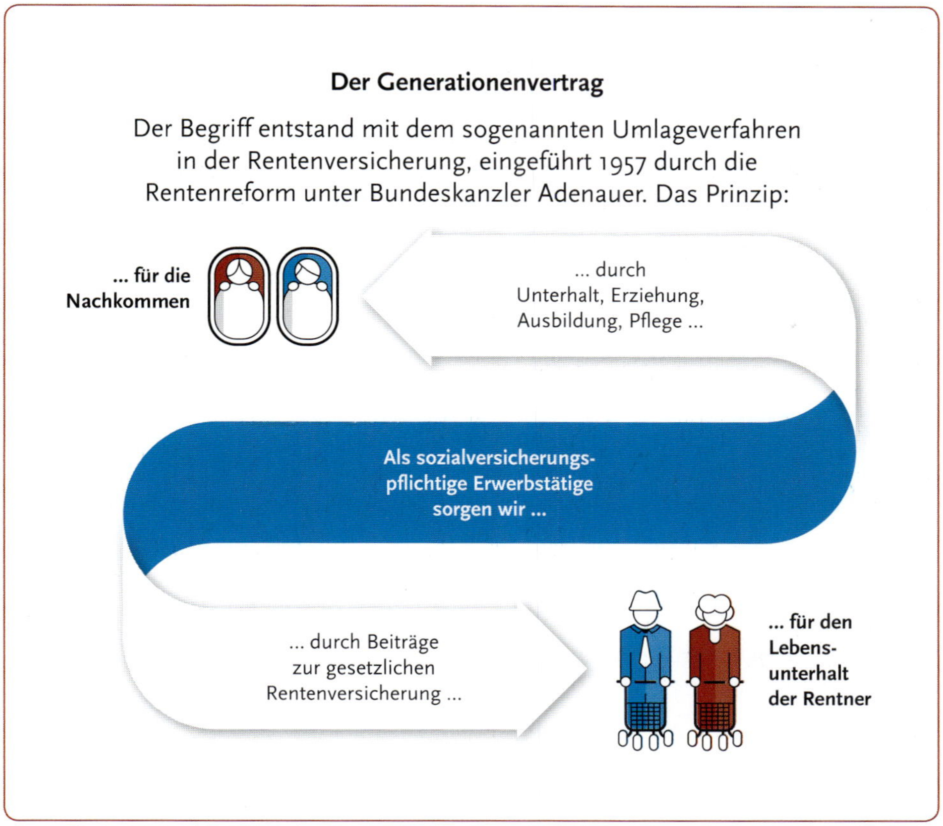

Globus-Grafik 3454

Aufgaben

1. Bereitet jeweils zu zweit ein Rollenspiel der Beratungssituation vor, in der Daniel Heitmann einen Sachbearbeiter der Deutschen Rentenversicherung aufsucht. Der Sachbearbeiter erläutert ihm, mit welcher Rentenhöhe er im Alter von 67 Jahren in etwa wird rechnen können, wenn alles so bliebe wie derzeit. Er berät ihn auch hinsichtlich weiterer möglicher Vorsorgemaßnahmen (M 9 – M 11).
2. Präsentiert ca. zwei Rollensimulationen und wertet sie aus unter den Gesichtspunkten a) sachliche Richtigkeit, b) Vollständigkeit, c) Verkörperung der Rolle.
3. Stellt gemeinsam in einer Übersicht die Vor- und Nachteile des gesetzlichen Rentenversicherungssystems nach dem Umlageverfahren und der privaten Altersvorsorge nach dem Kapitaldeckungsverfahren gegenüber (M 10 – M 12).

Was wir wissen

Sozialstaat in Deutschland
M 2

Im Grundgesetz (Art. 20 GG) ist festgelegt, dass Deutschland ein Sozialstaat ist. Aus dem „Sozialstaatsgebot“ leitet sich die Pflicht des Staates ab, seine Bürgerinnen und Bürger nicht im Stich zu lassen, wenn sie – verschuldet oder unverschuldet – in soziale Not geraten. Darüber hinaus muss sich der Staat bei der Gestaltung politischer Maßnahmen am Ziel des sozialen Ausgleichs und der Gerechtigkeit orientieren.

Gesetzliches Versicherungssystem
M 3 – M 8

Ein wichtiges Fundament des Sozialstaates ist das System der gesetzlichen Sozialversicherung in Deutschland. Für jeden Arbeiter oder Angestellten ist es Pflicht, in die gesetzliche Kranken-, Arbeitslosen-, Renten- und Pflegeversicherung einzuzahlen. Finanziert werden diese Versicherungen durch Beiträge, die zur Hälfte von den Arbeitnehmern und den Arbeitgebern entrichtet werden. Für jeden Versicherungszweig wird ein bestimmter Prozentsatz des Bruttolohns einbezahlt. Für die Rentenversicherung sind das z. B. 19,9 Prozent, d. h. 9,95 Prozent werden vom Arbeitnehmer und 9,95 Prozent vom Arbeitgeber entrichtet (Stand: 2011). Eine Ausnahme ist die Unfallversicherung. Sie wird nur von den Arbeitgebern finanziert. Durch die Beitragszahlungen erwerben die Versicherten einen Anspruch auf Leistungen im Bedarfsfall.

Einige Berufsgruppen, vor allem Beamte und Selbständige, sind nicht in das System der Pflichtversicherungen einbezogen. Während die Beamten nach einem besonderen Versorgungsrecht aus Steuern abgesichert sind, sind Selbständige darauf angewiesen, private Kranken- und Rentenversicherungen abzuschließen.

Sozialleistungen
M 3, M 6

Menschen, die kein Einkommen haben, keine (ausreichenden) Ansprüche auf Versicherungsleistungen erworben haben und auch nicht von Angehörigen unterstützt werden können, erhalten Leistungen aus den steuerfinanzierten Fürsorgesystemen (z. B. Arbeitslosengeld II oder Sozialhilfe). So soll vermieden werden, dass Menschen in Armut leben müssen.

Daseinsvorsorge

Darüber hinaus fördert der Staat bestimmte soziale Zwecke (z. B. Familien) mit speziellen Leistungen (z. B. Kindergeld, Elterngeld), stellt Bildungseinrichtungen zur Verfügung und betreibt Daseinsvorsorge z. B. durch die Bereitstellung von Energie und Trinkwasser.

Rentensystem
M 9 – M 12

Das Rentensystem in Deutschland basiert auf drei Säulen, der gesetzlichen Rentenversicherung, der betrieblichen Altersvorsorge und der privaten Vorsorge, für die der Staat Zuschüsse gewährt. Die wichtigste Einkommensquelle im Alter ist jedoch nach wie vor die gesetzliche Rente. Die Höhe der gesetzlichen Rente hängt ab vom Bruttogehalt des Arbeitnehmers, von der Dauer der Beitragszahlungen und vom Rentenwert, der vom Staat festgelegt wird.

Alt in Amerika: 70-Jährige stehen bei McDonalds noch am Hamburgergrill

Amerikas Rentner müssen um ihre Zukunft bangen. Die Kassen des sogenannten Sozialversicherungsfonds, der gesetzlichen Rentenversicherung, sind so gut wie leer. Immer häufiger arbeiten Menschen weit über das 65. Lebensjahr hinaus, um Miete und Nebenkosten wie etwa die Stromrechnung bezahlen zu können. Die derzeitige Wirtschaftskrise [2009], die schlimmste seit 80 Jahren, trifft ältere Amerikaner besonders hart. Zwar erhalten rund 37 Millionen Rentner jeden Monat Schecks vom Staat. Doch in der Regel handelt es sich um ein paar hundert bis maximal 1.000 Dollar (ca. 715 Euro). Schließlich zielt diese unter Präsident Roosevelt eingeführte Rentenversicherung nicht darauf ab, Senioren vollständig zu versorgen. Sie sollte vielmehr eine Aufstockung der privaten Altersvorsorge sein. Da aber in Folge der Finanzkrise und der drastischen Einbrüche Aktien einen großen Teil ihres Werts verloren haben, müssen sich Rentner in zunehmendem Maße auf Jobsuche begeben. Laut einer Regierungsstatistik gingen im Jahre 2008 etwa 5 Millionen Rentner einer beruflichen Tätigkeit nach. Der jüngste Bericht des Senats zu diesem Thema sagt gar voraus, dass diese Zahl in den kommenden fünf Jahren um nahezu 75 Prozent steigen wird – das wären dann gut 8 Millionen arbeitende Rentner. Der 71-jährige Immobilienmakler Jim Kelly spricht vielen Altersgenossen aus der Seele: „Lieber arbeite ich bis zum 75. oder 80. Lebensjahr und habe dann finanziell Sicherheit, anstatt mit 65 Jahren aufzuhören und nicht zu wissen, wie ich eigentlich meine Rechnungen zahlen soll."

Nach: Dieter Keller, Südwest Presse, 21.7.2009

Diese Fabrikarbeiterin in Wisconsin ist 93 Jahre alt und arbeitet seit über 55 Jahren in dem Unternehmen.

Aufgaben

1. Arbeite die Unterschiede zwischen dem deutschen und dem amerikanischen Rentensystem heraus.
2. Die amerikanischen Bürger zahlen lediglich einen Rentenversicherungsbeitrag von 12,4 %, wovon die Arbeitnehmer und Arbeitgeber jeweils 6,2 % entrichten. Sollte es in Deutschland ein ähnliches System wie in den USA geben? Begründe deine Stellungnahme, indem du möglichst viele Perspektiven (Arbeitnehmer, Arbeitgeber, Rentner) mit einbeziehst.

2.5 Herausforderungen für den Sozialstaat – am Beispiel der Rentenversicherung

2.5.1 Die Rentenversicherung in der Klemme

M 1 Einnahmen und Ausgaben der gesetzlichen Rentenversicherung nach dem Umlageverfahren

Demografischer Wandel
So werden die Veränderungen in der Bevölkerungszusammensetzung hinsichtlich ihrer Größe und Struktur bezeichnet. In wissenschaftlichen Untersuchungen wird vor allem die Veränderung in der Alterszusammensetzung betrachtet, bedingt z. B. durch Veränderungen der Geburtenzahlen und Sterbefälle.

(in Milliarden Euro)				
Jahr	Beitragssatz	Beitrags-einnahmen	Bundes-zuschuss	Rentenaus-zahlungen
1995	18,6 %	138,2	30,4	151,0
1997	20,3 %	152,1	35,2	162,4
1999	19,5 %	159,2	42,5	171,8
2001	19,1 %	163,6	46,02	183,3
2005	19,5 %	168,0	54,82	198,8
2006	19,9 %	179,5	54,92	199,4
2008	19,9 %	180,0	62,52	216,2
2009	19,9 %	181,6	63,4	220,8

Datenquelle: Deutsche Rentenversicherung Bund (Hg.), Rentenversicherung in Zeitreihen, Oktober 2010

M 2 Der demografische Wandel in Deutschland

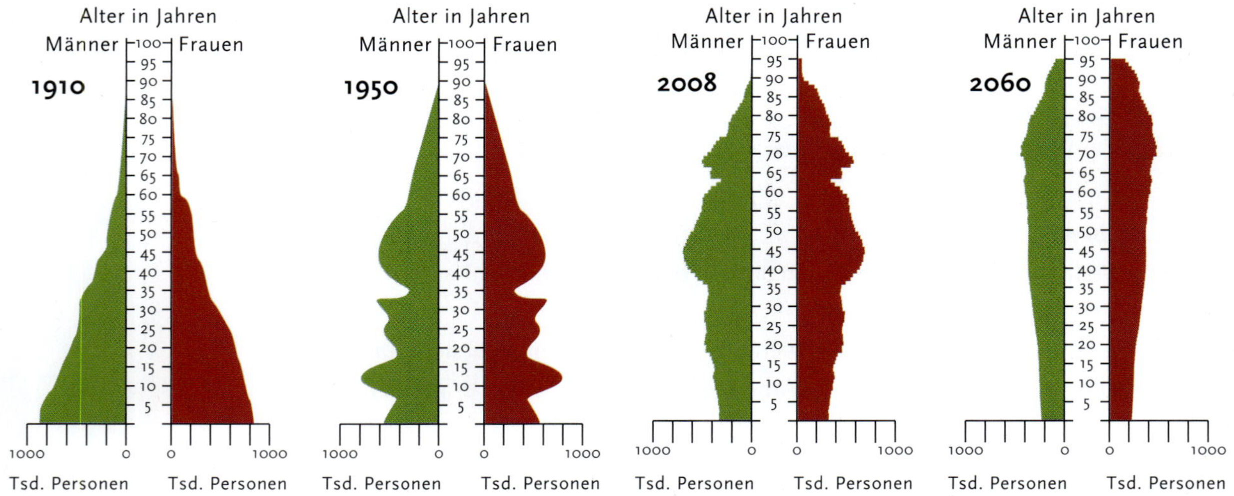

Erklärung zur Lesart der Alterspyramide: x-Achse: Anzahl oder Anteil Menschen zu einem Jahrgang (Lebensalter); y-Achse: Lebensalter der Menschen; durch die Anordnung der y-Achse in der Mitte der x-Achse werden in die eine Richtung der x-Achse die Anteile der Frauen (rechts) und in die andere Richtung der x-Achse die Anteile der Männer (links) dargestellt.

Statistisches Bundesamt, Wiesbaden 2010

M 3 Veränderungen auf dem Arbeitsmarkt

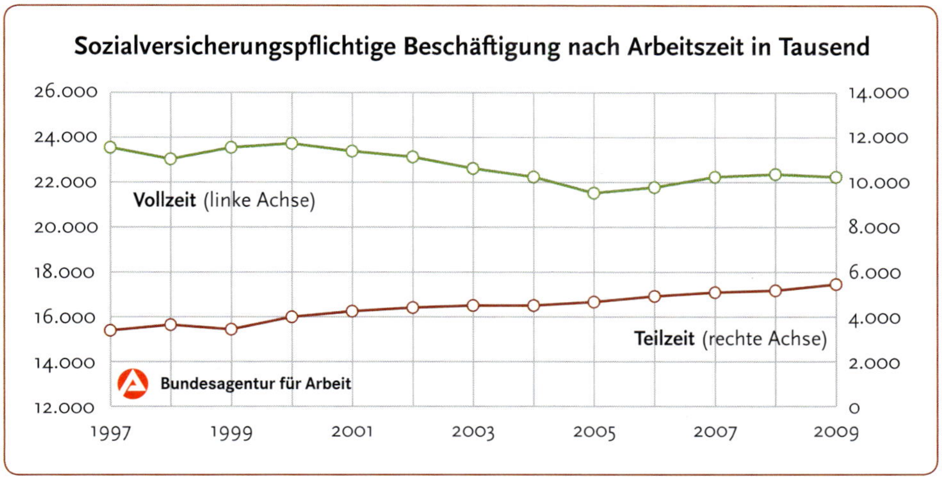

Bundesagentur für Arbeit, Jährliche Zeitreihen zum Arbeitsmarkt in Deutschland, 2010

M 4 Eintrittsalter und Bezugsdauer

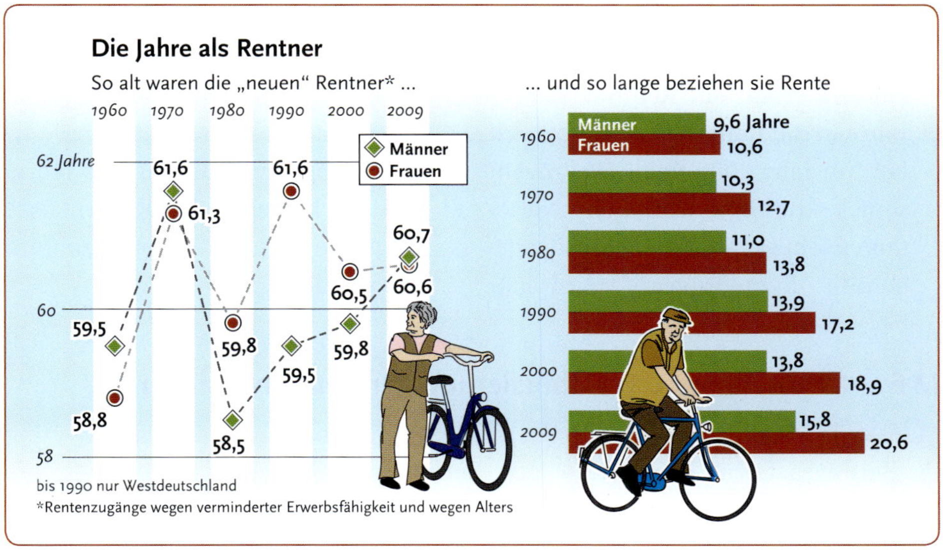

Globus-Grafik 3723; Quelle: Deutsche Rentenversicherung

Beschäftigungsverhältnisse
Vollzeitbeschäftigung bedeutet, dass ein Arbeitnehmer die nach dem Tarifvertrag bestimmte maximale Wochenarbeitszeit ableistet. Teilzeitbeschäftigt ist ein Arbeitnehmer, dessen regelmäßige Wochenarbeitszeit kürzer ist als die eines vergleichbaren vollzeitbeschäftigten Arbeitnehmers. Beide Beschäftigungsverhältnisse unterliegen der Sozialversicherungspflicht, doch werden bei Teilzeitbeschäftigung entsprechend weniger Beiträge und Steuern entrichtet, da die Löhne geringer sind.

Aufgabe

Erstellt in Gruppen ein Gutachten zur Lage der Rentenversicherung in Deutschland (M 1 – M 4). Unterscheidet dabei die Entwicklung der Einnahmen und der Ausgaben. Formuliert am Anfang eine These in der Form: „Die Einnahmen der Rentenversicherung werden ..." bzw. „Die Ausgaben der Rentenversicherung werden ...". Begründet die These durch eine sorgfältige Auswertung der Tabellen und Statistiken (ggf. arbeitsteilig). Erläutert die möglichen Ursachen für die zu beobachtenden Entwicklungen.

Tipp
Auf der Internetseite des Statistischen Bundesamtes findest du eine animierte Grafik zum Bevölkerungsaufbau in Deutschland: *www.destatis.de/bevoelkerungspyramide*

2.5.2 Wie soll eine zukunftsfähige Rentenversicherung gestaltet werden?

M 5 Wie reagiert die Bundesregierung? Was bisher geschah ...

Die Geburtenzahl ist in Deutschland – vergleichbar mit der Entwicklung in anderen Industrieländern – seit drei Jahrzehnten rückläufig. Hinzu kommen der Anstieg der Lebenserwartung und damit eine Verlängerung der Rentenlaufzeiten. Auf dieser Grundlage muss eine zukunftsfähige Rentenreform konzipiert werden. Die Bundesregierungen haben bereits einige Schritte unternommen, um das Rentensystem zu stabilisieren:

- Die Höhe der durchschnittlichen gesetzlichen Rente wird sinken. Laut Rentenbericht der Bundesregierung erhält ein Rentner, der 45 Jahre in die Rentenkasse eingezahlt hat, im Jahr 2009 noch 52 Prozent seines durchschnittlichen Nettomonatseinkommens. Dieses sogenannte „Rentenniveau" wird laut Modellrechnung auf ca. 38 Prozent im Jahr 2030 sinken.
- Freiwillige kapitalgedeckte private Eigenvorsorge wird staatlich gefördert.
- Der demografische Wandel wird bei der Rentenberechnung einbezogen. Sinken die Beitragszahler, steigt die Rente nicht mehr mit den Löhnen. Die 2009 beschlossene „Rentengarantie" soll aber gewährleisten, dass die Renten auch im Falle sinkender Löhne nicht sinken, sondern höchstens nicht steigen.
- Ab dem Jahr 2012 wird das Renteneintrittsalter schrittweise erhöht von derzeit 65 auf 67 Jahre. So wird länger in die Rentenkasse eingezahlt und die Rentenzahlungen werden später fällig.

M 6 Maßnahmen zur Stabilisierung der Rentenversicherung

- Beitragssatz zur Rentenversicherung erhöhen
- Beitragssatz abhängig von der Kinderzahl machen
- Renten kürzen
- Rentenalter weiter erhöhen
- Steuern erhöhen
- Zahl der Beitragszahler erweitern um Selbständige, Beamte
- Maßnahmen zur Erhöhung der Geburtenzahlen ergreifen
- Zusätzlich private Vorsorge verpflichtend machen und verstärken
- Betriebliche Altersvorsorge stärken
- ...

M 7 Hat der Generationenvertrag noch eine Zukunft? Jugendliche nehmen Stellung

Laut Shell-Jugendstudie erwarten 91 % der befragten Jugendlichen, dass sie im Rentenalter keine oder keine ausreichende Altersrente erhalten werden. Trotzdem werden sie mit Eintritt in einen Beruf sofort Steuern und Beiträge in die gesetzliche Rentenversicherung zahlen müssen. Das wird als ungerecht empfunden. „Die junge Generation hat leider keine Lobby", sagt Wolfgang Gründiger, 25-jähriger Student der Politikwissenschaften und Publizist, „von den 60 Millionen Wahlberechtigten sind bereits heute 20 Millionen älter als 60 Jahre." Um den Jugendlichen Gehör zu verschaffen, stellen die Abgeordneten des Deutschen Bundestages für zwei Tage ihre Sitze im Berliner Parlament Jugendlichen zur Verfügung, um eigene politische Reden zur zukünftigen Gestaltung der Rente zu halten. Dafür schlüpfen die Jugendlichen in Rollen, die sie sich vorher aus einer Anzahl von Rollenprofilen ausgewählt haben. In ihren Reden nehmen sie u. a. Stellung zu der Idee, die staatlich geförderte private Zusatzrente für alle verpflichtend zu machen. Die Reihenfolge der fünf- bis zehnminütigen Reden wird vorher festgelegt. Im Anschluss an jede Rede können Fragen gestellt werden.

M 8 Rollenprofile

Susanne Lindemann (24), Medizinstudentin aus Potsdam

Bei der Gestaltung der Rente verfolgst du vor allem das Ziel der Armutsvermeidung. Wenn zukünftige Rentner mit Altersarmut konfrontiert werden, dann hältst du das nicht nur für ungerecht, sondern auch für ein großes gesellschaftliches Problem. Außerdem ist dir der Erhalt des Solidaritätsprinzips sehr wichtig. Es gibt eben Situationen, in denen der Einzelne die Unterstützung der Gemeinschaft braucht. Das Umlageverfahren ist solidarisch, u. a. dadurch, dass Kindererziehungszeiten angerechnet werden. Wenn junge Familien durch Kinder keine Nachteile befürchten müssen, dann wird es in Zukunft vielleicht auch wieder mehr Kinder geben! Zur Solidarität gehört für dich auch, dass nicht nur die Arbeitnehmer die Kosten tragen müssen. Wenn darüber hinaus nicht nur Arbeitnehmer das Umlageverfahren stützten, sondern auch Beamte und Selbständige beteiligt würden, dann wäre es nach deiner Auffassung auch stabiler.

Jenny Schmidt (23), Zahntechnikerin aus Cottbus

Dir ist es besonders wichtig, dass jeder frühzeitig Eigenverantwortung für seine Lebensplanung und Altervorsorge übernimmt. Ungerecht findest du, dass deine Generation sowohl Steuern und Beiträge in die gesetzliche Rentenversicherung zahlt als auch eine Zusatzvorsorge betreiben müsste, um im Rentenalter einen angemessenen Lebensstandard zu halten. Die „Riester-Rente" entschädigt aus deiner Sicht ein wenig. Wenn aber der Staat die private Vorsorge mit Steuermitteln fördert, dann sollte auch möglichst jeder davon Gebrauch machen! Sich selbständig zu informieren und zukunftsorientiert zu handeln, ist für dich eine „Verpflichtung". Aus den Gesprächen mit deinem Vater weißt du, dass er als Unternehmer eine Erhöhung der Beiträge für die Rentenversicherung befürchtet. Damit würde es ihm immer schwerer fallen, die Gehälter seiner Angestellten zu finanzieren.

Adam Bukowski (21), Journalistik-Student aus Frankfurt (Oder)

Du hast während deines Studiums in Bonn, Kopenhagen und London viele junge Leute getroffen, die niemals ein sogenannter „Eckrentner" werden könnten. Ihre Berufsbiografien enthalten einige Wechsel, Zeiten der Umschulung und auch Arbeitslosigkeit. Daher hältst du den derzeitigen Generationenvertrag für nicht zukunftstauglich. Du kennst andere europäische Länder, in denen die Bürger zwar hohe Steuern zahlen, jedoch eine staatliche Grundrente garantiert bekommen, die oberhalb des Existenzminimums liegt. So könnte aus deiner Sicht auch das Solidaritätsprinzip erhalten bleiben. Darüber hinaus gibt es private oder betriebliche Zusatzsysteme. Dir ist aber auch klar, dass ein solcher „Systemwechsel" in Deutschland schwierig wird und daher alle jungen Leute so früh wie möglich Eigenvorsorge betreiben sollten.

Recherchetipps
www.rentenblicker.de
www.safety1st.de
www.wolfgang-gruendinger.de
www.infonetz-altersvorsorge.de

Aufgaben

1. Lies die Rollenprofile in M 8 genau und suche dir eines aus, das du besonders überzeugend findest. Du kannst auch ein eigenes Rollenprofil schreiben. Arbeite auf der Grundlage des Rollenprofils eine politische Rede für einen Auftritt im Bundestag aus (M 9). Für deine Argumentation kannst du auch zu deiner Rolle passende Maßnahmen aus M 6 ergänzen. Nutze sowohl deine bisher erworbenen Kompetenzen als auch die Recherchemöglichkeiten.
2. Tauscht eure fertigen Reden jeweils mit einem Partner aus und gebt euch gegenseitig ein Feedback darüber, was euch gut gefällt und wo ihr noch Verbesserungsvorschläge habt.
3. Trainiere den Vortrag deiner Rede. Tragt mehrere Reden vor, indem ihr die Situation im Bundestag wie beschrieben simuliert. Wertet die Simulation in der Klasse aus, indem ihr
   a) die Qualität der Reden bewertet
   b) eure eigenen Positionen zur Stabilisierung der Rente diskutiert.

Methode

M 9 Wie sage ich, was ich meine? Eine politische Rede verfassen und halten

Politik lebt von der Überzeugung und politisches Gestalten vom „Überzeugenkönnen“. Eine Rede ist dann gut, wenn es dem Redner oder der Rednerin gelingt, den Funken der eigenen Überzeugung auf die Zuhörerinnen und Zuhörer überspringen zu lassen. Nur wenn du genau weißt, wovon du sprichst und zu wem du sprichst, wird deine Rede überzeugen. Anders als ein Referat wird eine politische Rede in der Regel Wort für Wort vorbereitet und ausformuliert. Trotzdem soll man ihr gut als Zuhörer folgen können – das ist gar nicht einfach!

Gliederung einer politischen Rede

1. **Einleitung:**
   Warum spreche ich? Worin besteht der Anlass? Welches Problem nehme ich mir vor?
2. **Hauptteil:**
   a) Wie sind die Zustände (Was war, was ist?) Wie ist das Problem entstanden?
   b) Was müsste stattdessen sein? Welchen Zustand wünsche ich mir?
   c) Wie können die herrschenden Zustände geändert werden? Welche Maßnahmen müssten ergriffen werden? Welche Maßnahmen halte ich für ungeeignet und warum?
3. Der **Schluss** enthält die Aufforderung zur Tat, den vom Redner gewiesenen Weg zu gehen und so die Zustände zu ändern: Was können, was müssen wir tun?

Worauf du bei deiner Rede achten solltest:

1. **Verwende kurze Sätze:** Den Zuhörern fällt es schwer, den Inhalt langer und verschachtelter Sätze aufzunehmen. Eine Rede wird durch kurze (Haupt-)Sätze klarer und verständlicher. Setze Nebensätze nur sparsam ein.
2. **Rede langsam:** In einem mit vielen Zuhörern gefüllten Raum gehen undeutlich gesprochene Silben verloren. Ein ruhiges Sprechtempo wirkt dem entgegen.
3. **Setze Pausen ein:** Angemessene Pausen verleihen einer Rede Wirkung. Deshalb folgt nach wichtigen Punkten eine Pause. Sage innerlich „Punkt. Pause.“, dann ist die Pause lang genug und du kannst weiterreden und dich dem nächsten Punkt zuwenden. Pausen schenken dir und den Zuhörern außerdem Zeit zum Mit- und Nachdenken. Pausen erzeugen dabei Bilder und beflügeln die Fantasie der Hörer. Eine Rede ohne Pause ist daher wie ein Buch ohne Bilder.
4. **Suche den Blickkontakt zum Publikum:** Wähle dir dazu eine oder mehrere Personen aus dem Publikum aus, die du während deines Vortrages hin und wieder für mindestens eine Sekunde lang anschaust. Noch besser ist es, den Blick beim Sprechen durch die Zuschauerränge schweifen zu lassen, um das ganze Publikum anzusprechen.
5. **Kleide dich passend:** Trage Kleidung, in der du dich wohl fühlst und die dem Redeanlass angemessen ist.

Was wir wissen

Probleme der Sozialversicherung

Durch sinkende Einnahmen und steigende Ausgaben geraten die Systeme der sozialen Sicherung in Deutschland zunehmend unter Druck. Dafür sind mehrere Entwicklungen verantwortlich.

Demografischer Wandel
M 2, M 4

Alle Sozialversicherungszweige sind von einem ausgeglichenen Verhältnis von Beitragszahlern und Beitragsempfängern abhängig, da sie auf dem Generationenvertrag beruhen. Insbesondere die gesetzliche Rentenversicherung benötigt genügend Beitragszahler, weil sie nach dem Umlageverfahren direkt die Beiträge der „arbeitenden Generation" als Renten an die „Rentnergeneration" auszahlt. Sowohl die Situation auf dem Arbeitsmarkt als auch der „demografische Wandel" führen dazu, dass die Beitragszahler und Beitragszahlungen sinken, während die Beitragsempfänger (Rentner) im Verhältnis mehr werden und durch die steigende Lebenserwartung auch länger Zahlungen in Anspruch nehmen. Während im Jahr 2010 noch fast 3 Beitragszahler einem Rentner gegenüberstanden, werden Prognosen zufolge im Jahre 2060 nur etwa 1,5 Beitragszahler einen Rentner „finanzieren".

Arbeitsmarkt
M 3

Wenn Menschen arbeitslos werden, so hat dies gravierende Folgen für die sozialen Sicherungssysteme, da bei Arbeitslosigkeit keine Beiträge und Steuern mehr bezahlt werden können und die Ausgaben des Staates durch die zu zahlenden Sozialleistungen steigen. Eine hohe Arbeitslosenquote bedeutet demnach auch eine enorme Belastung für den Sozialstaat. Darüber hinaus lässt sich beobachten, dass die Anzahl sogenannter „Normalarbeitsverhältnisse", d. h. einer sozialversicherungspflichtigen Vollzeitbeschäftigung, der jemand langjährig und kontinuierlich nachgeht und die zur Lebensfinanzierung ausreicht, abnimmt. Demgegenüber nimmt die Zahl der sozialversicherungspflichtigen Teilzeitstellen zu. Hierdurch reduzieren sich die Beitragszahlungen in die Sozialversicherungen, da ihre Höhe von der Höhe des Bruttolohns abhängig ist.

Kontroverse um die Zukunft der Altersvorsorge
M 5 – M 7

Um das System der Altersvorsorge in Deutschland weiter zu stabilisieren, wurden neben der Anhebung des Renteneintrittsalters das Rentenniveau gesenkt und eine staatliche Bezuschussung privater Zusatzvorsorge eingeführt. Daran kritisieren diejenigen, die bereits Rentner sind oder in näherer Zukunft in Rente gehen werden, dass ihre jahrelang eingezahlten Beiträge nicht zu der erwarteten Rentenhöhe führen und sie eine private kapitalgedeckte Zusatzversicherung nicht mehr aufbauen können. Die junge Generation hingegen empfindet es als ungerecht, dass sie als Arbeitnehmer sowohl höhere Beiträge leisten als auch private Vorsorge betreiben sollen.
Lösungsmöglichkeiten werden in der Kombination mehrerer Säulen der Altersvorsorge gesehen: einer staatlichen bzw. gesetzlichen „Grundversorgung" sowie betrieblicher und privater Zusatzrenten. Die Rolle der einzelnen Säulen muss jedoch politisch festgelegt werden.

Karikaturen zum Thema Rente interpretieren

Karikatur: Roger Schmidt

Karikatur: Gerhard Mester, Baaske Cartoons, Müllheim

Aufgabe

Wähle eine Karikatur aus und interpretiere sie. Auf welches Problem macht der Karikaturist aufmerksam? Beschreibe das Problem aus der Sicht der a) älteren und b) jüngeren Generation. (→ Methode S. 250)

Manchmal wird einem die Frage gestellt, welche drei Dinge man auf eine einsame Insel mitnehmen würde. Für Daniel Defoes Helden im berühmten Roman „Robinson Crusoe“ (1719) ist diese Frage bitterer Ernst. Der junge Engländer kann sich als einziger Überlebender eines Schiffbruchs auf eine einsame Insel retten.

Nachdem ich mein Gemüt mit der erfreulichen Seite meiner Lage getröstet hatte, […] schwand meine Freude bald wieder, und ich fand meine Errettung, kurz gesagt, furchtbar, denn ich war durchnässt, hatte keine Kleidung zu wechseln oder irgendetwas Ess- oder Trinkbares […]. Mit einem Wort, ich hatte nichts bei mir außer einem Messer, einer Tabakspfeife und ein bisschen Tabak in der Dose. Ich ging ungefähr eine Achtelmeile vom Ufer fort, um Trinkwasser zu suchen; zu meiner großen Freude fand ich auch welches, und nachdem ich getrunken hatte, nahm ich ein wenig Tabak in den Mund, um dem Hunger vorzubeugen.

Daniel Defoe, Robinson Crusoe, Erster Teil, München 1981, übersetzt von Lore Krüger, S. 68 ff.

Robinson gelingt es schließlich, das gestrandete Schiff zu erreichen und mit Hilfe eines Floßes Gegenstände auf die Insel zu transportieren.

3

Grundlagen unserer Wirtschaft

Jeden Tag treffen Menschen sehr viele Entscheidungen, die zum großen Bereich des Wirtschaftens, der Ökonomie, gehören. Was kann ich mir vom nächsten Taschengeld leisten? Soll ich sparen oder Geld ausgeben? Welches Produkt soll ich kaufen? Wie alles aus deiner Sicht als Verbraucher zusammenhängt, erfährst du in diesem Kapitel.

Kompetenzen

Am Ende dieses Kapitels solltest du Folgendes können:

- erläutern, warum wir wirtschaften und grundlegende ökonomische Fachbegriffe anwenden
- analysieren, wie sich Preise auf Märkten bilden
- Tabellen und Grafiken auswerten
- Merkmale der Sozialen Marktwirtschaft kennen
- Veränderungen in der modernen Arbeitswelt beurteilen
- wirtschaftspolitische Maßnahmen analysieren

Was weißt du schon?

- Stelle ein Warenmagazin für Robinson zusammen und ordne die Güter nach ihrer Dringlichkeit.
- Nenne Bedürfnisse, die sich Robinson wohl nicht erfüllen kann.

3.1 Was heißt Wirtschaften?

3.1.1 Das Grundproblem: knappe Güter – grenzenlose Bedürfnisse

M 1 Ich überlegte mir, was ich am dringlichsten brauchte …

[N]achdem ich gründlich darüber nachgedacht hatte, was ich am nötigsten brauchte, holte ich mir zunächst die drei Seemannskisten, die ich aufgebrochen und geleert hatte, und ließ sie auf das Floß hinab; die erste davon füllte ich mit Vorräten, und zwar mit Brot, Reis […]. Nach langem Suchen fand ich die Kiste des Schiffszimmermanns, die tatsächlich eine nützliche Beute und damals wertvoller für mich war als eine Schiffsladung Gold. […] Als nächstes kümmerte ich mich um Waffen und Munition. […] Trotz meiner Annahme, ich hätte die Kajüte so gründlich durchsucht, dass nichts mehr zu finden war, entdeckte ich ein Spind mit Schubladen und in einer davon drei Rasiermesser, eine große Schere sowie 10 oder 12 gute Messer und Gabeln; in einer anderen fand ich ungefähr sechsunddreißig Pfund in Bargeld, einige europäische und brasilianische Münzen sowie spanische Pesos, ein paar in Gold, ein paar in Silber. Ich lächelte innerlich bei dem Anblick des Geldes. „Oh du Rauschmittel", sagte ich laut, „wozu bist du nütze? Es lohnt nicht einmal, dass ich dich vom Boden aufhebe […]."

Daniel Defoe, Robinson Crusoe, Erster Teil, München 1981, übersetzt von Lore Krüger, S. 68 ff.

M 2 Leben im Schlaraffenland

Pieter Brueghel, Das Schlaraffenland (1567)

Die Menschen im legendären Schlaraffenland kennen keine Arbeit, alles, was sie brauchen, ist im Überfluss vorhanden. Wenn sie hungrig sind, öffnen sie ihre Münder und schon fliegt die leckerste Speise in ihren Rachen. Sind sie durstig, fließt das köstlichste Getränk ihre Kehle hinunter. Das Klima ist so ausgeglichen, dass die Menschen weder Bekleidung noch Behausung benötigen. Da es keine gefährlichen Tiere gibt, benötigen sie auch keinen Schutz vor ihnen. Das Faulenzen ist im Schlaraffenland eine Tugend, deshalb sieht man viele Schlaraffianer unter schönen Bäumen liegen.

M 3 Die Erde – kein Schlaraffenland

Eigentlich ist das Leben ganz einfach. Wenn man Hunger hat, muss man was essen, wenn man Durst hat, etwas trinken. Außerdem braucht man ein Dach über dem Kopf, das einen gegen die Unbilden des Wetters schützt. Der Mensch hat also Grundbedürfnisse, die er befriedigen muss, die grundsätzlichsten sind sicherlich Nahrung und Schutz. Um diese Bedürfnisse zu befriedigen, muss er allerdings aktiv werden. [...] Auch die Steinzeitmenschen haben schon gewirtschaftet. Wirtschaft ist nämlich nichts anderes als eine planmäßige Auseinandersetzung des Menschen mit der Natur, um die eigenen Bedürfnisse zu befriedigen. Der Mensch hat keine Wahl, ob er „an der Wirtschaft teilnehmen" möchte oder nicht. Wenn er seine Grundbedürfnisse nicht befriedigt, kann er nicht existieren, er verhungert, verdurstet, erfriert. [...] Sobald die elementaren Notwendigkeiten befriedigt sind, entstehen weitere materielle und kulturelle Bedürfnisse.

Eckard Stratenschulte, Wirtschaft in Deutschland, Bonn 2006, S. 18

M 4 Die Stufenleiter der menschlichen Bedürfnisse

Die Stufenleiter der Bedürfnisse wurde von dem amerikanischen Forscher Abraham Maslow (1908-1970) entwickelt. Der Mensch strebt immer nach der nächsthöheren Stufe. Erst wenn die Bedürfnisse einer Stufe befriedigt sind, kann die nächste Bedürfnisstufe befriedigt werden. Der Übergang der Stufen ist aber nicht starr, sondern fließend.

Entwicklungsbedürfnisse
„Sei, der du bist!", eigene Lebensvorstellungen

Wertschätzungsbedürfnisse
Anerkennung durch andere, Verantwortung tragen und übertragen bekommen

Soziale Bedürfnisse
Verständigung, Freundschaft, Liebe, Zuneigung

Sicherheitsbedürfnisse
Behausung, Schutz bei Alter, Krankheit usw.

Grundbedürfnisse
Essen, Trinken, Schlafen, Bewegung

Bedarf und Bedürfnis
In den Wirtschaftswissenschaften werden die Begriffe Bedarf und Bedürfnis unterschieden. Das Bedürfnis ist ein Sammelbegriff für materielle und nichtmaterielle Dinge und Zustände, die für die Individuen unumgänglich notwendig sind oder von ihnen angestrebt werden. Der Bedarf hingegen ist ein mit Kaufkraft ausgestattetes Bedürfnis. Im Unterschied zum Bedürfnis kann der Bedarf in der (Waren - und Dienstleistungs-) Welt ökonomisch ermittelt werden.

Nach: Klaus Schubert, Martina Klein, Das Politiklexikon, Stichworte Bedarf und Bedürfnis, 5. Aufl., 2011, S. 35

Aufgaben

1. Ordne die Bedürfnisse Robinsons (M 1) und die Bedürfnisse, die sich aus deinem zusammengestellten Warenmagazin ergeben, den Stufen in M 4 zu.
2. Erläutere, welche Bedürfnisstufen Robinson auf der Insel wohl kaum erklimmen kann (M 1, M 4).
3. Diskutiert, ob das Leben in Schlaraffia für euch erstrebenswert erscheint (M 2).
4. Robinson (M 1) hält nicht viel von den Geldstücken, die er findet, obwohl diese auf der Insel rar sind. Gib eine Erklärung dafür.

Aufgabe 3 lässt sich besser bearbeiten, wenn du zunächst darstellst, worin sich die Situation auf der Insel bzw. Erde von der im Schlaraffenland unterscheidet.

3.1.2 Knappe Güter – wie handeln wir?

M 5 Knappheit und das ökonomische Prinzip

Sauberes Trinkwasser – aus einem ehemals freien Gut ist ein knappes Gut geworden.

Um überleben zu können, braucht der Mensch ausreichend Nahrung, Kleidung, Behausung und Ausbildung. Zur Befriedigung solcher Grundbedürfnisse benötigt der Mensch Güter bzw. Mittel, die ihm von der Natur in der Regel nicht frei, d. h. ausreichend und konsumreif, zur Verfügung gestellt werden. Man spricht deshalb von knappen Gütern. Die Knappheit von Gütern zur Bedürfnisbefriedigung ist der Grund dafür, dass Menschen wirtschaftlich handeln. Im Mittelpunkt des Lebens steht deshalb die Anstrengung, sich Güter zur Bedürfnisbefriedigung zu beschaffen, was nichts anderes ist als eine Umschreibung von menschlicher Arbeit.

Da die Güter zur Bedürfnisbefriedigung knapp sind, muss der Mensch sich die vorhandenen Mittel einteilen. Wirtschaften heißt insofern angesichts knapper Güter, eine möglichst optimale Verwendung der vorhandenen Mittel anzustreben. Wir handeln dann nach dem sogenannten „ökonomischen Prinzip". Das ökonomische Prinzip hat zwei Ausprägungen: Wenn wir mit unserem Taschengeld versuchen, möglichst viele Bedürfnisse zu befriedigen, handeln wir nach dem Maximalprinzip. Wenn wir ein Bedürfnis, z. B. den Kauf einer Limonade, mit dem geringsten Mitteleinsatz befriedigen, handeln wir nach dem Minimalprinzip.

Maximalprinzip

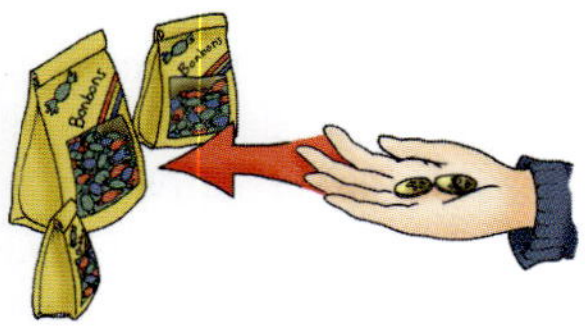

Minimalprinzip

In unserer heutigen Gesellschaft spielt neben der Befriedigung der Grund- oder Existenzbedürfnisse eine Vielzahl weiterer Bedürfnisse eine immer wichtigere Rolle. Denken wir an den Wunsch nach modischer Kleidung, schönen Einrichtungsgegenständen, besonderem Essen, Musikhören, Konzerte zu besuchen, Urlaubsreisen zu machen etc. Wenn diese Wünsche nicht erfüllt werden, empfinden wir dies als Mangel. Unser Bestreben ist es, diesen Mangel zu beseitigen, indem wir das Bedürfnis befriedigen. Grundsätzlich empfindet jeder Mensch Bedürfnisse unterschiedlich dringlich. So verwendet ein Jugendlicher sein Taschengeld hauptsächlich für sein Handy, während ein anderer ein Großteil seiner Mittel für seinen Lieblingssport ausgibt.

M 6 Welche Güter gibt es?

Nur sehr wenige Güter sind unbegrenzt vorhanden, d. h. frei verfügbar. Zu diesen freien Gütern zählen Wind, Sonnenlicht oder Meerwasser. Sie kosten kein Geld. Im Gegensatz zu den freien Gütern ist die große Mehrheit der Güter, die wir zum Leben brauchen, knapp. Man nennt sie wirtschaftliche Güter, weil ihre Herstellung Kosten verursacht. Sie haben einen Preis. Bei den wirtschaftlichen Gütern gilt es zwischen Sachgütern, Dienstleistungen und Rechten zu unterscheiden. Sachgüter sind dingliche Güter (Waren), die zur Herstellung anderer Güter (Produktionsgüter) benötigt werden oder ge- und verbraucht (Konsumgüter) werden können. Dienstleistungen können wir nicht sehen oder anfassen. Wir nehmen sie in Anspruch, wenn wir zum Frisör gehen oder auf der Bank Geld abheben. Auch für Rechte müssen wir bezahlen, z. B. für das Recht, ein Musikstück aus dem Internet herunterladen und anhören zu dürfen.

M 7 Wirtschaftliches Handeln im Alltag

Matthias hat 500 € für seinen Urlaub gespart und sucht nun im Internet nach einem Angebot, das ihm einen möglichst langen Urlaub in einem möglichst weit entfernten Land ermöglicht.

Eine Werft benötigt für die Produktion seiner Schiffe sehr viel Strom, da die meisten Maschinen relativ alt sind. Die Unternehmensleitung beschließt gemeinsam mit den Mitarbeitern, neue Maschinen zu kaufen, die bei gleicher Leistung weniger Strom als die alten Maschinen benötigen.

In einer Jeans-Fabrik werden Bluejeans hergestellt. In der Fertigungsabteilung wird versucht, möglichst viele Jeansteile aus den Stofflagen auszuschneiden. Die unterschiedlichen Teile und Größen werden daher mit Hilfe eines Computers zu einem optimalen Gesamtschnittbild zusammengestellt.

Die Bahnstrecke zwischen Nürnberg und München soll zu einem möglichst niedrigen Preis ausgebaut werden, um sie mit einer Höchstgeschwindigkeit von 320 km/h befahrbar zu machen.

Aufgaben

1. Veranschauliche den Zusammenhang zwischen Knappheit und Handeln nach dem ökonomischen Prinzip durch ein Schaubild (M 5).
2. Erstelle für die einzelnen Güterarten, wie sie in M 6 beschrieben sind, eine übersichtliche Struktur (zum Beispiel ein Baumdiagramm), und nenne jeweils ein weiteres Beispiel.
3. Erläutere, nach welchem ökonomischen Prinzip die Menschen in M 7 handeln. Finde weitere Beispiele für das Handeln nach dem Maximalprinzip und Minimalprinzip aus deinem Alltag. Stelle abschließend deine Ergebnisse in der Klasse vor (M 7).

zu Aufgabe 2
Auch Dienstleistungen lassen sich nach Konsum- und Produktionsgütern unterscheiden. Finde Beispiele dafür.

3.1.3 Das Marktmodell – bestimmt der Preis den Kauf?

M 8 Die Märkte – der Markt

Rossmarkt um 1900

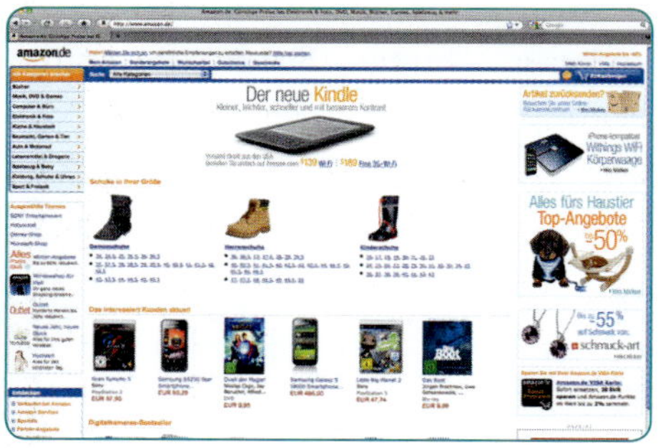

Virtueller Marktplatz

Börse in Frankfurt

Flohmarkt

Märkte sind eine der erstaunlichsten Entwicklungen der Menschheit. Es gab sie zu allen Zeiten und überall auf der Welt. Niemand hat jemals das Prinzip des Marktes „erfunden", die Menschen entwickelten es unbewusst, indem sie einfach ihren eigenen Bedürfnissen nachgingen. Es funktionierte auf den Wochenmärkten im Mittelalter nicht anders als auf den Basaren der arabischen Städte, auf Flohmärkten oder an den modernen Börsen: Wer etwas anzubieten hat, möchte dieses möglichst teuer verkaufen, wer etwas braucht, will dafür möglichst wenig bezahlen.

Nach: Nikolaus Piper, Geschichte der Wirtschaft, Weinheim u. a. 2002, S. 52

M 9 Das Angebot – wieso sind die Regale im Supermarkt so voll?

In Deutschland entscheidet keine Regierung, kein Parlament und kein Beamter über die Sortimente im Supermarkt. Die Entscheidung trifft der Supermarktbesitzer. Er sorgt für genug Brot, Marmelade und Tiefkühlpizza. Die Entscheidung fällt er, weil er sich davon etwas verspricht: Er glaubt, die Waren verkaufen zu können und damit Geld zu verdienen.

Der Supermarktbesitzer muss dazu die Ware zunächst selbst einkaufen. Er kauft Marmelade zum Beispiel für 1 Euro das Glas ein und verkauft sie für 1,69 Euro. 69 Cent bleiben also erst einmal für ihn. Wenn er am Tag

30 Marmeladengläser verkauft, summiert sich das zu rund 20 Euro. […] Geld bleibt für den Supermarkt-Chef unter einer Bedingung übrig: Er verkauft die Produkte teurer, als er sie einkauft. Der Kaufmann will Gewinn machen, und zwar möglichst viel davon: Gewinn ist der Rest, der übrig bleibt, wenn er von seinen gesamten Einnahmen seine gesamten Ausgaben abzieht. Kürzer gesagt: Gewinn gleich Einnahmen minus Ausgaben. Ausgaben hat er nicht nur, weil er die Marmelade selbst beim Großhändler oder bei der Marmeladenfabrik einkaufen muss. Er muss auch seine Kassiererinnen bezahlen, den Strom für Licht und Heizung, die Preisetikettiermaschine und die Scannerkasse. Der Chef hat deshalb ein Ziel: Er will seine Preise für Marmelade und alle anderen Produkte so hoch setzen, dass für ihn möglichst viel Gewinn übrig bleibt. […]

Ökonomen glauben, dass die Menschen von Grund auf eigennützig sind. Und sie nehmen an, dass dieser Eigennutz eine der Hauptursachen ist, warum ein Markt funktioniert: Der Kaufmann will viel Geld für sich und seine Familie einnehmen. Deswegen sucht er Produkte – Schokoladenriegel oder Tütensuppen, Zahnpasta oder Spaghetti –, die andere Menschen haben wollen. Er stellt sie ins Regal und bietet sie ihnen zum Verkauf an. Ganz schlicht ausgedrückt: Sein Egoismus macht die Regale voll. […] Tütensuppen verkaufen ist für den Kaufmann nützlicher als Tütensuppen verschenken. Das bedeutet nicht, dass Menschen im Weltbild der Ökonomen kaltherzig sind. Denn der Nutzen des einen ist nicht unbedingt der Schaden des anderen. Im Gegenteil: Der Händler liefert Tütensuppen, weil er auf mein Geld scharf ist. Ich gebe ihm mein Geld, weil ich auf seine Tütensuppen scharf bin. Beide, ich und er, sind wir nach dem Geschäft ein Stück zufriedener.

Winand von Petersdorff, Das Geld reicht nie, 2. Aufl., Frankfurt 2008, S. 16 – 20

M 10 Die Nachfrage – wie man Egoisten zähmt

Im Frühjahr 2007 tourte die Sängerin Beyoncé Knowles durch Deutschland. In vier Städten machte sie Station. Die Hallen fassten zehntausende Plätze. Die Karten kosteten zwischen 50 und 90 Euro. Das ist viel Geld für die zumeist 12 bis 16 Jahre alten Besucher. Trotzdem waren die Konzerte schnell ausverkauft.

Wie begehrt die Karten waren, zeigte sich im Internetauktionshaus Ebay, wo 70-Euro-Karten für 100 Euro gehandelt wurden. Vor der Frankfurter Festhalle standen am Konzerttag Leute, die ihre Karten für 150 bis 250 Euro weiterverkaufen wollten.

Die Karten waren knapp. Und mehr gab es nicht. Deshalb wetteiferten die Leute um die wenigen Karten, die noch da waren. Jeder versuchte, dem Kartenbesitzer mehr Geld zu bieten als die anderen. So stieg der Preis der Karte. Sie ging schließlich an den, der am meisten dafür bot.

Die Regel dazu lautet: Übersteigt die Nachfrage (nach Karten) das Angebot (an Karten), dann steigt der Preis solange, bis die überzähligen Nachfrager abgesprungen sind und die Nachfrage (nach Karten) gleich dem Angebot (an Karten) ist.

Wenn doch alle Beyoncé lieben, hätte sie möglicherweise die Tickets für ihre Konzerte noch teurer machen können, um mehr Geld zu verdienen. Warum hat sie das nicht gemacht? [...] Wird Beyoncé zu teuer, verlieren selbst große Anhänger das Interesse an ihr. Denn sie wollen trotzdem weiter nicht aufs Handytelefonieren verzichten und trotzdem weiter ab und zu mal ins Kino gehen können. Die Freiheit der 1981 geborenen Sängerin, Tickets teuer zu machen, wird begrenzt durch das Taschengeld ihrer treuen Kunden. [...]

Grundsätzlich steht Beyoncé aber trotzdem vor folgendem Zwiespalt: Verlangt sie zu viel Geld für das Ticket, bricht ihr das Publikum weg. Verlangt sie zu wenig Geld, bricht ihr der Gewinn weg. Beyoncé muss genauso praktisch denken wie ein Bäcker oder ein Kaufmann. Das tut sie auch. Offensichtlich hängen Preis und Nachfrage (Kaufwunsch) zusammen. Kunden kaufen etwas, wenn sie es haben wollen und wenn sie Geld dafür locker machen können. Der Anbieter hingegen setzt den Preis hoch genug, damit für ihn Gewinn bleibt, und so hoch wie gerade möglich, ohne Kunden abzuschrecken. Er will für sich das Beste herausholen: viel Gewinn. Der Trost aus diesem Mechanismus lautet: Wir Kunden sind Verkäufern, Sängern und anderen Anbietern nicht hilflos ausgeliefert. Sie müssen aus Eigennutz unsere Wünsche und unsere Zahlungsbereitschaft ergründen und respektieren, damit sie nicht auf ihrer Ware sitzen bleiben.

Winand von Petersdorff, Das Geld reicht nie, 2. Aufl., Frankfurt 2008, S. 20-23

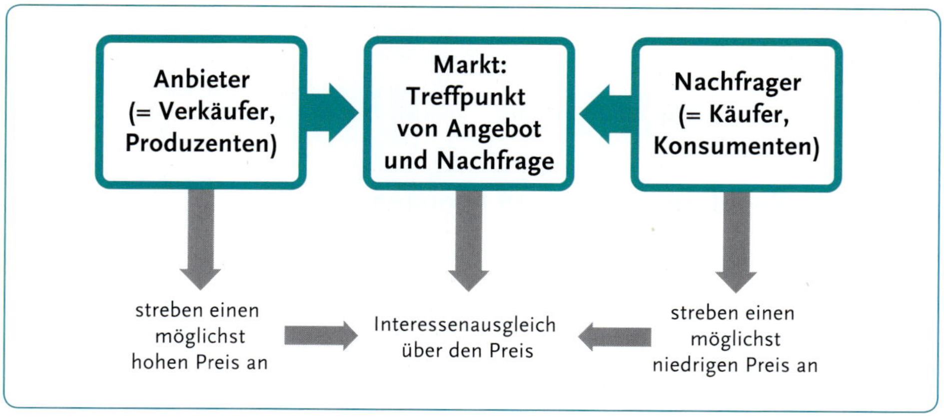

Aufgaben

1. Vergleiche die abgebildeten Märkte. Was haben sie gemeinsam, was unterscheidet sie (M 8)?
2. Stelle dar, warum die Regale in Supermärkten so gut gefüllt sind und welche Rolle der Eigennutz der Menschen dabei spielt (M 9).
3. Erläutere, wie sich Preise bilden und welche Funktion sie haben (M 9 – M 10).

Methode

M 11 Preisbildung im Modell: „Preis-Mengen-Diagramm“

Ein paar Worte zur Methode

Ja, es gibt nichts Praktischeres als eine gute Theorie. Jedes Weltbild, jede Analyse folgt einer Theorie oder einem Modell. Anders könnte man die Realität nicht erfassen. Uns fehlte einfach die Handlungsgrundlage. Aber warum? Weil die Welt so „komplex“ ist, dass zu ihrem auch nur annähernden Verständnis eine – oft erschreckend – vereinfachte Darstellung nötig ist. [...] Es ist deshalb unsinnig, ein Modell zu kritisieren, weil es zu einfach und nicht „realistisch“ genug sei. Modelle sind naturgemäß nicht realistisch, und kein Ökonom ist so blind, das nicht zu sehen. Er überlegt sich ja gerade eine Theorie, um jene Phänomene, die zu komplex für unsere Hirne sind, in ihrem Kern zu erfassen; von daher auch die zwingende Notwendigkeit, sich eine vereinfachte, „unrealistische“ Darstellung dieser Phänomene auszudenken. Nach dieser Methode arbeiteten schon die Wissenschaftler im Mittelalter. Physiker verwenden extrem vereinfachte Modelle von Atomen, Wirtschaftswissenschaftler benutzen nicht weniger vereinfachte Modelle von Märkten.

Daraus lässt sich allerdings nicht ableiten, dass alle Theorien gleichermaßen gültig sind. Es gilt auch nicht, Modelle zu konstruieren, die so einfach sind, dass sie absurd werden. Oder, um es mit Paul Valery zu sagen: Was einfach ist, ist falsch, was komplex ist, ist nicht brauchbar. Eine Theorie sollte so gestaltet sein, dass darin alle unwichtigen Aspekte eines Phänomens unbeachtet bleiben. Das zu erreichen ist nicht nur eine Wissenschaft, sondern auch eine Kunst.

André Fourcans, Die Welt der Wirtschaft, 4. Aufl., Frankfurt 1999, übersetzt von Sabine Schwenk, S. 19 f.

Preisbildung unter der Lupe

Um das Prinzip der Preisbildung zu verstehen, bedient man sich eines Modells. In diesem Modell wird angenommen, dass sich Angebot und Nachfrage unabhängig voneinander bilden. Betrachten wir also zunächst die Nachfrageseite:

Für Schüler und Lehrer einer Schule soll ein Mittagessen angeboten werden. Jeden Donnerstag sollen Gemüseburger verkauft werden. Lehrer und Schüler stellen die Nachfrage auf dem Gemüseburgermarkt dar. Natürlich unterscheiden sich die Nachfrager: Manche haben mehr, manche weniger Hunger, einige haben mehr Geld für den Mittagstisch zur Verfügung als andere, nicht alle mögen Gemüseburger, für viele ist es ihr Leibgericht. Wie könnte sich also die Nachfrage nach den Bratlingen entwickeln? Nehmen wir an, 100 Schüler und Lehrer wären bereit, 3 € für ihren Gemüseburger auszugeben. Bei einem niedrigeren Preis von 2 € wären schon weitere 100 Schüler und Lehrer geneigt, den Mittagssnack zu kaufen. Nochmals 100 Schüler und Lehrer würden die Burger nachfragen, wenn der Preis dafür nur 1 € betragen würde.

Es ist einleuchtend, dass die Schüler und Lehrer, die bereit gewesen wären, 2 oder 3 € für den vegetarischen Burger auszugeben, auch für 1 € kaufen würden. Sie freuen sich lediglich, dass sie ihn so günstig bekommen. Wie man erkennen kann, ist die Nachfrage bei einem niedrigen Preis höher. Umgekehrt ist die Nachfrage geringer, wenn der Preis hoch ist. Deshalb addiert sich die Nachfrage der einzelnen Käufer mit abnehmendem Preis. Im Modell spricht man von der aggregierten (zusammengefassten) Nachfrage. Sie lässt sich grafisch so darstellen:

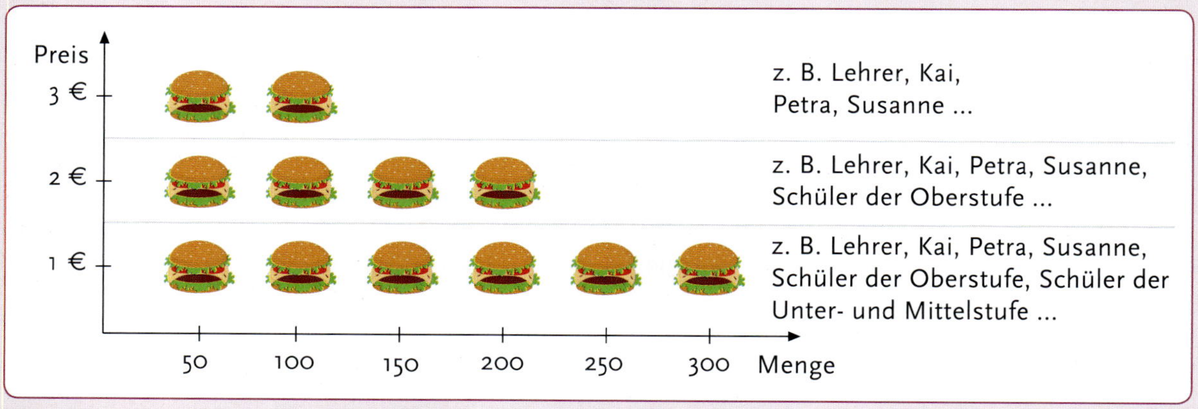

Ein gezeichneter Burger steht für 50 „echte“ Burger.

Betrachten wir nun die Angebotsseite: Hausmeister, Eltern und ein Catering-Service wären bereit, die Gemüseburger anzubieten. Der Hausmeister, so nehmen wir an, könnte mit seiner Frau 100 vegetarische Bratlinge für 1 € verkaufen. Die Eltern könnten zusammen 100 Gemüseburger für 2 € anbieten, da ihr Herstellungsaufwand etwas größer wäre. Sie müssten sich abstimmen, wer wie viele Burger produziert, und den Transport zur Schule organisieren. Der Catering-Service mit hohen Personalkosten könnte weitere 100 Burger für 3 € anbieten. Selbstverständlich würden Hausmeister und Eltern auch für 3 € ihre Gemüseburger anbieten können. Hier addiert sich also das Angebot bei steigendem Preis. Man spricht vom aggregierten (zusammengefassten) Angebot. Je höher der Preis, desto größer ist die angebotene Menge. Je niedriger der Preis, desto geringer das Angebot, weil nur wenige Anbieter in der Lage sind, zu diesem Preis zu produzieren. Anbieter, die bei einem niedrigeren Preis nicht mehr gewinnbringend produzieren können, werden einfach vom Markt verdrängt. Die Angebotsseite im Beispiel lässt sich grafisch so darstellen:

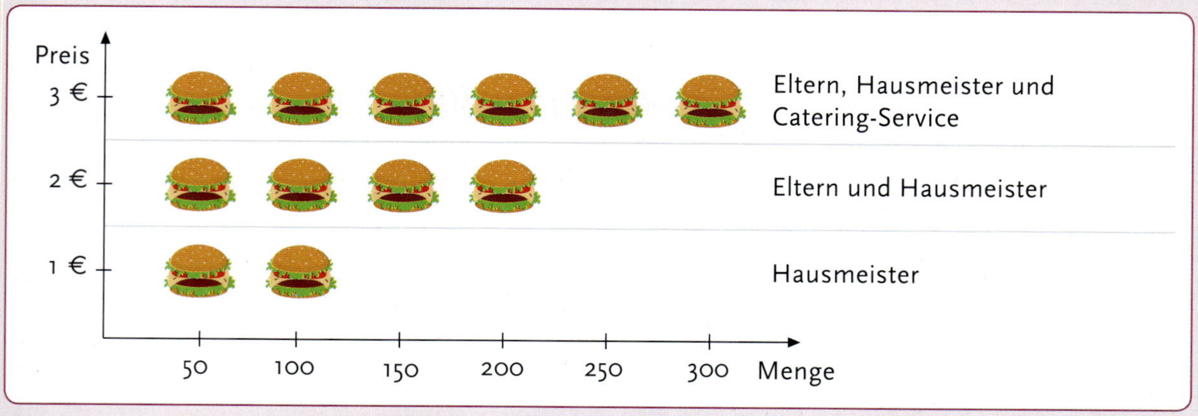

Ungleichgewichte von Angebot und Nachfrage

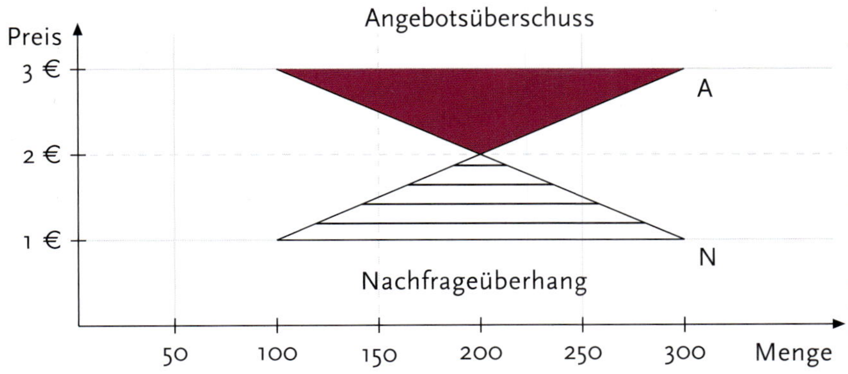

Ist der von den Anbietern festgesetzte Preis höher als der Gleichgewichtspreis, so kommt es zu einer Nachfragelücke bzw. zu einem Angebotsüberschuss. Ist der Preis niedriger als der Gleichgewichtspreis, so kommt es zu einem Nachfrageüberhang.

Zum Preis von 3 € pro Gemüseburger beträgt die Nachfrage in der Schulkantine nur 100 Stück, angeboten würden jedoch 300 Burger. Die Differenz bezeichnet man als Angebotsüberschuss. Konkret bleiben diese Burger einfach übrig. Da sie nicht haltbar sind, werden die Anbieter sich überlegen, ob sie ihre Preispolitik (oder ihre Mengenpolitik) ändern. Sobald aber klar ist, dass diese Menge nur zu einem erheblich niedrigeren Preis verkäuflich ist, wird sich der Catering-Service zurückziehen. Für weniger als 3 €/Stück kann er seine Kosten nicht mehr decken. Das Angebot geht zurück, es bleiben Eltern und Hausmeister, die den Gemüseburger auch für einen Verkaufspreis von 2 € rentabel produzieren können.

Aufgaben

1. Übertrage die Werte und zeichne die Nachfragekurve (Liniendiagramm) und die Angebotskurve (Liniendiagramm) in ein Koordinatensystem ein (M 11).
2. Der Gleichgewichtspreis ist der Preis, zu dem sich die beiden Geraden schneiden. Hier ist der Umsatz (Menge x Preis) am höchsten. Bestimme den Gleichgewichtspreis, und berechne den Höchstumsatz.
3. Fasst in Gruppenarbeit in einer Tabelle zusammen, von welchen Faktoren die Bereitschaft, Gemüseburger zu kaufen und zu verkaufen, abhängig ist (M 11).
4. Überprüfe, ob die von dir zusammengestellten Einflussfaktoren auf Angebot und Nachfrage auch allgemein gelten.

Erläutere anhand der Grafik, was man unter einem Angebotsüberschuss bzw. Nachfrageüberhang versteht (M 11).

Was wir wissen

Güter und Bedürfnisse
M 1, M 4

Auf der Erde stehen die Bedürfnisse der Menschen in einem Spannungsverhältnis zu den vorhandenen Gütern und Mitteln. Dies wird auch sehr deutlich beim gestrandeten Robinson. Es herrscht Knappheit an Gütern angesichts einer unbegrenzten Zahl von Bedürfnissen. Deshalb muss der Einzelne wirtschaftlich handeln.

Knappheit als Prinzip wirtschaftlichen Handelns
M 5, M 7

Wirtschaften heißt also allgemein, die vorhandenen Mittel zur Bedürfnisbefriedigung möglichst wirksam (effizient) einzusetzen (ökonomisches Prinzip). Bei Robinson geht es ums Überleben, deshalb bestimmen die Grund- und Sicherheitsbedürfnisse sein Handeln. Erst wenn diese Bedürfnisse befriedigt sind, wird Robinson sein Handeln auf darauf aufbauende Bedürfnisse, wie z. B. soziale Bedürfnisse, richten.

Markt
M 8

Der Markt ist der „Ort" des Tausches von Gütern. Sowohl Verbraucher als auch Verkäufer befriedigen auf den Märkten ihre Bedürfnisse. Dabei treffen Anbieter und Nachfrager, die beide das Ziel der Nutzenmaximierung verfolgen, mit gegensätzlichen Interessen aufeinander.

Preisbildung
M 9, M 10, Methode, M 11

Der Interessengegensatz äußert sich in unterschiedlichen Preisvorstellungen. Anbieter wollen zum höchsten Preis verkaufen, Nachfrager zum geringsten Preis kaufen. Unter den Voraussetzungen der vollständigen Konkurrenz (Vielzahl von Anbietern und Nachfragern), der Homogenität der Güter (Güter mit gleicher Qualität) und der Markttransparenz (vollkommener Überblick über das Angebot) bilden Angebot und Nachfrage den Preis. Ist die angebotene Menge größer als die nachgefragte, dann sinkt der Preis. Der sinkende Preis führt zu einer Erhöhung der Nachfrage und Verminderung des Angebots. Ist die nachgefragte Menge größer als die angebotene, steigt der Preis. Der steigende Preis führt zu einem Rückgang der Nachfrage und einem steigenden Angebot. Der Gleichgewichtspreis, den grafisch der Schnittpunkt der Nachfrage- und Angebotskurve bildet, ist der Preis, zu dem der größte Güterumsatz erfolgt. Neben dem Preis als Faktor für Kauf- und Verkaufsentscheidungen haben für den Konsumenten das Einkommen und der Bedarf, für den Produzenten die Produktionskosten und die Konkurrenzsituation entscheidende Bedeutung.

Simulation einer Kaufhandlung

Bei einer bewussten und überlegten Kaufentscheidung sind viele Kriterien zu beachten. Mit Hilfe einer Tabelle (Entscheidungsmatrix) können die Motive für die Wahl eines bestimmten Produkts besser verdeutlicht werden. Dazu müssen zunächst die für die Entscheidung bedeutsamen Kriterien ausgewählt werden (z. B. Preis, Qualität, Umweltverträglichkeit ...). Für jedes Produkt sind allerdings andere Kriterien wichtig. Für jede Alternative (Produkt A, Produkt B, Produkt C ...) gibt es eine Spalte in der Tabelle. In die Spalte einer Alternative wird bei jeder Merkmalsausprägung die Bewertung mit Punkten (von 1 bis 5) eingetragen, wobei 1 die schlechteste, 5 die beste Bewertung ist. Anschließend werden die Bewertungen der Kriterien jeder Alternative addiert. Am besten schneidet die Alternative mit der höchsten Summe der Bewertungen ab. Zur Vertiefung: Die einzelnen Kriterien können zusätzlich gewichtet werden. Dabei werden jedem Kriterium Prozentzahlen (z. B. Preis = 30 %) zugewiesen und mit den Bewertungen multipliziert. Die Summe der Gewichtungen muss 100 % betragen.

Beispiel für eine einfache Matrix:

	MP3-Player A	MP3-Player B	MP3-Player C
Preis	5	3	3
Display	5	4	2
Design/Marke	4	3	5
Speicher	3	5	1
Akkulaufzeit	3	2	2
Summe	20	17	13

Beispiel für eine Gewichtung:

Sarah hat viel Geld und viele Lieder. Sie gewichtet ihre Kriterien so: Preis 10 %, Display 10 %, Design 20 %, Speicher 40 %, Akku 20 %. Für sie wäre mit 370 Punkten Player B die Wahl.

Aufgabe

Erstellt in Gruppen für ein Produkt eurer Wahl eine Entscheidungsmatrix. Begründet eure Auswahl an Kriterien und die Vergabe der Bewertungen. Stellt eure Entscheidung in der Klasse vor.

3.2 Wie viel Markt und wie viel Staat brauchen wir?

3.2.1 Was leisten Märkte?

M 1 Märkte sind gut für die Organisation des Wirtschaftslebens

Elektronikmesse in Berlin: Mit Innovationen konkurrieren die Anbieter am Markt um die Konsumenten.

Der Wirtschaftswissenschaftler Peter Bofinger schreibt über die Leistungsfähigkeit von Märkten:

Die hohe Leistungsfähigkeit einer durch Märkte gesteuerten Wirtschaft zeigt sich daran, dass viele positive Effekte ohne einen Eingriff des Staates herbeigeführt werden können. Da wir diese Koordinations- und Informationsfunktion der Märkte in der Regel nicht bewusst wahrnehmen, spricht man häufig auch von der „unsichtbaren Hand" des Marktes, ein Begriff, der von Adam Smith (1723 - 1790), einem Urvater der Wirtschaftslehre, bereits 1776 geprägt wurde. Der Markt sorgt dafür, dass wir uns in der Regel jederzeit eine Vielzahl von Gütern beschaffen können, obwohl die Anbieter über unsere individuellen Kaufwünsche zuvor nicht informiert waren. Der Wettbewerbsmarkt setzt für Produzenten starke Anreize, immer bessere Güter und Dienstleistungen zu akzeptablen Preisen für die Konsumenten zu entwickeln. So zwingt der Markt die Unternehmen auch, in der Güterproduktion sparsam mit den vorhandenen Produktionsmitteln zu wirtschaften. In einer Marktwirtschaft werden Güter vorrangig von den Konsumenten erworben, die ihnen den höchsten Wert zumessen.

Nach: Peter Bofinger, Grundzüge der Volkswirtschaftslehre, 2. Aufl., Stuttgart 2007, S. 34 f.

M 2 Warum brauchen wir einen Staat?

Ohne starken Staat gibt es keine freien Märkte. Nur ein starker Staat kann individuelle Grund- und Freiheitsrechte verlässlich garantieren. Nur so lassen sich Eigentums- und Verhaltensrechte und damit die Funktionsfähigkeit offener und freier Märkte sichern. Dazu greift der Staat auf Gerichte, Polizei und Streitkräfte zurück. Sie sorgen für die innere und äußere Sicherheit, die seit Adam Smith als klassische Staatsaufgaben verstanden werden.

In einem weiteren Sinne braucht es den Staat auch, um Rechts-, Vertrags-, Handels- und Verkehrsregeln durchzusetzen. Er muss Grundbücher und Handelsregister führen oder Maße und Gewichte kontrollieren. Er soll Wettbewerb ermöglichen und Marktmacht verhindern.
Hat der Staat seine erste und wichtigste hoheitliche Aufgabe der Rechtsetzung und Rechtsprechung gut gelöst und sind die Menschen gegen Macht und Willkür geschützt, kann

alles andere ruhig der freien Entscheidung der Unternehmer, Verbraucher, Arbeitgeber und Arbeitnehmer überlassen bleiben. Der Marktmechanismus sorgt dafür, dass die einen jeden Morgen die Schaufenster der Geschäfte von Neuem füllen und dass die anderen diese Dinge kaufen. Ohne hoheitlichen Zwang und ohne staatlichen Plan stimmt die unsichtbare Hand des Marktes Mengen, Preise, Sortimente und Qualität der Güter, die produziert werden, mit den Kundenwünschen ab. Keine von einer Zentralbehörde festgelegten Soll-Ziffern, sondern die Hoffnung auf wirtschaftlichen Erfolg und Gewinn motiviert die Händler.

Eine zweite Rechtfertigung für staatliches Handeln ist die Tatsache, dass sich nicht alle Güter so einfach wie Nahrungsmittel, Textilien, Möbel oder Autos handeln lassen. Für einige Bedürfnisse gibt es keinen Markt, etwa für die Landesverteidigung oder den Gerichtsvollzug. Für andere Güter und Dienstleistungen versagt der Markt, weil es doch zu mächtigen Monopolen kommt. Das ist vor allem dann der Fall, wenn Leistungen nur mit hohen Fixkosten erbracht werden können, so wie bei Eisenbahn, Post, Strom oder beim Festnetz fürs Telefon. Ebenso stößt ein freier Marktmechanismus an seine Grenzen, wenn das Tun des einen unerwünschte Rückwirkungen beim anderen hervorruft, etwa wenn die Luft verschmutzt wird.

Hier setzt der Leistungsstaat an. Er dient dazu, jene gemeinsamen Aufgaben zu erledigen, bei denen der Markt versagt und ein Angebot gar nicht, nicht in genügendem Maße oder nur mit ungewünschten Nebenwirkungen zustande kommt. „Leistungsstaat" bedeutet allerdings nicht, dass der Staat die Leistung auch selber erbringen muss. Meistens genügt es, wenn er durch Regulierungen, Anreize und Sanktionen lediglich dafür sorgt, dass Marktversagen verhindert wird oder fehlende Märkte neu geschaffen werden. So kann der Staat private Wachdienste dafür bezahlen, dass sie für die Sicherheit der Bürger sorgen. Er kann Private beauftragen, Bahn, Post, Flughäfen, Schulen und Theater zu betreiben. […]

Schließlich liefert die Gerechtigkeit einen dritten Rechtfertigungsgrund für den Staat. Der Markt sorgt nicht für eine gerechte Einkommensverteilung. Er verteilt Einkommen nach Leistung und nicht nach Bedarf. Aus gesellschaftspolitischen Gründen ist daher eine Umverteilung durch den Staat angezeigt.

Thomas Straubhaar, Frankfurter Allgemeine Sonntagszeitung, 10.12.2006

Aufgaben

1. Stelle dar, welche Vorteile Märkte für das Wirtschaftsleben haben, und nenne jeweils Beispiele (M 1).
2. Arbeite heraus, welche Leistungen der Staat für eine funktionierende Wirtschaft erbringt (M 2).

3.2.2 Warum gibt es Wirtschaftskrisen?

M 3 Berg- und Talfahrt der Konjunktur

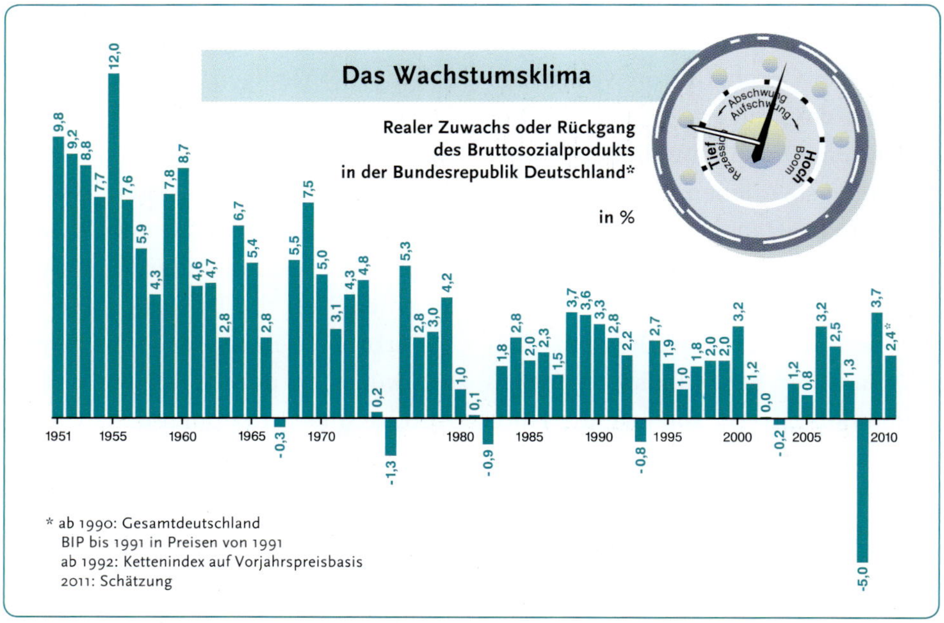

Quelle: Destatis, Bundesbank, 1990/91: IAB; Bergmoser + Höller Verlag, 220 000

Produktionspotenzial
Der Begriff beschreibt die mögliche Produktion einer Volkswirtschaft, wenn alle Produktionsfaktoren voll genutzt würden. Dieser Wert kann nur geschätzt werden. Von einer Normalauslastung spricht man, wenn die Produktionsfaktoren zu 96,75 % ausgelastet sind.

Eine Volkswirtschaft steht niemals still. Vielmehr ändern sich sämtliche ökonomischen Größen im Zeitablauf. Dies betrifft insbesondere das Inlandsprodukt (BIP) und seine Komponenten – den Konsum, die Investitionen, die Staatsausgaben und die Exporte sowie die Importe. Typischerweise steigt die gesamtwirtschaftliche Produktion von Waren und Dienstleistungen der Tendenz nach an. Dadurch erhöht sich der durchschnittliche Lebensstandard der Bevölkerung. Allerdings verläuft diese Zunahme nicht gleichmäßig. Um den Trend sind Veränderungen des Wirtschaftswachstums und Schwankungen im Auslastungsgrad des gesamtwirtschaftlichen Produktionspotenzials zu beobachten, die mit einer gewissen Regelmäßigkeit eintreten. Solche Wachstumsschwankungen bezeichnen wir als Konjunkturschwankungen beziehungsweise Konjunkturzyklen. Der Begriff Konjunkturzyklus ist allerdings ein wenig irreführend. Es kommt zwar „regelmäßig" zu einem Auf und Ab der Konjunktur. Der Zeitabstand zwischen dem Beginn eines Aufschwungs über Boom-, Abschwung- beziehungsweise Rezessionsphase bis hin zu einem neuen Aufschwung ist jedoch unterschiedlich und kaum präzise vorhersehbar.

Herbert Sperber, Wirtschaft verstehen, 3. Auflage, Stuttgart 2009, S. 118

M 4 Folgen von Konjunkturschwankungen

Obwohl kein Konjunkturzyklus dem anderen gleicht, lässt sich doch ein Grundmuster des Konjunkturverlaufs feststellen. Demnach umfasst ein Konjunkturzyklus vier Phasen (siehe Schaubild).

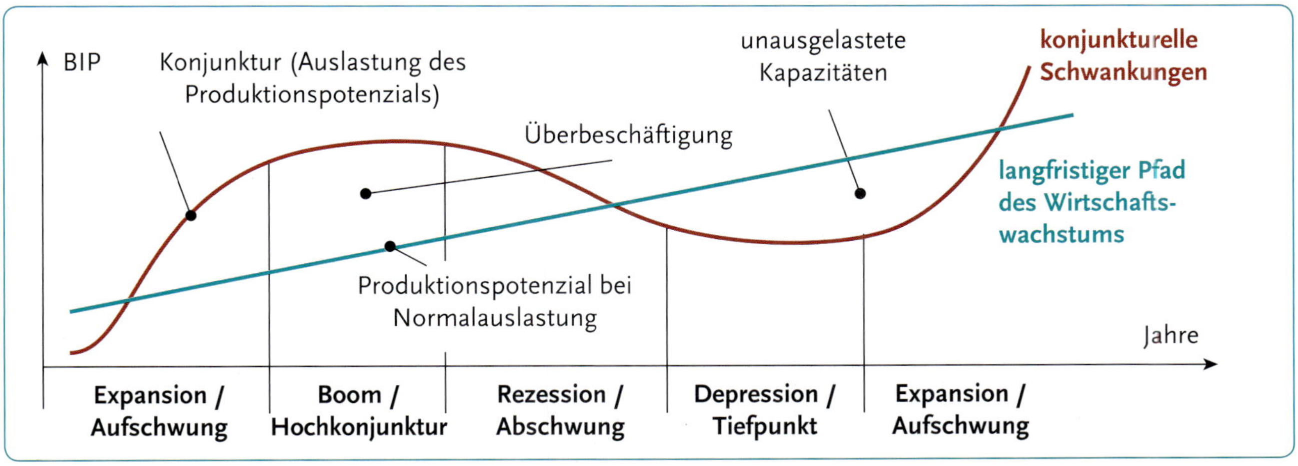

Aufschwung: Der Aufschwung ist charakterisiert durch zunehmende Auslastung vorhandener Kapazitäten. Die Firmen erhöhen ihre Investitionen. Da sie hierfür vermehrt Kredite nachfragen, steigen die Zinsen. Die steigende Konsumentenstimmung kurbelt die Nachfrage weiter an, wodurch Umsätze und Gewinne steigen. Um die steigende Nachfrage zu befriedigen, werden zunehmend neue Arbeitskräfte eingestellt und es werden mehr Güter produziert. Die Arbeitslosigkeit sinkt.

Boom (Hochkonjunktur): Die Produktion erreicht das vorhandene Kapazitätslimit (d. h. es kann nicht noch mehr produziert werden als jetzt), wodurch es zunehmend schwierig wird, die aktuelle Nachfrage zu bedienen. Die Lagerbestände sinken. In der Folge steigen die Preise und Teuerung macht sich verstärkt bemerkbar. Trotz Voll- oder Überbeschäftigung macht die überschwängliche allgemeine Stimmung einer langsam auftretenden Skepsis Platz.

Rezession (Konjunkturabschwung): Die Konsumenten sind verunsichert und die noch immer hohen Preise hemmen nun die Nachfrage. Unternehmen beginnen zu sparen und stoppen weitere Investitionen. Die Zinsen sowie die Umsätze beginnen zu sinken. Aufgrund der schwachen Nachfrage können die Maschinen und Arbeiter nicht mit genügend Aufträgen versorgt werden. Dies zieht erste Entlassungen nach sich.

Depression: Die Phase der wirtschaftlichen Depression ist gekennzeichnet durch eine geringe Nachfrage. Überkapazitäten müssen abgebaut werden und es kommt vermehrt zu Entlassungen. Die Arbeitslosigkeit steigt. Durch kontinuierliche Zinssenkungen könnte die Zentralbank versuchen, Kredite billiger zu machen und so die Nachfrage anzukurbeln.

Nach: Vimentis, Lexikon: Konjunkturzyklus, in: http://www.vimentis.ch, 30.12.2011

M 5 Die Ökonomie des Babysittens, oder: Warum gibt es Wirtschaftskrisen?

In den 70er Jahren gründeten Mitarbeiter beim amerikanischen Kongress für sich und ihre Familien – ungefähr 150 Paare mit Kindern – einen Babysitter-Verein. Die „Capitol Hill Coop", benannt nach dem Regierungsviertel in Washington, versprach Vorteile für alle Seiten: Ein Elternpaar passt am Abend nicht nur auf die eigenen Kinder auf, sondern betreut gleichzeitig die Kinder einer anderen Familie und bekommt dafür im Gegenzug auch einen Abend kinderfrei und kann ausgehen. Wie konnte man aber erreichen, dass jedes Paar seinen gerechten Anteil bekam und beisteuerte? Die Eltern-Kooperative fand eine sehr einfache Lösung für dieses Problem: Sie gab Coupons, eine Art Papiergeld, aus. Ein Coupon entsprach einer Stunde Babysitten. Jedes Paar, das der Kooperative beitrat, erhielt 30 Coupons als „Startgeld". Mit den Coupons bezahlten die Eltern untereinander die gegenseitige Kinderbetreuung. Rasch entstand so etwas wie ein sich selbst regulierender Markt: Jedes der beteiligten Paare verbrachte im Durchschnitt so viel Zeit mit Babysitten für andere Paare, wie es umgekehrt diese Dienstleistung für sich in Anspruch nahm.

Allerdings benötigte man auch Angestellte, um alle laufenden Anfragen nach Babysittern und die entsprechenden Angebote zu bearbeiten. Die „Verwaltungskosten" der Elternkooperative betrugen insgesamt 1.902 Coupons pro Jahr. Die 150 Paare entrichteten dafür einen Jahresbeitrag von je 14 Coupons, also insgesamt 2.100. Der Überschuss von 198 Coupons ging dem „Wirtschaftskreislauf" verloren. Neue Paare mit Startguthaben traten der Kooperative bald nicht mehr in ausreichender Zahl bei. So wurden die im Umlauf befindlichen Coupons allmählich knapp. Die meisten Paare wollten deshalb ihre privaten Coupon-Reserven durch vermehrtes Babysitten erhöhen, um auch wirklich genug davon zu haben, wenn man dringend welche benötigte. Andererseits zögerten sie, außer bei besonderen Anlässen, auszugehen und dafür mit Coupons zu bezahlen. Die Gelegenheiten zum Babysitten wurden immer rarer. Eine Abwärtsspirale kam in Gang und die „Babysitter-Wirtschaft" rutschte in eine Rezession (Krise).

Bruno Zandonella, Konjunktur – Gute Zeiten, schlechte Zeiten, in: BpB, Themenblätter im Unterricht, Nr. 86, Arbeitsblatt B, 2010

Aufgaben

1. Arbeite aus M 3 die Konjunkturphasen und den langfristigen Wachstumstrend heraus.
2. Folgende wirtschaftliche Situation ist gegeben: Unternehmen produzieren mehr als bei normaler Auslastung, die Arbeitslosigkeit ist gering, die Preise steigen. Nenne die Konjunkturphase, in der sich diese Wirtschaft befindet (M 4).
3. Arbeite aus M 3 und M 4 heraus, warum der Staat Wirtschaftskrisen vermeiden möchte.
4. Erläutere am Modell der Capitol-Hill-Kooperative (M 5), wie es zu einer Rezession kommen kann. Verwende zur Beschreibung dieser „Volkswirtschaft im Miniformat" treffende Fachbegriffe, z. B. Angebot, Nachfrage.

Methode

M6 Ein Planspiel durchführen – Planspiel Marktwirtschaft

Im Planspiel nehmen die Spieler – typischerweise in Kleingruppen – Funktionen ein, die sie ausüben. Sie tun dabei so, als ob sie diese Funktionen bzw. Personen seien und in deren Situation handelten. Dafür entwerfen sie eine Strategie, nachdem sie ihre eigene Situation geklärt, Ziele gesetzt und ihre Vorgehensweisen beschlossen haben. Dabei kommt es zu Auseinandersetzungen mit Inhabern anderer Funktionen (z. B. Marktteilnehmer), die zum Überdenken der eigenen Strategie führen.

Mithilfe des Planspiels kannst du

- ein Stück der Wirklichkeit simulieren und dabei ohne Angst vor Sanktionen handeln,
- dich mit bestimmten Positionen identifizieren und handelnd eigene Erfahrungen machen und
- im Unterricht selbstständig, eigenverantwortlich und kreativ tätig sein.

Nach: Sibylle Reinhardt, Politik-Didaktik. Praxishandbuch für die Sekundarstufe I und II, Berlin 2005, S. 124-127

Phase 1 – 2

Planspiel Marktwirtschaft

Im Planspiel Marktwirtschaft simuliert ihr den Kauf einer Stereoanlage unter marktwirtschaftlichen Rahmenbedingungen. Dazu teilt ihr euch in Unternehmer und Käufer. Im Mittelpunkt steht der Interessenkonflikt zwischen Anbietern und Nachfragern auf dem Markt. Während der Anbieter das Produkt Stereoanlage für den größtmöglichen Geldbetrag verkaufen möchte, ist es das Anliegen des Nachfragers, so wenig wie möglich auszugeben. Gleichzeitig liegt das Interesse beider Seiten im Austausch. Daher wird ein Kompromiss notwendig und möglich.
Um eine ausreichende Konkurrenzsituation auf der Anbieterseite zu schaffen, sollte die Zahl der Unternehmen nicht zu gering ausfallen. Keinesfalls darf ein Monopol vorgegeben werden. Sinnvoll ist, das Spiel mit mindestens drei unterschiedlichen Anbietern zu planen. Bei den Käufern repräsentiert jeweils eine Spielgruppe zu je zwei Schülern einen Haushalt.

Einführungsblatt – Käufer

Ihr seid Vorstand eines Familienhaushalts. Bisher besitzt ihr noch keine Stereoanlage, habt euch jetzt aber entschieden, euren Haushalt damit auszurüsten. Wie groß eure Familie ist und wie viele Stereoanlagen welchen Typs ihr benötigt, könnt ihr selbst entscheiden. Die Stereoanlage/n kauft ihr in den Verkaufsstellen der entsprechenden Betriebe. Von diesen gibt es mehrere. Ihr könnt frei entscheiden, von welchem Hersteller ihr welche Anlage für welchen Preis kauft.

Aber wie teuer sind die Anlagen? Und was könnt ihr euch leisten?

Aufgaben – Käufer:

Im Folgenden sollt ihr entscheiden, wie viele Stereoanlagen ihr benötigt, welche Eigenschaften das Gerät / die Geräte haben sollen und was ihr euch preislich eigentlich leisten könnt. Die Bearbeitung der anschließenden Punkte hilft euch bei dieser Aufgabe:

1. Denkt euch aus, wie viele Mitglieder die Familie, der ihr vorsteht, haben soll und wie viele Stereoanlagen ihr folglich benötigt. Orientiert euch dabei an euren eigenen Familienverhältnissen. Haltet auch die gewünschte technische Ausstattung der Produkte fest.
2. Die Stereoanlagen kosten natürlich Geld. Je besser das Gerät, desto höher in der Regel der Preis. Setzt eine Summe fest, die ihr bereit seid, insgesamt für den Kauf einer beziehungsweise mehrerer Stereoanlagen auszugeben.
3. Welches Ziel habt ihr beim Kauf der Stereoanlage und welches Ziel haben die Hersteller?
4. Beachtet: Es gibt mehrere Firmen, die Stereoanlagen herstellen. Was wäre für euch ein günstiges Vorgehen? Welche Vorteile könntet ihr daraus ziehen?

Einführungsblatt – Unternehmen

Ihr seid Unternehmer. Euer Betrieb stellt Stereoanlagen her, die ihr anschließend im betriebseigenen Verkaufsladen an die Kunden verkauft. Welche Eigenschaften und welchen Preis euer Produkt hat, könnt ihr selbst entscheiden. Mit den anderen Unternehmen steht ihr in einem Wettkampf. Auch sie wollen ihre Stereoanlagen an die Käufer verkaufen.

Die Spielregeln sehen Folgendes vor: Die Produktion einer Stereoanlage kostet mindestens 20 Euro. Nach oben sind allerdings keine Grenzen gesetzt. Je aufwendiger und besser das Gerät, desto höher natürlich der Preis.

Aber Vorsicht! Wie viel ist der Kunde bereit zu zahlen?

Aufgaben – Unternehmen:

Im Folgenden müsst ihr eine eigene Stereoanlage entwickeln, die ihr anschließend an die Kunden verkaufen wollt. Bevor ihr aber Ausstattung, Leistung, Farbe etc. und Preis festlegt, sind folgende Punkte sorgfältig zu bearbeiten:

1. Beachtet, dass ihr nicht das einzige Unternehmen seid, das Stereoanlagen verkauft! Ihr habt Mitbewerber! Was ist in Anbetracht dessen euer Ziel?
2. Was sind eure Interessen und welche Interessen / Bedürfnisse haben die Kunden?
3. Entwickelt eine Strategie, mit der ihr beim Verkauf der Stereoanlagen so erfolgreich wie möglich seid! Denkt dabei auch über Preise und Mengen nach! Wie könntet ihr am besten abschneiden?
4. Entwickelt auf der Grundlage dieser Ergebnisse eine Stereoanlage. Diese könnt ihr natürlich zeichnen oder auf einem anderen Weg künstlerisch darstellen.

Arbeitsgrundlage Unternehmen: Stereoanlage

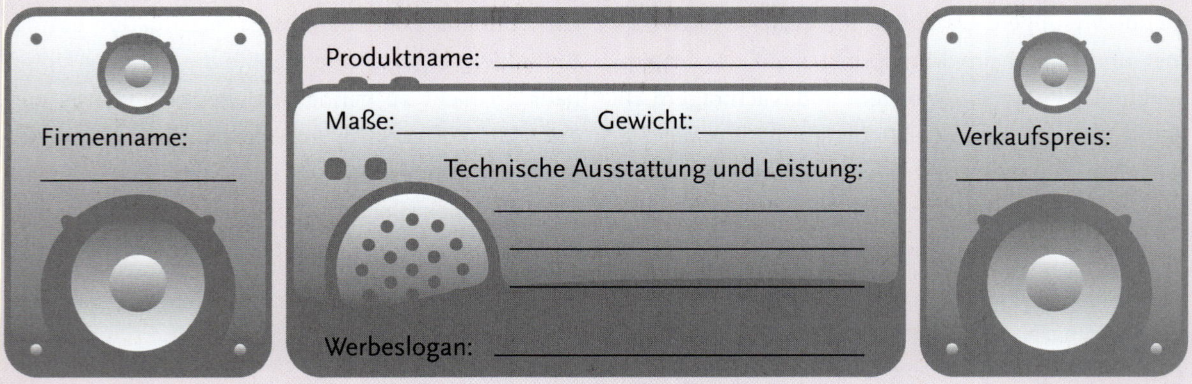

Phase 3

Spiel- und Auswertungsphase

Spielt das Planspiel Marktwirtschaft mithilfe der folgenden Informationsblätter durch.

Informationsblatt – Käufer

In der Spielphase trefft ihr direkt auf die Hersteller der Stereoanlagen. Diese bieten ihre Produkte auf der vorgesehenen Tischreihe an. Jedes Unternehmen verfügt dabei über einen Tisch, der den betriebseigenen Verkaufsladen darstellt. Jede Stereoanlage liegt in Form eines vorgefertigten Papiers vor, dem ihr die wichtigsten Produktinformationen entnehmen könnt. Sucht nach den Geräten, die euren Vorstellungen entsprechen. Redet dabei auch mit den Herstellern. Teilt eure Wünsche mit. Denn schließlich können die Unternehmen Preise und Ausstattung ihrer Geräte verändern.

Orientiert euch im Spiel immer an eurer Zielsetzung.

Der Verkauf einer Stereoanlage wird in einem dafür vorgesehenen „Kaufvertrag“ festgehalten, über den die Unternehmen verfügen. Folgt unbedingt den Vorgaben dieses Kaufvertrages. Alle verkauften Geräte werden mit dem Verkaufspreis und dem Produktnamen untereinander eingetragen. Jeder Verkauf wird durch eure und die Unterschrift eines Verkäufers rechtskräftig.

Informationsblatt – Unternehmen

In der Spielphase trefft ihr direkt auf die Käufer. Alle Unternehmen bieten ihr Produkt auf der vorgesehenen Tischreihe an. Jedes Unternehmen verfügt dabei über einen Tisch, der den betriebseigenen Verkaufsladen darstellt. Präsentiert euer Produkt so, dass es die Kunden anspricht.

Innerhalb der folgenden Verkaufsspielphase habt ihr als Unternehmen die Möglichkeit, je nach günstigem oder ungünstigem Verlauf, den Preis und die Ausstattung eurer Stereoanlage zu verändern (zu verbessern). Wenn ihr die Ausstattung eurer Stereoanlage verändert, dann haltet das mit einem neuen Produktnamen fest (z. B. durch den Zusatz eines + oder einer I, II oder III).

Orientiert euch im Spiel immer an eurer Zielsetzung. Der Verkauf einer Stereoanlage wird in einem dafür vorgesehenen „Kaufvertrag“ festgehalten. Folgt unbedingt den Vorgaben dieses Kaufvertrags. Alle verkauften Geräte werden mit dem Verkaufspreis und dem Produktnamen untereinander eingetragen. Beachtet beim Ausfüllen, dass sich der Preis und die Ausstattung eurer Stereoanlage ändern können. Jeder Verkauf wird durch die Unterschrift eines Mitgliedes eurer Gruppe und der Unterschrift des Käufers rechtskräftig. Auf der Basis der „Kaufverträge“ lässt sich später ermitteln, wie erfolgreich jedes Unternehmen war.

Kaufverträge

Kaufvertrag

____

Name des Unternehmens

______________ ______________ ______________ ______________

Produktname *Verkaufspreis* *Unterschrift Unternehmen* *Unterschrift Käufer*

Phase 4

Auswertung

1. Rollendistanzierung: Äußert euch nacheinander über eure Erfahrungen im Spiel und über die Gefühle, die ihr während des Spiels hattet.
2. Erarbeitet auf Grundlage eurer Spielerfahrungen und -ergebnisse ein schematisches Marktmodell, das die Beziehung zwischen Angebot und Nachfrage sowie die Steuerungsfunktion des Marktpreises verdeutlicht. Nutzt dazu die Begriffe Anbieter, Nachfrager, Konkurrenz, Interessenkonflikt und Preis.
3. Erläutert auf Grundlage eures Planspiels die Vor- und Nachteile der „Freien Marktwirtschaft“. Geht dabei v. a. auf die Gruppen ein, die weniger erfolgreich am Planspiel teilgenommen haben und diskutiert, wie man die Risiken des freien Marktes reduzieren oder gar beheben könnte.

Nach: Christian Fischer, Sascha Conrad, Planspiel Marktwirtschaft, in: http://www.zsb.uni-halle.de/archiv/didaktischer-koffer/, Abruf am 27.3.2012

3.2.3 Was gefährdet den Wettbewerb?

M 7 Erneute Millionenstrafe gegen Kaffeeröster

Das Bundeskartellamt hat gegen zahlreiche Kaffeeröster und den deutschen Kaffeeverband (DKV) wegen illegaler Preisabsprachen Bußgelder in Höhe von insgesamt 30 Millionen Euro verhängt. Auch gegen zehn verantwortliche Mitarbeiter der Unternehmen wurden Bußgelder verhängt. Insgesamt müssen acht Unternehmen wegen der illegalen Machenschaften zahlen. Die Geldbußen sind zwar noch nicht rechtskräftig. Doch haben sechs der acht Unternehmen sowie deren Mitarbeiter sich laut Bundeskartellamt zu einer einvernehmlichen Verfahrensbeendigung bereiterklärt.
Nach den Erkenntnissen des Kartellamts existierte seit mindestens 1997 bis Mitte 2008 ein Arbeitskreis beim DKV, bestehend aus Geschäftsführern und Vertriebsleitern. Dort wurden Preiserhöhungen und zum Teil auch Preissenkungen bei der Belieferung von Gastronomie, Hotels, Automatenaufstellern und anderen Großverbrauchern koordiniert.

tagesschau.de, Erneute Millionenstrafe gegen Kaffeeröster, in: http://www.tagesschau.de, 9.6.2010

M 8 Monopole und Kartelle – warum sind sie gefährlich für die Wirtschaft?

Kartell
Ein Kartell ist eine Vereinbarung oder ein Zusammenschluss selbstständig bleibender Unternehmen oder sonstiger Marktakteure zur Beschränkung ihres Wettbewerbs, z. B. durch Preisabsprachen.

Monopol
Unter einem Monopol versteht man eine Marktform, in der ein Unternehmen (Hersteller, Händler) als alleiniger Anbieter auftritt oder einen so großen Marktanteil besitzt, dass er allein die Preise kontrollieren kann und damit über eine besondere Marktmacht gegenüber den Nachfragern bzw. Konsumenten verfügt.

Was ist nun eigentlich so schlimm an Monopolisten? Ganz einfach: Sie verlangen praktisch immer überhöhte Preise, gemessen an den tatsächlichen Kosten. Das geht nicht nur zu Lasten der Verbraucher, es mindert auch den Zwang, sich um Effizienz und gute Qualität der Produkte zu bemühen. Wenn es um die marktbeherrschende Stellung eines Software-Unternehmens wie Microsoft geht, hört der Spaß auf. Zumal ein so marktmächtiger Anbieter auch dazu neigt, sinnvolle Produkte anderer Anbieter durch technische Tricks vom Markt fernzuhalten. Es sind schon zahlreiche Prozesse wegen solcher Machenschaften geführt worden. Die Wettbewerbshüter sind dabei allerdings oft in schwieriger Beweislage. Ein Problem besteht darin, überhöhte Preise von ganz normalen Marktreaktionen abzugrenzen. Wenn etwa wieder einmal das Benzin an der Tankstelle teurer wird, kann das ja auch an steigenden Rohölpreisen, einem höheren Dollarkurs oder höheren Steuern liegen. Auch dass alle Tankstellen mehr oder weniger gleichzeitig die Preisschilder auswechseln, ist noch kein Beweis für Preisabsprachen. In einem echten Wettbewerbsmarkt würde bei steigenden Einkaufspreisen nämlich genau das Gleiche passieren. Auch ein Vergleich der Preise mit den Kosten hilft nicht immer weiter. Denn die Kosten können von den Unternehmen leicht nach oben manipuliert werden, indem sie teure Bürotürme bauen und überhöhte Gehälter – vorzugsweise an Vorstände – zahlen. Augenfällige Beispiele dafür sind in Deutschland Energieversorgungsunternehmen, aber auch kommunale Stadtwerke mit ihren Gebietsmonopolen. Darum ist Monopolkontrolle in der Praxis ziemlich schwierig. Besser ist es allemal, marktbeherrschende Stellungen gar nicht erst entstehen zu lassen. Aber auch das ist einfacher gesagt als getan. So hat der österreichische Ökonom Josef Schumpeter schon 1911 darauf hingewiesen, dass im Grunde jeder Erfinder eines neuen Produktes zunächst eine Monopolstellung gewinnt. Darin bestehe ja gerade der Anreiz, als Pionierunternehmer immer wieder neue Güter auf den Markt zu bringen. Im Laufe der Zeit werden allerdings zunehmend Imitatoren auftreten, sodass die anfänglichen Gewinne im Konkurrenzkampf schmelzen. Dieser ständige Wettlauf zwischen Innovation und Imitation, den Schumpeter als „Prozess der schöpferischen Zerstörung" bezeichnete, ist wohl das Wichtigste an der Wettbewerbsidee. [...] Am längsten halten sich meist Monopole, die in Staatshand sind. So gelten noch heute in Deutschland das staatliche Glücksspielmonopol und auch das Branntweinmonopol, obwohl es dafür kaum überzeugende Gründe gibt. Bei manchen Gütern wie zum Beispiel Eisenbahnen, Stromversorgung und Telefon war man sogar lange Zeit der Meinung, dass es hier prinzipiell keinen Wettbewerb geben könne. Das Argument war immer das gleiche: Es sei nicht sinnvoll, mehrere Eisenbahngleise, Telefonleitungen oder Postlinien parallel zu unterhalten, nur um Wettbewerb zu schaffen. Deshalb wurde jeweils nur ein Unternehmen als Anbieter solcher Güter zugelassen. Ein angenehmer Nebeneffekt für den Staat waren die Monopolgewinne. Inzwischen denkt man anders über die natürlichen Monopole. Vor allem die EU macht seit den achtziger Jahren Druck, auch diese Märkte zu liberalisieren. Schließlich können auf einem Schienennetz durchaus mehrere Eisenbahnunternehmen fahren, und bei Strom und Gas ist es nicht viel anders. Die bequemen Versorgermonopole geraten dadurch zunehmend unter Wettbewerbsdruck, und das ist gut so. Wie heilsam sich die Öffnung für mehrere Anbieter auswirkt, hat nicht zuletzt die Liberalisierung des Telefonmarktes gezeigt: Während zu Zeiten der Bundespost ein farbiges Tastentelefon der Gipfel des Komforts in Deutschland war, ist die heutige Angebotsvielfalt an Endgeräten gar nicht mehr zu überblicken. Gleichzeitig sind auch noch die Preise für das Telefonieren kräftig gefallen und Abertausende neue Arbeitsplätze geschaffen worden. Das hat zwar auch etwas mit der technischen Entwicklung zu tun. Aber auch der technische Fortschritt kommt unter Wettbewerbsbedingungen viel schneller voran als unter einem trägen Monopolisten, der mangels Konkurrenz nur noch sein Geld zählen muss.

Nach: Ulrich van Suntum, Frankfurter Allgemeine Sonntagszeitung, 4.2.2007

Für die Wettbewerbskontrolle sind in Deutschland das Bundeskartellamt und der Bundeswirtschaftsminister zuständig, auf europäischer Ebene die Europäische Kommission.

Gesetz gegen Wettbewerbsbeschränkungen
Das Gesetz ermöglicht die Erhaltung eines funktionierenden, ungehinderten und möglichst vielgestaltigen Wettbewerbs. Es reglementiert und bekämpft daher vor allem den Missbrauch von Marktmacht sowie die Koordination und Begrenzung des Wettbewerbsverhaltens unabhängiger Marktteilnehmer. Verstöße werden mit Bußgeldern geahndet.

Aufgaben

1. Fasse zusammen, welche negativen Auswirkungen die Einschränkung des Wettbewerbs durch Monopole für die Wirtschaft hat (M 7, M 8).
2. Sammelt Beispiele für Monopole aus eurem Alltag (Stadtbibliothek, Kino, Hallenbad, Eisdiele, Italiener, Coca Cola ...). Prüft jeweils, ob es sich um echte Monopole handelt.
3. Zeitlich begrenzte Monopole haben auch eine wichtige Funktion für die Wirtschaft. Nimm Stellung (M 8).

3.2.4 Ist die Einkommensverteilung gerecht?

M 9 Wie sollen die Einkommen verteilt werden?

Frau Meier kommt aus einem einfachen Elternhaus. Sie hat den Hauptschulabschluss gerade so geschafft und arbeitet heute 45 Stunden in der Woche für ein Gebäudereinigungsunternehmen. Sie ist sehr fleißig und macht ihre Aufgabe gut, aber die harte Arbeit strengt sie sehr an. Sie hat zwei Kinder.

Herr Peters kommt als Einzelkind aus einem betuchten Elternhaus. Seine Eltern haben dafür gesorgt, dass er die besten Schulen besucht hat. Er hat ein Ingenieurs-Studium abgeschlossen. Heute ist er leitender Manager in einem Unternehmen mit 300 Mitarbeitern. Er ist alleinstehend.

Herrn Sollings Eltern bezogen beide Hartz IV. Er war jedoch ehrgeizig, machte das Abitur nach und absolvierte neben seinem Job ein Fernstudium in Betriebswirtschaft. Wegen einer Wirtschaftskrise verlor er seine Arbeit. Bis heute hat er keine neue Anstellung gefunden. Er hat eine ebenfalls arbeitslose Frau und drei kleine Kinder.

Frau Höfer kommt aus einem Lehrerhaushalt. Sie hat ein Studium der Sprachwissenschaften abgeschlossen. Unmittelbar nach dem Studium hatte sie einen Autounfall, den sie nicht verschuldet hat. Sie leidet seitdem unter Gedächtnisstörungen und Angstzuständen und wird nie arbeiten können.

Herrn Niklas Vater arbeitete als Kohlearbeiter, seine Mutter war Hausfrau. Er selbst war in der Schule eigentlich gut, versäumte es aber, den Realschulabschluss zu machen, da er oft die Schule schwänzte. Er findet Arbeit grundsätzlich zu anstrengend und trifft sich lieber mit seinen Freunden.

M 10 Arm und Reich in Deutschland

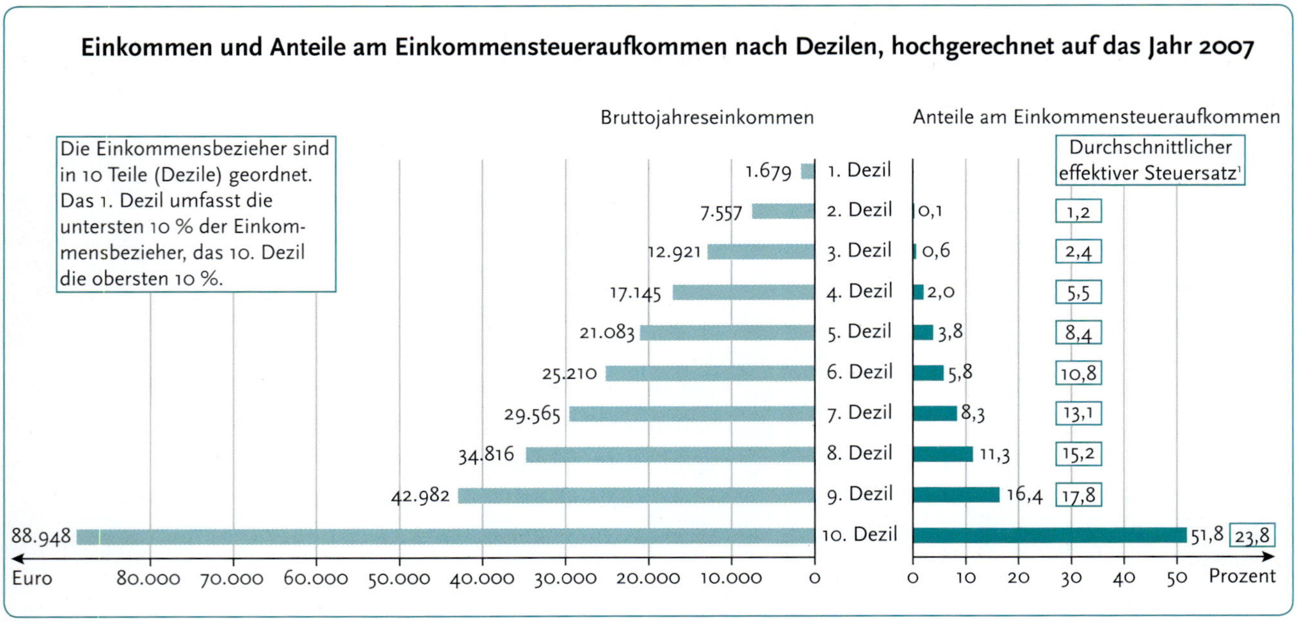

Quelle: Bundesministerium für Arbeit und Soziales (BMAS): Lebenslagen in Deutschland; Simulationsrechnungen PWI und FiFo 2009; Bundeszentrale für politische Bildung, 2006

[1] *Der durchschnittliche effektive Steuersatz gibt an, welcher Prozentsatz des gesamten zu versteuernden Einkommens an Steuern zu zahlen ist.*

M 11 Sozialstaat und Gerechtigkeit

Es gibt einen engen Zusammenhang zwischen der sozialen Gerechtigkeit und der sozialen Ungleichheit. Während man Letztere jedoch messen kann, ist die soziale Gerechtigkeit eine Ansichtssache. Der Regierende Bürgermeister von Berlin verdient mehr als ein U-Bahn-Fahrer der Berliner Verkehrsbetriebe. Das ist leicht festzustellen, aber ist es gerecht? Der Regierende Bürgermeister verdient deutlich weniger als ein Profifußballer von Hertha BSC. Ist das gerecht? Letztendlich dreht sich die Frage der sozialen Gerechtigkeit immer um die der Gleichheit. Wie gleich müssen die Bürger, wie unterschiedlich dürfen sie sein, damit eine Gesellschaftsordnung als gerecht empfunden wird? Gerechtigkeit und Gleichheit hängen also zusammen. Aber wo soll die Gleichheit ansetzen, bei den Chancen oder bei den Ergebnissen? Müssen, um ein Bild aus dem Sport zu benutzen, alle zur selben Zeit loslaufen (Chancengerechtigkeit) oder sollen alle zur selben Zeit ankommen (Verteilungsgerechtigkeit)? Darauf gibt es keine einfache und keine allgemeine Antwort. Je nach politischer und weltanschaulicher Position unterscheiden sich die Meinungen hier deutlich. In der Bundesrepublik Deutschland werden beide Ansätze verfolgt. Zum einen sollen alle Gesellschaftsmitglieder die gleichen Chancen haben, im Berufsleben erfolgreich zu sein. Da die beruflichen Möglichkeiten mit wenigen Ausnahmen (wie Berufssportler oder Künstler) über Bildungsabschlüsse vergeben werden, ist es wichtig, dass alle Kinder dieselben schulischen Chancen haben. Da aber Kinder und Jugendliche nicht nur von der Schule geprägt werden, sondern vor allem vom Elternhaus, bedeutet das, dass diejenigen, die von zu Hause weniger mitbekommen, stärker gefördert werden müssen. Um soziale Gerechtigkeit herzustellen, greift der Staat in Deutschland aber auch bei der Verteilung der materiellen Güter ein, und zwar über das klassische Mittel der Steuern. Wer mehr verdient, zahlt nicht nur mehr Steuern, sondern auch einen höheren Prozentsatz, der Steuertarif ist progressiv. [...] Jeder ist seines Glückes Schmied. Diesen Satz haben wir alle schon einmal gehört. Er stimmt oft, aber keineswegs immer. Wir alle sind Faktoren ausgesetzt, die wir nicht beeinflussen können. Das betrifft den Fußgänger, der bei „Grün" über die Ampel geht und dennoch von einem Auto überfahren wird, genauso wie den Werftarbeiter, der über Nacht seinen Arbeitsplatz verliert, weil seine Firma beschlossen hat, die Produktion einzustellen oder zu verlagern.

Nach: Eckart D. Stratenschulte, Wirtschaft in Deutschland, Bonn 2006, S. 149 ff.

Sozialstaatspostulat
Als Sozialstaatspostulat wird der Auftrag in Artikel 20 Abs. 1 GG bezeichnet, nach dem die Bundesrepublik Deutschland ein demokratischer und sozialer Bundesstaat ist. Aus dem Sozialstaatspostulat leitet sich das Sozialstaatsprinzip als ein Strukturprinzip des Grundgesetzes ab. Das Sozialstaatsprinzip enthält kein einklagbares Recht und ist deshalb nur ein Postulat, dessen konkrete Verwirklichung Aufgabe der Politik ist.

Aufgaben

1. Bildet Gruppen. Angenommen, euch steht ein Betrag von 15.000 Euro zur Verfügung. Teilt nun den beschriebenen Personen die Monatseinkommen zu, die ihr für gerecht haltet. Begründet eure Entscheidung und vergleicht eure Ergebnisse (M 9).
2. Analysiere die Einkommensverteilung in Deutschland. Ist die Verteilung der Einkommen und Vermögen gerecht? Begründe deine Meinung (M 10).
3. Erläutere, wie der Staat versucht, Chancengleichheit, Verteilungsgerechtigkeit und Soziale Sicherheit zu verwirklichen (M 11). Überprüfe dann, nach welchem Prinzip du in Aufgabe 1 vorgegangen bist.

Was wir wissen

Markt und Staat im Spannungsfeld
M 1, M 2

Die Marktwirtschaft mit ihrem freiheitlichen Menschenbild fordert und fördert Leistung, schafft Anreize für Innovationen und ermöglicht so eine optimale Versorgung der Bürger mit Gütern. Der Marktmechanismus vermag aber nicht alle Aufgaben befriedigend zu erfüllen.

Wirtschaftskrisen
M 3, M 4

Weltweit tendieren Marktwirtschaften zu zyklischen Wachstumsschwankungen, die sich im Extremfall zu wirtschaftlichen Krisen mit hoher Arbeitslosigkeit und/oder Inflation entwickeln können. Diese Konjunkturschwankungen haben eine Zyklendauer von ungefähr vier bis sechs Jahren. Ein Konjunkturzyklus lässt sich in vier idealtypische Phasen einteilen: **Aufschwung** (steigende Wachstumsraten des BIP, rückläufige Arbeitslosenquote); **Hochkonjunktur (Boom)** (stagnierende Wachstumsraten und niedrige Arbeitslosenquote); **Rezession** (sinkende Wachstumsraten, stagnierende oder leicht zunehmende Arbeitslosigkeit); **Depression** (negative Wachstumsraten, starker Anstieg der Arbeitslosigkeit).

Um die Marktwirtschaft wieder ins Gleichgewicht zu bringen bzw. eine gleichmäßige Wirtschaftsentwicklung zu garantieren, greift der Staat in das Wirtschaftsgeschehen ein.

Aufrechterhaltung des Wettbewerbs
M 8

Auch versagt der Markt, wenn es darum geht, seine eigenen Voraussetzungen, nämlich Wettbewerb und Konkurrenz, zu schützen. Staatliche Wettbewerbspolitik (Kartellverbote und Fusionskontrolle) sichert den Wettbewerb und damit die Leistungsfähigkeit des Marktmechanismus. In Deutschland übernimmt diese Aufgabe das Bundeskartellamt in Berlin, in der EU ist die Europäische Kommission zuständig.

Sozial- und Einkommenspolitik
M 10, M 11

Der Markt weist Einkommen nach Leistung, nicht nach Bedürftigkeit zu. Menschen, die nicht in der Lage sind, eigenes Einkommen zu erzielen, wären auf Almosen oder familiäre Unterstützung angewiesen. Der Staat übernimmt deshalb durch Sozialpolitik (Sozialleistungen) und Einkommenspolitik (Steuerpolitik) die im Grundgesetz garantierte Aufgabe, für ein Existenzminimum zu sorgen. Wie eine gerechte Einkommens- und Vermögensverteilung aussieht und in welchem Umfang der Staat über seine Steuerpolitik dafür Einkommen und Vermögen umverteilen soll, ist politisch allerdings umstritten.

Aufgabe

Arbeitet in Gruppen. Ihr seid konfrontiert mit folgenden Berichten über die Leistungen und Grenzen freier Märkte. Beschreibt genau, um welche Leistungen bzw. Defizite es sich jeweils handelt, und gebt eine Begründung dafür! Entwickelt gegebenenfalls eine Lösung für das genannte Problem.

Neueröffnung – grenzenlos Einkaufen!

Der heute neu eröffnete Supermarkt bietet ein reichhaltiges Warenangebot – rund 10.000 verschiedene Artikel – von regionalen Spezialitäten aus Deutschland bis zu internationalen Markenprodukten. In der Feinkost-Frische-Abteilung sind neben deutschen und italienischen Wurst- und Käsespezialitäten auch eine große Auswahl an ofenfrischem Brot und Gebäck erhältlich. Auch Spezialitäten wie verschiedenste exotische Früchte, frische Gewürze & Kräuter, Speisepilze, asiatische Lebensmittel, Trockenfrüchte und edle Schokoladen & Bonbonniere sind in diesem Lebensmittelgeschäft verfügbar.

Protest gegen Flughafen

Seitdem die Deutsche Flugsicherung im September neue Abflugrouten für den neuen Berliner Großflughafen bekannt gegeben hatte, formiert sich der Protest. „Dabei sollen die Flugzeuge nicht mehr wie bisher in 3.000 Meter Entfernung, sondern plötzlich in niedriger Flughöhe und in nur 500 Meter Entfernung südlich von Lichtenrade geführt werden", sagt Simon Lietzmann, Mitglied der Bürgerinitiative Lichtenade/Mahlow-Nord. Seitdem die geänderten Flugrouten vor sechs Wochen bekannt wurden, haben sich rund 30 Bürgerinitiativen gegründet: Sie fürchten Lärmbelästigung und den Wertverlust ihrer Häuser.

Oliver Twist

Es gab kein Feuer in der Stube, aber ein Mann hockte aus Gewohnheit an dem leeren Kachelofen. In der Ecke waren ein paar zerlumpte Kinder, und in einem kleinen Verschlag gegenüber der Tür lag auf dem Boden etwas, mit einer Decke verhüllt. Oliver schauderte, als sein Blick auf die Stelle fiel, denn obgleich das da bedeckt war, spürte der Knabe, dass es ein Leichnam war. [...] „Ach!", sagte der Mann, brach in Tränen aus und sank zu Füßen der toten Frau auf die Knie. [...] Ich wusste nicht, wie schlecht es ihr ging, bis das Fieber sie befiel, und da stachen ihr die Knochen aus der Haut. Wir hatten weder Feuer noch Licht, sie starb im Dunkeln – im Dunkeln! [...] Ich bettelte für sie auf den Straßen, und man schickte mich ins Gefängnis. Als ich zurückkam, lag sie im Sterben. Ich schwöre vor Gott, der es sah! Sie haben sie verhungern lassen."

Charles Dickens, Oliver Twist, übersetzt von Christine Hoeppener, Berlin 2005, S. 55

Penibel organisiert

Alles lief nach Plan, fast wie in einem Unternehmen. Schon dadurch unterschied sich der illegale Zusammenschluss von den vielen Hinterzimmergremien, die den Wettbewerb ausschalten, um die eigenen Kassen zu füllen. Bei den Brillenglasherstellern hatten die Firmen richtige Strukturen aufgebaut, ähnlich wie etliche Jahre zuvor die Zementindustrie. Unter Beteiligung des Branchenverbandes ZAV wurden seit Mitte 2000 in zwei Gesprächszirkeln weitreichende Entscheidungen für die ganze Branche getroffen. In einem ersten Gesprächskreis stimmten die fünf dominierenden Unternehmen ihre Preiszuschläge ab und verständigten sich über geplante Rabatte, die Augenoptiker von ihnen erhalten sollten.

Frank Seidlitz, Deutsche Beamte verstärken die Jagd auf Kartelle, in http://www.welt.de/wirtschaft/article8043215/Deutsche-Beamte-verschärfen-die-Jagd-auf-Kartelle.html, 14.6.2010

Wirtschaftsbericht aus dem Frühjahr 2011

Wirtschaftsbeobachter gehen von einem kräftigen Wachstum des BIP im Jahr 2010 aus. Ein Wunder ist das nicht. Die Entwicklung ist erklärbar. Etwa damit, dass die deutsche Wirtschaft im Vorjahr besonders tief eingebrochen war (minus 4,7 Prozent) und nun aufholt. Auch die Arbeitslosenzahlen sanken im Jahresverlauf deutlich, zuletzt unter die magische Grenze von drei Millionen. Dies macht Hoffnung auf eine längere Wachstumsphase, da nun neben den Exporten endlich auch der Konsum im Inland anzieht. Sorgen bereiten jedoch die schnell steigenden Preise für Öl und andere Rohstoffe.

3.3 Grundlagen der Sozialen Marktwirtschaft

3.3.1 Die Soziale Marktwirtschaft – was zeichnet sie aus?

M 1 Bausteine der Sozialen Marktwirtschaft

Die Soziale Marktwirtschaft fördert den freien Wettbewerb der Anbieter. Dort, wo Unternehmen ihre Freiheit missbrauchen, um z. B. Kartelle und Monopole zu bilden, greift der Staat regulierend ein (z. B. durch die Kartellbehörden).

Die Soziale Marktwirtschaft garantiert die Vertragsfreiheit, d. h. dass jeder mit jedem die Verträge abschließen kann, die für ihn vorteilhaft sind. Doch werden der Vertragsfreiheit Grenzen gesetzt. So werden die schwächeren Vertragspartner auf vielfältige Weise geschützt (z. B. durch Kündigungsfristen im Mietrecht und Arbeitsrecht oder durch das Gewährleistungsrecht).

Das Privateigentum ist in der Sozialen Marktwirtschaft garantiert. Jeder kann mit seinem Eigentum im Prinzip tun, was er möchte. Doch gibt es eine Verpflichtung: Das Eigentum soll auch dem Wohle der Allgemeinheit dienen. So muss man sich als Hauseigentümer z. B. an Vorschriften des Denkmalschutzes halten.

In der Sozialen Marktwirtschaft werden die Einkommen nicht nur nach der individuellen Leistungsfähigkeit verteilt. Der Staat sorgt für einen sozialen Ausgleich, indem er z. B. hohe Einkommen höher besteuert oder soziale Leistungen wie Kindergeld, Mietbeihilfen oder die Grundsicherung Hartz IV bezahlt.

Die Soziale Marktwirtschaft versucht mit unterschiedlichen Mitteln, negative Auswirkungen des Marktprozesses auf die Umwelt zu verhindern. So gibt es Gesetze gegen Luftverschmutzung, Pfand auf Einwegverpackungen usw.

Die Soziale Marktwirtschaft ist schon deshalb sozial, weil sie durch ihre wirtschaftliche Leistungsfähigkeit dazu beiträgt, dass alle Menschen vom technischen Fortschritt, von steigenden Einkommen und der Schaffung neuer Arbeitsplätze profitieren.

M 2 Drei Wirtschaftsordnungen im Vergleich

Freie Marktwirtschaft	Soziale Marktwirtschaft	Planwirtschaft
Der Staat hat lediglich die Aufgabe, für die innere und äußere Sicherheit zu sorgen. Er greift darüber hinaus so wenig wie möglich in das Marktgeschehen und die Ergebnisse ein.	Der Staat sorgt für einen freien Wettbewerb, er greift aber dort ein, wo der Markt keine guten Ergebnisse hervorbringt, und schützt die wirtschaftlich Schwächeren vor den Stärkeren.	Es gibt keinen freien Wettbewerb. Der Staat legt fest, was, wann, wie und von wem produziert werden muss und sorgt für die Verteilung der Güter. So soll eine große Gleichheit der Bürger erreicht werden.

M 3 Wohlstand für alle!

a) Entwicklung der Kaufkraft

Kaufkraft je Arbeitszeit Vergleich 2007 gegenüber 1950			
Kaufkraft der Lohnminute	**Einheit**	**Arbeitszeit 1950**	**Arbeitszeit 2007**
Mischbrot	1 kg	:27	:10
Markenbutter	250 g	1:16	:05
Zucker	1 kg	1:04	:05
Eier	10 St.	2:01	:07
Schweinekotelett	1 kg	3:54	:31
Kabeljau	1 kg	1:18	1:08
Bohnenkaffee	500 g	26:22	:20
Herrenanzug	1	108:38	17:15
Haushaltsstrom[1]	200 kWh	10:07	3:13
Normalbenzin[1]	1 l	:14	:06
Fahrrad	1	138:36	22:53
Kleiderschrank	1	146:59	36:49
Fernseher[1,2]	1	351:38	23:02
Haare waschen u. fönen[1]	1-mal	1:28	1:12
Kinobesuch[1]	1 Karte	:31	:28

Westdeutschland [1]1960; [2]Fernseher: bis 1970 schwarz-weiß

Quelle: Statistisches Bundesamt; eigene Berechnungen

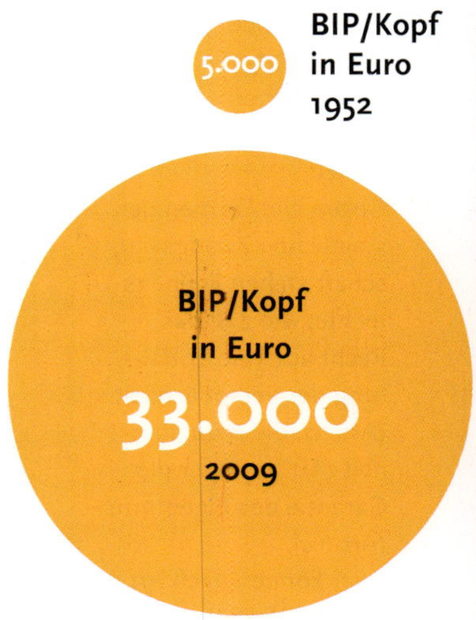

Wirtschaftswoche Global Nr. 1, 2009, S. 29

b) Imposantes Wachstum

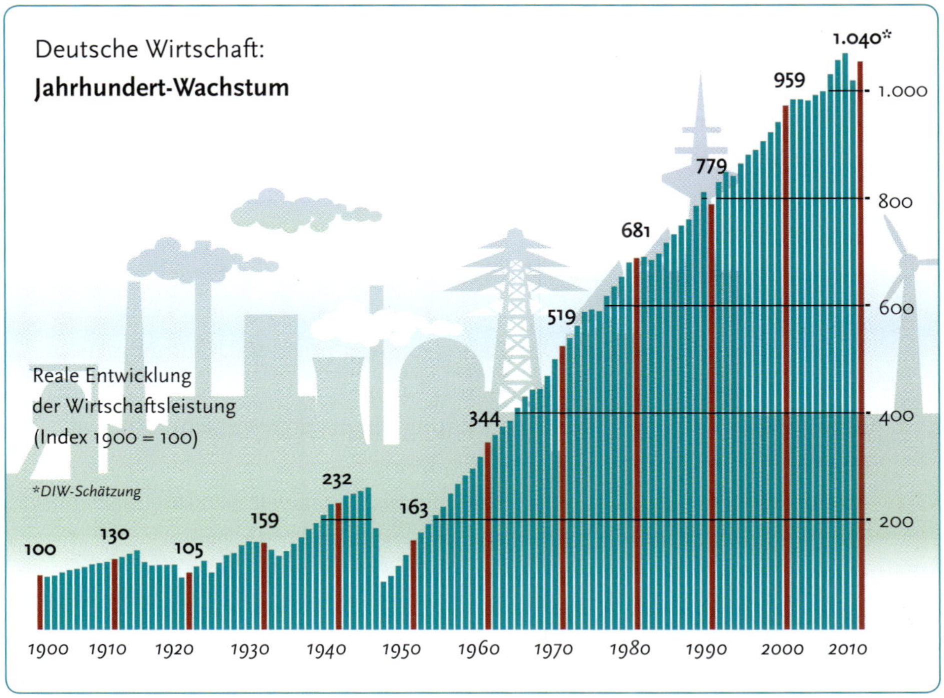

Globus-Grafik 3822; Quelle: OECD

Lesehilfe zu a)
Um sich im Jahr 1950 1 kg Mischbrot kaufen zu können, musste ein Arbeitnehmer im Durchschnitt 27 min arbeiten, im Jahr 2007 reichte dafür eine Arbeitszeit von 10 min.

M 4 Probleme der Sozialen Marktwirtschaft

Soziale Marktwirtschaft im Grundgesetz

Das Grundgesetz legt keine bestimmte Wirtschaftsordnung fest. Der Staat übernimmt „lediglich" eine Ordnungsaufgabe, indem er Rechtssicherheit schafft und Rahmenbedingungen festsetzt:

- Gegen alle Formen der staatlichen Zwangswirtschaft stehen Freiheitsrechte, wie z.B. das Recht auf freie Entfaltung der Persönlichkeit (Art. 2), die Berufsfreiheit (Art. 12) oder die Garantie des Eigentums (Art. 14).
- Zwar können nach Art. 14 „Eigentum" und nach Art. 15 „Grund und Boden, Naturschätze und Produktionsmittel" vergesellschaftet werden, doch schreibt Art. 14 (3) vor, dass dies vorher durch die Gerichte ausgehandelt werden muss.

Zwischen der Eigentumsgarantie (Art. 14,1 GG) und der Sozialbindung des Eigentums (Art. 14,2 GG) einerseits sowie zwischen der Einschränkung und Notwendigkeit staatlichen Handelns andererseits besteht ein Spannungsverhältnis. Das ist das Dilemma staatlicher Wirtschaftspolitik.

In Deutschland gelten heute mehr als 11 Millionen Menschen als armutsgefährdet und eine der Hauptursachen für Armutsgefährdung ist Arbeitslosigkeit.

Der Arbeitsmarkt ist deshalb zentral für die Lösung wirtschaftlicher Probleme, da Erfolge im Kampf gegen die Arbeitslosigkeit gleichzeitig die Einnahmesituation der gesetzlichen Sozialversicherungen und des Staatshaushaltes verbessern. Diese sind auf die Einnahmen dringend angewiesen, denn eine steigende Lebenserwartung und eine niedrige Geburtenrate haben immense Mehrbelastungen für die auf dem Generationenvertrag beruhenden sozialen Sicherungssysteme zur Folge. Mit anderen Worten: Wenn immer weniger sozialversicherungspflichtige Beschäftigte immer mehr Empfängern von sozialen Leistungen gegenüberstehen, gerät das System der Sozialen Marktwirtschaft in eine Schieflage. So steigen aufgrund des demografischen Wandels die Ausgaben für die gesetzliche Renten-, Pflege- und Krankenversicherung stark an. Und dies in einer Zeit, in der die finanziellen Handlungsspielräume des Staates durch die infolge der Wiedervereinigung und der Wirtschaftskrise 2008/2009 deutlich gestiegene Staatsverschuldung begrenzt sind.

Aufgaben

1. Formuliere drei Fragen zur Sozialen Marktwirtschaft. Gib die Fragen deinem Nachbar und bitte ihn, Antworten auf deine Fragen zu finden (M 1, eigene Recherchen).
2. Entscheide, welche der folgenden staatlichen Maßnahmen mit welcher Wirtschaftsordnung vereinbar / nicht vereinbar wären (M 2):
   - Der Staat legt Höchstpreise für Brot fest.
   - Der Staat legt fest, dass nur noch Autos mit Elektroantrieb produziert werden dürfen.
   - Der Staat zahlt allen Familien mit Kindern Kindergeld.
   - Der Staat verpflichtet die Menschen dazu, in eine Rentenversicherung einzuzahlen.
   - Der Staat beschließt, die Wasserversorgung privaten Unternehmen zu übertragen.
3. Begründe, in welcher Wirtschaftsordnung die meisten Vorschriften und Regeln erlassen werden müssen (M 1, M 2).
4. Arbeite mithilfe eines Grundgesetzes heraus, inwieweit einzelne Elemente der Sozialen Marktwirtschaft im Grundgesetz begründet liegen.
5. Diskutiert, ob man die Soziale Marktwirtschaft als Erfolgsmodell bezeichnen kann (M 3, M 4).

M 5 Der erweiterte Wirtschaftskreislauf als Analyseinstrument

Im Modell des erweiterten Wirtschaftskreislaufs werden die gesamten Beziehungen zwischen den einzelnen Wirtschaftssubjekten einer Volkswirtschaft vereinfacht dargestellt. Dabei werden nur die Geldströme berücksichtigt.

Die Sektoren

Private Haushalte

Die privaten Haushalte stellen den Unternehmen Produktionsfaktoren (Arbeit, Boden, Kapital) zur Verfügung und verwenden ihr Einkommen, das sie von den Unternehmen beziehen, für den Konsum der von den Unternehmen produzierten Güter und Dienstleistungen. Von den Banken erhalten sie Sparzinsen oder nehmen Kredite auf. Vom Staat erhalten sie Transferleistungen, im Gegenzug entrichten sie Steuern und Abgaben (Beiträge zu den Sozialversicherungen).

Die Unternehmen

Von den privaten Haushalten beziehen die Unternehmen die Produktionsfaktoren, vor allem Arbeitsleistung, im Gegenzug bezahlen sie die Einkommen der Haushalte. Von den Banken erhalten sie Sparzinsen oder nehmen Kredite auf. Vom Staat empfangen sie Subventionen, aber sie bezahlen auch Steuern.

Der Staat

Der Staat erhält von den Haushalten und den Unternehmen Steuern, Gebühren und Beiträge. Von diesen Einnahmen zahlt der Staat Beträge für sehr verschiedene Zwecke: Investitionen (z. B. Straßenbau, Bau von Schulen) und andere Sachleistungen; Gehaltszahlungen an die Angestellten und Beamten des öffentlichen Dienstes; Transferzahlungen (Zahlungen ohne direkte Gegenleistung des Empfängers) an die Haushalte in Form von sozialen Leistungen (z. B. Wohngeld, Sozialhilfe); Transferzahlungen an die Unternehmen in Form von Subventionen.

Kapitalsammelstellen (Vermögensveränderung)

Banken und Versicherungen werden als Kapitalsammelstellen bezeichnet. Sie erhalten die nicht verwendeten Teile der Einkommen von Unternehmen und Haushalten (theoretisch auch vom Staat). Damit stellen sie Haushalten, Unternehmen und dem Staat Kredite zur Verfügung. Für die ausgegebenen Kredite werden Schuldzinsen eingenommen, andererseits werden den Anlegern Guthabenzinsen bezahlt.

Zur Vertiefung: das Ausland

Der Sammelbegriff Ausland steht für ausländische Staaten, Unternehmen und Haushalte, zwischen ihnen wird nicht unterschieden. Da im Kreislaufmodell nur die Geldströme dargestellt werden, verlaufen die Ausgaben für den Import (z. B. Kauf von Erdöl aus Saudi-Arabien, Honorar für einen Architekten in Italien) und die Einnahmen aus dem Export (z. B. Verkauf eines Pkw in die USA) jeweils entgegen der Richtung der Warenströme.

Der Wirtschaftskreislauf als Analyseinstrument

Das Modell des Wirtschaftskreislaufs eignet sich dazu, um die Auswirkungen wirtschaftlicher Ereignisse in Form von Wirkungsketten zu analysieren. Angenommen, der Staat erhöht seine Transferzahlungen, zum Beispiel in Form von Kindergeld und Sozialhilfe. Welche gesamtwirtschaftlichen Folgen hätte dies? Man kann davon ausgehen, dass Sozialhilfeempfänger und auch kinderreiche Familien einen Großteil ihres Einkommens für den Konsum verwenden. Also wird der Konsum der Haushalte deutlich und das Sparen nur etwas steigen. Der erhöhte Konsum führt zu höheren Einkommen der Unternehmen usw.

Grafische Darstellung:

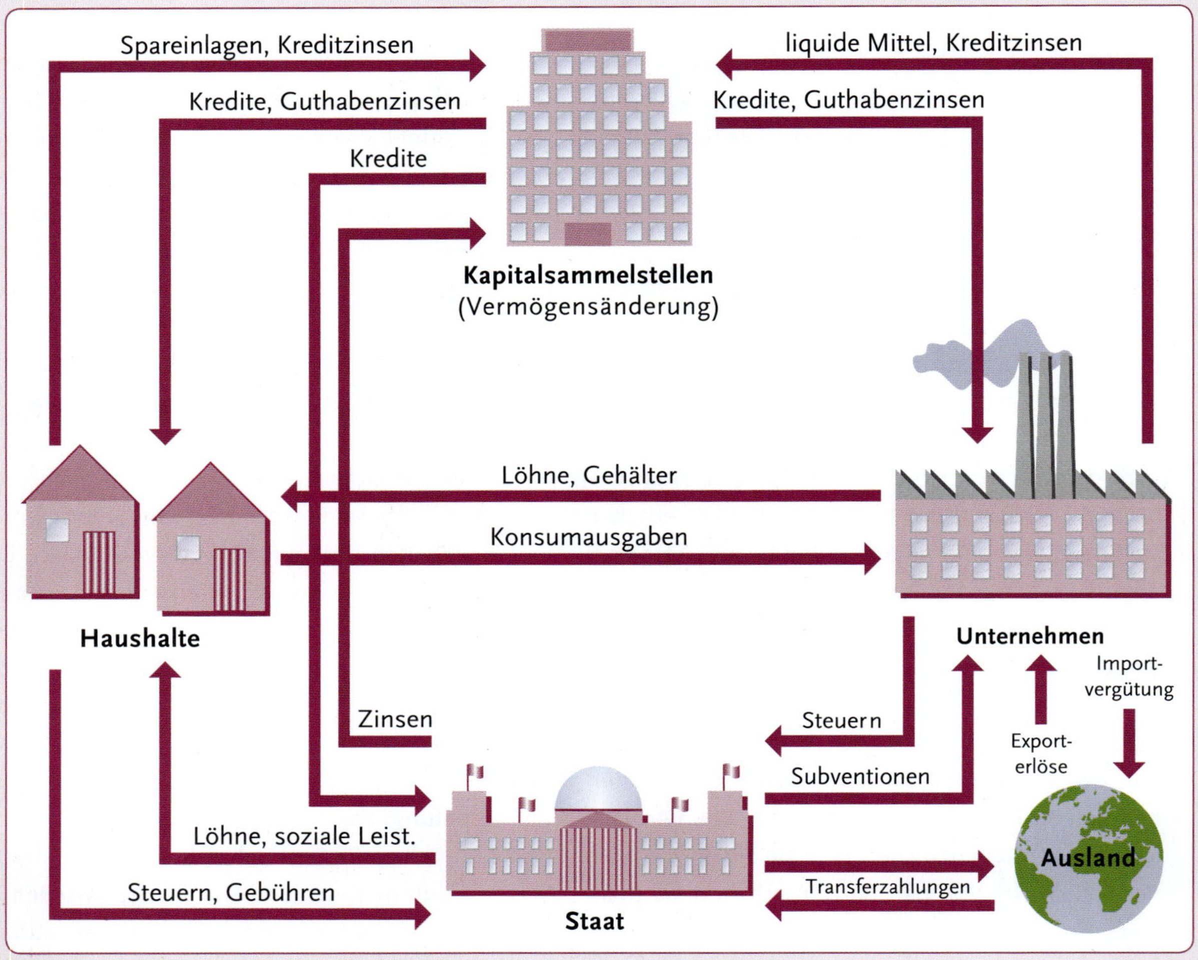

Udo Schmitz, Bernd Weidtmann, Handbuch der Volkswirtschaftslehre, Stuttgart 2000, S. 66 f.

Aufgabe

Erläutere, welche Auswirkungen auf die Sektoren folgende wirtschaftliche Ereignisse haben könnten. Formuliere dazu mögliche Wirkungsketten:

- Der Staat erhöht die Transfereinkommen (Kindergeld, Hartz IV) für die privaten Haushalte.
- Der Preis für Rohöl steigt stark an.
- Die Zinsen für Guthaben bei den Banken steigen.
- Der Staat erhöht die Steuern für die privaten Haushalte.
- Der Staat zahlt eine Prämie, wenn Haushalte für ihre Rente zusätzlich sparen.

3.3.2 Wirtschaftspolitik – (wie) soll der Staat eingreifen?

M 6 Wirtschaft in der Krise

Wirtschaftskrise erreicht Arbeitsmarkt – Experten sehen eine Million Jobs gefährdet

Handel droht Pleitewelle – wegen der Wirtschaftskrise halten die Konsumenten ihr Geld zusammen. Branchenvertreter erwarten zahlreiche Insolvenzen.

Absatz von Neuwagen bricht ein – der Absatz von Neuwagen ist im Jahresvergleich bis zu 27 % eingebrochen.

Steuereinnahmen sinken dramatisch – infolge der Wirtschaftskrise brechen dem Staat die Steuereinnahmen weg. Erwartet wird ein deutlicher Anstieg der Neuverschuldung.

M 7 Die Wirtschaftskrise 2008 / 2009

2007: Finanzkrise in den USA

In den USA haben Banken viele Kredite für Immobilien (Grundstücke, Häuser, Wohnungen) an einkommensschwache Käufer vergeben. Als diese wegen gestiegener Zinsen die Kredite nicht zurückzahlen können, bekommen die Banken Probleme. Weil sich auch ausländische Banken an den Krediten beteiligt haben, verzeichnen weltweit viele Banken Verluste.

2008: globale Krise

Die Banken leihen sich aus Angst vor weiteren Verlusten gegenseitig kein Geld mehr – das betrifft auch Banken, die mit der ursprünglichen Immobilienkrise nichts zu tun haben. Auch an Unternehmen vergeben die Banken nun immer weniger Kredite. Unternehmen sind aber auf Kredite angewiesen, um investieren zu können. Weil die Banken kaum noch Kredite vergeben, geraten auch große Unternehmen, z. B. der Automobilkonzern General Motors (Opel), in Schwierigkeiten. Die Aktienkurse vieler Unternehmen fallen stark. In England versuchen die Menschen teilweise panikartig, ihr Geld von den Banken abzuheben. Island steht vor dem Staatsbankrott. Die deutsche Bundesregierung erklärt in dieser Situation die Spareinlagen der Deutschen für sicher. Damit gibt sie eine Staatsgarantie für Billionenbeträge ab, um das Vertrauen in den Bankensektor zu erhalten.

2009: Staaten reagieren

Viele Staaten, darunter auch Deutschland, entschließen sich in der Krisensituation, die Staatsausgaben kurzfristig massiv zu erhöhen. Mit so genannten Konjunkturpaketen, die eine Vielzahl unterschiedlicher Maßnahmen enthalten, sollen Unternehmen Aufträge erhalten und die privaten Haushalte dazu bewegt werden, ihren Konsum nicht einzuschränken oder zu erhöhen.

M 8 Milliarden für die Konjunktur?

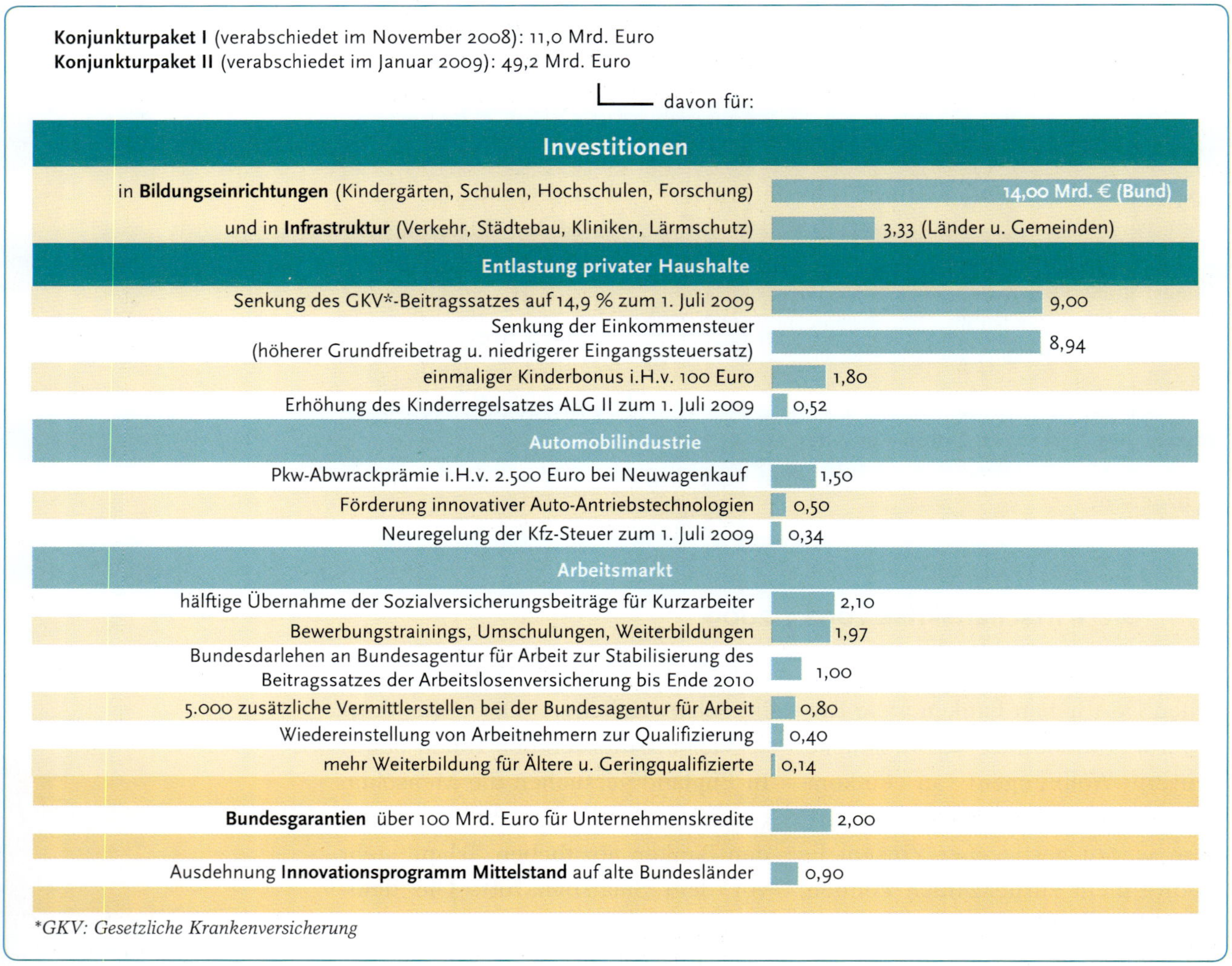

Globus-Grafik: 2606; Quelle: Bundesregierung

M 9 Warum betreibt der Staat Wirtschaftspolitik?

Sowohl die Überhitzung der Konjunktur als auch eine Wirtschaftskrise schaffen soziale und damit auch politische Probleme. Lahmt die Konjunktur, so steigt die Arbeitslosigkeit, dem Staat entgehen Einnahmen und er kann weniger ausgeben. Bei einer Überhitzung der Konjunktur drohen Preissteigerungen und ein jäher Absturz. Insgesamt erschwert ein unsicherer Wirtschaftsverlauf die Entscheidungen der Wirtschaftsakteure. Sie meiden Risiken und neigen zu vermehrtem Sparen, dies schadet der wirtschaftlichen Entwicklung. Um eine möglichst stetige Wirtschaftsentwicklung zu erreichen, betreibt der Staat Stabilitätspolitik. Gesetzliche Grundlage ist das Stabilitäts- und Wachstumsgesetz von 1967, das die wirtschaftspolitischen Ziele festschreibt: *Stabilität des Preisniveaus, hoher Beschäftigungsstand (geringe Arbeitslosigkeit), außenwirtschaftliches Gleichgewicht, stetiges und angemessenes Wirtschaftswachstum*

Der Bund und die Länder sind zu einer an den „Erfordernissen des gesamtwirtschaftlichen Gleichgewichts" orientierten Wirtschafts- und Finanzpolitik verpflichtet. Da es – wegen wechselseitiger Abhängigkeiten – schwer bzw. unmöglich ist, die Ziele gleichzeitig zu erfüllen, werden sie auch als „magisches Viereck" bezeichnet. Auch der Schutz der natürlichen Lebensgrundlagen, eine gerechte Einkommensverteilung und die Rückführung der Staatsverschuldung werden mittlerweile als wichtige wirtschaftspolitische Ziele anerkannt. Wir sprechen je nach Anzahl der Ergänzungen vom Magischen Sechseck oder Magischen Siebeneck.

M 10 Zwei Strategien der Wachstums- und Beschäftigungspolitik

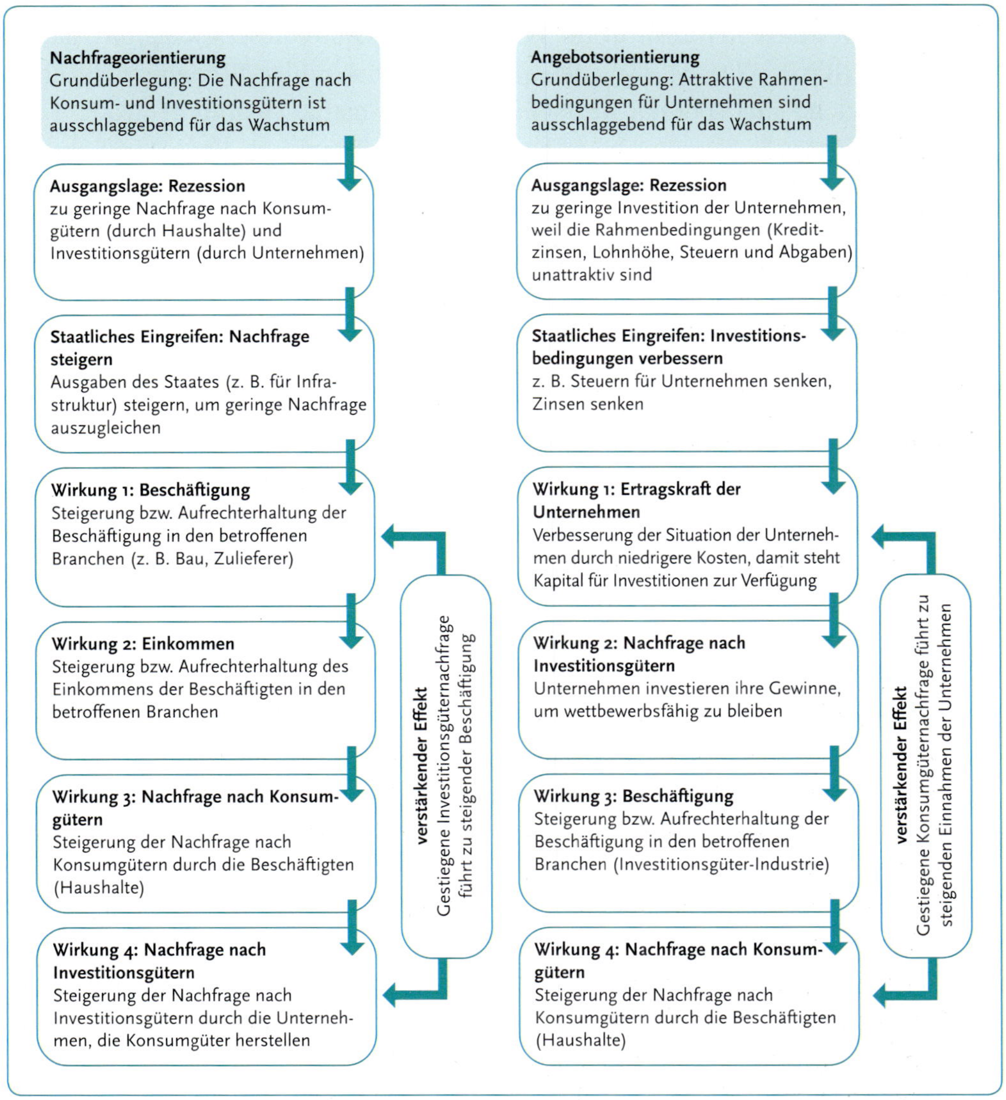

Nachfrageorientierung in der Wirtschaftspolitik

In den 1930iger Jahren erklärte der britische Ökonom John Maynard Keynes (1883-1946) in seinem Werk „The General Theory of Employment, Interest and Money", dass es unter klassischen Marktbedingungen (flexible Preise und Löhne) nicht automatisch zur Vollbeschäftigung kommen muss. Keynes forderte, im Falle hoher Arbeitslosigkeit, die gesamtwirtschaftliche Nachfrage zu stimulieren.

M 11 Wie läuft's mit dem Konjunkturpaket II?

Genau 2.133.440.000 Euro aus dem Konjunkturpaket II gingen an Nordrhein-Westfalen. Das Land selber legte noch drauf, sodass schließlich 2,8 Milliarden Euro bereit standen. Schnell und unbürokratisch sollte das Geld fließen, möglichst bald sollte das Handwerk wieder in Arbeit kommen. Doch ganz so einfach ging es offenbar nicht. „Solche Programme sind nicht aus dem Stand ans Laufen zu bringen", sagt Roland Döhrn, Konjunkturforscher am Rheinisch Westfälischen Institut für Wirtschaft (RWI). Gerade die Idee, die Baubranche mit spontan ermöglichten Projekten in Schwung zu bringen, sei illusorisch. „Viele davon brauchten viel zu langen Vorlauf." Erst Ende 2009 konnten die ersten Bauprojekte beginnen – „da war die Konjunktur längst schon aus der Talsohle heraus". Praktische Erfahrung damit, wie das Konjunkturpaket II funktionierte, machte der Wissenschaftler im eigenen Haus: Ebenfalls aus Mitteln der Maßnahme war dem RWI 2009 eine Umbaumaßnahme genehmigt worden. Die Planung und Vorbereitung dafür hätten aber so viel Zeit in Anspruch genommen, dass erst Mitte 2010 erste Handwerker im RWI anrückten. Fertig soll das Projekt Ende 2011 sein. „Unter dem Titel Konjunkturprogramm kann das nicht laufen", meint Döhrn.

Dass der RWI-Bau kein Einzelfall ist, bestätigen auch die Betroffenen aus der Handwerkerbranche. Der erste wirkliche Effekt der Wirtschaftshilfe sei erst in der zweiten Jahreshälfte 2010 zu spüren gewesen, sagt Hermann Schulte-Hiltrop, Hauptgeschäftsführer der Baugewerksverbände Westfalen. „Aber wer den Ablauf einer Bauplanung kennt", fügt er hinzu, „wusste von Anfang an, dass die Aufträge nicht von heute auf morgen kommen würden." Bei den Handwerksbetrieben sei man sich einig, dass das Konjunkturpaket II „absolut hilfreich" gewesen sei, um die Krise abzufedern. Trotz verzögerter Wirkung sei es immer noch „genau zum richtigen Zeitpunkt" gekommen. „Ohne diese Maßnahme hätten sicherlich einige Betriebe nicht überlebt", meint Schulte-Hiltrop. Dennoch schränkt er ein: „Wirklich profitiert hat nur das Ausbaugewerbe: Dachdecker, Fenster- und Heizungsbauer, Maler." Den Rohbau-Firmen, „die vorher schon besonders in der Krise steckten", sei das Paket kaum zugute gekommen. Vor allem deswegen, weil die Kommunen sich hauptsächlich auf Sanierungsprojekte zur Energieeinsparung konzentriert hätten, um auch zukünftig die Kosten senken zu können.

So zum Beispiel in Gelsenkirchen, eine der ärmsten Kommunen NRWs. Knapp 32 Millionen Euro hat die Stadt aus dem Konjunkturpaket zugewiesen bekommen, 78 Baumaßnahmen wurden in Angriff genommen – hauptsächlich energetische Sanierungen an Schulen und Sporthallen. Der Vorteil dabei: Die Planungszeit dafür sei relativ kurz gewesen, sagt Stadtsprecher Martin Schulmann, „Fensterbauer haben ziemlich schnell ziemlich viele Fenster verkauft". Auch das Glasfasernetz, an das einigen Schulen endlich angeschlossen werden konnten, habe die entsprechenden Firmen „schnell auf die Haben-Seite gebracht". Bei vielen anderen Projekten allerdings sei der Aufschwung-Effekt auch in Gelsenkirchen nicht so deutlich zu erkennen, räumt Schulmann ein: „Es hat den Unternehmen Aufträge gebracht – bis die aber ihr Geld dafür kriegen, das kann noch dauern." So wird ein großer Auftrag zur Straßensanierung mit Flüsterasphalt erst im Sommer 2011 starten können. „Die Planung hat einfach viel Zeit gebraucht", sagt Schulmann, „außerdem hatten wir in der Verwaltung keine Leute mehr, die sich darum kümmern konnten."

Auch das hält Wirtschaftsforscher Döhrn für einen weiteren Haken am Konjunkturpaket II: Viele Kommunen seien schlicht mit der Bearbeitung überfordert gewesen. „Nachdem in den letzten Jahren viel Personal eingespart werden musste, war jetzt entschieden zu wenig da, um die Chancen nutzen zu können." [...] Auch die Abwrackprämie verurteilt Döhrn als „typisches Vorzeigeprogramm". Dieser Teil des Konjunkturpakets habe der Automobilindustrie „kurzzeitig Gutes getan, jetzt jammern viele Hersteller darüber, dass nichts mehr los ist auf dem Markt." Und die Randbereiche der Branche – Kfz-Werkstätten, Gebrauchtwagenhändler, Zulieferer – lägen ganz am Boden.

Doch der Wissenschaftler hat nicht nur negative Kritik am Konjunkturpaket. Durchaus wirkungsvoll seien die Finanzspritzen für den Bürger gewesen. Die Senkung des Einkommensteuersatzes und auch der Kinderbonus, lobt Döhrn, hätten das Kaufverhalten der Verbraucher messbar positiv beeinflusst. „Einer der besten Effekte aber war der, die Arbeitgeber in die Lage zu versetzen, ihre Mitarbeiter durch Kurzarbeit auch in der Krise halten zu können." Das habe die allgemeine Stimmung stark stabilisiert. Dass dadurch offenbar wirklich Arbeitsplätze erhalten werden konnten, zeigen die Zahlen im westfälischen Baugewerbe: 115.000 Beschäftigte gab es vor der Krise im Baugewerbe in NRW, sagt Verbandschef Schulte-Hiltrop. „Wohl dank des Konjunkturpakets ist diese Zahl bis heute weitgehend konstant geblieben."

Nina Magoley, Wie läuft's mit dem Konjunkturpaket II?, in: http://www.wdr.de, 10.11.2010

Abwrackprämie
Die Umweltprämie (umgangssprachlich auch Abwrackprämie) war eine staatliche Prämie in Höhe von 2.500 Euro, die in Deutschland unter bestimmten Voraussetzungen gewährt wurde, wenn ein altes Kraftfahrzeug verschrottet und ein Neuwagen oder Jahreswagen zugelassen wurde. Die Prämie wurde 2009 im Rahmen des Konjunkturpakets II eingeführt.

Aufgaben

1. Begründe, warum der Staat korrigierend in den Wirtschaftsablauf eingreift (M 6 – M 10).
2. Beschreibe für die einzelnen Maßnahmen des Konjunkturpakets, welcher Strategie sie zuzuordnen sind, wem sie zugute kommen und was sie bewirken sollen (M 8, M 10).
3. Fasse zusammen, wie die unterschiedlichen Maßnahmen des Konjunkturpakets bewertet werden, und arbeite heraus, vor welchen grundsätzlichen Problemen der Staat steht, wenn er die Konjunktur beeinflussen möchte (M 11).

3.3.3 Zentralverwaltungswirtschaft – wie funktioniert sie, wo sind ihre Grenzen?

M 12 Ein Gedankenspiel

Einmal angenommen, Deutschland würde eine zentrale volkswirtschaftliche Planung einführen und ihr wäret die Chefplaner. Unter den Millionen von Entscheidungen für das nächste Jahr müssen auch die getroffen werden, wie viele Sportschuhe hergestellt werden sollen, wer die Sportschuhe produzieren und bekommen soll. Bildet Gruppen und stellt zusammen, welche Informationen ihr für eure Produktionsentscheidung aus der Sportschuhindustrie einerseits und von jedem potenziellen Sportschuh-Konsumenten andererseits benötigen würdet. (Bedenkt dabei auch, wie eure Entscheidungen über die Produktion von Sportschuhen möglicherweise andere Entscheidungen beeinflussen würden, z. B. über die Produktion von Sportbekleidung.)

M 13 Planwirtschaft versus Marktwirtschaft

Planwirtschaften in der Gegenwart
Die Staaten Nordkorea und Kuba organisieren ihre Volkswirtschaften derzeit (noch) durch planwirtschaftliche Wirtschaftssysteme . Jedoch sind in diesen Ländern bereits Reformen zu beobachten, die darauf hinwirken, marktwirtschaftliche Elemente zuzulassen.

Der Begriff Planwirtschaft bezeichnet eine Wirtschaftsform, in der die entscheidenden ökonomischen Prozesse wie Produktion, Warenverkehr und Konsum zentral vom Staat gesteuert werden.

Im Gegensatz zur freien Marktwirtschaft, in der ein offener Markt von Waren und Dienstleistungen sich über Angebot und Nachfrage selbst regelt, ist die Planwirtschaft der zentralen staatlichen Steuerung unterworfen. Daher wird sie auch „Zentralverwaltungswirtschaft" genannt. Dieses Wirtschaftsmodell ist meist Teil der sozialistischen Ideologie, in welcher eine Volkswirtschaft angestrebt wird, die frei von Klassenunterschieden ist. Daher gibt es in einer Planwirtschaft auch kein Privateigentum, weshalb Wirtschaftsgüter, Rohstoffe und Produktionsbetriebe verstaatlicht sind. Der Staat ist hier auch derjenige, der einen zentralen Plan für sämtliche Wirtschaftsprozesse aufstellt und Art und Weise sowie Menge und Preise von Produkten und Dienstleistungen festlegt. [...]

In Abgrenzung zur kapitalistischen Marktwirtschaft, die sich durch starke Wettbewerbsorientierung und private Gewinne auszeichnet, sollte hier ein Wirtschaftsmodell dazu dienen, die politische Ideologie des Sozialismus umzusetzen, in der nicht Individuen, sondern die gesamte Gesellschaft im Mittelpunkt steht. In der Geschichte zeigten sich jedoch mehrfach die Schwachstellen dieses Modells, da eine staatlich zentral verwaltete Wirtschaft unflexibel und zu einseitig ist, was etwa den technologischen Fortschritt und den Im- und Export angeht.

Marketing Constructor DE GmbH, Planwirtschaft, in: http://www.planwirtschaft.net/, Abruf am 28.6.2012

M 14 Wie funktioniert eigentlich eine Planwirtschaft?

Jana, 14: Welche Vor- und Nachteile gibt es bei der Planwirtschaft und welche bei der Marktwirtschaft?

Hallo, Jana, von der Planwirtschaft versprach man sich, durch die Vorhersagbarkeit der Produktionen und eine damit verbundene gerechtere Verteilung der Güter, die Lösung des Klassenkonflikts. Die Nachteile, vor allem die Einschränkung des Individuums, nahm man dafür in Kauf. Allerdings kam es auch zu einer geringeren Produktivität, da es keine Eigenverantwortung und damit auch keinen Anreiz für den Einzelnen mehr gab. Auch, dass sich der Staat in den meisten Fällen durch unrechtmäßiges „Eingreifen" bereicherte, war sehr problematisch. Dagegen versprach die Marktwirtschaft die größtmögliche Freiheit des Individuums, eine allgemeine Wohlfahrtssteigerung und große Produktivität. Allerdings musste man sehr bald feststellen, dass dabei einzelne Gruppen der Gesellschaft unter gehen und es zu sozialen Ungerechtigkeiten kommt. Die Ausbeutung der einzelnen Arbeitnehmer war z.B. ein Problem, das es zu lösen galt. Deshalb haben sich fast überall Mischformen entwickelt, da sonst zu große Konflikte in der Gesellschaft auftreten. Zum Beispiel die Soziale Marktwirtschaft.

Romy, 15: Wie funktioniert die Planwirtschaft/Planungsschema? (Jahresplan, 5-Jahresplan)

Hallo Romy, der Fünf-Jahresplan wurde in der DDR von der obersten Ebene der staatlichen Behörden, von Ministerrat und staatlicher Planungskommission, erarbeitet und von den Ministerien an die mittlere Ebene, die Kombinate, die Vereinten Volkseigenen Betriebe und den Rat der Bezirke weitergegeben. Auf der untersten Ebene der Betriebe wurden dann nach diesen Vorgaben Detailpläne erstellt und der Plan an die Belegschaft weitergegeben. Bevor die Produktion beginnen konnte, musste der Plan allerdings wieder zurück zu den anderen Ebenen, um von ihnen kontrolliert und schließlich von der Volkskammer als Gesetz beschlossen zu werden.

Bundeszentrale für politische Bildung, Zentralverwaltungswirtschaft – FAQ / Häufig gestellte Fragen, in: http://www.hanisauland.de/lexikon/z/zentralverwaltungswirtschaft.html, Abruf am 28.6.2012

Planwirtschaften in der Vergangenheit

Die ersten Planwirtschaften gab es ansatzweise bereits im vorindustriellen Zeitalter in den Gebieten Ägypten, Mesopotamien und China.
Die erste Planwirtschaft nach heutiger Definition (u. a. Abschaffung von Privateigentum an Produktionsmitteln) gab es in der UdSSR nach 1917.

Aufgaben

1. Charakterisiere die Funktionsweise der Planwirtschaft (M 13, M 14).
2. Begründe, warum die Planwirtschaft als Gegenmodell zur Marktwirtschaft entstanden ist.
3. Sammle Vor- und Nachteile von Planwirtschaften aus der Sicht eines Millionärs, eines Arbeitslosen, eines Unternehmers und eines Arbeiters. Vergleicht eure Ergebnisse in der Klasse.
4. „Die DDR ging auch an ihrem wirtschaftlichen Niedergang zu Grunde." Nimm Stellung zu dieser These.

Was wir wissen

Soziale Marktwirtschaft
M 1 – M 3

Der Kern der Sozialen Marktwirtschaft liegt nach Ludwig Erhard (1897-1977; erster Wirtschaftsminister der Bundesrepublik nach dem Zweiten Weltkrieg und Bundeskanzler von 1963 bis 1966) darin, die Freiheit auf dem Markt mit dem Prinzip des sozialen Ausgleichs zu verbinden. Die Wirtschaftsordnung erfordert deshalb einen starken demokratischen Staat in der Rolle des Schiedsrichters: Er überwacht das Spiel, garantiert die Wirtschaftsordnung, mischt sich selbst aber möglichst wenig in das Wirtschaftsgeschehen ein. So sichert er zum Beispiel den Wettbewerb, indem er Kartelle verbietet. Denn nur dann kann die Wirtschaftsordnung zu sozialem Fortschritt führen, nämlich unter anderem in Form einer wachsenden Wirtschaft und steigender Massenkaufkraft der Verbraucher. Daneben gilt als weitere Staatsaufgabe eine umfassende Gesellschaftspolitik überall dort, wo der Markt nicht automatisch zu guten Ergebnissen führt, also zum Beispiel im Bereich des Umweltschutzes.

Erfolgsgeschichte?
M 4, M 5

Gemessen am Wirtschaftswachstum (BIP) ist die Geschichte der Sozialen Marktwirtschaft seit der Gründung der Bundesrepublik Deutschland zumindest bis Ende der Achtzigerjahre eine einzige Erfolgsgeschichte. Die Wirtschaftsleistung der Bundesrepublik hat sich im besagten Zeitraum nach Abzug der Preissteigerungen fast verzehnfacht. Doch steht die Soziale Marktwirtschaft heute vor ungelösten Problemen: In Deutschland zählen dazu insbesondere die hohe Staatsverschuldung, Arbeitslosigkeit und die drohende Überlastung der sozialen Sicherungssysteme.

Stabilitätspolitik
M 7

Da die Wirtschaftsentwicklung auch zyklischen Schwankungen unterworfen ist, greift der Staat in der Sozialen Marktwirtschaft in das Wirtschaftsgeschehen ein. Gesetzliche Grundlage für die Stabilitätspolitik ist das Stabilitätsgesetz, das 1967 verabschiedet wurde. Es formuliert die wichtigsten Ziele der Wirtschaftspolitik: ein stetiges und angemessenes Wirtschaftswachstum; eine ausgeglichene Zahlungsbilanz; Preisniveaustabilität; hoher Beschäftigungsstand. Die Wirkungen staatlicher Ausgabenprogramme zur Stabilisierung der Konjunktur sind jedoch umstritten. Über die Ziele des Stabilitätsgesetzes hinaus gelten die Bewahrung der Umwelt, eine gerechte Einkommensverteilung und die Rückführung der Staatsverschuldung als weitere wichtige Ziele der Wirtschaftspolitik.

Zentralverwaltungswirtschaft
M 13, M 14

Im Unterschied zur Marktwirtschaft wird die Güterverteilung in der Zentralverwaltungswirtschaft nicht über den Markt, sondern über eine staatliche Behörde geregelt. Auch Preise werden festgesetzt und bilden sich nicht über Angebot und Nachfrage. Die Umsetzung (etwa in der DDR) erwies sich als sehr problematisch, denn es kam zu Überschuldung des Staates und Versorgungsengpässen in einem sehr ineffizienten Wirtschaftssystem.

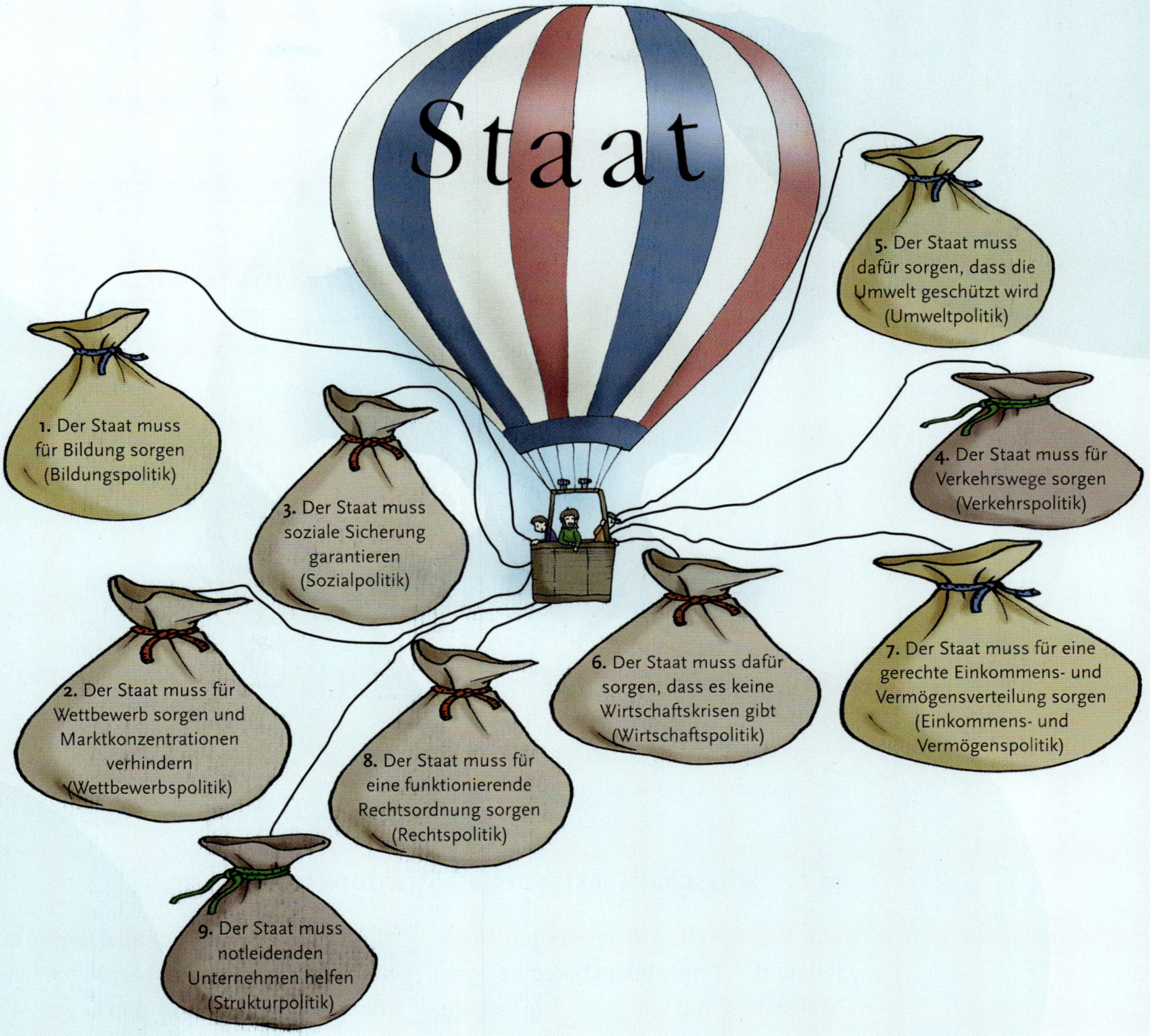

Ballonspiel

Stellt euch vor, ihr schwebt in einem Ballon „Staat". (Gebt eurem Ballon einen Namen!) An Bord sind schwere Lastenpakete mit Aufgaben des Staates, die den Ballon immer wieder an Höhe verlieren lassen. Er droht abzustürzen. Um den Abstieg aufzuhalten, müsst ihr ein Lastenpaket über Bord werfen. Ihr müsst euch dabei überlegen, welche Staatsaufgaben ihr leicht aufgeben könnt und welche ihr so lange wie möglich an Bord behalten wollt. Der Ballon fängt sich wieder, verliert aber nach einer Weile wieder an Höhe. Ein weiteres Paket (2. Spielrunde) muss also abgeworfen werden. Dies geht so weiter, bis der Ballon sich endlich stabilisiert hat. Dokumentiert jeden Abwurf: In welcher Reihenfolge wurden die Lasten abgeworfen? Begründet jeden einzelnen Abwurf (Argumente, Kontroversen).

Anmerkung für den Spielleiter:

Alle Mitspieler erhalten die Liste mit den Lasten. Außerdem wird eine große Tabelle mit den Namen der Ballone und der mitfahrenden Spieler benötigt, um am Schluss die Ergebnisse vergleichen zu können.

3.4 Wirtschaft und Arbeit im Wandel

3.4.1 Wie verändert sich die Wirtschaft in Brandenburg?

M 1 Ein Witz ...?

Karikatur: Thomas Plaßmann, Baaske Cartoons

M 2 Wirtschaftssektoren und Strukturwandel

Die Wirtschaftswissenschaften unterteilen die Produktionsbereiche einer Volkswirtschaft in drei Wirtschaftssektoren: Der Primäre Sektor beinhaltet die Produktgewinnung der Land- und Forstwirtschaft sowie Fischerei. Im Sekundären Sektor werden Produkte verarbeitet (Industrie und Handwerk, Bergbau und Baugewerbe). Der Tertiäre Sektor umfasst die Dienstleistungen, z. B. Handel, Verkehr, Kultur, Kommunikation, Verwaltung, Bildung, Wissenschaft, Beratung, Gesundheits- und Sozialwesen.

Es ist zu beobachten, dass sich die Wirtschaftsstruktur stark verändert: Immer mehr wirtschaftliche Aktivität findet über die Landesgrenzen hinweg statt: die Produktion von Waren wird in andere Länder verlegt, ausländische Unternehmen bieten Waren vielleicht günstiger an... das ist ein Teil der Globalisierung. Auch werden technische Neuheiten erfunden und verändern die Arbeitsabläufe: Roboter oder Maschinen übernehmen mehr Aufgaben, die Arbeiter müssen andere Aufgaben ausführen. Insgesamt spricht man von einer „Tertiärisierung", dem Wandel von der Produktions- zur Dienstleistungsgesellschaft.

M 3 Wirtschaftsstruktur in Brandenburg

	1991	2000	2010
Bruttoinlandsprodukt in Mill. EUR	19.625	44.985	55.816
Primärer Sektor			
Land- und Forstwirtschaft; Fischerei	729	986	866
Sekundärer Sektor			
Produzierendes Gewerbe ohne Baugewerbe	4.269	986	866
Baugewerbe	2.126	3.711	2.716
Tertiärer Sektor			
Handel, Gastgewerbe und Verkehr	3.086	7.664	8.620
Finanzierung, Vermietung und Unternehmensdienstleister	1.973	8.576	13.370
Öffentliche und private Dienstleister	5.801	12.033	14.090

Aus: Statistisches Landesamt Baden-Württemberg, Bruttoinlandsprodukt, Bruttowertschöpfung in den Ländern und Ost-West-Großraumregionen Deutschlands 1991 bis 2010, Reihe1, Band 1, in: http://www.vgrdl.de/Arbeitskreis_VGR/RoBo.asp?wz=WZ2003&rb=R1B1, Abruf am 28.6.2012

M 4 Wirtschaftlicher Wandel in Brandenburg am Beispiel des Braunkohlebergbaus in der Lausitz

Blick über die Stadt Senftenberg mit der aus ehemaligen Braunkohlen-Tagebauen durch Flutung entstehenden „Lausitzer Seenplatte". In zehn bis zwölf Jahren sollen zwischen Senftenberg und Hoyerswerda Schiffe fahren.

Strukturwandel in Brandenburg

Brandenburg erlebte seit 1989 eine tiefgreifende wirtschaftliche Transformation von der Planwirtschaft zur Marktwirtschaft. Dieser Prozess ging zunächst mit starken wirtschaftlichen Krisen einher: die ehemals oft stark subventionierte, arbeitsintensive und technisch veraltete Produktion konnte dem Wettbewerb aus den alten Bundesländern nicht Stand halten. Der Absatzmarkt im Inland und östlichen Ausland brach ein. Viele Betriebe wurden „abgewickelt", das heißt in den meisten Fällen geschlossen. Die Menschen verloren ihre Arbeit. Auch heute noch liegt die Arbeitslosenrate der neuen Bundesländer über dem bundesdeutschen Durchschnitt.

Braunkohlebergbau in der Lausitz

Rund 150 Jahre lang hat der Bergbau die Lausitz geprägt. In den 1950er Jahren beschloss die DDR energieautark zu werden, also unabhängig von Kohle- und Gasimporten. Das ging nur über konsequente Ausbeutung der Braunkohlevorkommen, dem einzigen Energieträger, der in nennenswertem Umfang unter dem Boden der Republik lagerte. Über 100 Kleinstädte, Dörfer und Siedlungen mussten dem Bergbau weichen. Bis zu 30 Tagebaugruben waren gleichzeitig in Betrieb und verwandelten eine jahrhundertealte Kulturlandschaft in eine Mondlandschaft. Denn anders als Steinkohle liegt Braunkohle meist nur 40 bis 100 Meter unter der Erdoberfläche und kann daher relativ einfach im offenen Tagebau gewonnen werden.

Internationale Bauausstellung (IBA) Fürst-Pückler-Land GmbH (in Liquidation), Projekt 8:Landmarke Lausitzer Seenland – Weitsicht ins Seenland, in: http://www.iba-see2010.de/de/projekte/projekt10, Abruf am 28.6.2012

Zwischen Dresden und Berlin entsteht die größte künstliche Seenlandschaft Europas: Das Lausitzer Braunkohlerevier wird zum Lausitzer Seenland. Wo früher riesige Bagger Braunkohle aus dem Boden geholt haben, blieben gewaltige Krater zurück, die jetzt geflutet werden. Die einstige Mondlandschaft verwandelt sich in eine einzigartige Wasserwelt mit 30 Seen, zehn davon durch schiffbare Kanäle miteinander verbunden. Genau im Zentrum setzt die »Landmarke Lausitzer Seenland« ein unübersehbares Zeichen für die Zukunft und bietet einen Rund- und Ausblick auf die Seenlandschaft im Entstehen. [...] Nach dem Senftenberger See entstehen zwischen Großräschen, Senftenberg und Hoyerswerda derzeit neun weitere Seen, darunter der Großräschemer See, der Sedlitzer See und der Geierswalder See. Diese zehn Seen liegen so nahe beieinander, dass sie als das Kerngebiet des Lausitzer Seenlandes ein besonderes Potenzial für die touristische Entwicklung haben. Hier werden die schmalen Landstreifen, die zwischen den alten Gruben verblieben sind, »durchstochen«, um Kanäle zwischen den neuen Seen zu schaffen. Kanu- oder Segelsportlern erschließt sich so in wenigen Jahren eine 7000 Hektar große Wasserfläche [...]. Der Sornoer Kanal wird schiffbar, sobald der Sedlitzer See 2015 seinen vorgesehenen Wasserstand erreicht hat. Dann erfüllt der Kanal seinen Zweck, und Wasserwanderer und Fahrgastschiffe werden an dieser Stelle vom einen See in den anderen wechseln. Für Boote soll es deshalb an der Landmarke Anleger geben. Dann treffen hier Wassersportler, Radfahrer und Inlineskater aufeinander. Auch Parkplätze für Autos sollen entstehen, die im Lausitzer Seenland nur an wenigen Stellen wie hier ans Wasser kommen – denn ansonsten gehören die Uferwege Sportlern und Spaziergängern. Zudem ist ein schwimmender Steg für Fußgänger und Radfahrer von Sedlitz zur Landmarke geplant. Entsprechend erwartetem größerem Besucheraufkommen ist am Standort eine Erweiterung der Gastronomie geplant.

Internationale Bauausstellung (IBA) Fürst-Pückler-Land GmbH (in Liquidation), Projekt 8:Landmarke Lausitzer Seenland – Weitsicht ins Seenland, in: http://www.iba-see2010.de/de/projekte/projekt10, Abruf am 28.6.2012

Aufgaben

1. Prüfe, ob die Aussage der Karikatur den Fakten standhält (M 1, M 3).
2. Sammelt in eurer Klasse aus eurem Umfeld Beispiele für den Strukturwandel in Brandenburg. Vergleicht eure Ergebnisse mit der Tabelle in M 3.
3. Aus den ehemaligen Braunkohlen-Tagebauen in der Lausitz soll in wenigen Jahren Europas größte künstliche Seenlandschaft entstehen. Nimm Stellung zu diesem Wandel und ermittle Vor- und Nachteile dieser Form, wirtschaftlichen Wandel zu gestalten (M 14).
4. Gruppenarbeit: Führt mithilfe der nebenstehenden Methode eine Erkundung zum Thema „Wirtschaftlicher Wandel in unserer Gemeinde“ durch.

M 5 Eine Erkundung durchführen – hier: Veränderungen des lokalen Wirtschaftsstandortes erkundschaften

Was ist eine Erkundung?

Bei einer Erkundung geht man aus der Schule heraus und versucht, etwas an anderen Orten „auszukundschaften". Zunächst ist es erforderlich, ein klares Thema und eine Fragestellung zu haben. Dann kann überlegt werden, welcher Ort geeignet ist, um den Menschen zu begegnen, die die richtigen Informationen „aus erster Hand" geben können. Eine Erkundung ist nie spontan, sondern immer gut geplant. Während der Erkundung braucht man Medien, zumindest einen Stift und Notizblock, besser noch ein Aufnahmegerät und eine Kamera. Das Ergebnis der Erkundung sollte aufbereitet und präsentiert werden.

1. Schritt: Was wollen wir herausfinden?

Am Anfang stehen die Fragen, die durch die Erkundung beantwortet werden sollen. Stellt zunächst eine übergeordnete Frage und entwickelt dann daraus mehrere Teilfragen.

2. Schritt: Vorbereitung

Eine gute Vorbereitung und eine geeignete Ausstattung sind die Voraussetzung für eine gelungene Erkundung. Klärt vorab folgende Fragen:

1. Welche Erkundungsorte sind geeignet (Rathaus, Industrie- und Handelskammern, Unternehmen vor Ort, u. a.)?
2. Wann kann der Ort aufgesucht werden?
3. Wie melden wir unseren Besuch an?
4. Welche Fragen sollen wem gestellt werden? (Interviewleitfaden entwickeln)
5. Was lohnt sich zu dokumentieren? (Interviews, Räume, Schilder, Szenen, Baustellen u. a.)
6. Wie soll dokumentiert werden? (Notizen, Digitalbilder, Tonaufnahmen u. a.)

3. Schritt: Der Erkundungsgang

Wenn ihr den Erkundungsort aufsucht, ist es wichtig, sich zunächst selbst vorzustellen und das eigene Vorhaben zu beschreiben. Möglicherweise wird ein Repräsentant (z. B. ein Rathausangestellter oder ein Unternehmenssprecher) euch zunächst einen Überblick geben. Danach könnt ihr eure Fragen stellen und die ausgewählten Stellen aufsuchen.

4. Schritt: Dokumentation

Dokumentiert die Ergebnisse in Form eines Zeitungsberichts. Wählt eine passende Überschrift, die Interesse weckt. Der Bericht kann auch Teile eines Interviews und Bilder enthalten.

5. Mögliche Erkundungsziele

- Bürgermeisteramt: Wirtschaftliche Entwicklungen der Gemeinde
- Rathaus: Unternehmens-, Einwohner-, Erwerbstätigen-, Arbeitslosenstatistik, Entwicklung der Wirtschaftsleistung, etc.
- Industrie- und Handelskammer: Unternehmensstatistik, Ausbildungsberufe von früher und heute, etc.
- Unternehmen: wirtschaftliche Entwicklungen, Arbeitnehmerzahlen, etc.

3.4.2 Wie verändert sich die Arbeitswelt?

M 6 Der letzte seines Standes? Die Arbeit eines Schriftsetzers

Ein Schriftsetzer bei der Arbeit – diesen Beruf gibt es nicht mehr.

Oskar Bernhard ist einer der letzten Schriftsetzer in Deutschland. Er arbeitet in Nördlingen in einem rund 400 Jahre alten Haus direkt an der mittelalterlichen Stadtmauer. Noch heute hat er Aufträge, die von der Geburtsanzeige über die Speisekarte bis zum kleinen Buch reichen. Im Gegensatz zum normierten Großbetrieb macht er seinen Kunden Vorschläge, welche Schriftart, welche Größe oder Farbe die Schrift haben könnte. Aus in Blei gegossenen Buchstaben, die der Schriftgießer herstellt, setzt der Schriftsetzer einen Text zusammen, den ihm ein Autor vorgelegt hat. Die Buchstaben, die er verwendet, haben eine genau genormte Höhe. Das ist später wichtig für einen gleichmäßigen Druck in der Druckmaschine. Auch Bilder oder Schmuckbestandteile der Seite müssen diese Höhe einhalten. Dabei geht es manchmal um Hundertstel-Millimeter. Damit die Höhe stimmt, werden die Nicht-Text-Bestandteile einzeln vermessen, bevor sie in die Seite eingebaut und gegebenenfalls unterlegt werden. […] Die gesamte Arbeit des Schriftsetzers erinnert sehr an einen Baukasten: Aus vorgenormten Teilen entsteht immer wieder etwas Neues. Allerdings hatte das Setzen in der „guten alten Zeit" wenig von der Beschaulichkeit, wie es heute den Anschein hat. Denn der Schriftsetzer wurde nach Zeit bezahlt. 1.000 bis 1.200 Buchstaben in der Stunde waren normal. Wer also schnell setzte, konnte mehr arbeiten und mehr verdienen.

Wolfgang Zehentmeier, Der letzte seines Standes, in: http://www.br-online.de/bayerisches-fernsehen/der-letzte-seines-standes/handwerker-schriftsetzer-tradition-ID671192801539242189.xml, Abruf am 7.12.2011

M 7 Mediengestalter – Alleskönner am PC?

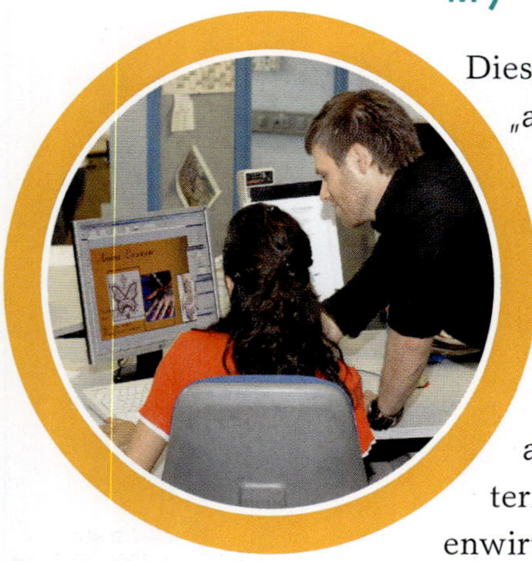

Mediengestalter am PC

Dieser Ausbildungsberuf hat die „alten" Berufe Schriftsetzer, Reprohersteller, Medien- und Werbevorlagenhersteller und den Fotogravurzeichner abgelöst. Mediengestalter Digital und Print arbeiten bei Marketingkommunikationsagenturen, Designstudios, Unternehmen der Druck- und Medienwirtschaft, Mediendienstleistern, Verlagen sowie in Marketing- und Kommunikationsabteilungen von Unternehmen und öffentlichen Institutionen. Ihre Arbeitsaufgaben sind so unterschiedlich wie die Medien, die sie herstellen und bearbeiten. Ausgebildet wird dieser Beruf in den drei Fachrichtungen: Gestaltung und Technik, Beratung und Planung, Konzeption und Visualisierung.

M 8 Wie sich Arbeitsplätze verändern – auf der Datenautobahn zum Arbeitsplatz

Moderne Kommunikationsmittel machen es möglich: Arbeiten ist nicht mehr an ein Büro im Unternehmen gebunden. 1,8 Millionen Beschäftigte – darunter 42 Prozent Angestellte und 51 Prozent Selbständige – arbeiten laut Statistischem Bundesamt von zu Hause aus. Um den Austausch mit Kollegen, Vorgesetzten, Kunden und Geschäftspartnern zu gewährleisten, ist eine gute technische Infrastruktur nötig. Telefon und Computer sind für die meisten „mobilen Beschäftigten" mittlerweile selbstverständlich – doch die Entwicklung geht weiter. Vielen Unternehmen reichen die Standardkommunikationswege nicht mehr aus. Sie bieten ihren Mitarbeitern modernste Techniken, sodass diese immer und überall erreichbar sind. So zum Beispiel Hewlett Packard (HP), internationales IT-Unternehmen aus Böblingen: Über ein Intranetportal haben alle Mitarbeiter Zugriff auf das komplette System von HP – von der Reisekostenabrechnung über Gesprächsprotokolle bis zur Ticketbuchung für die nächste Dienstfahrt.

„Da ich mit Kollegen aus der ganzen Welt und damit aus verschiedenen Zeitzonen zusammenarbeite, ist es gut, dass ich stets erreichbar bin", so Jennifer Amanquah-Sauter, Managerin für Neue Medien bei HP und seit sechs Jahren im Home-Office in Herrenberg. „Reise- und Anfahrtszeiten fallen weg. Wenn ich meine Kinder ins Bett gebracht habe, kann ich noch mal schnell mit meinem Kollegen im kalifornischen Palo Alto telefonieren." Für die schnelle Kommunikation zwischen den HP-Kollegen hat sich das Instant Messaging bewährt, ein System, das wie ein Chat in Echtzeit funktioniert. Darüber hinaus gibt es einen „virtuellen Klassenraum": Mitglieder eines Teams können auf ihren Computerbildschirmen gleichzeitig zum Beispiel Präsentationen anschauen und miteinander diskutieren.

Geplant sind für die Zukunft auch Videokonferenzen, zu denen sich Kollegen aus aller Welt zuschalten können – ein Gefühl, als würde man tatsächlich miteinander in einem Raum sitzen. Führungskräfte verbreiten zudem ihre Ansprachen via Webcasts, einer Art Fernsehsendung im Internet.

Sabine Olschner, Die Arbeit der Zukunft, in: http://www.focus.de/finanzen/karriere/perspektiven/zukunft/zukunft-der-Arbeit/arbeit-der-zukunft_aid_28400.html, 20.3.2007

M 9 Wandel der Beschäftigungsstruktur

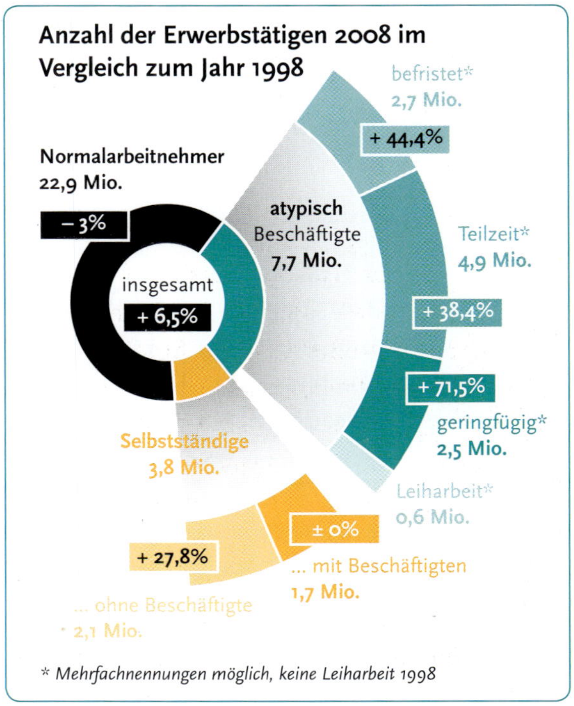

Quelle: Statistisches Bundesamt 2009, © Hans-Böckler-Stiftung 2010

M 10 Beschäftigungsverhältnisse – Normalarbeitsverhältnis und atypische Beschäftigung

Auch wenn das „Normalarbeitsverhältnis" in Deutschland immer noch die Regel ist und auch in Zukunft noch viele Menschen einer „geregelten" Tätigkeit zum Beispiel als Arzt, Lehrer, Richter usw. nachgehen, so haben sich in den letzten Jahrzehnten viele neue Formen der Beschäftigung entwickelt. Diese bezeichnet man als „atypische Beschäftigungen". Der Anteil der Frauen, die in atypischen Beschäftigungsverhältnissen arbeiten, ist deutlich höher als der der Männer. Weiterhin sind junge Menschen und Menschen mit Migrationshintergrund am ehesten atypisch beschäftigt.

Normalarbeitsverhältnis
Dies ist ein unbefristetes Arbeitsverhältnis, das mit geregeltem Lohn oder Gehalt entlohnt wird und voll sozialversicherungspflichtig ist. Der „Normalarbeitnehmer" arbeitet in dem Betrieb des Arbeitgebers, mit dem er den Arbeitsvertrag abgeschlossen hat.

Teilzeitarbeit
Ein Teilzeitbeschäftigungsverhältnis liegt dann vor, wenn die Arbeitszeit, die ein Arbeitnehmer regelmäßig arbeitet, kürzer ist als die Arbeitszeit bei Vollzeitbeschäftigung. Die Arbeitszeit kann dabei innerhalb der Woche unterschiedlich verteilt sein. So kann täglich kürzer oder nur an bestimmten Tagen in der Woche gearbeitet werden.

Leih- oder Zeitarbeit
Bei der Leiharbeit „überlässt" der Arbeitgeber den Arbeitnehmer für einen gewissen Zeitraum einem anderen Arbeitgeber. Deshalb spricht man auch von „Arbeitnehmerüberlassung".

Projektarbeit auf Zeit
Der Arbeitnehmer wird nur für die Dauer eines bestimmten Projektes eingestellt oder er führt als Selbständiger für ein Unternehmen ein Projekt durch.

Befristete Beschäftigung
Arbeitnehmer und Arbeitgeber vereinbaren von Anbeginn eines Beschäftigungsverhältnisses, dieses zu einem bestimmten Datum oder mit einem bestimmten Ereignis ohne Kündigung zu beenden.

(Tele-)Heimarbeit
Als Telearbeit wird eine Tätigkeit bezeichnet, die sich auf die moderne Informations- und Kommunikationstechnik stützt und ausschließlich oder zumindest zeitweise an einem Arbeitsplatz erledigt wird, der außerhalb des Betriebes liegt. Telearbeiter können an beliebigen Orten tätig sein: Unterwegs im Zug, zu Hause oder beim Kunden. Über Laptop, PC, Internet und Handy sind sie mit dem Betrieb verbunden.

Mini-Jobs oder geringfügige Beschäftigung
Mini-Jobber haben einen sogenannten 400-Euro-Job (Ab dem Jahr 2013 voraussichtlich auf 450 Euro). Da für diese Jobs weniger Steuern und Sozialversicherungsabgaben bezahlt werden, dürfen Beschäftigte maximal nur 400 Euro (ab 2013: 450 Euro) im Monat verdienen. Sie können diesen Betrag aber auch bei mehreren Arbeitgebern verdienen. Man bezeichnet diese Arbeitsverhältnisse auch als „geringfügige Beschäftigung".

M 11 Die Schattenseiten der neuen Arbeitswelt

Auch wenn der Freiraum zur individuellen Gestaltbarkeit der Arbeitsphasen im Verlauf des Tages zunächst als wohltuende Befreiung [...] empfunden werden kann, birgt er auch die Gefahr der Selbstausbeutung und Überlastung in sich, da der klar vorgegebene Feierabend entfällt und die Kopplung von Wohnen und Arbeit die Überschneidung gegensätzlicher Interessen und Anforderungen mit sich bringt.

Einerseits müssen klare Grenzen zwischen Arbeitsphasen und familiären/häuslichen Tätigkeiten und Störfaktoren gezogen werden, andererseits erfordern betriebliche Abläufe eine generelle Erreichbarkeit über weitgehend technische Kommunikationswege. Belastbarkeit und die Fähigkeit zum Umgang mit Stress sind unabdingbar, da die psychischen Belastungen aufgrund der generellen Verfügbarkeit zunehmen.

Auch für Mitarbeiter an dezentralen Arbeitsplätzen mit einem hohen Technisierungsgrad entfällt die Motivation durch direkte Reaktionen von Vorgesetzten und Kollegen. Somit müssen solche Mitarbeiter in der Lage sein, sich durch konkrete Hinweise auf ihre Arbeit und durch „Nachfragen" Anerkennung abzuholen und ihre Arbeitsleistungen selbst zu beurteilen.

Karin Kühlwetter, IT-Medienberufe: Zukünftige Anforderungen an berufliche Qualifikationen und Kompetenzen, in: Neue Berufswege für Frauen in das 21. Jahrhundert, Bundesinstitut für Berufsbildung (Hg.), Berlin 1999, S. 27 f.

Moderne Kommunikationstechnologien ermöglichen es, an jedem Ort ein komplettes Büro zu betreiben.

Aufgaben

1. Beschreibe, über welche Fähigkeiten ein Schriftsetzer bzw. ein Mediengestalter verfügen muss. Erläutere an diesem Beispiel den Wandel der Berufswelt, und benenne mögliche Ursachen für diese Entwicklung (M 6, M 7).
2. Mache eine kleine Zeitreise: Wie hätte das Beschäftigungsverhältnis von Jennifer Amanquah-Sauter im Jahr 1980 ausgesehen (M 8)?
3. Wählt eines der atypischen Beschäftigungsverhältnisse aus M 10 aus und erläutert, was aus Sicht der Arbeitnehmer und Arbeitgeber dafür bzw. dagegen spricht (M 10, M 11).

3.4.3 Arbeitslosigkeit – ein Problem mit vielen Ursachen

M 12 Sie werden schon wieder …

Karikatur: Thomas Plaßmann, Baaske Cartoons, Müllheim

M 13 Arbeit – mehr als Gelderwerb

Arbeit, wie sie heute gemeinhin verstanden wird, bedeutet längst mehr als tägliche Pflicht, mehr als Gelderwerb, um Miete, Sonntagsbraten, Auto und die Ausbildung der Kinder bezahlen zu können. Arbeit, urteilt Sigmund Freud, ist das „Band zur Realität". Seit die zentralen Lebensbereiche Beruf und Familie strikt voneinander getrennt sind, verbindet uns der Job mehr denn je mit anderen Menschen, lässt uns erleben, wie die Welt „da draußen" funktioniert. Und an unserer Arbeit erfahren wir unsere Fähigkeiten und unsere Grenzen. Das gilt für die Verkäuferin genau so wie für die Architektin, für den Lehrer genau so wie für den LKW-Fahrer. Denn jede Arbeit, und steht sie noch so sehr im Ruf, stupide zu sein, fordert Aufmerksamkeit und persönlichen Einsatz. Vor allem aber gibt sie dem Leben Sinn, denn sie beweist, dass wir nicht überflüssig sind.

Petra Oelker, Brigitte 17/1993, S. 134

Arbeit
Der Begriff umschreibt in erster Linie Erwerbsarbeit. Sie sichert die Lebensgrundlage der Arbeitnehmerinnen und Arbeitnehmer und ihrer Familien. Wurde sie in früheren Zeiten vor allem als Mühsal und Plage empfunden, so ist die Arbeit heute ein wichtiger Bestandteil der Identität, denn in der Arbeit kann der Mensch seine Fähigkeiten unter Beweis stellen. Arbeit verleiht Ansehen und Bedeutung. Sie gibt dem Leben einen Sinn und eine Struktur.

M 14 Die menschliche Erfahrung mit der Arbeitslosigkeit

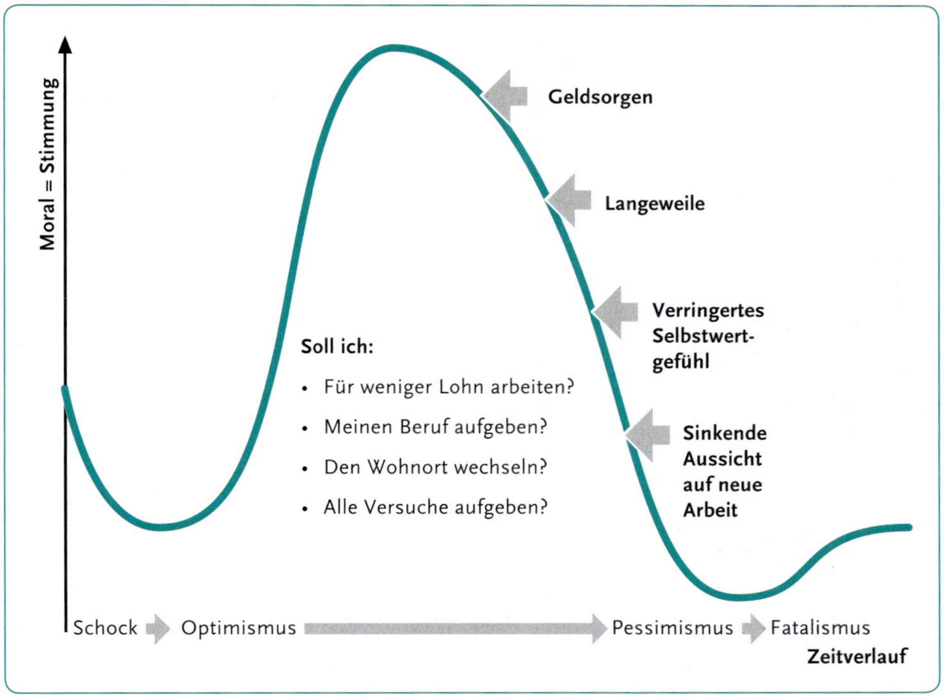

M 15 Die Entwicklung der Arbeitslosigkeit in Deutschland

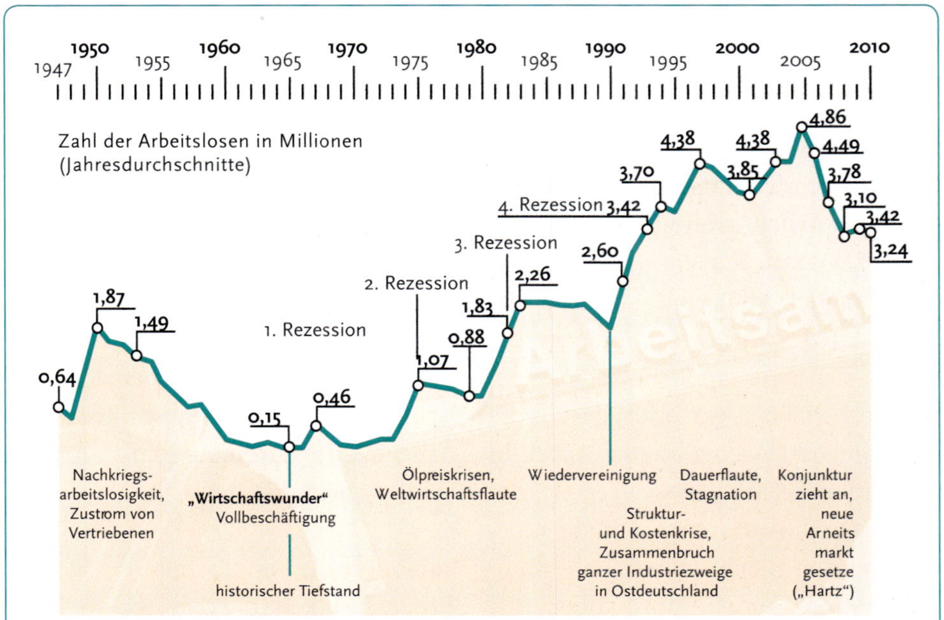

bis 1989 nur Westdeutschland; Quelle: Bundesagentur für Arbeit, ifo

Globus Grafik 2312

Tipp

Führt eine kurze Passantenbefragung zur Bedeutung der Arbeit durch. Bittet die Passanten um ein kurzes Statement: „Was bedeutet Ihnen die Arbeit / Ihr Beruf?“ Nehmt die Aussagen auf oder notiert sie. Ordnet und vergleicht die Ergebnisse.

M 16 Formen der Arbeitslosigkeit

Es gibt verschiedene Ursachen, die zur Arbeitslosigkeit führen. Allgemein werden unterschieden:

Strukturelle Arbeitslosigkeit

Strukturelle Arbeitslosigkeit kann differenziert werden nach sektoralen, regionalen, technologischen oder qualifikationsspezifischen Ursachen. So zeigt sich, dass sich der Schwerpunkt der wirtschaftlichen Tätigkeit zunächst vom primären Wirtschaftssektor (Rohstoffgewinnung) auf den sekundären (Rohstoffverarbeitung) und anschließend auf den tertiären Sektor (Dienstleistung) verlagert hat. Die damit verbundenen Anpassungsprozesse haben häufig zu struktureller Arbeitslosigkeit geführt, da den in einem Sektor beschäftigten Arbeitnehmern die Qualifikationen zur Arbeitsaufnahme in einem anderen Sektor fehlten und erst in beruflicher Weiterbildung zu vermitteln waren. Gleichzeitig gelten diese Verbindungen auch für Verschiebungen innerhalb der Sektoren. Diese sind sehr häufig verbunden mit technologischen Entwicklungen, beispielsweise der zunehmenden Ersetzung der Arbeitskräfte durch Maschinen oder aktuell insbesondere durch den Wandel von einer Industriegesellschaft zu einer Informationsgesellschaft. Da jene Arbeitskräfte, die bereits arbeitslos sind oder durch die Abnahme der nachgefragten Arbeit in der Industrie arbeitslos werden, von ihrem Qualifikationsprofil nicht identisch sind mit jenen, die für die Kommunikations- und Informationstechnologien gebraucht werden, entsteht strukturelle Arbeitslosigkeit (im Fachjargon „mismatch").

Konjunkturelle Arbeitslosigkeit

Sie tritt auf, wenn die Konjunktur schwächer wird und die Nachfrage zurückgeht. Bei einem Mangel an Absatzmöglichkeiten entlassen die Unternehmen Arbeitskräfte, die sie im Aufschwung wieder einstellen. Eine schwache Konjunktur betrifft aber alle Wirtschaftsbereiche, wie das Produzierende Gewerbe, die Exportwirtschaft und die Dienstleistungen, unterschiedlich. Konjunkturelle Arbeitslosigkeit kann ein kurz- oder mittelfristiges Problem sein, sie kann aber auch bei anschließend nur langsam wieder wachsender Wirtschaft zu einem langfristigen Problem werden.

Friktionelle Arbeitslosigkeit

Unter friktioneller Arbeitslosigkeit (auch Fluktuationsarbeitslosigkeit oder Sucharbeitslosigkeit genannt) versteht man die häufig unvermeidliche Arbeitslosigkeit zwischen der Aufgabe der alten und dem Finden einer neuen Tätigkeit. Sie ist in der Regel nur von kurzer Dauer und auch in Phasen einer Vollbeschäftigung unvermeidlich, im Stukturwandel oft sogar sinnvoll. Eine solche Arbeitslosigkeit ist eine Begleiterscheinung aller durch Arbeitsvertragsfreiheit gekennzeichneten Arbeitsmärkte.

Saisonale Arbeitslosigkeit

Arbeitslosigkeit, die dadurch entsteht, dass einige Sektoren der Volkswirtschaft jahreszeitbedingt unterschiedlich ausgelastet sind, bezeichnet man als saisonale Arbeitslosigkeit. Diese Form der Arbeitslosigkeit verschwindet üblicherweise wieder im Jahresverlauf. Saisonale Arbeitslosigkeit kann zwar durch gezielte Hilfen wie beispielsweise das Saison-Kurzarbeitergeld (ähnlich dem früheren Schlechtwettergeld) verringert werden, ihre Höhe ist jedoch von der gesamtwirtschaftlichen Situation am Arbeitsmarkt im Allgemeinen weitgehend unabhängig.

Frank Oschmiansky, http://www.bpb.de/themen/KSLF0U,0,Arten_der_Arbeitslosigkeit.html, 1.6.2010

M 17 Mögliche Lösungsansätze gegen verschiedene Formen der Arbeitslosigkeit

1

Gegen diese Form der Arbeitslosigkeit können die Arbeitsagenturen arbeitsmarktpolitische Maßnahmen (Information über offene Stellen, Unterstützung bei der Bewerbung, Mobilitäts- und Umzugsbeihilfen) einsetzen, um die Vermittlung geeigneter Arbeitsloser auf offene Stellen zu befördern.

2

Diese Form der Arbeitslosigkeit betrifft vor allem das Baugewerbe. Sie ist von der Witterung abhängig, weshalb auch keine Maßnahmen zu ihrer Beseitigung getroffen werden können. Allerdings können die Auswirkungen durch gezielte finanzielle Hilfen abgemildert werden.

3

Diese Form der Arbeitslosigkeit betrifft alle Branchen gleichermaßen und ist durch eine mangelnde Nachfrage bedingt. Deshalb kann die Regierung zum Beispiel Steuerentlastungen beschließen oder die Staatsausgaben (Investitionen in die Infrastruktur, Subventionen, Kurzarbeitergeld) erhöhen, um die staatliche Nachfrage und damit das Wachstum anzukurbeln.

4

Bei dieser Form der Arbeitslosigkeit versucht der Staat, verbesserte Rahmenbedingungen für die Nachfrage nach Arbeit zu schaffen, zum Beispiel in Form von verringerten Kostenbelastungen der Unternehmen und Abbau von Regulierungen. Außerdem können Bildung und Forschung in Zukunftsbranchen gefördert und Arbeitslose gezielt weiterqualifiziert werden.

Aufgaben

1. Interpretiere die Karikatur und erläutere, inwieweit Arbeit mehr als Gelderwerb bedeutet (M 12 – M 14).
2. Beschreibe die Entwicklung der Arbeitslosigkeit in Deutschland (M 15). Vergleiche die Grafik mit der Entwicklung des Wachstums (M 3, Kap. 3.2.2 S. 94). Welcher Zusammenhang besteht zwischen beiden Entwicklungen?
3. Ordne die in M 17 genannten Maßnahmen gegen Arbeitslosigkeit den entsprechenden Formen in M 16 zu und begründe deine Entscheidung.
4. Entscheide, gegen welche Form der Arbeitslosigkeit man als Betroffener am ehesten selbst vorgehen kann (M 16, M17).

Was wir wissen

Arbeitswelt im Wandel
M 6 – M 9

Die Arbeitswelt unterliegt einem ständigen Wandel. Sie hat sich durch den Strukturwandel der Wirtschaft völlig verändert: Mehr als 70 % aller Beschäftigten arbeiten mittlerweile im Dienstleistungssektor, die Tendenz ist steigend. Ursache des Strukturwandels sind vor allem die rasante technologische Entwicklung und die Globalisierung. Für die Arbeitswelt bedeutet dies zum Beispiel, dass viele Berufe mittlerweile verschwunden sind oder sich vollkommen verändert haben. Wo früher viele Menschen tätig waren, haben mittlerweile Computer oder computergestützte Maschinen die Arbeit übernommen. Dies hat dazu geführt, dass im Zuge des Strukturwandels viele Menschen ihre Arbeit verloren haben, andererseits aber auch viele moderne Arbeitsplätze neu entstanden sind und dadurch die Arbeitsbedingungen verbessert werden konnten.

Neue Beschäftigungsverhältnisse
M 10

Mit der technischen und globalen Entwicklung geht auch ein Wandel in den Beschäftigungsverhältnissen einher. So kann heutzutage in vielen Branchen an jedem Ort der Welt gearbeitet werden. Auch wenn das Normalarbeitsverhältnis nach wie vor das am meisten verbreitete Beschäftigungsverhältnis ist, hat sich daneben eine Vielfalt neuer Beschäftigungsformen entwickelt. Neben den neuen Selbständigen, befristet Beschäftigten, Leiharbeitern oder Home-Office-Arbeitern, sind es vor allem die Beschäftigten in Teilzeit und mit flexiblen Arbeitszeitmodellen, die die Beschäftigungslandschaft in Deutschland zunehmend prägen. Für viele Arbeitnehmer bedeutet diese Entwicklung eine bessere Vereinbarkeit von Familie und Beruf. Doch wird dieser Trend von vielen Experten und Beteiligten auch mit großer Sorge betrachtet, denn die atypischen Beschäftigungsverhältnisse führen zu einer Belastung der Sozialversicherungssysteme und bieten den Beschäftigten oft keine ausreichende Vorsorge für ihre Rente. Viele dieser Beschäftigungsverhältnisse tragen nicht einmal zur Existenzsicherung bei, deshalb wünschen sich die meisten Menschen nach wie vor ein klassisches Normalarbeitsverhältnis mit geregeltem Einkommen und einer geregelten Arbeitszeit.

Arbeitslosigkeit
M 14 – M 16

Ein zentrales Problem der Wirtschaft in Deutschland ist die anhaltend hohe Arbeitslosigkeit. Man unterscheidet vier Formen der Arbeitslosigkeit, die durch unterschiedliche Maßnahmen bekämpft werden können: Gegen die durch witterungsbedingte Nachfrageschwankungen verursachte saisonale Arbeitslosigkeit kann die Politik nichts unternehmen. Friktionelle Arbeitslosigkeit (Sucharbeitslosigkeit) kann durch Maßnahmen der Arbeitsmarktpolitik (z. B. schnellere Vermittlung, Umschulung) abgemildert werden. Konjukturelle und strukturelle Arbeitslosigkeit lassen sich nur durch wirtschaftspolitische Maßnahmen bekämpfen.

Co-Working: Zusammen ist man weniger allein

Mit neugierigen Blicken von Passanten ist man im „P 8“ bestens vertraut. Hinter der großen Glasfront eines ehemaligen Handyladens im Würzburger Viertel Pleich gehen sechs Selbständige ihren unterschiedlichen Berufen nach – und teilen dabei mehr als nur ein Büro: Das P 8 ist ein sogenannter Co-Working-Space (co-working: englisch für „zusammenarbeiten“).

Beim Co-Working handelt es sich um eine neue Arbeitsform aus den USA, die seit einigen Jahren auch in Deutschland Verbreitung findet – vor allem unter Freiberuflern und Kreativen aus dem Bereich Neue Medien. Sie arbeiten für unterschiedliche Firmen und Projekte, teilen sich aber die Räumlichkeiten. Die Vorteile des Co-Working liegen auf der Hand: Je nach Bedarf kann man sich tage-, wochen- oder monatsweise einen Schreibtisch mieten; Internetzugang und technische Geräte wie Drucker und Scanner inklusive.

Die Mietverträge der Würzburger P 8-Mitglieder laufen jeweils über ein Vierteljahr; ein Co-Working-Projekt, bei dem ein Arbeitsplatz auch über einen kürzeren Zeitraum gemietet werden kann, ist in Planung. 130 Euro zahlt jeder der Selbständigen im Monat, und das für beste Innenstadtlage. Ist einer der sechs mal nicht da, nehmen die anderen seine Post entgegen und bestätigen Aufträge.

Man hilft sich gegenseitig und tauscht Wissen aus – doch das ist längst nicht alles: „Als Selbständiger verlottert man zu Hause, da arbeitet man im Bademantel“, sagt Webdesigner Gerrit van Aaken, 31, und erntet mit seinem Bekenntnis Grinsen und zustimmendes Nicken der anderen. „Wenn ich ins P 8 will, muss ich mich anziehen und rausgehen“, ergänzt IT-Berater Kai Sievecke, 34. „Selbstdisziplin ist das Schlagwort. Ich kann mich zu Hause auch motivieren, es ist aber ein anderes Arbeiten.“

Das Klischee, dass sich die „digitalen Nomaden“ – also Selbständige, die für ihre Arbeit nicht viel mehr als einen Internetzugang brauchen – ja sich einfach mit ihrem Laptop in ein Café setzen könnten, weisen die P 8-Mitglieder zurück: „Das funktioniert nicht“, sagt Medienproduzent Christian Pier, 30, entschieden. Zu einsam, zu laut, auf Dauer zu teuer. „Hier ist auch oft viel los, es gibt aber zum Beispiel niemanden, der den ganzen Tag über telefoniert.“ [...] Ebenso vielfältig wie die Berufe der zwischen 20- und Mitte 30-Jährigen sind ihre Arbeitszeiten. Gerrit etwa kommt um 9 Uhr morgens und geht um 5 Uhr nachmittags. „Ich imitiere das klassische Angestelltenverhältnis“, sagt er, aber: „Inhaltlich bin ich mein eigener Chef.“ Kai ist als selbständiger IT-Berater mit internationalen Kunden eher weniger vor Ort. Julian Schrader, 21, Student der Wirtschaftsinformatik, schaut in den Vorlesungspausen vorbei.

Catharina Hettinger, Co-Working: Zusammen ist man weniger allein, Main-Post, 30.10.2012, S. 45

Aufgabe

Arbeitet aus dem Text heraus, inwiefern sich im Co-Working der Wandel der Arbeit und der Beschäftigungsverhältnisse widerspiegelt. Eure Leitfragen könnten dabei sein:

- In welchem Wirtschaftssektor wird gearbeitet?
- Welche Berufe werden ausgeübt?
- Wo wird gearbeitet?
- In welchem Arbeitsverhältnis stehen die Co-Worker?
- Wie gestaltet sich die Arbeitszeit?
- Vor- und Nachteile des Co-Workings

3.5 Herausforderungen für Politik und Wirtschaft

3.5.1 Globalisierung – eine Herausforderung für die Soziale Marktwirtschaft?

M 1 Der Fall Nokia

Im Januar 2008 kündigte die Unternehmensleitung des Handy-Herstellers überraschend an, die Produktion komplett von Deutschland nach Rumänien zu verlegen und das Werk in Bochum zu schließen. Dies stieß auf Unverständnis und Wut bei Mitarbeitern und Politikern.

Nokia hatte mitgeteilt, Mitte des Jahres 2008 das Werk mit 2.300 Mitarbeitern aus Kostengründen schließen zu wollen. „Wir folgen der globalen Nokia-Strategie, die auf Kosteneffizienz und Flexibilität in der Logistik setzt", hatte der Aufsichtsratschef der Nokia GmbH, Veli Sundbäck, das Vorgehen begründet. „Da wir erfolgreich sind, müssen wir die Wettbewerbsfähigkeit kontinuierlich verbessern", argumentierte der Manager und verwies auf den Standort Rumänien, wo die Arbeitskosten nur ein Zehntel des deutschen Niveaus ausmachten. [...]

Der rumänische Staat will den Berichten zufolge vom Nokia-Park in Jucu bis zur Kreishauptstadt Cluj ein 40 km langes Autobahnstück für rund 500 Millionen Euro bauen.

Dem weltgrößten Handyhersteller Nokia geht es derzeit prächtig. Allein im letzten Quartal erhöhte sich der Gewinn um 85 Prozent auf 1,56 Milliarden Euro.

Alfons Frese (mit Material der dpa), Der Tagesspiegel, 17.1.2008

M 2 Nokia ist überall

Stundenlang blockierten empörte Beschäftigte die Einfahrt, als die Schockbotschaft die Runde machte. Doch der Protest ließ die Unternehmensleitung ungerührt: Der neue Standort bot ganz einfach die besseren Konditionen. Die Rede ist indes nicht von Nokia, sondern von der Frachttochter der Deutschen Post, DHL. Doch anders als derzeit beim finnischen Handyhersteller, der sein Bochumer Werk nach Rumänien verlegt, sorgte die 2004 verkündete DHL-Entscheidung in Deutschland für keinerlei negative Schlagzeilen, ganz im Gegenteil. Denn DHL hatte schließlich den Umzug nach Deutschland beschlossen, weg von Belgien. Dass am Brüsseler Flughafen, dem bisherigen DHL-Nachtdrehkreuz, von 2008 an mehr als 1.500 Menschen arbeitslos werden würden und verzweifelt protestierten, interessierte Politik und Öffentlichkeit hierzulande nicht. Stattdessen wurde lautstark der Sieg bejubelt, den der Flughafen Leipzig/Halle im „harten, aber fairen" Standortwettbewerb gegen Brüssel-Zaventem errungen hatte.

Hannelore Crolly und Viktoria Unterreiner unter Mitarbeit von Stefan von Borstel, Die Welt, 20.1.2008

M 3 Warum macht die Globalisierung Angst?

Die Globalisierung hat nicht alle Probleme der Welt gelöst. Sie hat im einen oder anderen Fall zu wirtschaftlichem Abstieg, zu mehr Unsicherheit, zu mehr Stress und zu Unzufriedenheit geführt. Sie hat aber in den letzten fünfzig Jahren den Lebensstandard der Massen insgesamt verbessert. Die meisten Menschen leben länger und gesünder als jemals zuvor in der Weltgeschichte. Der großen Mehrheit geht es materiell wesentlich besser als ihren Vorfahren. Das gilt ganz besonders für Deutschland. Trotzdem glauben viele, dass es ihnen schlechter geht als in früheren Jahren – sie haben zwar nicht in absoluten Größen weniger, aber ihr Abstand zur Spitze ist gewachsen, ihre Besitzstände sind in Gefahr, und sie ziehen den bekannten Status quo der unbekannten Zukunft vor.

Globalisierung ist kein Nullsummenspiel, bei dem der eine nur das gewinnen kann, was der andere verliert. Sie hebt die Boote insgesamt, aber eben nicht alle mit derselben Welle. Deshalb ist die Feststellung richtig, dass sich in den letzten Jahren die Schere zwischen Reich und Arm weiter geöffnet hat. Aber in Asien und Lateinamerika haben gerade die Länder aufgeholt, die sich globalisiert haben. Afrika ist zurückgefallen, denn der Kontinent ist in weiten Teilen von der Globalisierung abgeschnitten. [...] Stellenverluste sind nämlich nicht deren Folge, sondern die eines stetigen Strukturwandels, den keine Macht der Welt aufhalten kann. Auch die Globalisierung verhindert nicht, dass Menschen ihre Jobs verlieren. Sie hilft jedoch nachhaltiger als jede Alternative, neue Jobs zu schaffen. Richtig ist, dass sie das Tempo der Veränderungen beschleunigt hat. Das ist aber nicht neu. Der Strukturwandel war schon immer eine feste Konstante der Menschheitsgeschichte. Mal läuft er schneller, mal langsamer, immer aber vernichtet er alte Arbeitsplätze und schafft neue. [...] Für Arbeiter, vor allem wenn sie weniger gut qualifiziert sind, zeigt die Globalisierung ein dunkleres Gesicht. Asien und Lateinamerika haben in den vergangenen Jahren Milliarden von Arbeitskräften neu ins Spiel gebracht. Die machen den Beschäftigten in Europa das Leben schwer, und zwar in Form von Waren, die sie in Billiglohnländern herstellen und dann im Westen günstig zum Kauf anbieten.

Die Globalisierung macht vielen Deutschen Angst, weil in Asien und Lateinamerika fast immer billiger, gelegentlich besser und immer öfter schon besser und billiger als in Europa produziert wird. Das hat zur Folge, dass in Europa immer mehr Arbeitnehmer unter Wettbewerbsdruck kommen. Das gilt vor allem für jene, die einfache und standardisierte Tätigkeiten ausüben. Es gilt weniger für spezielle Fach- und Führungskräfte.

Thomas Straubhaar, Frankfurter Allgemeine Sonntagszeitung, 10.6.2007

Spiegel-Titelbild 44/2004

Globaler Wettbewerbsrang 2010/2011

1. Schweiz
2. Schweden
3. Singapur
4. USA
5. Deutschland
6. Japan
7. Finnland
8. Niederlande
9. Dänemark
10. Kanada

Weltwirtschaftsforum Davos, Global Competitiveness Report (insgesamt sind 140 Staaten erfasst)

Aufgabe

Bildet zwei Gruppen. Eine Gruppe diskutiert die Frage, ob die Globalisierung Deutschland insgesamt mehr Vor- oder Nachteile bringt. Die andere Gruppe untersucht diese Frage aus der Perspektive der gesamten Welt. Beachtet dazu auch das Kapitel 4. Vergleicht eure Ergebnisse (M 1 –M 3).

3.5.2 Welches Wachstum braucht die Welt?

M 4 Wachstum macht noch keinen Wohlstand

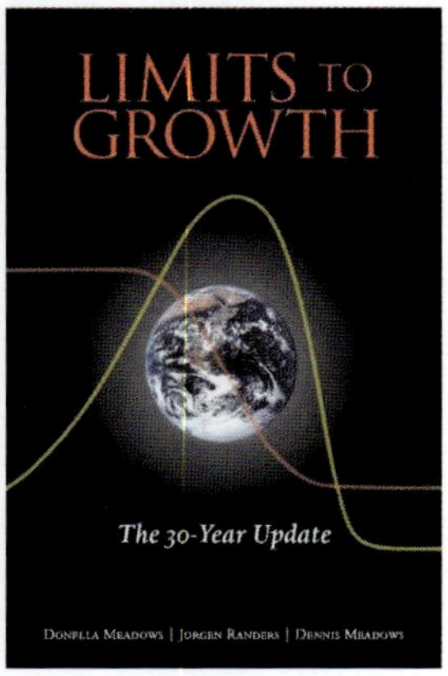

Die Studie „Grenzen des Wachstums" wurde 1972 im Auftrag des Club of Rome veröffentlicht. Im Jahr 2004 erstellten die Autoren das 30-Jahre-Update. In den meisten der errechneten Szenarien ergibt sich ein Überschreiten der Wachstumsgrenzen und ein anschließender Kollaps („overshot and collapse") bis spätestens 2100.

Der Ökonom Hans Diefenbacher im Interview über die Schwächen etablierter Wirtschaftsindikatoren und über einen neuen Nationalen Wohlfahrtsindex.

Der Freitag: *Wie tief wir in der Krise stecken, wird vor allem mit einer Zahl verbunden: dem Bruttoinlandsprodukt. […] Was sagt der Index wirklich über die Lage in Deutschland aus?*

Hans Diefenbacher: Das Bruttoinlandsprodukt ist eine Möglichkeit, die Wirtschaftsleistung darzustellen. Allerdings handelt es sich um eine Methode mit einigen Schwächen. […] Ein beachtlicher Teil der Wertschöpfung wird nicht einbezogen. Das betrifft etwa ehrenamtliche Tätigkeiten und Hausarbeit. Andere Teile der Wertschöpfung, die nicht über den Markt vermittelt werden, gehen dagegen in die Berechnung des BIP ein, etwa ein Schätzwert für selbst genutztes Wohneigentum. Fragen des sozialen Zusammenhalts wiederum bleiben außen vor, weil zum Beispiel die Einkommensverteilung keine Rolle spielt. Dasselbe gilt für Umweltgebrauch und Naturzerstörung. Über den tatsächlichen Wohlstand in einer Gesellschaft kann man aus dem BIP also nur bedingt etwas lernen.

Reden Politiker, Medien und Wirtschaftsexperten die ganze Zeit über die falsche Zahl?

Nicht der Indikator ist das Problem, sondern die überragende Rolle, die er in der öffentlichen Diskussion spielt. Die Summe der Werte aller im Inland hergestellten Güter gibt uns ein Bild davon, wie es ökonomisch um die Volkswirtschaft steht. Wenn sich die Regierung davon ausgehend aber allein auf Maßnahmen konzentriert, die das BIP wachsen lassen, wird eine rein quantitative statistische Betrachtung in praktische Politik umgesetzt. Darin sehe ich eine Gefahr. Ein Konjunkturprogramm ist nicht schon allein dadurch „gut", dass es auf eine Verbesserung des BIP zielt.

Aber das ist die Botschaft, die wir derzeit immer wieder hören: Wachstum löst Probleme.

Wachstum verursacht jedoch auch Probleme. Das muss man berücksichtigen. Zerstörung der Umwelt zum Beispiel. Und die ungleiche Verteilung von Reichtum hat ein erhebliches Maß erreicht, wenige haben sehr viel Geld zur Verfügung, aber sehr viele sehr wenig. Eine weltweit steigende Wirtschaftsleistung hat in der Vergangenheit soziale Probleme und Naturzerstörung oft eher verschärft. Auch die ausgeprägte Orientierung an materiellen Gütern und am Konsum als Wohlfahrtsmotor wird durch das BIP gestützt. Das sind Prioritäten, die angesichts schwindender natürlicher Ressourcen keine tragfähige Grundlage für ein zukunftsfähiges Wirtschaftsmodell mehr sein können.

Interview: Tom Strohschneider, Der Freitag, 23.4.2009

M 5 Macht Wachstum glücklich?

Tief im Himalaya, in einem kleinen Land zwischen Indien und China, steht ein Mann auf dem Reisfeld und erntet sein Glück. [...] Denn das Glück, sagt Bauer Dorji, sei ein Reiskorn. Dorji, Herr über sieben winzige Felder, ist 79 Jahre alt, ein Mann mit vielen Falten und wenigen Zähnen. Er lebt in Bhutan, dem einzigen Land der Welt, dem das Glück seiner Bewohner wichtiger ist als sein wirtschaftlicher Erfolg. Ein Land so groß wie die Schweiz. 700.000 Einwohner, 70 Prozent Bauern.

Als die Sonne am Nachmittag hinter die Berge rutscht, geht Dorji heim. Das Erdgeschoss seines Hauses ist ein Kuhstall, im ersten Stock lagert er Reis und Mais, im zweiten wohnt er mit seiner Frau, seiner Tochter und zwei Enkeln. Barfuß läuft Dorji durchs Haus, nimmt sich eine Schüssel Reis aus dem Reiskocher, setzt sich vor seinen Fernseher, den er sein „Auge in die Welt" nennt.

An der Wand über seinem Kopf hängt ein Bild von Buddha, daneben ein Foto des alten Königs von Bhutan mit seinen vier Frauen. [...] Er war es, der 1986 in einem Interview gefragt wurde, wie hoch das Bruttoinlandsprodukt Bhutans sei. 50 US-Dollar pro Kopf, der König kannte die Zahl, es war die niedrigste weltweit. Er antwortete: „Das Bruttoinlandsprodukt interessiert mich nicht. Mich interessiert das Bruttoinlandsglück."

Was nach einer einfachen Ausrede klang, steht heute in Artikel 9, Absatz 2 der nationalen Verfassung: „Der Staat bemüht sich, jene Bedingungen zu fördern, die das Streben nach Bruttoinlandsglück ermöglichen."

Glück als oberstes Staatsziel? Die Welt hat das jahrelang belächelt. Für die Zufriedenheit einer Nation schien vor allen Dingen das Wirtschaftswachstum von Bedeutung. Mehr Wohlstand, mehr Zufriedenheit – eine einfache Gleichung. Dann begann die Finanzkrise, und auf einmal ist dieses Konzept in Verruf geraten.

Reisernte – liegt das Glück in einem Reiskorn?

Wann geht es einem Land wirklich gut? Wenn die Menschen viel lachen? Viel Freizeit haben? Oder doch, wenn ihr Einkommen steigt? [...]

Bauer Dorji hat noch nie vom Bruttoinlandsglück gehört. Er sagt, er sei glücklich, weil sein neues Leben leichter sei als sein altes. In seinem alten Leben hackte er Holz und wartete stundenlang, bis der Reis gar wurde. Heute hat er einen Reiskocher und mehr Zeit für die Familie. In seinem alten Leben pflanzte Dorji die Reissetzlinge von Hand und pflügte das Feld mit Wasserbüffeln. Heute hat er Maschinen und erntet doppelt so viel wie früher. Was Dorji sein Glück nennt, ist Wirtschaftswachstum. Steigert ein armer Mensch seinen Reichtum, erhöht sich auch sein Glück, eine Weile jedenfalls, das ist das Erste, was man in Bhutan begreift.

Dorjis neues Leben begann mit einem Geschenk des indischen Ministerpräsidenten an den König. Bis 1961 war Bhutan isoliert gewesen, abgeschirmt von eisigen Bergen im

Norden und dichtem Dschungel im Süden. Es gab Bergpfade, aber keine Straßen, um Handel mit anderen Ländern zu treiben. Menschen wie Dorji kannten kein Geld, keine Krankenhäuser, keine Telefone, vom Zweiten Weltkrieg hatten sie nie gehört. Bis der König das Geschenk annahm: eine geteerte Straße von Indien bis in die Hauptstadt Bhutans. Die Straße beendete Bhutans Vergangenheit, brachte Reiskocher und Maschinen. 1974 besuchten die ersten Touristen das Land, 1982 wurde der Flughafen gebaut, 1999 bekam Bhutan Fernsehen – als letzter Staat der Erde. [...]

Als Dorjis zwölfjähriger Enkel am frühen Abend nach Hause kommt, übernimmt er die Fernbedienung und guckt Champions League. Dorji sagt, er sei oft traurig, wenn er seine Enkel sehe. „Sie verlieren die Tradition. Als ich Kind war, war der König unser Vorbild. Das Vorbild meines Enkelsohns heißt Cristiano Ronaldo." [...]

In Bhutan fragte sich [der König], wie er die Zufriedenheit seines Volkes erhöhen könne. Er formulierte vier Leitlinien: Bewahren und Fördern der Kultur; Leben im Einklang mit der Natur; gerechte Wirtschaftsentwicklung; gutes Regieren. So entstand das Konzept, das er später „Gross National Happiness" nannte, Bruttoinlandsglück. [...]

Ausgerechnet Bhutan. Ausgerechnet dieses kleine, weltpolitisch unbedeutende Land, in dem noch immer fast 25 Prozent der Bevölkerung unter der Armutsgrenze leben, will der Welt erklären, dass es eine Alternative zum Kapitalismus gefunden hat. Kann Deutschland etwas lernen von Bhutan?

Amrai Coen, Die Zeit, 1.12.2011

M 6 Reicher schon, aber ...

Bruttoinlandsprodukt pro Kopf in € vs. Glücks-BIP in Deutschland

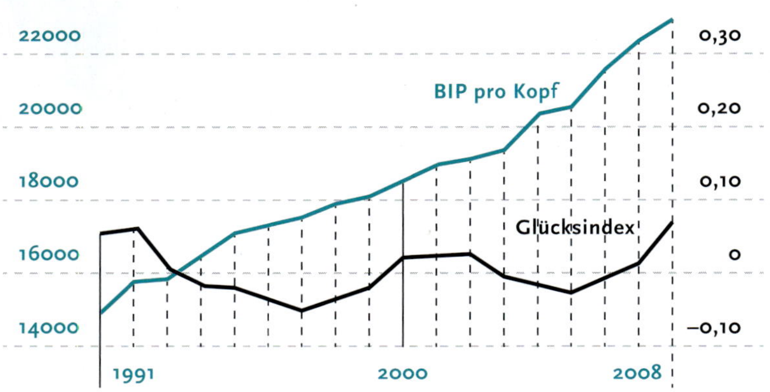

FTD/am; Quelle: Destatis, INSM

Das Glücks-BIP ist ein Index aus verschiedenen „harten" und Umfragedaten, vor allem zur subjektiven Zufriedenheit.

Financial Times Deutschland, 16.12.2009

Aufgaben

1. Beschreibe, wie sich der folgende Fall auf das Bruttoinlandsprodukt auswirkt (M 4):
   Auf der Autobahn A 3 in Richtung Köln kommt es zu einem schweren Verkehrsunfall. Drei Menschen werden so schwer verletzt, dass sie mit dem Hubschrauber abgeholt und operiert werden müssen; sie liegen vier Wochen im Krankenhaus. Es kommt an den Autos und LKWs zu Schäden von über 700.000 Euro. Die Autobahn ist bereits nach 2 Stunden wieder voll befahrbar.
2. Formuliere eine begründete Antwort auf die in M 5 abschließend gestellte Frage.
3. Fasse die Kernaussage von M 6 in einer treffenden Schlagzeile zusammen.

3.5.3 Wachstum und Nachhaltigkeit – ein Widerspruch?

M 7 Über unsere Verhältnisse

Obergrenze
Um unter der kritischen Grenze von **2 Grad Erwärmung** zu bleiben, dürfte die Menschheit jährlich höchstens etwa **14,5 Milliarden Tonnen (Gt) CO_2** ausstoßen.

Globaler Durchschnitt
Für ihren globalen Ausstoß von derzeit etwa 30 Gt pro Jahr bräuchten die knapp 6,9 Milliarden Menschen also eigentlich schon **zwei Erden**.

Deutschland
Würden alle Menschen weltweit so viel CO_2 freisetzen wie der durchschnittliche Deutsche, wären **vier Planeten** nötig ...

USA
... oder gar **neun Erden**, wenn sich weltweit jeder an das Emissionsniveau eines typischen US-Amerikaners angleichen würde.

Die Zeit, 3.12.2009

M 8 Die Zauberformel „Nachhaltige Entwicklung“

Das Konzept der Nachhaltigkeit lässt sich bis ins 14. Jahrhundert zurückverfolgen. Schon damals existierte eine „nachhaltige" Forstwirtschaft, die darauf basierte, „nicht mehr Holz zu schlagen als nachwächst." 1795 formulierte Georg Ludwig Hartig: Die Wälder sind so zu nutzen, „dass die Nachkommenschaft ebensoviel Vorteile daraus ziehen kann, als sich die jetzt lebende Generation zueignet." 1987 legte die „World Commission on Environment and Development" (WCED) („Weltkommission für Umwelt und Entwicklung") unter der Leitung der damaligen norwegischen Ministerpräsidentin Gro Harlem Brundtland ihren Abschlussbericht „Our Common Future" vor. Darin heißt es: „Mögen die Bilanzen unserer Generation auch noch Gewinne aufweisen – unseren Kindern werden wir die Verluste hinterlassen. Ohne Absicht und Aussicht auf Rückzahlung borgen wir heute von künftigen Generationen unser ‚Umweltkapital'. Unsere Nachfahren mögen uns ob unseres verschwenderischen Vorgehens verfluchen – unsere Schulden werden sie nicht mehr eintreiben können. Unser Verhalten ist bestimmt von dem Bewusstsein, dass uns keiner zur Rechenschaft ziehen kann. Künftige Generationen haben heute kein Wahlrecht, sie verfügen über keine politische oder finanzielle Macht und sind uns daher ohnmächtig ausgeliefert."

Heftig gestritten wird darüber, wie man das Prinzip der Nachhaltigkeit mit wirtschaftlichem Wohlstand und gerechter Verteilung der Güter in Einklang bringen kann.

Im Zentrum der Debatten über Nachhaltigkeit steht deshalb in der Regel das Begriffsdreieck (die Trias) Ökologie – Ökonomie – Soziales. Das heißt, alle Umweltmaßnahmen sollen sozial verträglich sein und die wirtschaftliche Entwicklung fördern.

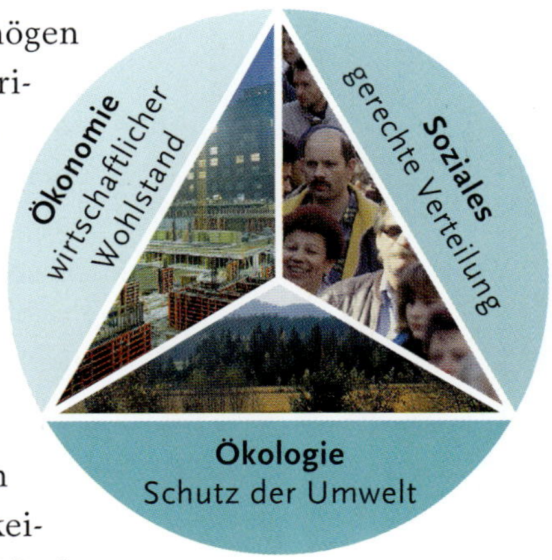

Eine nachhaltige Entwicklung sollte alle drei Dimensionen berücksichtigen.

M 9 Wirtschaft und Ökologie – nicht immer im Konflikt

Agenda 21
Die Agenda 21 ist ein entwicklungs- und umweltpolitisches Aktionsprogramm für das 21. Jahrhundert, ein Leitpapier zur nachhaltigen Entwicklung, beschlossen von 172 Staaten auf der Konferenz für Umwelt und Entwicklung der Vereinten Nationen (UNCED) in Rio de Janeiro (1992). Die Agenda 21 ist vielerorts zur Leitlinie öffentlichen Handelns geworden und viele Kommunen haben seitdem eigene Nachhaltigkeitsprogramme (Lokale Agenda 21) entwickelt.

Gerne wird gesagt, dass zwischen der Wirtschaft auf der einen Seite und der Ökologie auf der anderen Seite ein Konflikt, ein Widerspruch, bestehe. Dabei sagen Wirtschaftswissenschaftler, Ökologie und Ökonomie seien über weite Strecken durchaus im Einklang:
Wenn private Haushalte und Unternehmen Maßnahmen ergreifen, um Energie einzusparen, dann ist das erstens ökologisch sinnvoll, denn dann wird schonend mit den Energievorräten der Erde umgegangen. Und zweitens entspricht das auch dem ökonomischen Prinzip. Eine Ausprägung dieses Prinzips ist, sein gegebenes Ziel mit möglichst geringem Einsatz von verfügbaren Mitteln zu erreichen. Wenn zum Beispiel der Haushalt sein Ziel, mit dem Auto mobil zu sein, dadurch möglichst billig erreichen will, dass er ein Auto kauft, dass nur wenig Sprit verbraucht, dann zeigt dieses Verhalten, wie bei der Energieeinsparung Ökologie und Ökonomie im Einklang sind. Das Interesse, billig Auto zu fahren, führt „automatisch" zur Schonung der Umwelt.
Dasselbe gilt für den technischen Fortschritt. Wenn zum Beispiel ein Haushalt die Raumtemperatur von 21 °C dadurch mit möglichst wenig Energie erhalten will, dass er gute Isolierfenster einbaut oder gar ein ganz neues Heizungssystem, dann zeigen diese Produkte, wie durch neue Erfindungen und technischen Fortschritt die Umweltqualität verbessert wird – und gleichzeitig die Wirtschaft wächst. Allerdings ist das Verhältnis von Ökonomie und Ökologie nicht immer so harmonisch.

Aufgaben

1. Auf der kommunalen Ebene gibt es inzwischen viele Initiativen, die sich im Sinne der Nachhaltigkeit das Motto gegeben haben „Global denken – lokal handeln". Suche in deiner Heimatgemeinde nach solchen Initiativen. Berichte deiner Klasse über deine Ergebnisse. Einen guten Ausgangspunkt für deine Erarbeitung ist die Homepage *http://www.nachhaltig-in-brandenburg.de*, die über vorhandene und geplante Projekte zur nachhaltigen Lokal- und Regionalentwicklung im Land Brandenburg informiert.
2. Stellt euch vor, die Bundesregierung würde durch die Anhebung der Ökosteuer Benzin um drei Euro pro Liter verteuern, um die Ölvorräte zu schonen. Diskutiert, ob eine solche Maßnahme im Sinne der Nachhaltigkeit wäre, und zeigt an diesem Beispiel die Schwierigkeiten einer ökologischen Politik auf (M 8).
3. Nimm Stellung zu dem Anspruch der Wirtschaft, im Grundsatz bereits nachhaltig zu wirtschaften (M 8, M 9).

3.5.4 Umweltpolitische Instrumente – welche Lösungen gibt es?

M 10 Der Markt als Lösung – Emissionshandel

Manchmal hat die wirtschaftliche Aktivität von Unternehmen und Privatleuten Nebeneffekte für Dritte. Ein solcher Effekt kann die Umweltverschmutzung sein. Autos und Fabriken blasen zum Beispiel das klimaschädliche Gas Kohlendioxid in die Luft. Wissenschaftler glauben inzwischen, dass dadurch die Erde sehr warm wird, Flüsse austrocknen, Gletscher verschwinden und Quellen versiegen. Das könnte den Menschen schaden. Der Schaden für die Umwelt spielt für den Unternehmer zunächst keine unmittelbare Rolle. Er ist auch schwierig zu ermitteln. Aber der Staat hat ein Interesse, dass diese Schäden nicht zu groß werden. Deshalb muss der Staat Regeln erlassen, um Umweltverschmutzung zu verringern oder zu verhindern. Die Unternehmen müssen diszipliniert werden.
Unternehmer und Privatleute würden die Umweltverschmutzung erst stoppen, wenn sie das schlechte Gewissen plagt, wenn es ihnen verboten oder zu teuer ist. Auf das schlechte Gewissen will der Staat lieber nicht vertrauen, also wird er eher Verbote festlegen.
Aber es gibt inzwischen auch moderne Ideen, die Verbote und Marktwirtschaft miteinander verbinden. Das geht über den Handel von Verschmutzungsrechten. Jedes Unternehmen, das Dreck in die Luft pusten will, muss dafür ein Verschmutzungsrecht vom Staat kaufen. Diese Rechte werden von der Regierung knapp gehalten. Wenn ein Unternehmen nun eine Filteranlage einbaut, die den Dreck aus der Abluft herausfiltert und deswegen weniger Kohlendioxid ausstößt, kann sie ihr Verschmutzungsrecht an einen Betrieb verkaufen, der noch nicht so sauber produziert. Der darf dann zwar weiterhin Abgase im alten Maße ausstoßen, aber muss für dieses Recht teuer bezahlen.
Jedes Unternehmen steht so vor der Wahl, eine neue Technik einzubauen, um die Verschmutzung der Umwelt zu verringern, oder mehr Verschmutzungsrechte zu kaufen. So wird die Verschmutzung zum Teil der Kalkulation. Dieses System wird in Europa ungefähr so praktiziert.

Winand von Petersdorff, Das Geld reicht nie, Frankfurt a.M., 2. Aufl., 2008, S. 111 ff.

Kohlekraftwerke emittieren große Mengen des klimaschädlichen Gases CO_2.

Negative externe Effekte
Ein negativer externer Effekt tritt auf, wenn die von einer individuellen Handlung verursachten Kosten von der Allgemeinheit getragen werden müssen (verschmutzte Luft eines Kraftwerks, Lärm eines Flugzeuges ...).

M 11 Der Handel mit Verschmutzungsrechten

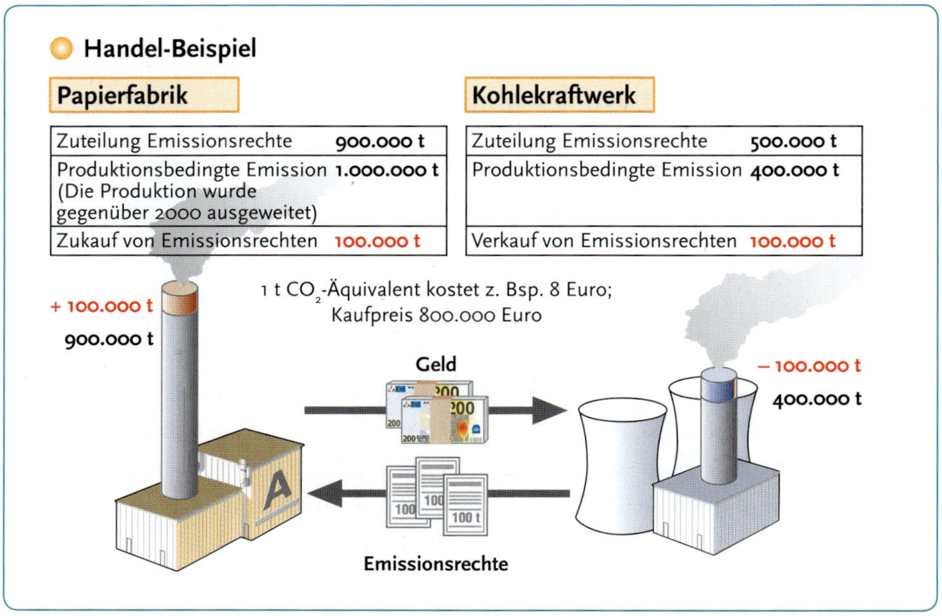

Globus-Grafik 8784

M 12 Ein Preis für die Umwelt? Der Wert von Ökosystemen

Die Dienste und Ressourcen der Natur kosten nichts. Ihre Ausbeutung für private Interessen verursachen Schäden, die von der Allgemeinheit getragen werden müssen. Deshalb fordern deutsche Forscher, dass für die Nutzung der Ökosysteme ein Preis entrichtet werden sollte, der alle ökonomischen und ökologischen Folgen beinhaltet.

Dazu messen die Forscher etwa die negativen Auswirkungen der menschgemachten Veränderungen an Ökosystemen auf den Wohlstand der Menschen. Sie nennen ein Beispiel aus Thailand. Dort brachte die Umwandlung von Mangrovenwäldern in Shrimpsfarmen den Besitzern einen Privatgewinn von mehr als 1.200 Dollar pro Hektar, wozu 8.400 Dollar staatliche Subventionen kamen.

Die natürlichen Wälder aber brachten einen Nutzen von 12.000 Dollar pro Hektar durch Holz, Fischerei und die Verhinderung von Küstenschäden. Die Wiederherstellung des ursprünglichen Zustands würde 9.000 Dollar pro Hektar kosten. Fazit: Die Abholzung der Mangroven ist nicht nur ökologisch, sondern auch ökonomisch eine schlechte Investition. Die Ökonomisierung (Bewertung) von Ökosystemen trägt dazu bei, dass bessere Entscheidungen getroffen werden. Politiker, Landbesitzer und Investoren würden überzeugt, neue Instrumente zum Schutz der Natur einzuführen und zu akzeptieren.

Nach: Ferdinand Knauß, Handelsblatt, 17.11.2009

M 13 Umweltpolitische Instrumente – Übersicht

Umweltpolitisches Instrument	Beispiele
Instrumente, die auf **Freiwilligkeit** beruhen, wie z. B. moralische Appelle	• Aufforderung zur Mülltrennung mit der Einführung des „dualen Systems" (DSD) • Informationen durch Gütesiegel: z. B. Blauer Umweltengel
Marktwirtschaftliche Instrumente, d.h. unerwünschtes Verhalten (z. B. Umweltverschmutzung) mit einem Preis belegen bzw. verteuern, erwünschtes Verhalten bezuschussen. Politisch erwünschtes Verhalten lohnt sich für Unternehmen und private Haushalte, wenn dadurch Kosten gesenkt (und Gewinne erhöht werden) können.	• Umweltsteuern wie die Ökosteuern • Subventionen wie bei Einführung des geregelten Drei-Wege-Katalysators • Umweltzertifikate und deren Handel, z. B. das europäische Emissionshandelssystem
Bürokratische Instrumente, d.h. Gebote und Verbote, werden gesetzlich verankert.	• das gesetzliche Verbot der Verwendung bestimmter Stoffe, wie von DDT oder FCKW • die Vorschrift bestimmter ASU-Grenzwerte für Pkw • Umweltzonen in Städten

Aufgaben

1. Beschreibe, wie der Emissionshandel als Instrument zur Lösung von Umweltproblemen funktioniert (M 10, M 11).
2. Erläutere, warum man beim Emissionshandel von einem „umweltpolitischen Instrument des Marktes" spricht (M 11).
3. Umweltökonomen fordern, den Wert von Ökosystemen in Euro und Cent auszudrücken. Stelle dar, welche Vorteile damit verbunden wären und welche Probleme sich bei diesem Verfahren ergeben können (M 12).
4. Recherchiere Beispiele erfolgreicher Umweltpolitik und stelle sie der Klasse vor.
5. Eine Klebstoff- und eine Stahlfabrik emittieren Rauch mit einer chemischen Substanz, die krank macht, wenn man sie in größeren Mengen einatmet. Stelle dar, wie der Staat dagegen vorgehen kann und worin jeweils Pro und Kontra jeder Lösung besteht (M 13).

zu Aufgabe 5
Arbeitet in Gruppen und teilt die umweltpolitischen Instrumente untereinander auf.

Was wir wissen

Globalisierung
M 1 – M 3

Die Auswirkungen der Globalisierung auf die Soziale Marktwirtschaft sind vielschichtig. In erster Linie hat die Globalisierung zu einer Verschärfung des Wettbewerbs und zu einem beschleunigten Strukturwandel geführt. Dies hat einen Verlust von Arbeitsplätzen vor allem in arbeitsintensiven Branchen in Deutschland zur Folge, da in vielen Regionen der Welt kostengünstiger produziert werden kann. Doch ist der Standort Deutschland immer noch attraktiv, wie viele Unternehmensansiedlungen und der Erfolg als Exportnation zeigen.

Kritik am BIP als Wohlstandsindikator
M 4

Die starke Fixierung auf das Bruttoinlandsprodukt und auf entsprechende Wachstumsraten stößt jedoch seit geraumer Zeit auf Skepsis. Die Zweifel werden vor allem genährt durch jene Kosten in Produktion und Konsum, die nicht zu einer Erhöhung der gesellschaftlichen Wohlfahrt beitragen, wie zum Beispiel Schädigungen von Wasser, Boden und Luft und die Ausbeutung natürlicher Ressourcen. Außerdem bleibt eine Reihe von Aktivitäten im Bruttoinlandsprodukt unberücksichtigt, die positiv zur gesellschaftlichen Wohlfahrt beitragen, wie zum Beispiel Hausarbeit und ehrenamtliche Tätigkeiten.

BIP und Zufriedenheit
M 5, M 6

Unberücksichtigt bleibt beim BIP auch die Zufriedenheit einer Gesellschaft. So gibt es keinen gleichgerichteten Zusammenhang zwischen dem Wohlstand einer Gesellschaft und der Zufriedenheit ihrer Einwohner. Alternative Indikatoren zum BIP versuchen deshalb auch Faktoren zu erfassen, die zum Glück der Menschen beitragen.

Nachhaltigkeit
M 8

Das Leitbild der Nachhaltigkeit folgt einem einfachen Grundsatz: Lebe von den Zinsen und nicht vom Kapital. Dies ermöglicht einen Umgang mit der Natur, der es der heutigen Generation erlaubt, ihre Bedürfnisse zu befriedigen, ohne die Möglichkeiten künftiger Generationen zu gefährden, ihre eigenen Bedürfnisse zu erfüllen und ihren Lebensstil zu wählen.

Wirtschaft und Ökologie
M 9

In vielen Bereichen decken sich die wirtschaftlichen Interessen von Unternehmen mit ökologischen. Gemäß dem ökonomischen Prinzip sind diese nämlich daran interessiert, Kosten zu senken, und achten deshalb darauf, sorgsam mit ihren Ressourcen umzugehen. Insofern hat die Wirtschaft auch ein ökologisches Gesicht. Andererseits besteht auch der Anreiz, anfallende Kosten (z. B. für Luftreinhaltung) auf die Allgemeinheit abzuwälzen. Um dies zu verhindern, bedarf es umweltpolitischer Regelungen.

Umweltpolitische Instrumente
M 10, M 13

Zum Klima- oder Naturschutz können Märkte oft erst dann etwas beitragen, wenn der Staat nachhilft. Der Politik stehen dafür verschiedene Instrumente zur Verfügung. Am schnellsten wirken Verbote oder Gebote. Ein Beispiel sind die neuen Umweltzonen in deutschen Städten: In diesen Zonen dürfen künftig nur noch Autos fahren, die bestimmte Abgasnormen erfüllen.

Zwei unterschiedliche Heizkostenabrechnungen und die Folgen

In einer Umfrage in den Städten Bern und München wurden die Menschen nach ihrem Energiesparverhalten befragt. Eine der Fragen lautete: „Wenn Sie im Winter Ihre Wohnung für mehr als vier Stunden verlassen, drehen Sie da normalerweise die Heizung ab oder herunter?" Unten in der Tabelle siehst du die Ergebnisse der Umfrage: Von 100 Befragten in Bern bejahten nur 23 die Frage, dagegen bejahten von 100 Münchnerinnen und Münchnern 69 die Frage.

Dieser enorme Unterschied kann nun wirklich kein Zufall sein. Sind die Bernerinnen und Berner vielleicht weniger umweltbewusst als die Bewohner Münchens? Dies ist nicht der Fall, denn beim Umweltbewusstsein erzielen die Berner keine geringeren Werte als die Münchner. Deshalb muss der Unterschied an etwas Anderem liegen.

Hier erhältst du einen Tipp: Zum Zeitpunkt der Befragung war in beiden Städten die Art der Heizkostenabrechnung ganz unterschiedlich: Während in München überwiegend nach dem individuellen Verbrauch abgerechnet wurde, wurden in Bern die Heizkosten nach der Wohnungsgröße unabhängig vom Verbrauch abgerechnet.

„Wenn Sie im Winter Ihre Wohnung für mehr als vier Stunden verlassen, drehen Sie da normalerweise die Heizung ab oder herunter?" (% Zustimmung)

„Egal was die anderen tun, ich selbst versuche mich so weit wie möglich umweltbewusst zu verhalten" (% Zustimmung)

Prozentsatz der Haushalte mit individueller Heizkostenabrechnung

Nach: Andreas Diekmann, Peter Preisendörfer, Umweltsoziologie, Reinbek 2001, S. 80 ff.

Aufgabe

Erläutere das unterschiedliche Energiesparverhalten in den beiden Städten. Konzentriere dich bei deiner Beantwortung darauf, die Verteilung von Nutzen und Kosten genau herauszuarbeiten.

Stellt euch folgende Situation vor: Ihr seid Siedler einer neu gegründeten Kolonie. Die Schiffe, die euch in das neue Land gebracht haben, sind wieder zurückgefahren und ihr seid auf euch alleine gestellt. Die Unterkünfte sind errichtet und auch für das tägliche Leben ist vorerst gesorgt. Jetzt stellt sich die Frage, wie ihr eure Kolonie politisch organisieren wollt.

Welche sozialen und politischen Probleme könnten sich in eurer Kolonie ergeben?

Wie sollen diese Probleme gelöst werden?

Wie werden politische Entscheidungen getroffen?

Welche politischen Rechte sollten die Bewohner eurer Kolonie haben?

4

Demokratie in Deutschland

„Demokratie heißt, sich in seine eigenen Angelegenheiten einzumischen", so umschrieb es der Schriftsteller Max Frisch einst knapp und treffend. Doch wie soll die Demokratie organisiert sein und welche Möglichkeiten der Mitbestimmung bieten sich?

Kompetenzen

Am Ende dieses Kapitels solltest du Folgendes können:

- verschiedene Formen der politischen Beteiligung unterscheiden
- die Bedeutung von Wahlen erläutern
- die Funktion von Parteien und Interessenverbänden beschreiben
- Stellung und Aufgaben der verschiedenen Akteure und Institutionen im politischen System der Bundesrepublik Deutschland erläutern
- politische Sachverhalte aus den Perspektiven verschiedener Akteure beurteilen
- Wechselwirkungen zwischen Medien und Politik erkennen

Was weißt du schon?
Setzt euch in Gruppen zusammen und diskutiert die angegebenen Fragen. Entwerft dazu einen Gemeinschaftsvertrag (Verfassung) und präsentiert ihn auf einem Plakat.

4.1 Grundrechte und Grundwerte – das Grundgesetz

4.1.1 Das Grundgesetz als „Hausordnung“?

Demokratie
Im engeren Sinne bedeutet Demokratie „Herrschaft des Volkes“ und stellt somit eine Herrschaftsform dar. Im weiteren Sinne steht Demokratie für eine Willens- und Entscheidungsbildung grundsätzlich von unten nach oben, d. h. freie Wahl der Regierenden durch die Bürger; Grundsatz der Mehrheit bei Entscheidungen, Schutz von Minderheiten mit der Chance zur Mehrheit zu werden; Möglichkeit der Abwahl der Regierenden. (Kapitel 4.1.2 und 4.2)

M 1 Gebrauchsanleitung für die Demokratie

Karikatur: Erich Rauschenbach / Baaske Cartoons

M 2 Das Grundgesetz

Das Grundgesetz (GG) gilt seit der Staatsgründung im Jahr 1949 als Grundlage des Zusammenlebens der Menschen in Deutschland. Es kann als „Hausordnung“ der Bundesrepublik Deutschland verstanden werden, in dem die Spielregeln für Menschen und Staat stehen. Alle Parlamente, alle Behörden und Gerichte, alle Bürgerinnen und Bürger müssen sich daran halten. Inhaltliche Schwerpunkte sind die Grundrechte für den Einzelnen (z. B. Bekenntnis zu den Menschenrechten, Recht auf Leben und körperliche Unversehrtheit, Gleichberechtigung, Recht der freien Meinungsäußerung) und die Zuständigkeiten der staatlichen Organe und die Formen ihrer Zusammenarbeit. Das Grundgesetz legt also die Werte fest, an denen sich unser Zusammenleben orientiert, und die Regeln, nach denen die staatlichen Organe arbeiten müssen.

Der Begriff „Grundgesetz“ wurde 1949 gewählt, um den Begriff „Verfassung“ für die Zeit zu reservieren, in der der Westen Deutschlands (Bundesrepublik) und der Osten „Deutsche Demokratische Republik“ wieder vereinigt wären. Nach der Vereinigung 1990 wurde der Begriff „Grundgesetz“ allerdings aus historischen Gründen beibehalten.

M 3 Präambel (Vorspruch) des Grundgesetzes

Auszug der Fassung vom 23. Mai 1949: [Das Deutsche Volk] hat auch für jene Deutschen gehandelt, denen mitzuwirken versagt war. Das gesamte Deutsche Volk bleibt aufgefordert, in freier Selbstbestimmung die Einheit und Freiheit Deutschlands zu vollenden."

Auszug der Fassung vom 3. Oktober 1990: Die Deutschen [...] haben in freier Selbstbestimmung die Einheit und Freiheit Deutschlands vollendet. Damit gilt dieses Grundgesetz für das gesamte Deutsche Volk.

M 4 Grundrechte im Grundgesetz

Bergmoser + Höller Verlag *60110*

Grundrechte
Grundrechte sind im Grundgesetz garantierte grundlegende, individuelle Rechte. Sie binden den Staat und begrenzen die Macht des Staates gegenüber dem Einzelnen und stehen bewusst am Anfang des Grundgesetzes: Sie finden sich im Grundrechtekatalog der Art. 1 bis 19 GG. Wir unterscheiden in:
Menschenrechte:
Menschenrechte sind Rechte, die jedem Menschen von Natur aus zustehen und damit unveräußerlich sind. Das heißt, sie gelten für alle Menschen in gleicher Weise und überall.
Bürgerrechte:
Bürgerrechte gelten vom Grundsatz her für alle Bürger eines Staates.

Aufgaben

1. Ermittle die Aussage der Karikatur (M 1). Erläutere die Vorzüge einer eher knapp gefassten „Hausordnung".
2. Erarbeite dir anhand einer leicht zugänglichen Ausgabe des Grundgesetzes dessen Gliederung. Kläre dir unbekannte Begriffe.
3. Vergleiche die Aussagen der „alten" und der „neuen" Präambel des Grundgesetzes zur Frage der deutschen Einheit (M 3).
4. Recherchiere im Internet zu einem Grundrechtsartikel dessen praktische Alltagsbedeutung und stelle diese in einem Kurzreferat vor.
5. Die Grundrechte lassen sich u. a. in sog. Freiheits- und Gleichheitsrechte gliedern. Finde jeweils zwei Beispiele und begründe deine Wahl (M 4).

M 5 Der höchste Wert der Verfassung: die Menschenrechte

„Die Würde des Menschen ist unantastbar. Sie zu achten und zu schützen ist Verpflichtung aller staatlichen Gewalt." Art. 1 Abs. 1 Grundgesetz

- Die Würde des Menschen ist in unserer Rechts- und Wertordnung oberster Verfassungsgrundsatz, an dem sich alles staatliche Handeln zu orientieren hat. Folglich hat der Mensch im Mittelpunkt staatlichen Geschehens zu stehen.
- Träger der Menschenwürde ist jeder Mensch von der Geburt bis zum Tode, wobei es unerheblich ist, ob sich der Einzelne seiner Würde bewusst ist oder dieses Bewusstsein nicht hat (etwa der Geisteskranke).
- Die Würde kommt dem Menschen deshalb zu, weil er als einziges Wesen die Fähigkeit besitzt, sich in Freiheit zu entscheiden und sich selbst zu bestimmen.
- Die Menschenwürde ist Ursprung und Quelle aller weiteren Freiheits-, Gleichheits- und Unverletzlichkeitsrechte. Demnach sind es Ansprüche und Berechtigungen, die die Einmaligkeit des Mensch-Seins kennzeichnen und die Würde des Menschen verkörpern. Aus der absoluten Verpflichtung der gesamten Staatsgewalt, die Würde des Menschen zu achten und zu schützen, folgt,
- dass jeder Träger staatlicher Gewalt bei der Begegnung mit dem Einzelnen dessen Würde nicht antasten oder gar verletzen darf (achten) und
- dass er (z. B. der Polizeibeamte) gleichermaßen abwehrend eingreifen muss, wenn die Würde des Menschen von dritter Seite verletzt zu werden droht bzw. verletzt wird (schützen).

Wann ist die Menschenwürde verletzt? Die Würde des Menschen ist allgemein immer dann verletzt, wenn

- er zum reinen Objekt staatlicher Maßnahmen gemacht,
- die innere Freiheit des Menschen angetastet oder
- seine Personenwertgleichheit geleugnet wird.

Hans-Joachim Hitschold, Staatskunde. Grundlagen für die politische Bildung, 13. Aufl., Stuttgart u. a., 2003, S. 139 – 141

M 6 Staatsprinzipien

Artikel 20 GG
Art. 20 GG enthält die „Verfassung in Kurzform". In ihm sind die zentralen Prinzipien des Staatsaufbaus genannt.

Die Staatsprinzipien sind im Grundgesetz festgeschrieben:

- *Art 20 GG (1): Die Bundesrepublik Deutschland ist ein demokratischer und sozialer Bundesstaat.*
- *Art 20 GG (3): Die Gesetzgebung ist an die verfassungsmäßige Ordnung, die vollziehende Gewalt und die Rechtsprechung sind an Gesetz und Recht gebunden.*

Während im ersten Absatz die Staatsprinzipien *Republik, Demokratie, Sozial-* und *Bundesstaat* genannt werden, bezieht sich Absatz 3 auf den Rechtsstaat. Art. 79 (3) GG garantiert, dass die Staatsprinzipien nicht auf dem Wege einer Verfassungsänderung beseitigt werden können. Man spricht daher von der sogenannten „Ewigkeitsklausel".

Staatsprinzipien

Republik	Keine Monarchie, also kein gekröntes oder fürstliches Staatsoberhaupt
Demokratie	Alle Macht geht vom Volke aus, die Volksvertreter werden gewählt.
Bundesstaat	Föderativer Staatsaufbau, Bund und Bundesländer mit unterschiedlichen Kompetenzen
Sozialstaat	Soziale Gerechtigkeit – die Lebensbedingungen der Staatsbürger sollen ähnlich sein.
Rechtsstaat	Rechtssicherheit, Gesetzlichkeit: Exekutive, Legislative und Judikative sind an Recht und Gesetz gebunden

M 7 Wie die Verfassungsorgane zusammenarbeiten

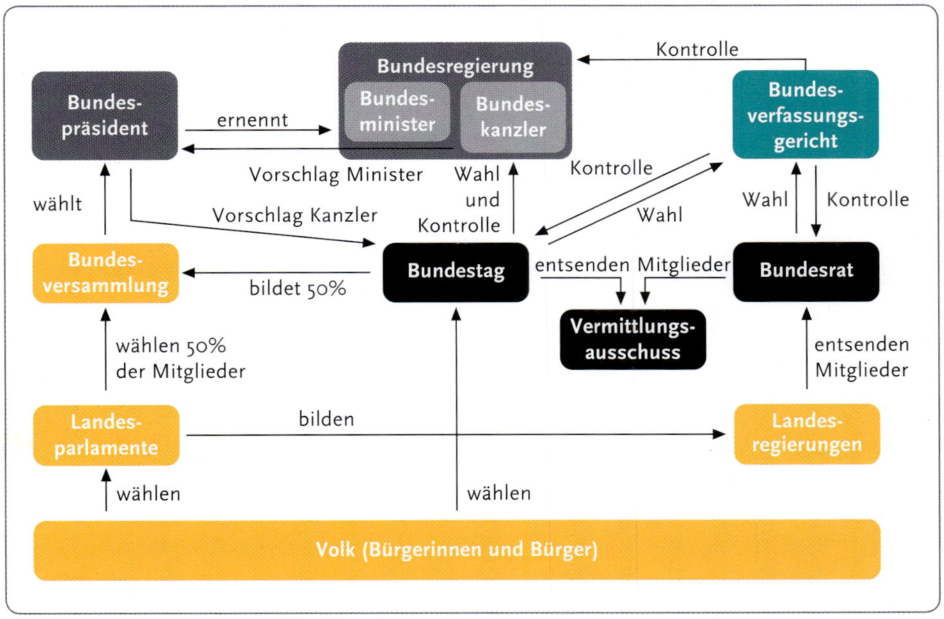

www.staatsrecht4u.de

Verfassungsorgane
Die in der Verfassung festgeschriebenen obersten Organe eines Staates nennt man Verfassungsorgane. In Deutschland gibt es auf Bundesebene fünf ständige Verfassungsorgane: *Bundestag, Bundesrat, Bundesregierung, Bundespräsident und Bundesverfassungsgericht.* Zudem gibt es noch zwei nichtständige Verfassungsorgane: *Bundesversammlung* (konstituiert sich für die Bundespräsidentenwahl) und *Gemeinsamer Ausschuss* (gilt im Verteidigungsfall als „Notparlament").

Aufgaben

1. Nenne Beispiele, in denen die Menschenwürde verletzt wird (M 5).
2. Partnerarbeit: Dein Nachbar nennt ein Verfassungsorgan und du stellst dar, von wem es gewählt wird. Wechselt euch so lange ab, bis jeder die Wahl zweier Verfassungsorgane dargestellt hat.
3. Beschreibe, wie alle Gesetze und jedes staatliche Handeln ihren Ursprung im Wählerwillen haben (M 7).

Methode

M 8 Analyse von Menschenrechtsverletzungen in der DDR

Fallbeispiel: Operativer Vorgang (OV) „Kleckser"

Oliver Groppler plante im Mai 1983 gemeinsam mit dreizehn weiteren Jugendlichen aus dem Kreisgebiet Potsdam, Plakate für eine Demonstration an Pfingsten zum „Friedenstreffen der Jugend sozialistischer Länder" anzufertigen. Eine Mitarbeiterin einer Stasihochschule in der Gegend von Potsdam hatte durch ihre Tochter von diesem Plan erfahren und der Stasi davon berichtet. Daraufhin durchsuchte die Stasi u. a. die Wohnung von Oliver, beschlagnahmte die Plakate und nahm Oliver zwei Tage in Haft. Oliver wurde schriftlich auferlegt, solche Aktivitäten zukünftig zu unterlassen. Die Stasi Kreisdienststelle Potsdam legte im Mai 1983 den Operativen Vorgang „Kleckser" an und überwachte Oliver und die Jugendlichen bis zum Pfingsttreffen. Zwei Jugendliche wurden von der Stasi überzeugt, regelmäßig über die Aktivitäten der Gruppe zu berichten. Am Pfingsttreffen selbst wurde Oliver zwei Tage festgenommen, da er seinen Aufnäher „Frieden schaffen ohne Waffen" nicht entfernen wollte. Im Februar 1984 wurde der OV abgeschlossen – Oliver blieb aber weiter im Visier der Stasi-Kreisdienststelle.

Beschluss der Kreisdienststelle Potsdam über die Archivierung des OV „Kleckser" vom 23.2.1984

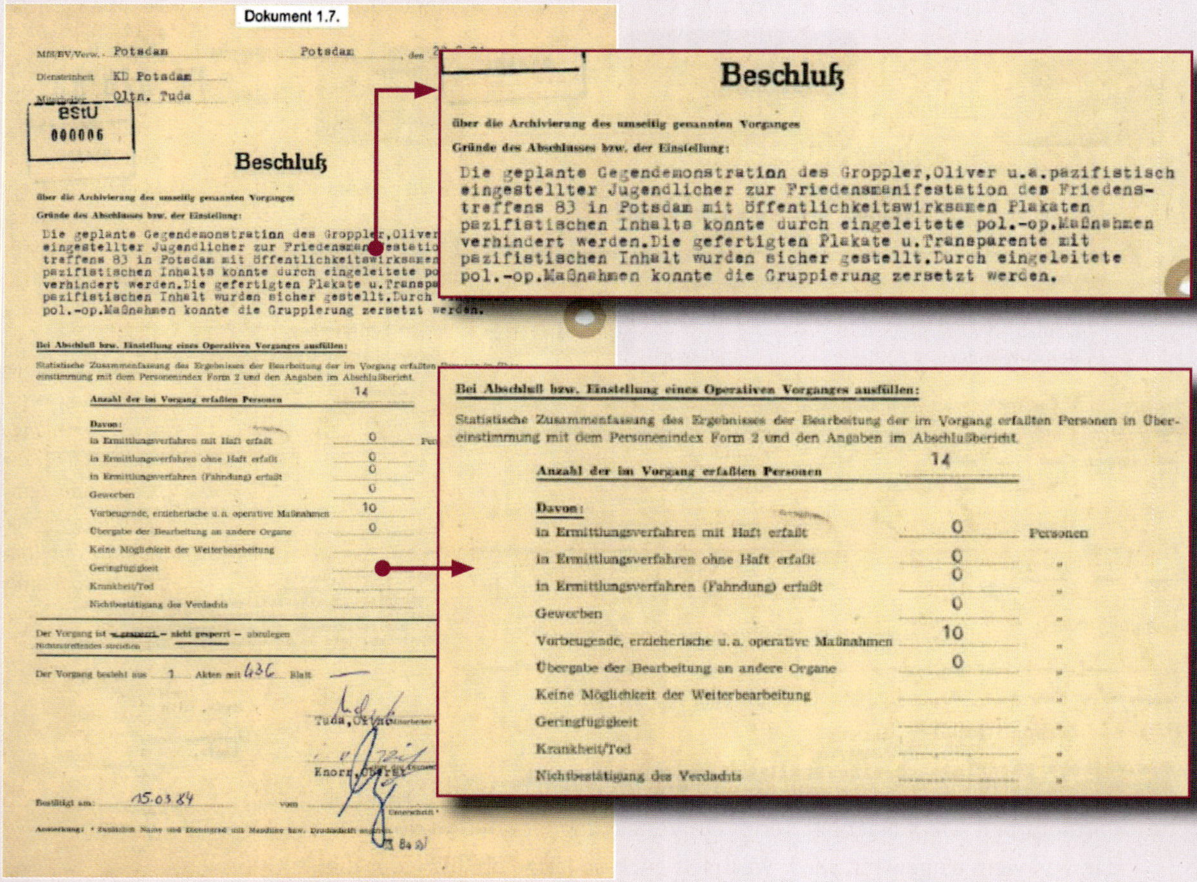
Dokument 1.7.

MfS/BV/Verw. Potsdam Potsdam, den

Diensteinheit KD Potsdam

Mitarbeiter Oltn. Tuda

BStU 000006

Beschluß

über die Archivierung des umseitig genannten Vorganges

Gründe des Abschlusses bzw. der Einstellung:

Die geplante Gegendemonstration des Groppler,Oliver u.a.pazifistisch eingestellter Jugendlicher zur Friedensmanifestation des Friedenstreffens 83 in Potsdam mit öffentlichkeitswirksamen Plakaten pazifistischen Inhalts konnte durch eingeleitete pol.-op.Maßnahmen verhindert werden.Die gefertigten Plakate u.Transparente mit pazifistischen Inhalt wurden sicher gestellt.Durch eingeleitete pol.-op.Maßnahmen konnte die Gruppierung zersetzt werden.

Bei Abschluß bzw. Einstellung eines Operativen Vorganges ausfüllen:

Statistische Zusammenfassung des Ergebnisses der Bearbeitung der im Vorgang erfaßten Personen in Übereinstimmung mit dem Personenindex Form 2 und den Angaben im Abschlußbericht

Anzahl der im Vorgang erfaßten Personen	14	
Davon:		
in Ermittlungsverfahren mit Haft erfaßt	0	Personen
in Ermittlungsverfahren ohne Haft erfaßt	0	"
in Ermittlungsverfahren (Fahndung) erfaßt	0	"
Geworben	0	"
Vorbeugende, erzieherische u. a. operative Maßnahmen	10	"
Übergabe der Bearbeitung an andere Organe	0	"
Keine Möglichkeit der Weiterbearbeitung		"
Geringfügigkeit		"
Krankheit/Tod		"
Nichtbestätigung des Verdachts		"

Der Vorgang ist ~~gesperrt~~ – nicht gesperrt – abzulegen
Nichtzutreffendes streichen

Der Vorgang besteht aus 1 Akten mit 436 Blatt

Tuda, Oltn. Mitarbeiter

Knorr, Oltn.

Bestätigt am: 15.03.84 vom Unterschrift

Quelle: *BStU, MfS, BV Potsdam, AOP 637/84, Bl. 6, in: BStU, Materialien für Lehrkräfte Region Potsdam, in: http://www.bstu.bund.de/DE/Wissen/Bildung/Unterrichtsmaterialien/downloads/Schulmappe_Region_Potsdam.pdf?__blob=publicationFile, S. 22, Abruf am 30.7.2012*

Gesetzliche Grundlagen in der DDR

„Jeder Bürger der Deutschen Demokratischen Republik hat das Recht, den Grundsätzen dieser Verfassung gemäß seine Meinung frei und öffentlich zu äußern. [...] Niemand darf benachteiligt werden, wenn er von diesem Recht Gebrauch macht."
Artikel 27 (1) der Verfassung der DDR (vom 06.04.1968 in der Fassung des Gesetzes zur Ergänzung und Änderung der Verfassung der DDR vom 7.10.1974)

„Alle Bürger haben das Recht, sich im Rahmen der Grundsätze und Ziele der Verfassung friedlich zu versammeln."
Art. 28 (1) der Verfassung der DDR

„Die Persönlichkeit und die Freiheit jedes Bürgers der Deutschen Demokratischen Republik sind unantastbar."
Artikel 30 (1) der Verfassung der DDR

Auszüge aus dem Strafgesetzbuch der DDR von 1981

§ 100: Landesverräterische Agententätigkeit
Wer zu den im § 97 (Spionage) genannten Stellen oder Personen Verbindung aufnimmt oder sich zur Mitarbeit anbietet oder diese Stellen oder Personen in sonstiger Weise unterstützt, um die Interessen der Deutschen Demokratischen Republik zu schädigen, wird mit Freiheitsstrafe von einem Jahr bis zu zehn Jahren bestraft.

§ 218: Zusammenschluss zur Verfolgung gesetzwidriger Ziele
(1) Wer eine Vereinigung oder Organisation bildet oder gründet oder einen sonstigen Zusammenschluss von Personen herbeiführt, fördert oder in sonstiger Weise unterstützt oder darin tätig wird, um gesetzwidrige Ziele zu verfolgen, wird, sofern nicht nach andren Bestimmungen eine schwere Strafe vorgesehen ist, mit Freiheitsstrafe bis zu fünf Jahren, Verurteilung auf Bewährung, mit Haftstrafe oder mit Geldstrafe bestraft. (2) Rädelsführer werden mit Freiheitsstrafe von einem bis zu acht Jahren bestraft.

§ 220: Öffentliche Herabwürdigung
(1) Wer in der Öffentlichkeit die staatliche Ordnung oder staatliche Organe, Einrichtungen oder gesellschaftliche Organisationen oder deren Tätigkeit oder Maßnahmen herabwürdigt, wird mit Freiheitsstrafe bis zu drei Jahren oder mit Verurteilung auf Bewährung, Haftstrafe, Geldstrafe oder mit öffentlichem Tadel bestraft.

Aufgaben

1. Schildere den Operativen Vorgang (OV) „Kleckser".
2. Prüfe die Verletzung international anerkannter Menschenrechte in der DDR anhand der Anwendung der §§ 100, 218, 220, des Strafgesetzbuches der DDR.
3. Stelle *Menschenrechtsanspruch und -wirklichkeit* in der DDR anhand des Fallbeispiels „Kleckser" dar.
4. Vergleiche die Gesetze der DDR mit den Artikeln 1 bis 5 des Grundgesetzes der Bundesrepublik Deutschland. Was fällt auf?

Staatsform
Staatsformen beschreiben die äußere politische Organisationsform eines Staates.

4.1.2 Staatsprinzipien – wofür stehen Republik und Demokratie?

M 9 Was bedeutet das „Republikprinzip"?

Republik ist die Bezeichnung für die Staatsform. In der Politikwissenschaft gibt es verschiedene Möglichkeiten, Staatsformen voneinander abzugrenzen. Ist das „Staatsoberhaupt" das Unterscheidungskriterium, gibt es weltweit nur zwei unterschiedliche Typen von Staatsformen: Republik und Monarchie. Während eine Monarchie über ein gekröntes oder fürstliches Staatsoberhaupt verfügt, sind alle Staaten ohne Kaiser, König oder Fürsten Republiken. Anhand des Staatsnamens „Bundesrepublik Deutschland" kann schon erkannt werden, dass Deutschland über kein gekröntes oder fürstliches Staatsoberhaupt verfügt, es also eine Republik ist. Der Hinweis „Bundes-" gibt an, dass es in Deutschland einen föderalen Staatsaufbau gibt. Die Bezeichnung „Bundesrepublik Deutschland" steht also für einen föderalen Staat mit gewähltem Staatsoberhaupt.

Herrschaftsform
Bei den Herrschaftsformen wird danach unterschieden, von wem die Staatsgewalt ausgeht. Die bekanntesten Herrschaftsformen sind: Demokratie und Diktatur. (S. 162)

Demokratie und Mehrheitsprinzip
In der Demokratie ist die Staatsgewalt eng an das Mehrheitsprinzip gebunden, was jedoch nicht heißt, dass der Volkswille in jedem Falle absolute Gültigkeit beanspruchen kann, vielmehr findet er seine Grenzen in den Grund- und Menschenrechten (wertgebundene Demokratie).

M 10 Was bedeutet das „Demokratieprinzip"?

Demokratie ist neben der Diktatur die bekannteste Herrschaftsform. Die Demokratie kann hauptsächlich durch vier Wesensmerkmale definiert werden:

a) Volkssouveränität

Das grundlegende Prinzip jeglicher Demokratie (griech., Volksherrschaft) ist die Volkssouveränität (Souveränität = oberste Herrschaftsgewalt). Dies bedeutet, dass in einer Demokratie „alle Staatsgewalt vom Volk ausgeht" (Art. 20 GG). Mit anderen Worten: Die gesamte Staatsgewalt (Exekutive, Legislative, Judikative) ist direkt oder indirekt vom Volk legitimiert, die Herrschaft auszuüben.

b) Rechtsstaatlichkeit

Rechtsstaatlichkeit bedeutet die Bindung staatlichen Handelns an das Gesetz (formaler Rechtsstaat) und an den Grundsatz der Gerechtigkeit sowie an die Menschenrechte (materieller Rechtsstaat). Ähnlich wie der Gedanke der Volkssouveränität sind das Rechtsstaatsprinzip sowie das folgende Prinzip der Gewaltenteilung historisch gesehen in der Auseinandersetzung mit der absolutistischen Willkürherrschaft entstanden.

c) Gewaltenteilung

Ein zentrales Merkmal der Demokratie ist die Gewaltenteilung. Sie gewährleistet die Trennung und gegenseitige Kontrolle der staatlichen Gewalten: der vollziehenden Gewalt (Regierung und Verwaltung = Exekutive), der gesetzgebenden Gewalt (Parlament = Legislative) und der richterlichen Gewalt (Gerichte = Judikative). Dies wird als horizontale Gewaltenteilung bezeichnet. Die Gewaltenteilung bezweckt, die Ausübung staatlicher Gewalt in ihren Grundfunktionen organisatorisch und personell zu trennen, auf verschiedene Mächte zu verteilen und

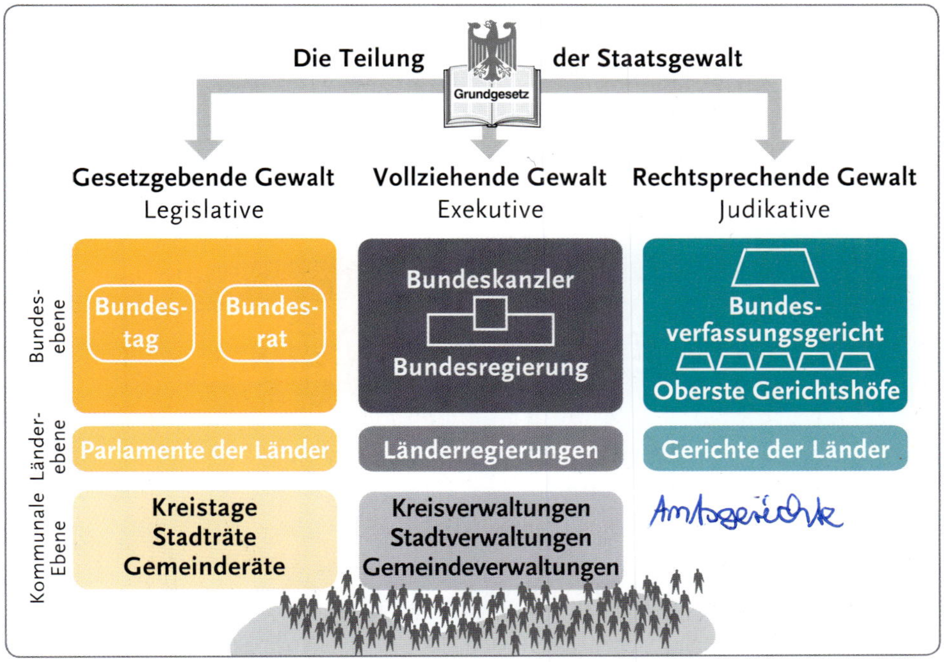

Bergmoser und Höller Verlag *61 110*

in ein System gegenseitiger Hemmung zu bringen. Die Gewaltenteilung wird dadurch erreicht, dass die drei staatlichen Grundfunktionen verschiedenen Organen zugewiesen werden, sodass keines dieser Organe legal über die gesamte Staatsgewalt verfügen kann.

d) Pluralismus

Im Unterschied zu den bisher genannten Grundprinzipien der Demokratien ist Pluralismus vor allem ein gesellschaftliches Strukturprinzip. Man versteht darunter die gewünschte und legitime Konkurrenz einer Vielzahl frei gebildeter Interessengruppen in nahezu allen Lebensbereichen um politischen Einfluss in einem Staat. Auf diese Weise ermöglicht Pluralismus auch für den Einzelnen die Möglichkeit der politischen und gesellschaftlichen Mitbestimmung (Partizipation) in der modernen Massengesellschaft.

Nach: Dieter Hesselberger, Das Grundgesetz, Kommentar für die politische Bildung, Bonn, 1999, S. 178f.

Vertikale Gewaltenteilung
In föderativen (bundesstaatlichen) politischen Systemen – wie in Deutschland – tritt zur horizontalen die vertikale Gewaltenteilung hinzu, so dass hier von einer „doppelten Gewaltenteilung" gesprochen wird. Bund und Länder besitzen jeweils eigene Staatsqualität, und einige Politikfelder (z. B. Kultur, Bildung, Polizei) sind ausschließlich Ländersache. (Kap. 4.1.3, M 13)

Gewaltenverschränkung
In parlamentarischen Regierungssystemen (wie in Deutschland) besteht eine Gewaltenverschränkung zwischen Legislative und Exekutive. In Deutschland waren bislang alle Bundeskanzler und meist auch alle Bundesminister zugleich Bundestagsabgeordnete. Die Trennlinie der Regierungskontrolle verläuft also in Deutschland nicht strikt zwischen Exekutive und Legislative, sondern zwischen dem Regierungslager in Exekutive und Legislative einerseits und der parlamentarischen Opposition andererseits.

Aufgaben

1. Verdeutliche deinem Nachbarn, was der Unterschied zwischen Demokratie und Republik ist (M 9, M 10).
2. Oft werden Staats- und Herrschaftsformen miteinander verwechselt. Bildet Kleingruppen: Jede Gruppe schreibt fünf Staaten der Erde auf einen Zettel und reicht ihn der nächsten Gruppe weiter. Nun gilt es, für jeden genannten Staat die Staats- und Herrschaftsform zu bestimmen (M 9, M 10).
3. Erläutere das Prinzip der Gewaltenteilung im Grundgesetz. Unterscheide dabei horizontale und vertikale Gewaltenteilung (M 10).

4.1.3 Staatsprinzipien – welche Auswirkung hat das „Bundesstaatsprinzip"?

M 11 Von Bundesland zu Bundesland …

Karikatur: Thomas Plaßmann / Baaske Cartoons

Der Föderalismus (lat. foedus: Bund) stellt eine politische Ordnung dar, bei der mehr oder weniger souveräne Einzelstaaten sich zu einem Gesamtstaat zusammengeschlossen haben. Die staatlichen Aufgaben sind zwischen Gesamt- und Gliedstaaten aufgeteilt, und zwar so, dass beide politischen Ebenen für bestimmte Aufgaben eigenverantwortlich zuständig sind. Der föderale (= bundesstaatliche) Aufbau des deutschen politischen Systems ist aus der Tradition der deutschen Kleinstaaterei (Partikularismus) historisch erwachsen und ermöglicht den Ländern durch ihre eigene Staatsqualität mehr identitätsstiftende kulturelle Eigenständigkeit, als dies in der Form reiner Verwaltungsuntergliederungen eines Zentralstaates möglich wäre. Durch den Bundesrat wirken die Länder maßgeblich bei der Gesetzgebung und der Verwaltung des Bundes mit. Das Grundgesetz legt zunächst in Art. 30 GG eine prinzipielle Allzuständigkeit der Länder zugrunde, „soweit dieses Grundgesetz keine andere Regelung trifft oder zulässt". Aus dieser Formulierung folgt, dass der Bund nur diejenigen staatlichen Befugnisse für sich in Anspruch nehmen kann, die im Grundgesetz ausdrücklich genannt werden. Das Grundgesetz regelt daher in Art. 70–75 die Aufteilung der Zuständigkeit bei der Gesetzgebung.

Bundesrat und EU
Die Befugnisse des Bundesrates reichen aber noch über Gesetzgebung und Verwaltung hinaus. Er kann – soweit Regelungen der Europäischen Union die Bundesländer betreffen – auch Einfluss nehmen auf Angelegenheiten der EU (Art. 23, 50 GG).

M 12 Die Bundesstaatlichkeit im Grundgesetz

GG Artikel	Was dazu im Grundgesetz steht
20	„Die Bundesrepublik Deutschland ist ein demokratischer und sozialer Bundesstaat“
79	Das bundesstaatliche Prinzip darf nicht aufgehoben oder geändert werden
30	Eigenstaatlichkeit der Länder
50 23	Mitwirkung der Länder an der Gesetzgebung des Bundes und in Angelegenheiten der Europäischen Union durch den Bundesrat
70 – 74	Gesetzgebung: Aufteilung der Zuständigkeiten zwischen Bund und Ländern
83 – 87	Zuordnung der staatlichen Verwaltungsaufgaben
104a – 107	Finanzhoheit: Verteilung des Steueraufkommens zwischen Bund und Ländern

Bergmoser + Höller Verlag *60060*

M 13 Wer regelt was? Die Aufteilung der Gesetzgebungszuständigkeiten

Gesetzgebung zwischen Bund und Ländern (Auswahl)		
Ausschließliche Gesetzgebung des Bundes (Art. 71, 73 GG)	**Konkurrierende Gesetzgebung (Art. 72, 74 GG)**	**Ausschließliche Gesetzgebung der Länder (Art. 70 GG)**
Die Gesetzgebungsbefugnis steht nur dem Bund in folgenden Bereichen zu: • Außenpolitik • Staatsangehörigkeit • Passwesen • Währung • Zoll, Außenhandel • Eisenbahnen des Bundes und Luftverkehr • Bundeskriminalamt • Bundeswehr/ Verteidigung • internationaler Terrorismus • Kernenergie • Waffen- und Sprengstoffrecht	Die Länder haben nur dann ein Entscheidungsrecht, wenn der Bund seine Befugnisse nicht wahrnimmt: • Rechtswesen • Ausländerrecht • Fürsorge • Wirtschaftsrecht • Arbeitsrecht • Ausbildung/ Forschung • Straßenverkehr • Umweltschutz • Lebensmittelrecht	Das Recht der Gesetzgebung liegt nur bei den Ländern. Zum Kernbereich gehören: • Kultur und Bildung (Kulturhoheit) • Polizeiwesen • Länderfinanzpolitik • Gesundheitswesen • Gaststätten und Ladenschluss • Flurbereinigung • Gemeinde- und Kommunalrecht • Vereins- und Versammlungsrecht

M 14 Föderalismus – Pro und Kontra

Die Gliederung des Bundes in Länder garantiert viele wirtschaftliche, politische und kulturelle Mittelpunkte. Die landsmannschaftlichen, geschichtlichen, wirtschaftlichen und kulturellen Eigenheiten können so besser erhalten und weiterentwickelt werden.

Chancen und Wettbewerb der politischen Parteien werden dadurch gefördert, dass sie trotz Minderheitsposition im Gesamtstaat die politische Verantwortung in Gliedstaaten übernehmen und so ihre Leistungs- und Führungsfähigkeit erproben und beweisen können.

Parlamente, Regierungen und Verwaltungen von Bund und Ländern müssen gegenseitig auf Anstöße, Entscheidungen oder Zustimmungen warten und langwierige Verhandlungen miteinander führen, um zu gemeinsamen Lösungen zu kommen. Darüber kann viel kostbare Zeit vergehen.

Wechselseitige Kontrolle, gegenseitige Rücksichtnahme und Kompromisszwang verhindern oder erschweren doch zumindest Extrempositionen. Der Föderalismus wirkt ausgleichend und damit auch stabilisierend.

Die Eigenständigkeit der Länder führt zwangsläufig zu Unterschieden. Vielfalt ist das Gegenteil von Einheitlichkeit. Dadurch können Schwierigkeiten entstehen, zum Beispiel für Schüler beim Wohnungswechsel in ein anderes Bundesland.

Zur klassischen horizontalen Trennung der Staatsgewalten (Legislative – Exekutive – Judikative) kommt im Bundesstaat die vertikale Gewaltenteilung zwischen dem Gesamtstaat und den Gliedstaaten hinzu. Machtverteilung bedeutet Machtkontrolle und Schutz vor Machtmissbrauch.

Die Gliedstaaten stehen zwangsläufig im Wettbewerb zueinander. Konkurrenz belebt. Erfahrungsaustausch fördert den Fortschritt und beugt bundesweiten Fehlentwicklungen vor.

Die staatlichen Organe sind regionalen Problemen im Bundesstaat näher als im Einheitsstaat. Vergessene „Provinzen" gibt es nicht.

Die Gliederung in kleinere staatliche Einheiten erleichtert die Überschaubarkeit und Verstehbarkeit staatlichen Handelns und fördert damit die aktive Anteilnahme und Mitbestimmung. Der Bürger kann außerdem sein Wahlrecht als das urdemokratische Entscheidungsrecht doppelt einsetzen, denn im Bundesstaat wird zum Parlament des Gesamtstaates und zu den Parlamenten der Gliedstaaten gewählt.

Viele Entscheidungszentren in der Bundesrepublik, die Machtverteilung zwischen Bund und Ländern bedeuten: Zusammenwirken, Rücksichtnahme, gegenseitige Kontrolle und wechselseitige Begrenzung. Die in dieser Weise verflochtene Staatstätigkeit ist also kompliziert und manchmal für den Bürger schwer zu überschauen.

Nach: Konrad Reuter, Bundesrat und Bundesstaat – Der Bundesrat der Bundesrepublik Deutschland, 13. Auflage, 2006, S. 7 ff.

Aufgaben

1. Befragt euch bekannte Schüler, die im Laufe ihrer Schulzeit das Bundesland wechseln mussten, nach ihren „Wechselerfahrungen" (M 11).
2. Gib den Statements in M 14 eine Überschrift und ordne sie nach Pro- und Kontra-Argumenten.
3. Kritiker des Föderalismus fordern die Abschaffung der Bundesländer und die Errichtung eines Zentralstaats. Spekuliere über die Auswirkungen auf das Schulwesen.
4. Nimm Stellung zum (geplanten) länderübergreifenden Zentralabitur in bestimmten Fächern (M 12 – M 14).

4.1.4 Staatsprinzipien – wie bedingen sich Rechtsstaat und Sozialstaat?

M 15 Rechtsstaat und Sozialstaat im Spannungsverhältnis

Deutschland ist ein Rechtsstaat und ein Sozialstaat. Beide Staatsprinzipien vereinigt der Begriff „sozialer Rechtsstaat“ in Art. 28 GG […]. Das Grundgesetz erläutert den Begriff nicht näher, es will jedoch dahingehend verstanden werden, dass die Zielsetzung des Rechtsstaates – Freiheit des Einzelnen – mit der des Sozialstaates – soziale Gerechtigkeit für alle – in Einklang gebracht wird. Wichtigste Bestandteile des Rechtsstaatsprinzips sind Rechtssicherheit und Gerechtigkeit. […] Der Rechtsstaat wurde ursprünglich von der bürgerlichen Gesellschaft zum Schutz der persönlichen Freiheitsrechte ausgebildet. Der Sozialstaat entwickelte sich demgegenüber aus den Ausgleichs- und Hilfebedürfnissen der modernen Industriegesellschaft […]. Er setzt deshalb die Pflicht zum Ausgleich sozialer Gegensätze und die Sorge für eine gerechte Sozialordnung vor das absolute (Eigentums-) Schutzinteresse des Einzelnen. Die soziale Gerechtigkeit orientiert sich am Gleichheitsprinzip, das zum Freiheitsprinzip des liberalen Rechtsstaats in einem gewissen Spannungsverhältnis steht. Der Grund liegt darin, dass der Rechtsstaat vor allem der Freiheit des Einzelnen und seiner Rechte dient, während der Sozialstaat ausgleichend und umverteilend in das Leben der Bürger eingreift.

Nach: Bergmoser + Höller Verlag, 600520

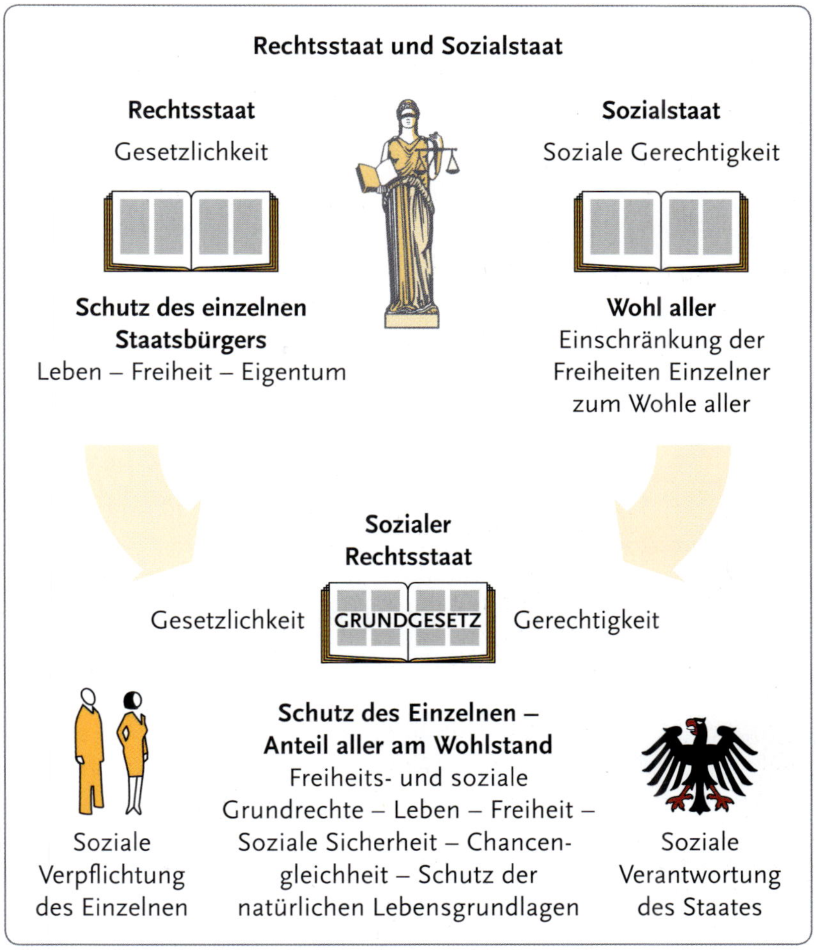

Bergmoser + Höller Verlag *60050*

Verwirklichung des Rechtsstaates durch
Gewaltenteilung,
Bindung der Exekutive und der Rechtsprechung an Gesetz und Recht,
Gesetzmäßigkeit der Verwaltung: Gegen rechtswidriges Handeln der Verwaltung genießen die Bürger gerichtlichen Schutz.

Aufgabe

Erläutere am Beispiel von „Hartz IV“ und der „Pflicht zur Entrichtung von Steuern“, wie Rechtsstaat und Sozialstaat zueinander im Spannungsverhältnis stehen (M 15).

Was wir wissen

Grundgesetz
M 1 – M 3

Das Grundgesetz (GG) ist die Verfassung der Bundesrepublik Deutschland. Es enthält Aussagen über

- die grundlegenden Werte, auf denen die Verfassung insgesamt beruht: die Achtung der Menschenwürde und deren Konkretisierung in den Grund- bzw. Menschenrechten,
- die Strukturprinzipien unseres Staates,
- den Aufbau, die Aufgaben und das Zusammenwirken der staatlichen Organe.

Die Grundrechte
M 4, M 5

Die Grundrechte, die wegen ihrer Bedeutung als Schutzrechte, Freiheits- und Gleichheitsrechte am Beginn des Grundgesetzes stehen (Art. 1-19), leiten sich ihrerseits vom zentralen Grundrecht der unveräußerlichen Menschenwürde ab (Art. 1 GG).

Staatsstruktur-prinzipien
M 6

Die Staatsstrukturprinzipien sind Republik, Demokratie, Bundesstaat, Sozial- und Rechtsstaat. Sie bilden zusammen die Grundsätze der Verfassung und sind in Art. 20 GG verankert, weshalb man diesen Artikel auch „Verfassung in Kurzform“ nennt. Durch Art. 79 (Ewigkeitsklausel) sind die Verfassungsgrundsätze unveränderlich.

Demokratie
M 9

Demokratie ist im engeren Sinne eine Herrschaftsform und bedeutet übersetzt: Herrschaft des Volkes. Im weiteren Sinne steht die Demokratie aber auch für eine politische Ordnung, die von Freiheit, Gleichheit und Menschenwürde ausgeht und versucht, den Anspruch der „Regierung des Volkes durch das Volk und für das Volk“ (Abraham Lincoln) nicht nur im staatlichen Bereich, sondern in allen gesellschaftlichen Bereichen zu verwirklichen. Zentrales Wesensmerkmal der Demokratie ist die Volkssouveränität. Das bedeutet, dass alle politische Herrschaft vom Volk ausgeht.

Föderalismus
M 11, M 14

Deutschland ist ein aus 16 Bundesländern bestehender Bundesstaat. Die Länder verfügen über eine eigene Staatsqualität, d. h. sie besitzen eigene Verfassungen, Regierungen und Verwaltungen, Parlamente und Gerichte. Zudem besteht eine finanzielle Selbstständigkeit von Bund und Ländern. Die Länder wirken über den Bundesrat an der Gesetzgebung des Bundes mit.

Doppelte Gewaltenteilung
M 10, M 12, M 13

Durch die Aufteilung staatlicher Macht zwischen Bund und Ländern wird die klassische horizontale Gewaltenteilung in Legislative, Exekutive und Judikative ergänzt durch eine vertikale Gewaltenteilung. Auch diese Form der Gewaltenteilung stellt ein Instrument zur Machtbeschränkung des Staates dar.

Rechtsstaat und Sozialstaat im Konflikt
M 15

Weil der Rechtsstaat vor allem der Freiheit des Einzelnen und seiner Rechte dient, während der Sozialstaat ausgleichend und umverteilend in das Leben der Bürger eingreift, besteht zwischen beiden Verfassungsprinzipien ein latenter Konflikt.

Verfassungsquiz

Ordnet die folgenden Überschriften den nachfolgenden Beschreibungen zu. Bei richtiger Zuordnung ergeben die Buchstaben in den Klammern den Begriff für das Verfahren, mit dem politische Macht übertragen wird.

Demokratie (A) – **Republik** (W) – **Sozialstaat** (E) – **Bundesstaat** (L) – **Rechtsstaat** (N) – **Gewaltenteilung** (H)

1. ______________________

bedeutet wörtlich übersetzt: „Sache der Allgemeinheit" und meint eine Staatsform, in der das Staatsoberhaupt gewählt wird – im Gegensatz zu einer Monarchie, in der das Amt des Staatsoberhauptes in der Regel von einer Königin oder einem König auf die Erben übergeht, also vererbt wird.

2. ______________________

heißt, dass die Staatsgewalt vom Volke ausgehen soll. Durch Wahlen und Abstimmungen wird diese Staatsgewalt ausgeübt bzw. Repräsentanten auf Zeit übertragen, die im Auftrag des Volkes politische Entscheidungen treffen sollen.

3. ______________________

bedeutet, dass die Gesetzgebung (Parlamente), die Ausführung der Gesetze (Regierung und Verwaltung) und Rechtsprechung (Gerichte) von verschiedenen, voneinander unabhängigen Personen und Personengruppen durchgeführt werden soll.

4. ______________________

bezeichnet allgemein die Vereinigung souveräner (selbstständiger) Staaten zu einem Bund, auf den bestimmte Rechte und Aufgaben übertragen werden. In der Bundesrepublik Deutschland haben deshalb die Bundesländer einerseits eigene Länderparlamente, -regierungen und -gerichte, andererseits wirken sie über den Bundesrat an der Bundespolitik mit. Man nennt dieses staatliche Organisationsprinzip auch Föderalismus.

5. ______________________

verpflichtet den Staat, die sozialen (gesellschaftlichen) Verhältnisse zu gestalten. Dazu gehören wirtschaftspolitische Aktivitäten, um z. B. die Entwicklung der Wirtschaft zu ermöglichen oder Arbeitslosigkeit abzubauen. Ebenso müssen soziale Maßnahmen ergriffen werden, um in Not geratenen Bürgerinnen und Bürgern das Existenzminimum zu sichern. Mit Vorsorgeeinrichtungen sollen die Menschen im Alter, bei Krankheit oder Unfällen geschützt werden (Sozialversicherung, Renten).

6. ______________________

besagt, dass die staatliche Gewalt an die Verfassung und die Rechtsprechung gebunden ist. Alle Maßnahmen der Staatsorgane können von unabhängigen Richtern überprüft werden. Voraussetzungen für dieses Prinzip sind die in der Verfassung zugesicherten Grundrechte (Freiheitsrechte), die Gewaltenteilung und die Gesetzmäßigkeit der Verwaltung.

Lösungswort: ☐ ☐ ☐ ☐ ☐ ☐

Nach: Lothar Scholz, Grundgesetz für Einsteiger und Fortgeschrittene, bpb, Thema: Unterricht, 2010, S. 10

4.2 Demokratie und Diktatur

4.2.1 Wie kann politische Herrschaft begründet werden?

M 1 Formen politischer Herrschaft

Abstimmung im Deutschen Bundestag

Saddam Hussein, früherer Diktator im Irak

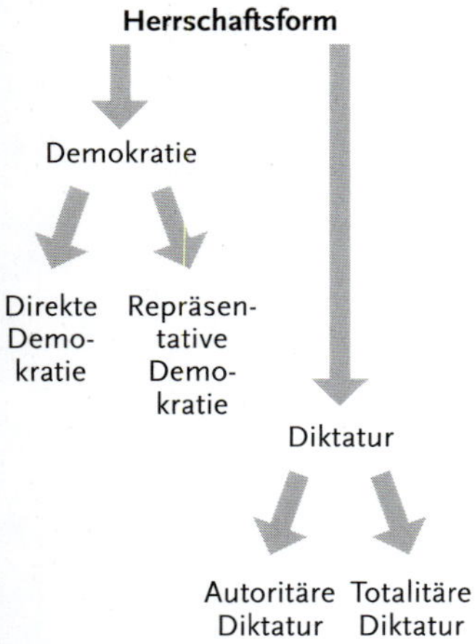

Der Begriff **Demokratie** kommt aus dem Griechischen und setzt sich aus den Wörtern *demos* (Volk) und *kratein* (Herrschaft) zusammen. Demokratie bedeutet also Herrschaft des Volkes bzw. Volksherrschaft.

In der Demokratie haben alle Bürger die gleichen Rechte, sie bestimmen in freien Wahlen, von wem sie regiert werden wollen. Auch der Staat muss sich an die geltenden Regeln und Gesetze halten.

Der Begriff **Diktatur** leitet sich aus dem lateinischen Wort „dictatura" ab und bezeichnet eine Herrschaftsform, bei der die Staatsgewalt von einer Einzelperson oder einer Gruppe uneingeschränkt ausgeübt wird. Der **Diktator** ist in der Regel nicht frei gewählt, sondern hat sich selbst mit Gewalt an die Macht gebracht. In Diktaturen wird das Volk von der politischen Mitbestimmung ausgegrenzt und in der Regel mit Gewalt unterdrückt.

M 2 Was leistet die Demokratie in Deutschland?

Die Demokratie ist teuer, umständlich, kompliziert, langweilig, nicht effektiv, nicht attraktiv. Es ist nicht schwer, weitere negative Eigenschaften über unsere Demokratie zusammenzutragen. Die Demokratie macht es den Kritikern recht leicht.

Und an der Kritik ist ja auch etwas dran. Demokratie ist tatsächlich eine recht teure Angelegenheit: So gibt es in Deutschland zum Beispiel den Bundestag und dazu noch 16 Parlamente in den Bundesländern. In diesen Parlamenten sitzen insgesamt etwa 2.500 Abgeordnete, die alle Diäten erhalten. Damit diese Parlamente arbeiten können, braucht man etliche Gebäude und Verwaltungen mit vielen Beschäftigten.

Dazu kommen dann noch die kostspieligen Regierungen im Bund und in den Ländern mit ihren Ministerien

Diäten
Aufwandsentschädigung (Gehalt) eines Politikers in einem Parlament

und riesigen Verwaltungsapparaten. So könnte man noch lange fortfahren, um den Beweis zu führen, dass Demokratie eine teure Sache ist.

Auch andere Mängel sind nicht leicht von der Hand zu weisen. Wenn die Regierung etwa eine gute Idee hat, um das Gesundheitswesen zu reformieren, kann sie nicht einfach Beschlüsse fassen, die dann in ganz Deutschland sofort umgesetzt werden. Sie muss vielmehr den schwierigen und langwierigen Weg durchs Parlament gehen, wo das Gesetzesvorhaben dreimal beraten und verabschiedet werden muss, und ... und ... und. Überall Vorschriften und Hindernisse, die sich einem beherzten Eingreifen in den Weg stellen.

[...] Wie soll Demokratie attraktiv sein, wenn sie soviel Geld kostet, wenn sie umständlich arbeitet und wenn die Ergebnisse zuweilen recht mager und oft auch unverständlich sind?

Werfen wir doch einen Blick auf eine Alternative: Eine Diktatur kann auf den ersten Blick viel einfacher und kostengünstiger sein. Ein Diktator braucht keine Parlamente, er kann sehr rasch entscheiden, in kurzer Zeit können viele Reformen umgesetzt werden. Ist das nicht attraktiver [...]? Diese positive Betrachtungsweise kann sich schnell ändern, wenn Entscheidungen getroffen werden, die einem nicht passen, und man aus Angst vor dem Machthaber noch nicht einmal schimpfen darf. Oder wenn man zusammenzählt, was die Überwachungsgremien kosten, die sicherstellen sollen, dass keine abweichenden, unerwünschten Meinungen vertreten werden. Von der Misshandlung von Minderheiten und drohender Kriegsgefahr gar nicht zu reden. Haben nicht gerade die Deutschen schlimme Erfahrungen in ihrer Geschichte machen müssen? [...] Die Demokratie erfüllt trotz der genannten negativen Eigenschaften einen großen Zweck: Sie sichert die Freiheit der Bürgerinnen und Bürger. Abgeordnete aus unterschiedlichen Parteien in den verschiedenen Parlamenten sorgen dafür, dass neue Gesetze gründlich unter die Lupe genommen werden, ehe sie verabschiedet werden können. In einer Demokratie gibt es eine Opposition, damit alle Vorgänge im Land ausreichend geprüft, kritisiert und kontrolliert werden. [...] Selbst wenn die Demokratie in unseren Augen manche Schwäche hat, so gibt es nach aller Erfahrung nichts [...], was die Freiheit der Menschen ähnlich wirkungsvoll garantiert und den Missbrauch von Macht verhindert.

Siegfried Schiele, Gotthard Breit, Vorsicht Politik, Schwalbach/Ts. 2008, S. 78 ff.

Aufgaben

1. Vergleicht die Formen der politischen Herrschaft (M 1) mit der Verfassung, die ihr eurer Kolonie (S. 146) gegeben habt.
2. Jahrzehntelang haben die Menschen für die Einführung der Demokratie gekämpft. Nenne Beispiele hierfür und erläutere, was die Demokratie als Herrschaftsform für die Menschen leistet (M 2).

„Ich mag verdammen, was du sagst, aber ich werde mein Leben dafür einsetzen, dass du es sagen darfst" (Voltaire, 1694–1778).
Diskutiert in Gruppen über Bedeutung und Gültigkeit dieses Zitats.

4.2.2 Welche Formen der Demokratie gibt es?

M 3 Zwei Formen der Demokratie

Direkte Demokratie unter freiem Himmel: Volksabstimmung im Schweizer Kanton Appenzell-Innerrhoden

Es gibt unterschiedliche Formen der Demokratie. Eine Form ist die **direkte Demokratie**, bei der das Volk (z.B. in Gestalt einer Volksversammlung) die Staatsgewalt unmittelbar (das heißt direkt) ausübt. Es entscheidet mit Volksabstimmungen („Plebiszit") über alle politisch wichtigen Anliegen, einschließlich der Wahl und Abwahl wichtiger Amtsträger in Staat und Gesellschaft.

Im Gegensatz zur direkten Demokratie wird die Herrschaft in der **repräsentativen Demokratie** mittelbar (das heißt indirekt) über vom Volk gewählte „Abgeordnete" ausgeübt. Diese sind „Repräsentanten" des Volkes und sollen für dieses in eigener Verantwortung zeitlich befristet handeln, wobei ihr Auftrag sich in regelmäßig stattfindenden Wahlen bewähren muss und erneuert werden kann.

M 4 Volksentscheid! – mehr davon?

Im Deutschen Bundestag stimmen die Abgeordneten über ein Gesetz ab.

Danke Hamburg! Danke Bayern! Eure Volksentscheide hauchen unserer in Trägheit verfallenen Demokratie wieder Leben ein. Ob Rauchverbot oder Schulreform – Plebiszite in Deutschland funktionieren. Die Zahl der Volks- oder Bürgerentscheide in Kommunen und Ländern wächst. Es ist Zeit, endlich das Grundgesetz zu ändern und sie auch im Bund möglich zu machen.

Als die Autoren des Grundgesetzes die Mitsprache des Volkes auf ein Minimum reduzierten, hatten sie ein Volk vor Augen, das sich von Demagogen verführen ließ und sich treu Adolf Hitler unterwarf. Dass man so einem Volk nicht viel zutraute, ist verständlich. 60 Jahre später feierte die Republik den Geburtstag seiner Verfassung mit der stolzen Feststellung, dass die deutsche Demokratie erwachsen geworden sei. Das ist wahr – und ein guter Grund, dem Volk wieder etwas zuzutrauen.

Gerne wird ins Feld geführt, komplizierte Sachfragen eigneten sich nicht, sie den Bürgern zu überlassen. Das stimmt, aber darum geht es ja auch gar nicht, denn komplizierte Sachfragen stehen in Volksabstimmungen nicht zur Debatte. Aber warum sollten Berufspolitiker qualifizierter über ein Rauchverbot oder die Zukunft der Schule urteilen als die, die sie vertreten? [...]

Es rüttelt nicht an den Pfeilern der parlamentarischen Demokratie, wenn in Einzelfragen das Volk direkt entscheidet. Im Gegenteil: Die wachsende Entfremdung zwischen politischer Klasse und Volk könnte durchbrochen werden. Mag auch nicht jede Abstimmung die Massen mobilisieren, die letzten Volksentscheide sind dennoch hoffnungsvoller Beleg für eine Politisierung, die unserem Land [...] guttut.

Stefan Leifert [zdf], Kennzeichen Digital, Das Blog, 18.7.2010, 14:07

Demagoge
Ein Demagoge versucht durch falsche Behauptungen, Versprechungen und Täuschungen andere Menschen für seine politischen Ziele zu gewinnen.

M 5 Kontrovers diskutiert: direkte Demokratie

a) Bloß nicht!

Volksentscheide sind eine der gefährlichsten Mittel, die auch eine Demokratie, die ja vom Volke ausgeht, zugrunde richten kann. Wir leben in einer Republik, und diese ist auch dadurch definiert, dass wir bestimmte Personen wählen, von denen wir glauben, dass sie uns am besten vertreten. Nun, wo liegt der Unterschied, ob ich nun selbst meine Meinung kundtue, indem ich zum Volksentscheid gehe, oder ob ich jemanden beauftrage, für mich zu reden und abzustimmen (im kleineren Kreis)? Der Unterschied liegt schlicht und ergreifend darin, dass Politiker [...] Politikwesen in der Regel studiert haben, es ihr Beruf ist, sich ständig mit der Politik auseinanderzusetzen, und Schlüsse aus der Vergangenheit zu ziehen. Als Normalbürger hat man diese Zeit schon gar nicht! Fehlentscheidungen, die auf unwissenschaftlicher Basis, Emotionalität, Unwissenheit und Populismus basieren, [...] sind die Folge. Lassen Sie mich ein Beispiel nennen: Würden wir abstimmen, ob Kinderschänder, Terroristen oder sonstige in vielerlei Augen „Unpersonen" misshandelt, gefoltert oder mit der Todesstrafe bestraft werden sollten, so wären die Ergebnisse mehr als bedenklich.

Lucas-Raphael Müller, Kennzeichen Digital, Das Blog, 18.7.2010, 15:09

b) Eine super Idee

Es gibt ein Land, welches erfolgreich vom Volk regiert wird - die Schweiz. Wir haben unsere Rechte an das Parlament abgegeben, die Schweizer können von der Politik Gesetze verlangen und einfordern. Ist die Schweiz damit schlechter dran als Deutschland? Nein. In der Schweiz steht das Volk über allem und es regiert gut. Die Politiker sind nur Beauftragte des Volkes, denen notfalls die Gesetze diktiert werden. In Deutschland sind wir nur Stimmvieh, welches seine Rechte bei der Wahl abgibt und delegiert. Wir sollten uns die einzige vollendete Demokratie der Welt als Vorbild nehmen.

Stefan Thien, Kennzeichen Digital, Das Blog, 18.7.2010, 15:47

Aufgaben

1. Untersucht, ob ihr Elemente direkter oder repräsentativer Demokratie im Gemeinschaftsvertrag eurer Kolonie verankert habt (M 3, Auftaktseite von Kap. 4).
2. Informiere dich, ob es in Brandenburg erfolgreiche Volksentscheide gab, und stelle die Hintergründe und den Werdegang dar (Randspalte).
3. Brauchen wir mehr direkte Demokratie in Deutschland? Stelle die Argumente für und wider mehr direkte Demokratie in einer Tabelle gegenüber und entscheide dich für einen Standpunkt (M 4, M 5).

Elemente direkter Demokratie in Brandenburg

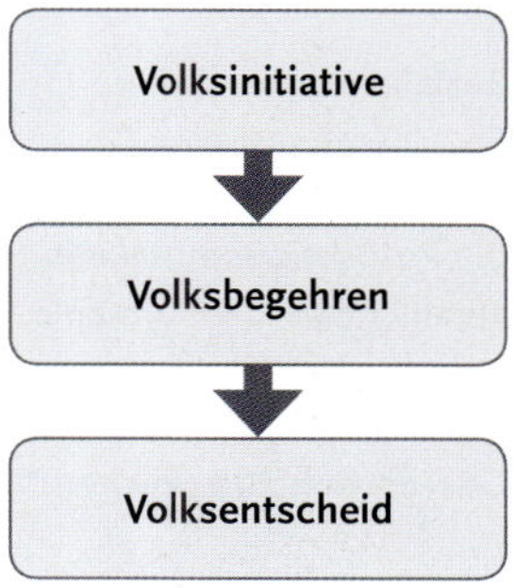

Brandenburg kennt ein dreistufiges Verfahren der Bürgerbeteiligung im Gesetzgebungsprozess. Generell können Gesetzesvorlagen durch den Landtag, durch die Landesregierung oder im Wege eines Volksbegehrens eingebracht werden. Folgende Schritte sind hierfür vorgesehen: Eine Volksinitiative wird durch die Unterschriften von mindestens 20.000 Einwohnern in den Landtag eingebracht. Entscheidet der Landtag innerhalb von vier Monaten nicht im Sinne der Volksinitiative, kann es zu einem Volksbegehren kommen. Hierbei müssen 80.000 stimmberechtigte Unterschriften dem Landtag vorgelegt werden. Entspricht der Landtag nicht innerhalb von zwei Monaten diesem Volksbegehren, kommt es zu einem Volksentscheid. Dieser ist im Sinne der Antragsteller erfolgreich, wenn die Mehrheit derjenigen, die ihre Stimme abgegeben haben, jedoch mindestens ein Viertel der Stimmberechtigten der Gesetzesvorlage zugestimmt haben.

Art. 75 – 78 Landesverfassung des Landes Brandenburg

4.2.3 Die DDR – Demokratie oder Diktatur?

M 6 Aus der Verfassung der DDR von 1968

Sozialismus
Sozialismus ist eine Gesellschaftsordnung, in der die Produktionsmittel verstaatlicht werden, um eine gerechte Verteilung der Güter an alle Mitglieder der Gesellschaft zu erreichen.

Artikel 1
(1) Die Deutsche Demokratische Republik ist ein sozialistischer Staat deutscher Nation. Sie ist die politische Organisation der Werktätigen in Stadt und Land, die gemeinsam unter Führung der Arbeiterklasse und ihrer marxistisch-leninistischen Partei den Sozialismus verwirklichen. [...]

Artikel 2
(1) Alle politische Macht in der Deutschen Demokratischen Republik wird von den Werktätigen in Stadt und Land ausgeübt. Der Mensch steht im Mittelpunkt aller Bemühungen der sozialistischen Gesellschaft und ihres Staates. [...]

Die Verfassung der Deutschen Demokratischen Republik, hrsg. vom Gesamtdeutschen Institut, Bonn 1974, S. 433f

M 7 Der Staatsaufbau der DDR

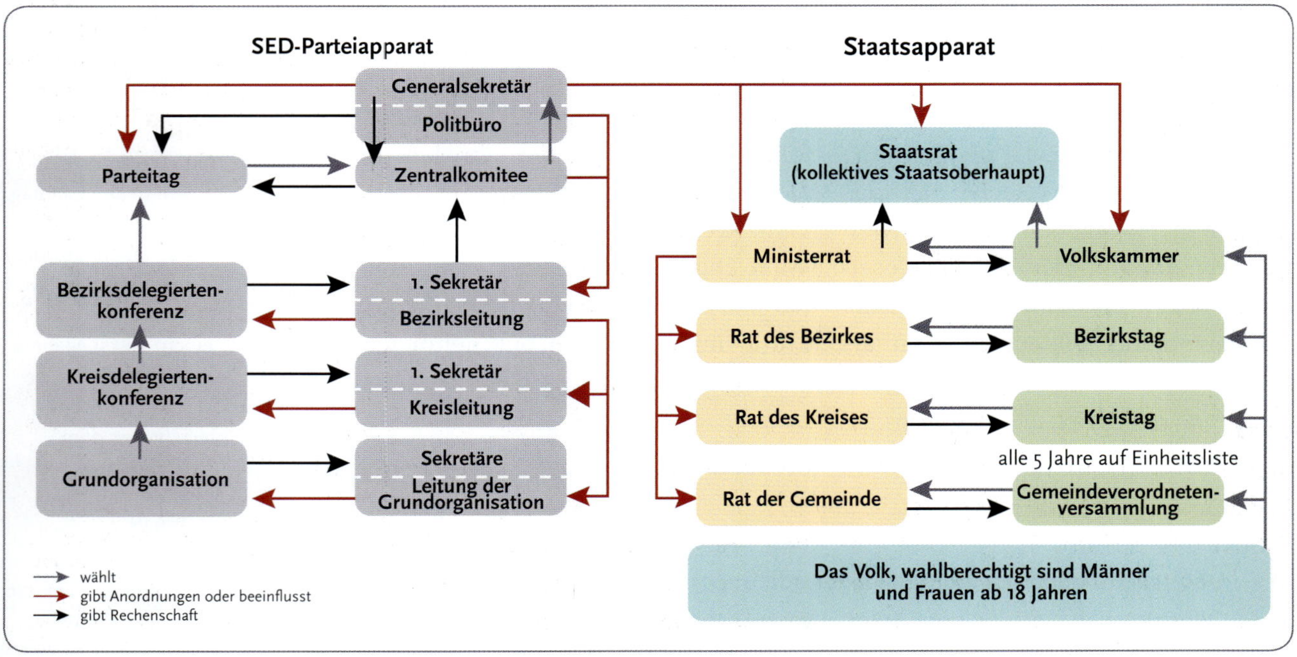

Die Deutsche Demokratische Republik wurde am 7. Oktober 1949 gegründet. Die DDR verstand sich als ein sozialistischer Staat. Sowohl der Staatsaufbau als auch die Organisation von Parteien und Massenorganisationen folgten den Prinzipien des demokratischen Zentralismus. Demnach wurden die Grundfragen der staatlichen Leitung und Planung zentral entschieden, die Entscheidungen waren für die nachgeordneten Organe verbindlich. Die Durchführung dieser Entscheidungen erfolgte in

eigener Verantwortung der nachgeordneten Organe. Eine strenge Staatsdisziplin wurde durchgesetzt und die (pro forma) Mitwirkung der Bürger an der Ausarbeitung und Durchführung staatlicher Entscheidungen musste gewährleistet werden.
Gelenkt wurde der Staat durch die kommunistische Partei, die Sozialistische Einheitspartei Deutschlands (SED), und durch deren Gremien – allerdings in Abhängigkeit von der Sowjetunion und unter ihrer Kontrolle. Der absolute Führungsanspruch der SED war seit 1968 auch offiziell in Art. 1 in der sozialistischen Verfassung der DDR [...] verankert. [...] Gemäß dem Verständnis der marxistisch-leninistischen Staatslehre von der Gewalteneinheit (gegenüber der Gewaltenteilung in bürgerlich-parlamentarischen Systemen) wurde der DDR-Staatsapparat nicht als eigenständige exekutive Gewalt gesehen. [...] Die wichtigsten staatlichen Institutionen waren die Volkskammer, das oberste staatliche Organ, dessen Rolle und Funktion sich aus dem Prinzip der Volkssouveränität ergab (die Werktätigen übten durch die Volksvertretungen die Macht aus, wobei diese Machtausübung gemäß dem Prinzip des demokratischen Zentralismus und auf der Basis der Bündnispolitik erfolgte), der Ministerrat sowie der Staatsrat. Die Volkskammer [...] fungierte dabei als Parlament und wurde alle vier Jahre vom Volk gewählt. Allerdings gab es keine konkurrierenden Listen, sondern alle Kandidaten, auch die der Blockparteien und der Massenorganisationen, traten auf einer Einheitsliste an. Die Mandatsverteilung stand bereits vor der Wahl fest, so dass die absolute Macht der SED stets ungefährdet war. Der Ministerrat war die Regierung mit allen Ministerien, Staatssekretariaten, Ämtern, den Kollegien der Ministerien, und den anderen Organen der Verwaltung. [...] Der Staatsrat, 1960 nach dem Tod des ersten DDR-Präsidenten Wilhelm Pieck gebildet, nahm die Funktionen eines kollektiven Staatsoberhaupts der DDR wahr. Ihm gehörten u. a. die Vorsitzenden der Blockparteien sowie führende Vertreter der SED an. [...] Die Ministerien in der DDR als staatliche Organe waren für die zentrale Wahrnehmung der staatlichen Aufgaben in den verschiedenen Gebieten wie Wirtschaft, Industrie, Innen-, Außen- und Sozialpolitik verantwortlich. Verantwortungsbereich und Kompetenzen waren im Statut des Ministeriums festgelegt. Die Ministerien trugen die Verantwortung für die planmäßige Entwicklung der von ihnen geleiteten Industriezweige bzw. anderen Bereiche. Sie standen in der Pflicht, die Beschlüsse der SED, die Gesetze sowie andere staatliche Rechtsnormen durchzuführen, und mussten die dafür notwendigen Entscheidungen treffen.

Konrad-Adenauer-Stiftung e.V., DDR Mythos und Wirklichkeit – Staatsaufbau und Verfassung, in: http://www.kas.de/wf/de/71.6611/, Abruf am 4.7.2012

Sozialistische Einheitspartei Deutschlands (SED)
Die SED war die Staatspartei der DDR. Sie wurde 1946 durch den Zusammenschluss von KPD und SPD auf Druck der sowjetischen Besatzungsmacht und gegen den Widerstand der SPD gegründet und folgte dem Prinzip des demokratischen Zentralismus. Die SED beherrschte die Gesellschaft in allen Bereichen.

Demokratischer Zentralismus
D. Z. bezeichnet ein von W. I. Lenin entwickeltes Führungsprinzip kommunistischer Parteien, nach dem a) Staat und Partei hierarchisch-zentralistisch aufzubauen sind, b) das Führungspersonal von Partei/Staat von unten nach oben gewählt wird, die Auswahl der zu wählenden Kandidaten jedoch von oben nach unten erfolgt, c) die Beschlüsse der höheren Organe für die unteren bindend sind und d) Minderheiten sich einer straffen Parteidisziplin unterordnen müssen. Faktisch entwickelte sich aus dem D. Z. ein autoritärer Zentralismus.
Klaus Schubert, Martina Klein, Das Politiklexikon. 5., aktual. Aufl., Dietz, Bonn 2011, S. 73

MfS
MfS steht für Ministerium für Staatssicherheit, ugs. Stasi.

M 8 War die DDR eine Diktatur?

Dass dem so war, daran ließen nicht einmal die SED-Machthaber den geringsten Zweifel. Unentwegt sprachen sie von der „Diktatur des Proletariats", die in der DDR herrsche. Damit meinten sie in Anlehnung an Marx, Engels und Lenin, dass in der DDR die Arbeiterklasse die Macht ausübe. Im Marxismus-Leninismus gehört die „Diktatur des Proletariats" zu einer Schlüsselkategorie. So ist die Übergangsphase vom Kapitalismus zum Kommunismus charakterisiert worden. Die SED als „Vorhut der Arbeiterklasse" und als „Arbeiterpartei" bezog ihre Selbstlegitimierung als Alleinherrscherin aus diesem Konstrukt. Allerdings hätte die SED den Diktaturbegriff abgelehnt, der heute mit ihrer Herrschaft verbunden wird. Denn dieser zielt nicht nur auf ihre „führende Rolle", sondern auf die strukturell bedingte und systematische Abwesenheit von Rede-, Meinungs-, Reise-, Vereinigungs-, Versammlungs- und Demonstrationsfreiheit oder das Fehlen anderer grundlegender Rechte wie etwa das Streikrecht. Ebenso zählt zum Diktaturcharakter der DDR, dass keine unabhängige Justiz existierte, dass die Geheimpolizei, das MfS, bar jeglicher Kontrolle war und allein der SED zu Diensten stand, dass die Medien restlos gleichgeschaltet waren, dass Zensur herrschte, dass der Mittelstand zerschlagen wurde, dass die Landwirtschaft zwangskollektiviert wurde, dass die gesamte Volkswirtschaft zentralistisch gelenkt und in der Hand der SED war, dass zehntausende Menschen wegen ihrer Überzeugungen ins Gefängnis kamen und noch weit mehr deshalb anderweitig drangsaliert und verfolgt wurden, dass weder eine Verwaltungsgerichtsbarkeit noch ein Verfassungsgericht existierten, dass die anderen Parteien und die Massenorganisationen Erfüllungsgehilfen der SED waren, dass allein auf der Grundlage des Marxismus-Leninismus gelehrt und geforscht wurde. Viele weitere Punkte gehören dazu. Die Mauer schließlich war das nachhaltigste Symbol der SED-Diktatur. Wer das Land „illegal" verlassen wollte, riskierte sein Leben, Hunderte kamen dabei um.

Ilko-Sascha Kowalczuk, Die 101 wichtigsten Fragen – DDR, Beck, München 2009, S. 48f.

Aufgaben

1. Beschreibt die Idee der Staatsauffassung der DDR mit eigenen Worten.
2. „Was war demokratisch an der DDR?" Formuliert eine Antwort auf diese Frage (M 6 – M 8).
3. Vergleicht die Auffassung vom demokratischen Zentralismus der DDR mit der freiheitlichen Demokratie der BRD. (M 7, Randspalte S. 167)
4. Listet Unterschiede zwischen den Systemen der BRD und der DDR auf.
5. Führt mithilfe der nebenstehende Methode ein Experteninterview zur DDR.

Methode

M 9 Ein Experteninterview führen

Experten sind fachlich qualifizierte und meist wissenschaftlich ausgebildete Spezialisten, im weiteren Sinne aber auch alle, die in einem Bereich Beteiligte, Betroffene, Partei sind. Es kann sehr interessant sein, Zeitzeugen aus der DDR in die Schule einzuladen und genau zu befragen. Menschen, die täglich mit der SED, dem Staats- oder dem Behördensystem der DDR zu tun hatten, sind zum Beispiel ehemalige Bürgermeister, Parteimitglieder, SED-Funktionäre, Polizisten, usw. Auf eine „Expertenbefragung“ solltest du dich aber gut vorbereiten. Die folgende „Checkliste“ hilft dir dabei.

1. Vorinformationen sammeln und geben

- Zu welchem **Problemfeld / Thema** sollen Informationen / Beurteilungen eingeholt werden.
- Welche Informationen besitzen wir schon?
- Welche Fragen haben wir zum Problemfeld?
- Welcher **Experte** ist geeignet? Was können wir von einem Experten zu unserem Thema erwarten?
- Wo liegen Schwerpunkte seiner Arbeit/Erfahrung?
- Vertritt der Experte ein bestimmtes Interesse?
- Den **Experten** über die Ziele und Erwartungen **informieren**.

2. Vorbereitung

- Wie soll die Befragung strukturiert werden? (Leitfaden erstellen: z. B. Informationen, Einschätzungen, Bewertungen erfragen; vom Allgemeinen zum Besonderen, von offenen zu geschlossenen Fragen; Kontakt, Information, Ausklang)
- Konkrete Fragen formulieren
- Wer stellt die Fragen?
- Wo wird die Befragung durchgeführt? Sitzordnung?
- Wie wird die Befragung aufgezeichnet? (Video, Tonband, Mitschrift)
- Testbefragung durchführen (simulieren)

3. Durchführung

a) Kontaktphase

- **Kontakt** herstellen: begrüßen, sich vorstellen, Ziele und Ablauf erläutern

b) Informationsphase

- **Eröffnungsfragen:** „Wir interessieren uns für ...“, Können Sie uns sagen ...?“
- **Informationsfragen** (wer, wo, was, wann, wo, wieviel, ...?)
- **Sondierungsfragen:** „Das ist interessant. Können Sie das ein wenig ausführen?“

c) Einschätzungsphase

- **Einschätzungsfragen:** „Was halten Sie von ...?“, „Woran könnte das liegen?“, „Welche Erfahrungen haben Sie damit gemacht?“
- **offene Fragen:** „Wie haben Sie das gemacht?“ (warum, wozu?)

d) Bewertungsphase

- **Bewertungsfragen:** „Wie beurteilen Sie...?“
- **rhetorische Fragen:** „Sie sind davon wohl nicht überzeugt?“

4. Schriftliche Auswertung (Bericht)

Zielsetzung der Befragung, Leitfaden, Ergebnisse, und Beurteilung müssen zusammengefasst werden nach den Kriterien:

- **beschreiben:** Ziele, Leitfaden, Rahmenbedingungen, Inhalt
- **untersuchen:** Alle Sachverhalte beantwortet?
- **beurteilen:** Aussagewert der Expertenbefragung; welche Interessen vertritt der Experte? Andere Interessen hören?

Nach: Elisabeth Mehrmann, Vom Konzept zum Interview, Düsseldorf, 1995

Eine gute Vorübung für die Befragung ist, einen fertigen Text, z.B. einen Zeitungsbericht, in ein Interview umzuarbeiten. Versetze dich dabei in die Situation eines Journalisten, der einen Experten befragt. Reizvoll ist es, das Interview dann vor der Klasse vorzuspielen.

Was wir wissen

Formen politischer Herrschaft
M 1

Politische Herrschaft kann auf unterschiedliche Weise ausgeübt werden. Die bekanntesten Herrschaftsformen sind Demokratie und Diktatur. Während in der Demokratie die Volksverteter durch Wahlen bestimmt werden, setzen sich Diktatoren meist mit militärischer Gewalt an die Spitze eines Staates. Oft regieren sie mit brutaler Gewalt und unterdrücken ihr Volk. Politische Freiheiten und Rechte sind in der Diktatur nicht verwirklicht.

Demokratie
M 2

Zentrales Wesensmerkmal der Demokratie ist die Volkssouveränität. Das bedeutet, dass alle politische Herrschaft vom Volk ausgeht. Zur Ausübung der Volkssouveränität ist die Partizipation, d.h. die Teilnahme der Bürger am politischen Leben, notwendig. Nur so ist garantiert, dass Herrschaft zum Wohle der Allgemeinheit ausgeübt wird und nicht im Interesse einzelner Gruppen.

Direkte Demokratie
M 3, M 4

Durch direkte Bürgerbeteiligung – z. B. in den Gemeinden – kann unmittelbar auf die politischen Entscheidungsprozesse Einfluss genommen werden. In Deutschland sind die Möglichkeiten direkter Demokratie auf Bundesebene allerdings äußerst begrenzt. Deshalb wird immer wieder gefordert, auch hier direktdemokratische Elemente einzuführen.

Repräsentative Demokratie
M 3

Im Gegensatz zur direkten oder plebiszitären Demokratie werden in der repräsentativen Demokratie die politischen Entscheidungen nicht direkt von den Bürgern, sondern von gewählten Politikern, den Repräsentanten, im Parlament getroffen. Die Abgeordneten werden in freien Wahlen bestimmt und können bei der nächsten Wahl auch wieder abgewählt werden.

Diktatur in der DDR
M 7, M 8

Gemäß den Grundprinzipien bzw. Merkmalen von Demokratie (Volkssouveränität, Rechtsstaat, Gewaltenteilung, Pluralismus) und der eigenen Definition von der „Diktatur des Proletariats" hatte die DDR kein demokratisches, sondern ein diktatorisches Herrschaftssystem. Die DDR war nach dem Prinzip des demokratischen Zentralismus (Sicherung und Alleinherrschaft der SED, Art. 1 der Verfassung) aufgebaut und hatte lediglich nach außen hin demokratische Züge. Die Staatspartei SED regelte und kontrollierte alle Bereiche der Gesellschaft. Die Rechtsstaatlichkeit war zwar formal durch die Verfassung abgesichert, die Grundrechte waren allerdings mit Grundpflichten kombiniert. Zudem gab es z. B. keine unabhängige Gerichtsbarkeit. Die Bürger wurden durch die Stasi überwacht und hatten keine Rechtssicherheit. Auch eine gegenseitige Kontrolle der Staatsorgane fehlte bzw. gab es keine „echte" Gewaltenteilung. Schließlich wurden alle Parteien verpflichtet, die Linie der SED zu übernehmen. Es herrschte nur eine Presse- und Meinungsfreiheit im Rahmen der SED-Diktatur.

Direkte Demokratie in anderen Staaten – ein Fallbeispiel

Wenn in der wissenschaftlichen Fachliteratur oder in den Medien von politischer Partizipation und Elementen direkter Demokratie geschrieben und berichtet wird, werden oft Beispiele aus der Schweiz zitiert. Aus gutem Grund: Die weltweit meisten Volksabstimmungen finden in der Schweiz statt. Das Votum gegen den „Minarett-Bau" wurde in der internationalen Presse zum Anlass genommen, kontrovers über Vor- und Nachteile direkter Demokratie zu diskutierten.

Schweizer stimmen gegen Minarett-Bau

Überraschendes Votum für ein Minarettverbot: Die Eidgenossen haben in einer Volksabstimmung gegen den Bau von Gebetstürmen auf Moscheen votiert. Zwei rechtspopulistische Parteien hatten die Initiative auf den Weg gebracht.

Plakat der Initiative für ein Minarettverbot

Bern – Die Schweizer haben die Volksinitiative „Gegen den Bau von Minaretten" angenommen: Nach dem am Sonntag veröffentlichten Endergebnis stimmten mehr als 57 Prozent für die Initiative zweier rechtspopulistischer Parteien. Umfragen vor der Abstimmung hatten noch eine Niederlage der Minarettgegner erwarten lassen. Daher ist das Ergebnis eine Überraschung. Die Wahlbeteiligung betrug rund 54 Prozent. Die von Anhängern der rechtskonservativen Schweizerischen Volkspartei (SVP) und der rechtsnationalen Kleinpartei Eidgenössische Demokratische Union (EDU) lancierte Volksinitiative konnte damit offenbar nach einem zum Teil scharf geführten Abstimmungswahlkampf zuletzt Boden gutmachen. Bislang gibt es in der Schweiz lediglich vier Moscheen mit Minaretten. [...]

Mit Ausnahme der SVP haben sich sämtliche etablierte Parteien der Schweiz gegen das Minarettverbot ausgesprochen. Die Regierung in Bern hatte den Stimmberechtigten empfohlen, mit Nein zu votieren. Sie befürchtet, ein Minarettverbot werde „im Ausland auf Unverständnis stoßen und dem Ansehen der Schweiz schaden".

cte, u. a., Schweizer stimmen gegen Minarett-Bau, in: http://www.spiegel.de, 29.11.2009

Aufgabe

Obwohl sich fast alle etablierten Parteien gegen ein Minarettverbot aussprachen, stimmten die Schweizer Bürgerinnen und Bürger für das umstrittene Minarettverbot. Erörtere ausgehend von diesem Beispiel allgemeine Vor- und Nachteile der direkten Demokratie und nimm dazu Stellung.

4.3 Politische Willensbildung in der Demokratie

4.3.1 Wählen – warum eigentlich?

M 1 Die Wahlbeteiligung in der Bundesrepublik Deutschland

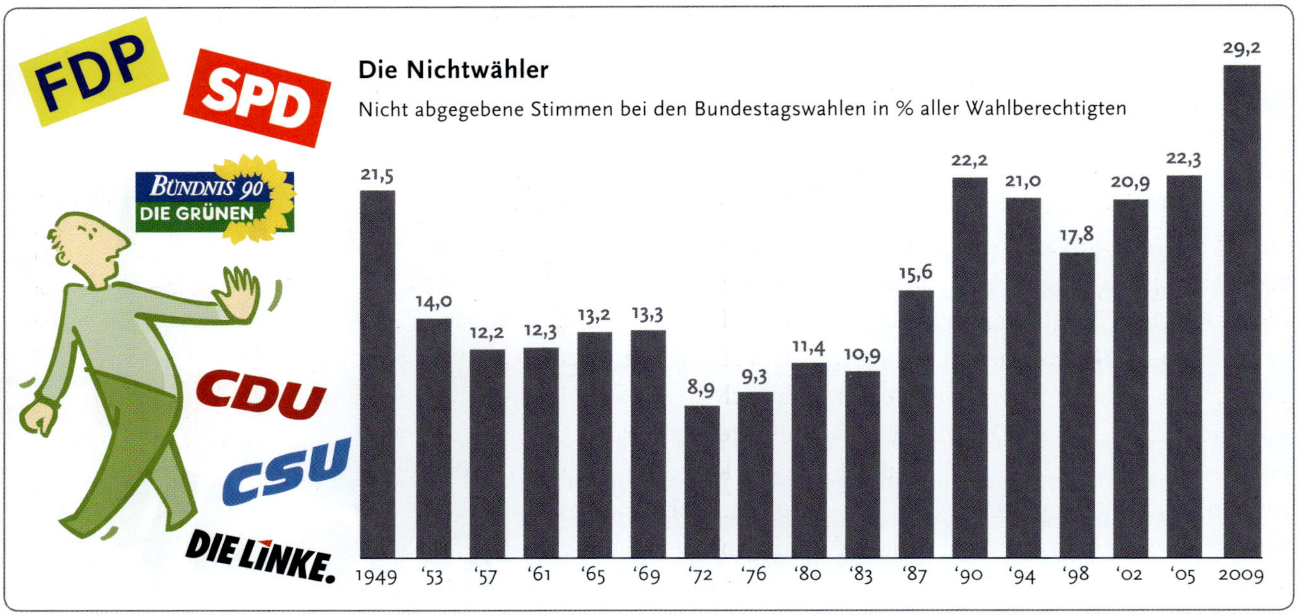

Bergmoser + Höller Verlag *88607*

M 2 Das Phänomen Nichtwähler

Das Superwahljahr 2009 begann mit einem Rekordtief. Jeder vierte wahlberechtigte Bürger nahm nicht an der Landtagswahl in Hessen teil, so wenige waren es dort noch nie. Auch bei der Europawahl erreichte man mit einer Wahlbeteiligung von 43 Prozent einen Tiefpunkt. [...] Die Gründe der mangelnden Wahlbeteiligung sind vielfältig. [...] Glaubte man den gängigen Erklärungen der Parteienforscher noch vor einigen Jahren, dass es sich bei Nichtwählern um desinteressierte Demokratiebefürworter oder ungebildete Bürger der untersten Sozialschichten handelt, ist heute jedoch längst bekannt, dass diese Annahmen überholt sind. Nach einer Studie im Nachgang zur Hamburger Bürgerschaftswahl im letzten Jahr stammen Nichtwähler aus allen politischen Lagern. Auch Oskar Niedermayer, Politologe und Leiter des Otto-Stammer-Zentrums an der Freien Universität Berlin, erkennt unterschiedliche Typen von Nichtwählern. Er unterscheidet zwischen vier Gruppen: die politisch-desinteressierten Nichtwähler, die keinerlei Verbindung zur Politik haben, die rational abwägenden Nichtwähler, die zu wechselhaftem Wahlverhalten tendieren und sich je nach Bedeutung der Wahl kurzfristig gegen eine Wahlbeteiligung ent-

Sechzehnjährige dürfen den nächsten Landtag in Brandenburg wählen. Erstelle eine Liste mit Pro- und Kontra-Argumenten zu der Herabsetzung des Wahlalters.

scheiden, die unzufriedenen Protestwähler, welche dem herrschenden politischen System kritisch gegenüberstehen und sich bewusst gegen eine Wahlbeteiligung entscheiden und schließlich die geringe Gruppe der technischen Nichtwähler, unter denen sich kürzlich verstorbene Bürger sowie jene befinden, die wegen Urlaub oder Krankheit kurzfristig verhindert sind, aber gerne wählen würden.

Diana Kinnert, Das Phänomen Nichtwähler, in: http://www.welt.de, 17.09.2009

M 3 Kontrovers diskutiert: Wählen gehen?

Mirjam (28) hat noch nie eine Wahl verpasst. Warum denn?

„In einer Gesellschaft wie der unsrigen müssen sich alle Menschen an die geltenden Gesetze halten. Gesetze bestimmen unser Leben, geben uns Freiheiten, schränken uns aber auch ein. Die Abgeordneten im Parlament machen diese Gesetze und deshalb möchte ich die Menschen, die im Parlament sitzen, und die Politik, die sie vertreten, mitbestimmen. Das tue ich, indem ich zur Wahl gehe. Die Politiker sind dann zwar auf vier Jahre gewählt, aber wenn es mir nicht gefällt, was sie tun, dann wähle ich sie nach vier Jahren wieder ab und gebe meine Stimme einer anderen Partei oder einem anderen Kandidaten. Und weil wir Wähler alle so denken, richten sich die Politiker nach uns. Ginge ich nicht mehr zur Wahl, dann wäre mein Einfluss auf die Politik dahin."

Klaus (34) hat sich die letzten vier Jahre an keiner Wahl beteiligt.

„Früher bin ich auch immer zum Wählen gegangen, aber irgendwann hatte ich den Eindruck, dass sich die Politiker und die Parteien immer ähnlicher werden. Es gibt nur noch geringe inhaltliche Unterschiede und jeder kann mit jedem zusammenarbeiten. Ich bin nicht unzufrieden mit unserer Gesellschaft und unserem Staat. Auch wehre ich mich gegen Vorwürfe, ich wäre nicht politisch. Ich engagiere mich durchaus für unsere Gesellschaft und arbeite als Jugendtrainer auch ehrenamtlich. Es ist nicht so, dass politisches Engagement sich nur auf das Wählen bezieht. Ich würde auch gerne über politische Streitfragen direkt abstimmen, so wie die Schweizer Bürger das dürfen. Könnte ich das, dann ginge ich auch wieder ins Wahllokal."

Bei Klassensprecherwahlen ist es selbstverständlich, dass sich alle Schülerinnen und Schüler an der Wahl beteiligen. Überlege, was es für das Amt bedeuten würde, wenn sich beispielsweise nur 50% einer Klasse an der Wahl beteiligen?

Aufgaben

1. Formuliert zuerst Hypothesen, weshalb manche wahlberechtigte Bürger nicht mehr wählen gehen. So könnt ihr beginnen: „Menschen bleiben der Wahl fern, weil ...". Überprüft dann eure Hypothesen mithilfe von M 2.
2. Mirjam und Klaus vertreten zwei völlig unterschiedliche Meinungen zur Frage, ob man an Wahlen teilnehmen soll. Simuliert ein Streitgespräch (Methode → S. 307) zwischen den beiden. Ergänzt dabei eigene Argumente und nehmt abschließend persönlich Stellung (M 3).

Hypothesen
Vermutungen über Zusammenhänge werden in der Wissenschaft als Hypothesen bezeichnet. Eine Hypothese ist also eine unbewiesene Annahme, die erst noch überprüft werden muss.

4.3.2 Welches Wahlsystem soll es sein?

M 4 Wahlsysteme im Vergleich

Art. 38, 1 GG
Die Abgeordneten des Deutschen Bundestages werden in allgemeiner, unmittelbarer, freier, gleicher und geheimer Wahl gewählt.

Wenn wie in Deutschland ca. 60 Millionen Menschen wählen dürfen, dann muss es ein Verfahren geben, aus dem hervorgeht, wie die einzelnen Stimmen in Parlamentssitze umgewandelt werden. Dieses Verfahren wird als Wahlsystem bezeichnet.

Die Stimmen der Wählerinnen und Wähler müssen in Parlamentsmandate umgerechnet werden. Hierfür gibt es unterschiedliche Methoden mit Vor- und Nachteilen. Bei der Entscheidung für ein Verfahren gilt es abzuwägen: Das Wahlergebnis soll den politischen Willen der gesamten Wählerschaft im Parlament möglichst korrekt abbilden – es soll aber gleichzeitig eine regierungsfähige Mehrheit hervorbringen. Hier gibt es einen Zielkonflikt, denn beides ist nicht gleichzeitig in idealer Weise zu erreichen. Die meisten Wahlsysteme streben deshalb einen Kompromiss an.

Sperrklausel oder 5 %-Hürde
Die Parteien müssen 5 % der abgegebenen Zweitstimmen erhalten oder drei Direktmandate erreichen, um in den Deutschen Bundestag einziehen zu können.

Mehrheitswahl

Zu klaren Mehrheiten führt es meistens, wenn alle Abgeordneten direkt in den Wahlkreisen gewählt werden. Hier spricht man von einem Mehrheitswahlsystem. Wer im Wahlkreis die meisten Stimmen auf sich vereinigen konnte, ist gewählt. Parteilisten gibt es nicht. Die Stimmen für alle nicht gewählten Kandidaten verfallen – sie wirken sich nicht auf die Zusammensetzung des Parlaments aus.

Die Mehrheitswahl begünstigt, wie das Beispiel Großbritannien zeigt, immer die großen Parteien. Kleinere politische Strömungen haben kaum eine Chance, ihre Ideen in die parlamentarische Debatte einzubringen. Die Folge ist, dass sich große Gruppen der Bevölkerung mit ihren Überzeugungen politisch überhaupt nicht vertreten fühlen. Der Vorteil für das politische System: Eine klare absolute Mehrheit für eine Partei ist die Regel. Die Regierungsbildung ist meist kein Problem.

Ein Mehrheitswahlsystem bringt auch ganz andere Parteien hervor: Die Parteien sind weniger mächtig, und die Abgeordneten spielen in ihnen eine wichtige Rolle. Diese sind sehr unabhängig und die Parteizentralen können ihnen kaum etwas vorschreiben.

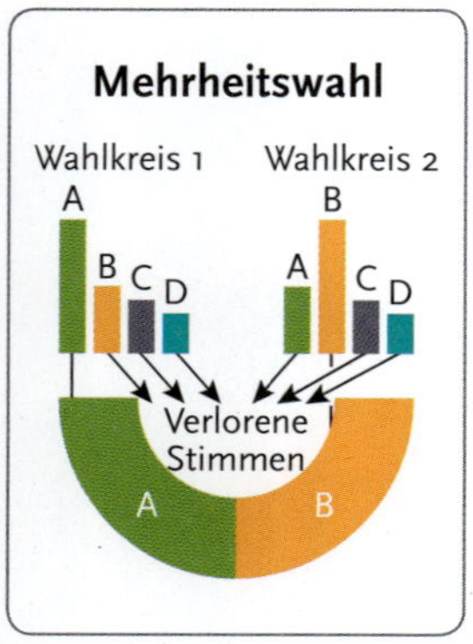

Verhältniswahl

Das Verhältniswahlsystem dagegen kennt überhaupt keine direkt gewählten Wahlkreiskandidaten. Die Stimmberechtigten entscheiden sich für die Kandidatenlisten einer Partei. Jede Partei schickt so viele Abgeordnete ins Parlament, wie es ihrem Anteil an den abgegebenen Wahlstimmen entspricht. Im reinen Verhältniswahlsystem sind deshalb auch sehr kleine Parteien vertreten. Wenn es keine Sperrklausel gibt, entspricht die Zusammensetzung des Parlaments genau der Verteilung der Stimmen auf die Listen, die zur Wahl standen.

Ein reines Verhältniswahlsystem führt – wie es die Geschichte der Weimarer Republik gezeigt hat - leicht zur Zersplitterung der Parteienlandschaft. Ein in viele Fraktionen zerfallendes Parlament bringt schwache, wenig stabile Regierungen hervor, die sich auf Mehrparteienkoalitionen stützen müssen. Die Parteiapparate sind in einem solchen System übermächtig, denn die gewählten Abgeordneten sind von ihnen abhängig. Bei der nächsten Wahl wollen sie wieder auf einem aussichtsreichen Listenplatz aufgestellt werden.

Personalisierte Verhältniswahl

Der Bundestag wird auf vier Jahre gewählt, und zwar nach dem Verfahren der sogenannten personalisierten Verhältniswahl. Danach wird die Hälfte der Abgeordneten in einem Wahlkreis direkt gewählt, während die andere Hälfte über die Landeslisten der Parteien in den Bundestag einzieht. Jeder Wähler und jede Wählerin kann zu diesem Zweck zwei Stimmen vergeben. Die Erststimme ist der „personalisierte" Teil des Wahlsystems. Mit ihr wird der oder die Wahlkreisabgeordnete nach dem Prinzip relativer Mehrheitswahl gewählt. Das bedeutet: Gewählt ist, wer die meisten Stimmen auf sich vereint.

Wichard Woyke, in: Informationen zur politischen Bildung aktuell, Bundestagswahlen 2002, Bonn, 2002, S. 3 f.

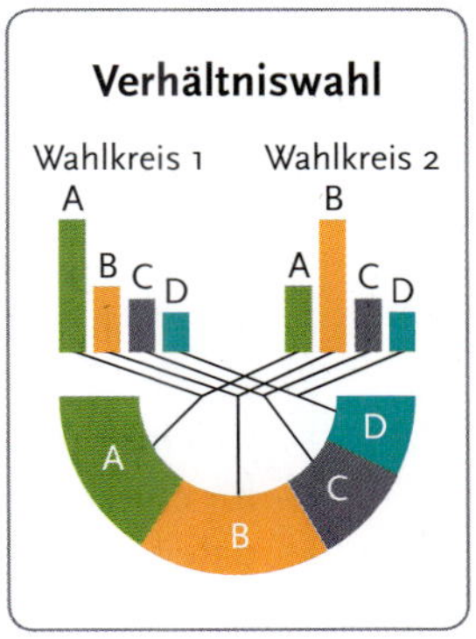

M 5 Projektion: Mehrheitswahl – Verhältniswahl

a) Sitzverteilung im Bundestag nach der Bundestagswahl 2009

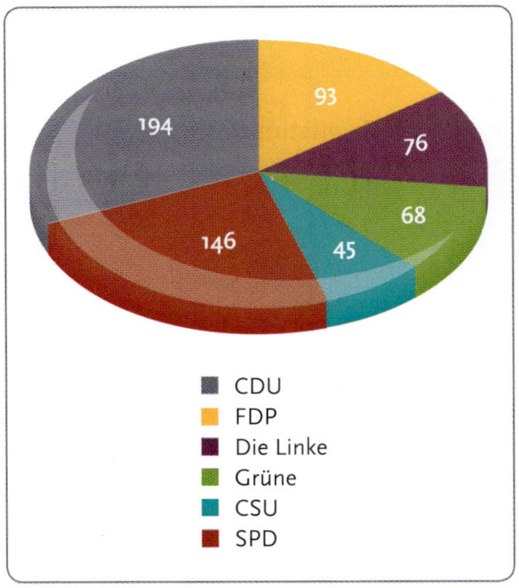

b) Simulation (2009): Mehrheitswahl in Einer-Wahlkreisen

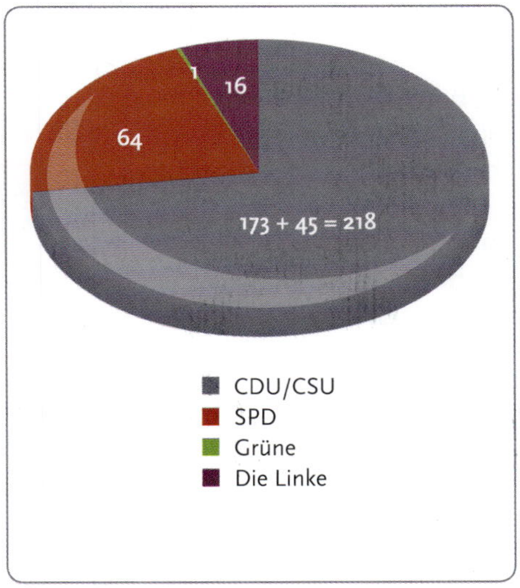

Um die Auswirkungen des Mehrheitswahlrechts auf die Zusammensetzung des Deutschen Bundestags zu simulieren, wird einfach angenommen, dass lediglich die in den 299 Wahlkreisen nach der relativen Mehrheitswahl direkt gewählten Abgeordneten einen Sitz im Parlament erhalten. Unberücksichtigt bleiben muss, dass auch das Wahlsystem die Wahlentscheidung der Wähler beeinflusst.

M 6 Das Wahlsystem zum Deutschen Bundestag

Die Erststimme und ihre Bedeutung

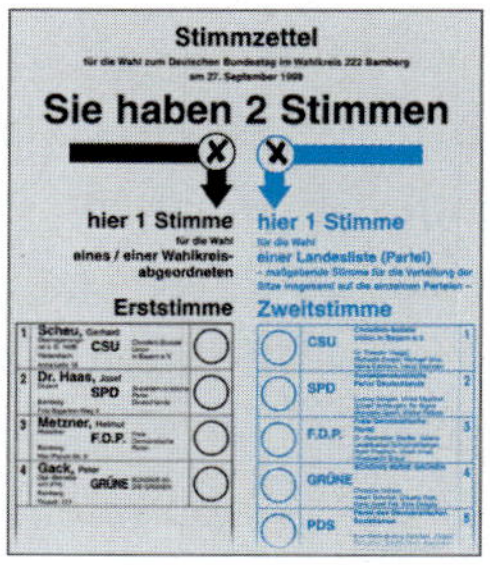

Das Gebiet der Bundesrepublik ist in 299 Wahlkreise eingeteilt. Jeder Wähler entscheidet sich für einen Kandidaten seines Wahlkreises. Gewählt ist, wer mindestens eine Stimme mehr hat als jeder andere Bewerber (*relative Mehrheitswahl*). Ein gewählter Direktkandidat kommt auf jeden Fall ins Parlament, auch wenn seine Partei die 5%-Hürde nicht schafft.

Die Zweitstimme und ihre Bedeutung

Nach der Gesamtzahl der Zweitstimmen, die für eine Partei bei der Wahl abgegeben werden, richtet sich die Anzahl der Sitze, die diese Partei im Bundestag erhält (*Verhältniswahl*). Die Wähler geben ihre Stimme dabei der Landesliste einer Partei in ihrem Bundesland. 299 Abgeordnete ziehen bei der Sitzverteilung über diese Listen in den Bundestag ein.

Überhangmandate

Hat eine Partei in einem Bundesland mehr Direktmandate errungen als ihr – den Zweitstimmen nach – zustehen, erhält Sie Überhangmandate.
Beispiel: Die Partei B hat im Bundesland Y 28 Direktmandate gewonnen. Nach Zweitstimmen stehen ihr nur 26 Mandate zu. Die zwei fehlenden Sitze erhält die Partei als Überhangmandate. Die Gesamtzahl der Sitze im Bundestag nimmt um die Überhangmandate zu.

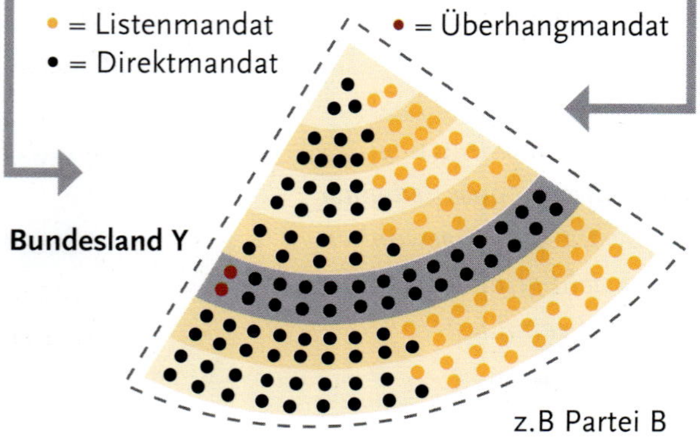

Verteilung der Sitze auf die Parteien

Bei der Vergabe der Sitze werden nur Parteien berücksichtigt, die bundesweit mindestens 5% der Zweitstimmen oder drei Direktmandate errungen haben (*Sperrklausel*).
Wie viele Abgeordnetensitze den Parteien zustehen, wird mit Hilfe der *Divisormethode mit Standardrundung* (Sainte-Laguë/Schepers) berechnet. Die Stimmen der Parteien, die an der Stimmvergabe teilnehmen, werden dazu durch einen Divisor geteilt. Als Divisor eignet sich die Zahl der durchschnittlich auf einen Sitz entfallenen Stimmen. Die Ergebnisse der Division werden anschließend mit Standardrundung zu ganzen Zahlen auf- oder abgerundet. Die ganzen Zahlen entsprechen der Sitzverteilung. Ist die Summe der Sitze größer/kleiner als die zu vergebenden Sitze, so wird das Verfahren mit einem größeren/kleineren Divisor wiederholt. Beispielrechnung:

Partei	Zweitstimmen	Divisor	Ergebnis	Sitze
A	3.700.000	18.896	195,80	196
B	5.500.000	18.896	291,06	291
C	2.100.000	18.896	111,13	111
598 Sitze zu vergeben	gesamt: 11.300.000	Gesamtstimmenzahl / Gesamtzahl der Sitze	Stimmen für Partei X / Divisor	nach Standardrundung

Die Sitzverteilung nach Zweitstimmen

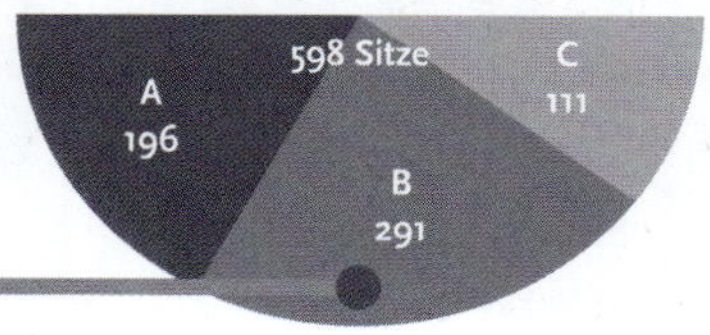

Verteilung der Sitze auf die Landeslisten der Parteien

Der Landesverband einer Partei erhält die Anzahl an Sitzen, die dem Anteil an Zweitstimmen entspricht, der auf seine Landesliste entfiel.

Partei	Sitze insgesamt	Zweitstimmen im Bundesland Y	Gesamtzahl der Zweitstimmen der Partei B		Sitze im Bundesland Y
B	291	x 500.000	: 5.500.000	= 26,45	26

Die Anzahl der errungenen Bundestagssitze wird dann zunächst mit den in dem Bundesland direkt gewählten Wahlkreiskandidaten dieser Partei besetzt (*Direktmandate*), die verbleibenden Sitze mit Kandidaten der Landesliste (*Listenmandate*).

M 7 Wahlgrundsätze

Art. 28 GG:
„In den Ländern, Kreisen und Gemeinden muss das Volk eine Vertretung haben, die aus allgemeinen, unmittelbaren, freien, gleichen und geheimen Wahlen hervorgegangen ist."

Art. 38 GG:
„Die Abgeordneten des Deutschen Bundestags werden in allgemeiner, unmittelbarer, freier, gleicher und geheimer Wahl gewählt."

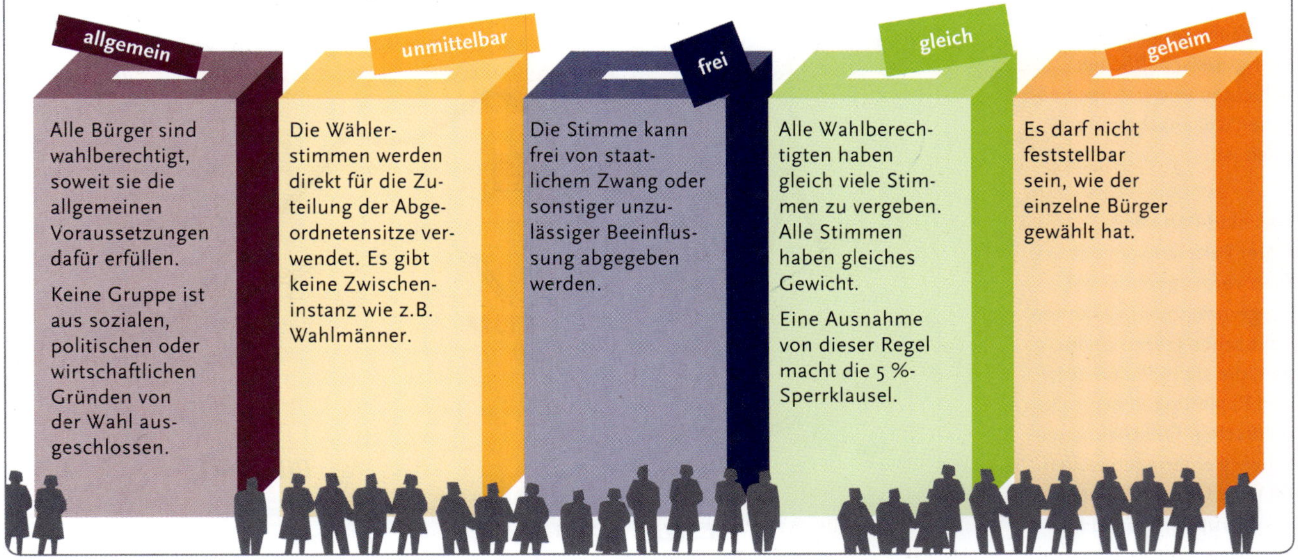

Bergmoser + Höller Verlag *86030*

Das Grundgesetz legt fest, dass die Bundesrepublik Deutschland eine repräsentative Demokratie ist, in der die Bürger nicht ständig über alle Angelegenheiten selbst abstimmen, sondern Abgeordnete wählen, die sie im Parlament vertreten und dort für sie stellvertretend entscheiden. Wahlen sind deshalb die wichtigste Form der politischen Mitbestimmung in der parlamentarischen Demokratie. Damit Wahlen als demokratische Wahlen bezeichnet werden können, müssen die Wahlrechtsgrundsätze des Art. 38 GG erfüllt sein: Wahlen müssen allgemein, unmittelbar, frei, gleich und geheim sein. Das Wahlsystem der Bundesrepublik Deutschland ist im Bundeswahlgesetz festgelegt.

Aufgaben

1. Beurteile die unterschiedlichen Wahlsysteme. Berücksichtige dabei das Schaubild. „Zwei Mal Bundestagswahl 2009" und begründe dein Werturteil (M 4 – M 5).
2. Nimm an: Bei der nächsten Bundestagswahl liegt folgendes Wahlergebnis in Mio. Zweitstimmen vor: SPD: 18,5; CDU/CSU 19,7; Grüne 3,8; FDP 2,9; Die Linke 1,5.
   a) Berechne die Verteilung der Stimmen in Prozent und die Verteilung der Sitze nach dem Sainte-Laguë / Schepers-Verfahren, wenn 598 Sitze zu vergeben sind (M 6).
   b) Ermittle, welche Parteien (zusammen) eine absolute Mehrheit der Sitze erringen könnten (M 6).
   c) Erläutere, unter welchen Bedingungngn die Parteien Überhangmandate bekommen würden (M 6).
3. Stelle dir zwei Fälle von manipulierten Wahlen vor, indem jeweils ein anderer Wahlgrundsatz aus M 7 verletzt wurde. Erläutere die daraus entstehenden Folgen für dich, deine Partei oder für die ganze Gesellschaft.

4.3.3 Parteien: immer umstritten, unumstritten notwendig?

Volkspartei
Als Volkspartei bezeichnet man eine Partei, die aufgrund ihres Programms für Wähler und Mitglieder aller gesellschaftlichen Schichten und unterschiedlicher Weltanschauungen offen ist.

Was sind Parteien?
Unter Parteien versteht man Vereinigungen von Bürgern mit gemeinsamen politischen Überzeugungen, die sie in Parlament und Regierung in den politischen Entscheidungsprozess einbringen wollen. Im Gegensatz zu Interessengruppen wollen sie politische Entscheidungen nicht nur in ihrem Sinne beeinflussen, sondern sie sind bereit, unmittelbare politische Verantwortung zu übernehmen.

M 8 Parteien – immer unbeliebter

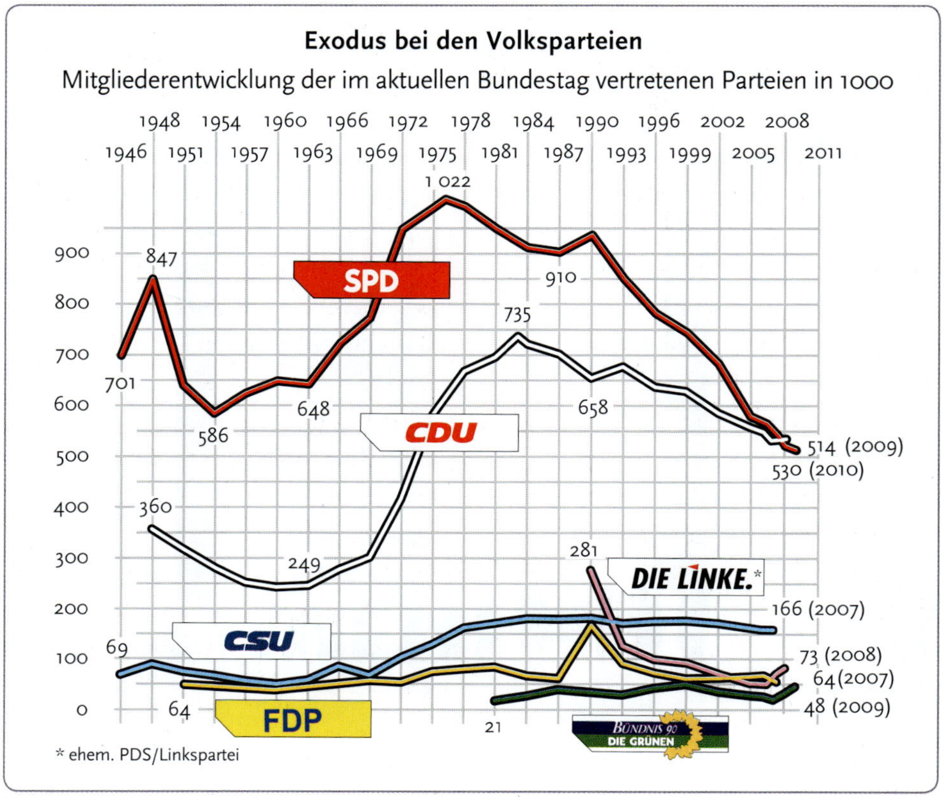

Globus-Grafik 2255 (aktualisiert), Quelle: Bpb, Niedermayer, 2008, Parteien

M 9 Die Parteien als Keilriemen der Demokratie

Stellt man sich die deutsche Demokratie als Dampfmaschine vor, dann sind Parteien der Keilriemen: Sie sorgen dafür, dass Bewegung von einem Teil der Maschine in den anderen kommt – und zurück. Parteien werden deshalb oft auch als demokratisches Bindeglied zwischen Staat und Gesellschaft bezeichnet. Es gibt kaum politische Entscheidungen in Deutschland, an denen sie nicht beteiligt sind. Fast alle Abgeordneten in den Parlamenten gehören einer Partei an – obwohl es die Möglichkeit gibt, direkt für ein Amt zu kandidieren. Die Bundesrepublik Deutschland wird daher häufig als Parteiendemokratie bezeichnet. [...] Wozu gibt es Parteien? Parteien sollen der Demokratie beim Funktionieren helfen: Sie sollen sicherstellen, dass die unterschiedlichen Interessen der Bevölkerung in politische Entscheidungen umgesetzt werden und dass umgekehrt die Ideen der Politiker bei den Bürgern ankommen. Zentrale Aufgabe der Parteien ist es, an Wahlen teilzunehmen, politische Ideen und Forderungen in

Parteiprogrammen zu bündeln und Personal für politische Ämter bereitzustellen, wie etwa Bundestagsabgeordnete oder Stadträte. Außerdem sollen sie in der Gesellschaft für Akzeptanz der Politiker-Entscheidungen sorgen, die Menschen für Politik interessieren und zum Wählen bewegen. Im Wahlkampf werden Parteien daher besonders aktiv und betonen ihre inhaltlichen und personellen Unterschiede. Sind Parteien nur gut? Ob die Parteien diesen Aufgaben gerecht werden, ist umstritten. Derzeit wenden sich viele Menschen frustriert von der Politik ab: Es herrscht „Politikverdrossenheit". Andere kritisieren, dass Parteien auch dort Macht haben und ausüben, wo sie es gar nicht sollen. So reden Parteien bei der Besetzung von Posten mit, deren Vergabe gar nicht durch eine öffentliche Wahl entschieden wird. Das ist zum Beispiel bei Chefredakteuren im öffentlich-rechtlichen Fernsehen oder wichtigen Posten in Ministerien häufig der Fall. Wie funktionieren Parteien? Im Inneren sind Parteien Zusammenschlüsse von politisch interessierten Menschen, die nach demokratischen Grundsätzen organisiert sind – so schreibt es das deutsche Parteiengesetz vor. In Parteien wird laufend gewählt: Bevor ein politisches Amt zur öffentlichen Wahl steht, wurde schon parteiintern über die Bewerber abgestimmt. Auch die Parteiführung wird in demokratischen Parteien grundsätzlich gewählt. Jeder Bürger kann Mitglied einer Partei werden, aber er muss sich für eine Partei entscheiden: Mehrfachmitgliedschaften sind in den Parteisatzungen in der Regel untersagt. Insgesamt sind in Deutschland etwa 2,5 Millionen Menschen Mitglied einer Partei. Das sind etwa vier Prozent der Wahlberechtigten. Eine Gruppe von politisch interessierten Menschen gilt nach dem Grundgesetz und Parteiengesetz jedoch nur dann als Partei, wenn sie laufend und dauerhaft Politik machen und in ein Parlament auf Bundes- oder Landesebene gewählt werden will. Dies unterscheidet Parteien von Bürgerinitiativen oder Lobbyverbänden. (...) Ohne Parteien liefe in der deutschen Demokratie also gar nichts und aus der Politik-Dampfmaschine käme nur heiße Luft.

Sebastian Gievert, Parteien für Einsteiger, in: http://www.bpb.de, 28.8.2009

Art. 21, 1 Grundgesetz
„Die Parteien wirken bei der politischen Willensbildung des Volkes mit. Ihre Gründung ist frei. Ihre innere Ordnung muss demokratischen Grundsätzen entsprechen. Sie müssen über die Herkunft und Verwendung ihrer Mittel sowie über ihr Vermögen öffentlich Rechenschaft geben."

Parteiendemokratie
Ein repräsentatives System benötigt Parteien als Mittler zwischen Bevölkerung und Regierung. Sie sind ein nicht mehr wegzudenkender Bestandteil der modernen Demokratie, die insofern als „Parteiendemokratie" in Erscheinung tritt.

Uwe Backes, Eckhard Jesse, Merkmale und Aufgaben der Parteien, Informationen zur politischen Bildung, 1996, Heft 207, S. 6

M 10 Parteien in den Nachrichten

Die Parteien erweitern ihre Informationsangebote im Internet

Bundestagsabgeordneter diskutiert mit Schülern über Afghanistan-Einsatz der Bundeswehr

Eine Umfrage alarmiert die Regierung. 2/3 der Befragten sind mit Steuererhöhungen unzufrieden

Politiker aller Parteien diskutieren in Talkshow über Atomkraft

Besuchergruppe im Deutschen Bundestag wird von ihrem Wahlkreisabgeordneten empfangen

Bürgersprechstunde des Landtagsabgeordneten am Freitag von 14-16 Uhr

Interview mit einem Parteivorsitzenden, der für die Regierungsarbeit wirbt

Bürger wählen Abgeordnete in den Bundestag

M 11 Ist innerparteiliche Demokratie eine Schwäche?

Geringer Einfluss von Parteimitgliedern
Gründe für den geringen Einfluss der Parteimitglieder können sein: Teilnahmslosigkeit und Gleichgültigkeit vieler Mitglieder (Parteileichen), Parteibürokratie, Sachzwänge einer großen Parteiendemokratie
ebd.

Innerparteiliche Demokratie bedeutet auch, dass die einzelnen parteiinternen Gruppen ihre Kontroversen weitgehend öffentlich kundtun. Vielfach herrscht in den Parteien (und auch bei der Wählerschaft) der Glaube vor, das offene Austragen von innerparteilichen Konflikten beweise Schwäche, Unglaubwürdigkeit und mangelnde Einmütigkeit einer Partei. Eine Partei, die Meinungsverschiedenheiten nicht vertuscht, gilt häufig als „zerstritten" und „uneins". (...) Vielfach jedoch befruchten innerparteiliche Differenzen die politische Diskussion. Es mag daher auch ein Zeichen von Stärke und Dynamik sein, wenn eine Partei sie duldet und nicht mit dem beliebten Ruf nach „Geschlossenheit" abwürgt.

Ulrich von Alemann, Informationen zur politischen Bildung 207, Parteiendemokratie, hg. von der Bundeszentrale für politische Bildung, Neudruck 1996 (Online-Ausgabe)

M 12 Wie finanzieren sich Parteien?

Parteienfinanzierung

Private Mittel

Beiträge von Mitgliedern und Mandatsträgern

Spenden

Einnahmen aus Parteivermögen

Sonstige Einnahmen

Staatliche Mittel

Zuschüsse für Wählerstimmen
- je 0,85 € für die ersten 4 Millionen Stimmen
- 0,70 € für jede weitere Stimme bei Bundestags-, Europa- und Landtagswahlen

Voraussetzung: ein Stimmenanteil von mind. 0,5 % bei den Wahlen auf Bundesebene bzw. 1,0 % bei Landtagswahlen

Zuschüsse zu den Beitrags- und Spendeneinnahmen
- 0,38 € für jeden Euro aus privaten Beiträgen und Spenden (bis zu einem Betrag von 3.300€ pro Person und Jahr)

Die staatlichen Zuschüsse dürfen nicht höher sein als die Eigeneinnahmen einer Partei. Für alle Parteien zusammen dürfen sie die Obergrenze von 133 Millionen € pro Jahr nicht übersteigen.

Bergmoser + Höller Verlag *95054*

Aufgaben

1. Interpretiere die Statistik aus M 8. Welches Problem wird sichtbar?
2. Stelle begründete Vermutungen darüber an, was passiert, wenn die Parteien als Keilriemen der Demokratie geschwächt werden (M 9).
3. Gib dem Keilriemen eine Laufrichtung. Ordne die Überschriften aus M 10 der jeweils passenden Laufrichtung zu.
4. Die innere Ordnung von Parteien muss „demokratischen Grundsätzen entsprechen" (Art. 21 GG). Stelle dar, was darunter zu verstehen ist (M 11).
5. Diskutiert die Vor- und Nachteile des deutschen Modells der Parteienfinanzierung (M 12).

Methode

M 13 Parteien im Internet – einen Steckbrief erstellen

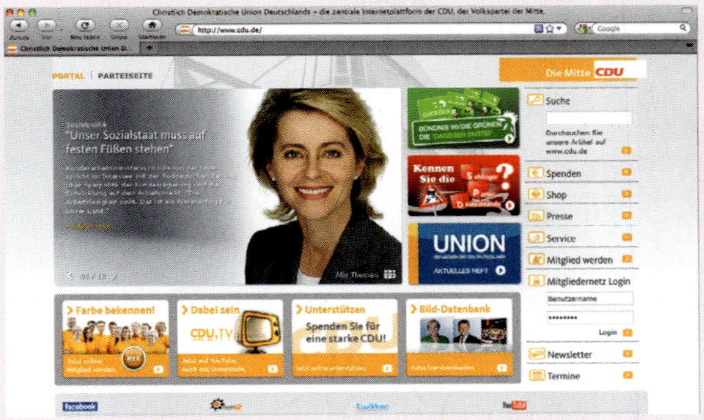

CDU: www.cdu.de

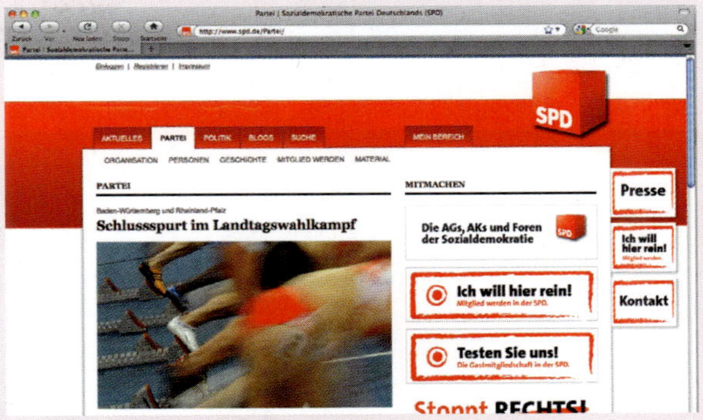

SPD: www.spd.de

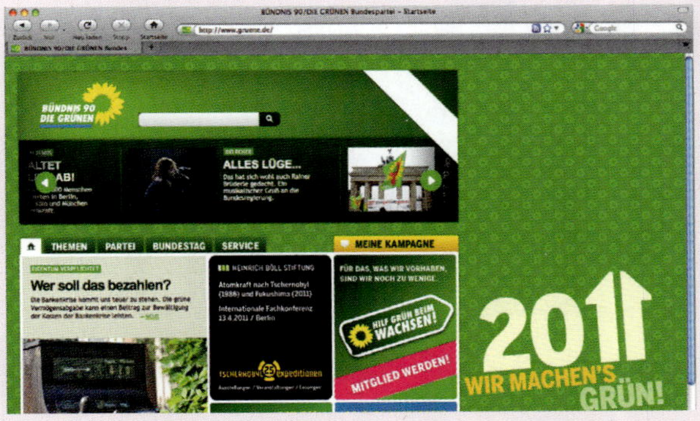

Bündnis 90/Die Grünen: www.gruene.de

Die Linke: www.die-linke.de

FDP: www.fdp-bundespartei.de

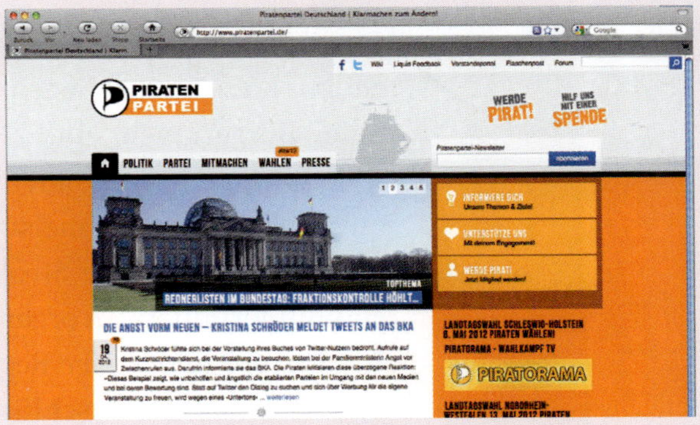

Piratenpartei: www.piratenpartei.de

Aufgaben

Erstellt in arbeitsteiliger Gruppenarbeit eine Präsentation zu einer wichtigen deutschen Partei (CDU, SPD, Die Grünen, FDP, DIE LINKE, Piratenpartei). Bearbeitet dazu die folgenden Aufgaben:

1. Stellt die von euch ausgesuchte Partei mithilfe der folgenden vier Punkte vor: *Ideologie / politisches Grundverständnis, historische Entwicklung, wichtige Parteipersönlichkeiten (aus Vergangenheit und Gegenwart), Jugendorganisation der Partei*
2. Analysiert das Parteiprogramm und erläutert die Einstellung dieser Partei zu den folgenden vier Politikbereichen: *Wirtschaft und Arbeit, Bildung, Soziales, Umwelt*

4.3.4 Interessenverbände: Akteure – Mitspieler – Vetomächte

M 14 Interessenverbände in der Demokratie

Gerhard Mester/Baaske Cartoons

Um ihre Interessen besser vertreten zu können, schließen sich einzelne Bürgerinnen und Bürger in Organisationen zusammen. Interessenverbände haben meist eine auf Dauer angelegte, feste Struktur, während Bürgerinitiativen organisatorisch eher lockere und in der Regel zeitlich begrenzte Zusammenschlüsse mit einem ganz konkreten Anliegen sind. Es gibt kaum Sachbereiche des Lebens, in der sich keine Interessenorganisation gebildet hat. Ein durch Vielfalt gekennzeichnetes Verbändewesen ist Merkmal einer funktionierenden pluralistischen Demokratie. Zu den wichtigsten Interessenverbänden gehören v. a. Gewerkschaften und Arbeitgeberverbände. Sofern die Interessenverbände auf die Gesetzgebung und andere politische Aktivitäten Einfluss zu nehmen suchen, werden sie auch als „Pressure-groups" bezeichnet. Im Unterschied zu Parteien stellen Interessenverbände nicht selbst Kandidaten bei der Wahl auf, sondern sie versuchen, indirekt auf Gesetzgebung und Verwaltung Einfluss zu nehmen.

Nach: Schülerduden Politik und Gesellschaft, 5. Aufl., Mannheim u. a., 2005, S. 201

M 15 Tätigkeitsfelder der Interessenverbände

Interessenorganisationen im Wirtschafts- und Arbeitsbereich:

- Branchenverbände, z. B. Bundesverband der Deutschen Industrie (BDI)
- Kammern, z. B. die Industrie- und Handelskammern (IHKs)
- Arbeitnehmerverbände, z. B. Deutscher Gewerkschaftsbund (DGB)
- Verbraucher- und Kundenorganisationen, z. B. Pro Bahn
- Berufsverbände, z. B. Verein Deutscher Ingenieure
- etc.

Politische und ideelle Verbände und Vereinigungen:

- Greenpeace
- Amnesty International
- etc.

Verbände im sozialen Bereich:

- Wohlfahrtsverbände
- Deutsches Rotes Kreuz
- Deutscher Caritasverband
- etc.

Vereinigungen im Freizeitbereich:

- Deutscher Sportbund
- Deutscher Alpenverein

Verbände öffentlicher Gebietskörperschaften:

- Deutscher Städte- und Gemeindetag
- etc.

Nach: Wolfgang Rudzio, Das politische System der Bundesrepublik Deutschland, 7. Aufl., Wiesbaden, 2006, S. 61

M 16 Wo nehmen Interessenverbände Einfluss?

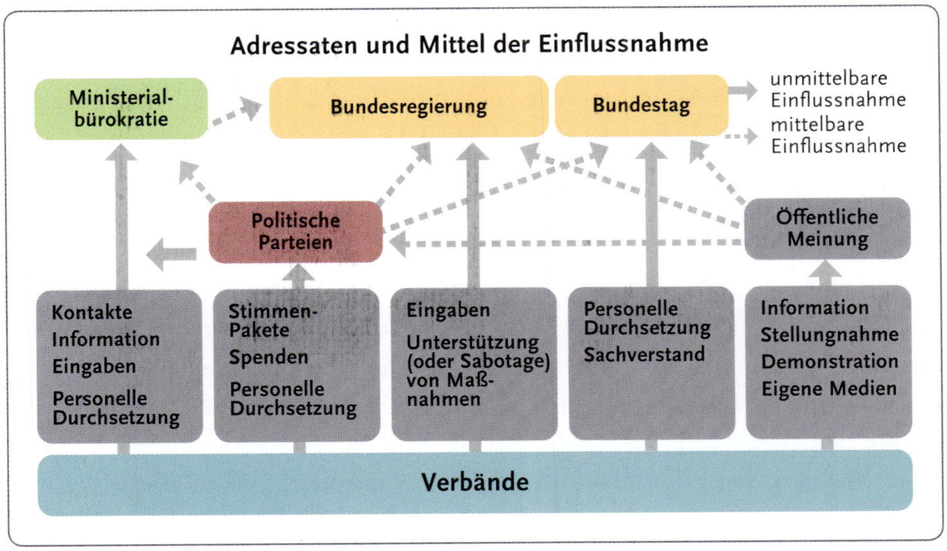

Wolfgang Rudzio, Die organisierte Demokratie, Parteien und Verbände in der Bundesrepublik, Stuttgart, 1977, S. 41

M 17 Kontrovers diskutiert: Haben die Interessenverbände zu viel Einfluss?

a) Pro: Demokratie der Bremsklötze

Die Organisation Greenpeace versucht meist mit ungewöhnlichen Aktionen, auf die Interessen von Verbrauchern und Umwelt aufmerksam zu machen.

Im Bundestagshandbuch, dem Verzeichnis aller Abgeordneten, sind viele Gründe nachzulesen, warum sich dieser Staat so schwer tut mit Reformen. Belege finden sich fast auf jeder Seite. Unsere Volksvertreter sind zwar allesamt vom Volk gewählt. Aber sie vertreten viele andere Interessen: Verbände, Konfessionen, Wirtschaftsbranchen und Berufsstände wie den öffentlichen Dienst. Drei Viertel der SPD-Abgeordneten und ein Drittel aller Parlamentarier sind Mitglied einer Gewerkschaft. Vier von zehn üben ein Amt in Verbänden aus, ähnlich viele waren vor ihrer Politkarriere beim Staat angestellt. Das wichtigste Entscheidungsgremium der Republik ist auch eine Arena der Besitzstandswahrer. „Die Lobby regiert das Land" heißt ein Buch über die Berliner Verhältnisse. Der Autor verfügt über intime Kenntnisse. Schon in den Anfangsjahren der Bundesrepublik warnte der Politologe Theodor Eschenburg vor der „Herrschaft der Verbände". Auch wenn dies alles überspitzt sein mag, so steht doch außer Zweifel, dass die Vertreter organisierter Sonderinteressen in den Hinterzimmern der Macht ein gewichtiges Wort mitreden. Die Demokratie ist kein Marionettentheater von Funktionären. Aber der politische Alltag lehrt, dass viele Reformideen zwischen den Mühlsteinen von Verbandsinteressen zerrieben werden. So beginnt eine typische Reformkarriere in Deutschland mit Vorschlägen, welche bereits das Wasserzeichen jener tragen, die Reformen bis dato zu verhindern wussten. Sie begleiten den weiteren Diskussionsprozess mit Klageliedern gegen „Sonderopfer" oder „Sozialabbau", bombardieren die Entscheidungsträger mit Einwänden, inszenieren öffentlichen Protest, intervenieren hinter den Kulissen, schachern um Zugeständnisse. Und das Ganze endet mit so genannten Kompromissen, die sich Reformatoren wie Peter Hartz nur mit dem „mangelnden Mut der politischen Eliten" erklären können. Konsens ist ein zentrales Prinzip der Demokratie. Jede Demokratie lebt vom Ausgleich unterschiedlicher Interessen. Verbände und Bürgerinitiativen, Gewerkschaften und Standesorganisationen sind die Sprachrohre solcher Interessen. Sie befördern Diskurse über strittige Fragen, verschaffen dem Volk Gehör bei dessen Vertretern, bilden ein Gegengewicht zu Parlament und Parteien. Die Konsensgesellschaft tendiert allerdings zum Stillstand, wenn die Politik vor den heimlichen Vetomächten kapituliert, wenn diese die Ansprüche und Pfründe ihrer Klientel bedroht sehen. Falls Gewicht und Einfluss dieser organisierten Egoismen überhandnehmen, droht Reformunfähigkeit.

Armin Käfer, Stuttgarter Zeitung, 3.12.2002

b) Kontra: Der Kampf für eigene Interessen gehört zur Demokratie

Abgeordnete, Politiker sind immer Teil der Gesellschaft, sie stehen nicht neben ihr oder irgendwie außerhalb. Sie sind immer auch Multiplikatoren der vielfachen Interessenkonflikte, Interessenkollisionen und Interessenkämpfe, die es in der Gesellschaft gibt. Sie können sich nicht heraushalten aus dem, was in ihrem Umfeld geschieht. Wie sollten sie auch? Abgeordnete wollen gestalten. Sie definieren sich selbst als Interessenvertreter – als durch demokratische Wahlen legitimierte Lobbyisten ihrer Wahlkreise nämlich. Kontakte der Abgeordneten zu kundigen Sachwaltern verschiedenster Bereiche sind notwendig, um die Gesetzesarbeit zu qualifizieren. Das Entscheidende an dieser Form von Zusammenarbeit ist die Transparenz, ist die Kontrollierbarkeit. Lobbyismus darf nicht hinter verschlossenen Türen stattfinden. Wir brauchen in der Demokratie eine Kultur der Transparenz, denn erst die ermöglicht den Bürgerinnen und Bürgern qualifizierte Partizipation. Als Beleg für die häufig zu hörende Kritik, dass der Einfluss der Lobbyisten ins Uferlose steige, wird immer wieder die Lobbyliste des Deutschen Bundestages genannt. Auf dieser Liste stehen jene Verbände, die an der Gesetzgebung teilhaben können. Es gibt inzwischen 1781 Einträge. Gleichwohl: Ich kann diesen Wunsch nach Teilhabe, nach Mitwirkung nicht wirklich kritisieren. Dass sich so viele Lobbyisten an den Bundestag wenden, also an der politischen Kommunikation beteiligt sein wollen, spricht doch nicht gegen das Parlament, sondern für das Parlament, für die Akzeptanz der demokratischen Gesetzgebung und ihrer Verfahren. Der Bundestag ist der zentrale Ort der Demokratie, hier werden die Gesetze beraten und verabschiedet. Es ist doch nur logisch, dass sich die Lobbyisten hier sammeln [...]. Es gibt Instrumente, die dazu dienen, das Parlament vor einseitiger Einflussnahme zu schützen. Ich denke an die Medien, die eine öffentliche Kontrolle ausüben und sehr genau hinschauen, wenn Interessenkonflikte oder Vorteilsnahmen drohen. Wichtig sind auch die Verhaltensregeln für Abgeordnete des Deutschen Bundestages. Ein Mitglied, das beruflich oder auf Honorarbasis mit einem Thema beschäftigt ist, das in einem Ausschuss zur Beratung ansteht, hat als Mitglied dieses Ausschusses vor der Beratung eine Interessenverknüpfung offenzulegen.

Wolfgang Thierse (SPD), Auszug aus der Rede zur Buchvorstellung „Lobbyismus in Deutschland" am 18.12.2003 in Berlin, Publik-Forum, 03/2004

Lobbyismus
Lobbyismus bezeichnet eine Form der Interessenvertretung in der Politik. Interessengruppen (Lobbys) versuchen ihren Interessen gemäß Einfluss auf politische Entscheidungen zu nehmen.

Aufgaben

1. Nenne drei wichtige Merkmale, wodurch sich Interessenverbände von Parteien unterscheiden (M 14 – M 15).
2. Beschreibe die Aufgaben der Interessenverbände im politischen System.
3. Erläutere, was Wolfgang Thierse unter einer „Kultur der Transparenz" versteht und nimm Stellung zur Eingangsfrage von M 17.

Was wir wissen

Wahlsysteme
M 5, M 6

Grundsätzlich kann man zwischen Verhältniswahlsystem und Mehrheitswahlsystem unterscheiden. Bei der reinen Verhältniswahl erhalten die Vertreter der Parteien genauso viele Mandate im Parlament, wie es ihrem Anteil an den abgegebenen Stimmen entspricht. Beim reinen Mehrheitswahlsystem erhalten nur die Kandidaten ein Mandat, die in einem Wahlkreis die meisten Stimmen auf sich vereinigen konnten. In vielen Staaten gibt es Mischformen der beiden Systeme.

Wahlsystem der Bundesrepublik Deutschland
M 7

Das Wahlsystem der Bundesrepublik Deutschland ist im Bundeswahlgesetz festgelegt. Für die Wahl der 598 Abgeordneten des Bundestages haben die Wähler zwei Stimmen: Mit der Erststimme entscheidet der Wähler nach dem Prinzip der relativen Mehrheitswahl, welcher Wahlkreisabgeordnete einen Sitz im Parlament erhalten soll. Die Zweitstimme, die nach den Prinzipien der Verhältniswahl abgegeben wird, ist die wichtigere Stimme, denn durch sie wird die Zahl der Sitze festgelegt, die jeder Partei im Bundestag zustehen. Hat eine Partei die Sperrklausel (fünf Prozent der Zweitstimmen oder drei Direktmandate) überwunden, so wird die Gesamtzahl der für sie abgegebenen Zweitstimmen in Mandate umgerechnet. Das Wahlsystem zum Deutschen Bundestag wird häufig als „personalisiertes Verhältniswahlrecht" bezeichnet. Dies verdeutlicht, dass das Stimmenergebnis auf der Verhältniswahl beruht, durch die Erststimme aber die Möglichkeit besteht, direkt einzelne Personen zu wählen (Personalisierung).

Parteienfunktionen
M 9

Zu den Aufgaben der Parteien gehören:
- Mitwirkung: Parteien ermöglichen den Bürgern als Wähler oder als Mitglieder die Teilnahme am politischen Geschehen. Als Parteimitglied kann der Bürger bei Programmformulierungen und bei der Auswahl der Kandidaten mitwirken.
- Meinungsbildung: Parteien nehmen – vor allem mithilfe der Medien – auf die öffentliche Meinung Einfluss.
- Interessenvermittlung: Parteien bündeln gesellschaftliche Interessen und transportieren sie als „Keilriemen der Demokratie" in den politischen Entscheidungsprozess der staatlichen Institutionen.
- Personalbereitstellung: Über Parteien rekrutiert und selektiert sich in Deutschland das politische Personal, das dann die staatlichen Führungsämter einnimmt.

Interessenverbände
M 14 – M 17

Interessenverbände sind freiwillige Zusammenschlüsse zur Bündelung und Artikulation von besonderen Interessen mit dem Ziel, die Politik und Gesetzgebung im Sinne der eigenen Absichten zu beeinflussen (Einflusslogik). Dies erreichen Verbände z. B. dadurch, dass sie die Regierungen bei der Vorbereitung von Gesetzentwürfen sachlich beraten. Gleichzeitig übernehmen viele Verbände auch Servicefunktionen gegenüber ihren beitragszahlenden Mitgliedern (Mitgliederlogik). Eher unpolitische Interessengruppen nennt man Vereine.

Wahlen in der DDR

Am 7. Mai 1989 sind die DDR-Bürger wieder einmal aufgerufen, die „Kandidaten der Nationalen Front“ zu wählen. Das Wahlverfahren ist jedoch nur scheinbar demokratisch: Auf einer von der SED abgesegneten Einheitsliste stehen die Kandidaten – die fast keinem der Wähler bekannt sind. Eine Abstimmung über einzelne Wahlvorschläge ist nicht möglich. Es gibt nur die Unterscheidung zwischen Ja-Stimme, Nein-Stimme und ungültiger Stimme für die gesamte Liste. Was nur wenige DDR-Bürger wissen: eine Nein-Stimme, also eine Ablehnung des Vorschlags wird nur dann anerkannt, wenn der Wähler auf der Liste jeden einzelnen Namen säuberlich durchstreicht. Jede Abweichung von dieser äußeren Form macht den Stimmzettel ungültig. Zwar ist in jedem Wahlbüro eine Wahlkabine aufgebaut, doch werden die Bürger, welche die Kabine tatsächlich benutzen, von den gestellten, linientreuen Wahlhelfern registriert: In einem sozialistischen Staat hat in ihren Augen ein rechtschaffener Mensch nichts zu verbergen. In der Bevölkerung wird der Gang zur Wahlurne deshalb auch zutreffend als „Zettelfalten“ bezeichnet. Es gibt die ungeschriebene Verpflichtung, an der Wahl teilzunehmen, und die Wahlbeteiligung der DDR-Bevölkerung liegt auch ohne die unmittelbare Anwendung von Druckmitteln bei weit über 90 Prozent. Wer jedoch bis 16 Uhr nicht ins Wahllokal kommt, muss damit rechnen, dass ihn Wahlhelfer zuhause aufsuchen, um die fehlende Stimme abzuholen. Die Wahlkreise konkurrieren untereinander um die höchste Zustimmungsrate. 99 Prozent sollten es am besten sein – und so muss hier und da manipuliert werden.

Aufgabe
International ist es mittlerweile üblich, dass Wahlbeobachter aus anderen Ländern die heimischen Wahlen überprüfen. Stell dir vor, du wärst einer dieser Wahlbeobachter und müsstest die Wahl vom 7.5.1989 in der DDR beobachten.
Beurteile ausgehend vom Bericht über die Wahlen in der DDR, ob die Wahl als demokratisch bezeichnet werden kann und welche Rolle die Parteien bei dieser Wahl spielen.
Verfasse dazu einen Bericht, den du in einer Pressekonferenz der Öffentlichkeit vorstellen willst.

In einem Bericht vom 7. Mai 1989 über die Wahl im Ort Menz (Brandenburg) hält die Staatssicherheit fest, dass der ehemalige Parteivorsitzende der CDU (Name geschwärzt) alle Kandidaten auf dem Wahlzettel durchgestrichen hat.

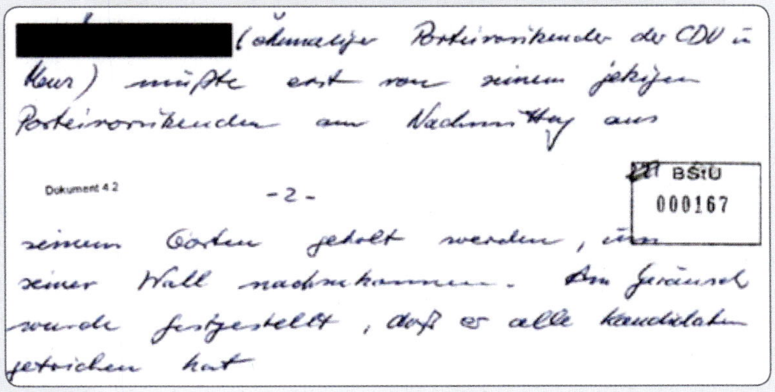
[redacted] (ehemaliger Parteivorsitzender der CDU in Menz) mußte erst von seinem jetzigen Parteivorsitzenden am Nachmittag aus

Dokument 4.2

-2-

BStU 000167

seinem Garten geholt werden, um seiner Wahl nachzukommen. Am [illegible] wurde festgestellt, daß er alle Kandidaten gestrichen hat

Bruno Zandonella, Thema im Unterricht, Wahlen für Einsteiger, Bundeszentrale für politische Bildung, 07/2009

4.4 Mediendemokratie – braucht die Demokratie Medien?

4.4.1 Welche Rolle spielen die Medien in der Demokratie?

M 1 Der Fall „Christian Wulff" – Schlagzeilen

Christian Wulff, kurz nach seinem Rücktritt als Bundespräsident am 17.2.2012

Im Dezember 2011 wurden in den Medien Vorwürfe erhoben, Christian Wulff habe 2010 zu seiner Zeit als Ministerpräsident eine Anfrage im niedersächsischen Landtag falsch beantwortet. In der Frage ging es um geschäftliche Beziehungen zu einem Unternehmer. Wulff hatte angegeben, es beständen keine geschäftlichen Beziehungen. Kurz darauf wurde jedoch bekannt, dass Wulff für den Kauf eines Hauses im Jahr 2008 einen Kredit über 500.000 Euro zu besonders günstigen Konditionen von der Ehefrau des Unternehmers erhalten habe. Die Berichterstattung über diesen Vorgang löste eine Reihe weiterer Recherchen aus. Unter anderem wurde kritisiert, dass Wulff mehrfach Urlaubseinladungen von Unternehmern angenommen habe.

BILD, 13.12.2011: „Bundespräsident Wulff – Wirbel um Privatkredit"

Zeit online, 5.1.2012: „TV-Interview – Wulffs schaurige Menscheleien"

www.stern.de, 22.12.2011: „Kritik am Bundespräsidenten im Überblick – Die Causa Wulff"

www.spiegel.de, 14.1.2012: „Neues Gutachten zu Wulff-Kredit – Grenze der Strafbarkeit eindeutig überschritten"

www.stern.de, 9.1.2012: „Präsidenten-Affäre – Opposition fordert Rücktritt von Wulff"

www.tagesschau.de, 17.2.2012: „Bundespräsident Wulff tritt zurück"

M 2 Aufgaben der Massenmedien

Informationsfunktion

Die Massenmedien sollen so vollständig, sachlich und verständlich wie möglich informieren, damit ihre Nutzerinnen und Nutzer in der Lage sind, das öffentliche Geschehen zu verfolgen. Da unsere Gesellschaft viel zu großräumig geworden ist, kommen wir mit dem direkten Gespräch, der unmittelbaren Kommunikation, nicht mehr aus. Wir als Einzelne und die vielfältigen Gruppen, die in dieser Gesellschaft bestehen, sind darauf angewiesen, miteinander ins Gespräch gebracht zu werden – dafür sollen die Massenmedien sorgen. […]

Meinungsbildungsfunktion

Bei der Meinungsbildung fällt den Massenmedien ebenfalls eine bedeutsame Rolle zu. Dies ergibt sich aus der Überzeugung, in der Demokratie sei allen am meisten damit gedient, wenn Fragen von öffentlichem

Wächterpreis:
Der „Wächterpreis der Tagespresse" wird jährlich für kritische Berichterstattung vergeben. Recherchiert aus *www.waechterpreis.de*, welche Missstände von den Preisträgern aufgedeckt wurden. Wählt einen Fall aus, der euch besonders beeindruckt, und stellt den Fall z. B. auf einem Infoplakat vor.

Interesse in freier und offener Diskussion erörtert werden. Es besteht dann die Hoffnung, dass im Kampf der Meinungen das Vernünftige die Chance hat, sich durchzusetzen. […]

Kritik- und Kontrollfunktion

[…] Ohne Presse, Hörfunk und Fernsehen, die Missstände aufspüren und durch ihre Berichte unter anderem parlamentarische Anfragen und Untersuchungsausschüsse anregen, liefe die Demokratie Gefahr, der Korruption oder der bürokratischen Willkür zu erliegen. Wie die Wirkungsforschung hervorhebt, haben viele Medien über die erwähnten Funktionen hinaus weitere übernommen, zum Beispiel die Thematisierungsfunktion. Diese „agenda setting function", wie sie in den USA heißt, bedeutet, dass diejenigen, die die unterschiedlichen Medien lesen, hören und sehen, genau die Themen für wichtig halten, die darin behandelt werden. Die Medien sind jedoch nicht nur entscheidend dafür verantwortlich, welche Themen auf der Tagesordnung stehen, sondern sie legen auch fest, in welcher Rangfolge der Dringlichkeit diese Themen behandelt werden.

Hanni Chill, Hermann Meyn, Informationen zur politischen Bildung Nr. 260, Massenmedien, hg. von der Bundeszentrale für politische Bildung, Bonn, 3/1998

„Agenda-Setting"
Medien bestimmen, welche Themen besondere Bedeutung haben.

M 3 Mediendemokratie – was heißt das?

Der Begriff Mediendemokratie bezeichnet eine Form der Demokratie, in der sich die politische Meinungs- und Willensbildung im Wesentlichen über Massenmedien vollzieht. Deutlich wird dies v. a. in Wahlkampfzeiten: So nennen die Wähler in Deutschland und anderen europäischen Staaten nach mehreren Wahlen in den letzten Jahren das Fernsehen als die wichtigste Informationsquelle für ihre Wahlentscheidung. Meinungsbildung über Medien beinhaltet, dass die Medien durch die Auswahl und Ausgestaltung von Inhalten darüber bestimmen, was auf welche Weise zum öffentlichen Thema wird. […]

Politikvermittlung durch Medien bedeutet darüber hinaus, dass sich die Politik bzw. die Politiker mediengerecht präsentieren, um Erfolg zu haben. Denn die Bevölkerung tendiert dazu, nur ihre Medienexistenz mit den dazugehörenden Images wahrzunehmen. Die Medien sind demnach nicht nur Beobachter, Kritiker und Kontrolleure politischer Ereignisse und staatlicher Macht („vierte Gewalt"). Sie stellen vielmehr einen Faktor dar, der politische Einstellungen und Stimmungen beeinflusst und ein bestimmtes Meinungsklima zugunsten oder zuungunsten einer Partei, einer Person oder einer politischen Forderung vermittelt. Medien bestimmen dadurch die Politik mit.

Schülerduden Politik und Gesellschaft, 5. Aufl., Mannheim 2005, S. 260

Aufgaben

1. In M 1 findest du Statements verschiedener Zeitungen / Medien zum Fall Wulff. Ordne die Funktionen in M 2 den Statements zu und begründe deine Zuordnung.
2. Diskutiert in Gruppen, ob Christian Wulff auch ohne den medialen Druck zurückgetreten wäre (M 1, M 2).
3. *„Die Politik und die Politiker brauchen die Medien – die Medien brauchen die Politik und die Politiker."* Erläutere die These (M 3).

4.4.2 Presse- und Meinungsfreiheit – ein hohes Gut

M 4 Die Säulen der Demokratie …

Karikatur: Ed Stein

M 5 Was wäre wenn …

Was wäre, wenn es nur noch einen staatlichen Fernsehkanal gäbe, in dem ausschließlich wiedergegeben würde, was die gerade jeweils Regierenden für gut und nützlich halten? Was wäre, wenn Journalisten alles, was sie schreiben, einem Zensor vorlegen müssten, der – mangels besseren Wissens – alles streicht, was er nicht versteht? Freie, vor allem auch kritische Medien, sind aus einer echten Demokratie nicht wegzudenken. Demokratie, das lehrt uns nicht nur die Theorie, sondern einfach auch die Erfahrung, braucht Kontrolle. Tagtäglich. Wenn in einer abgelegenen Region Russlands […] Sozialabgaben dazu benutzt werden, dem lokalen Machthaber eine neue Datscha zu bauen, und ein mutiger Lokalreporter dem Skandal auf die Spur kommt, geschieht Folgendes: Der Journalist wird von seinem Chefredakteur gelobt – und erhält die Auskunft, dass man dies unmöglich veröffentlichen könne, er wisse schon, der lokale Machthaber habe so gute Verbindungen bis hinauf nach Moskau. Wenn der Journalist dann trotzdem darauf besteht, seine Rechercheergebnisse dem staunenden Leser zu vermitteln, wird er eines Abends vor seiner Wohnung auf brutale Schläger treffen […]. Journalismus ist ein schwieriges Handwerk – das steht außer Frage. Und ein sehr viel verantwortungsvolleres, als viele glauben. Ohne journalistische Kontrolle aber gerät die Demokratie erstaunlich schnell in Schieflage.

Susanne Scholl, Was ist denn Demokratie ohne eine freie Presse, in: www.mein.salzburg.com, 14.5.2010

Presse- und Meinungsfreiheit
„Jeder hat das Recht, seine Meinung in Wort, Schrift und Bild frei zu äußern und zu verbreiten und sich aus allgemein zugänglichen Quellen ungehindert zu unterrichten. Die Pressefreiheit und die Freiheit der Berichterstattung durch Rundfunk und Film werden gewährleistet. Eine Zensur findet nicht statt."
Artikel 5 (1) GG

M 6 Die rechtliche Stellung der Medien

Die rechtliche Stellung der Medien

Freiheit der Medien

Art. 5 (1) GG:
- Pressefreiheit, Freiheit der Berichterstattung durch Rundfunk und Film
- Meinungs- und Informationsfreiheit
- Zensurverbot

Zeugnisverweigerungsrecht für Journalisten

Gefährdung z. B. durch:
- Pressekonzentration
- Verflechtungen von Medien und Politik
- mangelnde Berufsethik von Journalisten

Einstellungen

gesetzlich

Art. 5 (2) GG:
Schranken durch:
- allg. Gesetze
- gesetzl. Bestimmungen zum Schutz der Jugend
- Persönlichkeitsrechte

Gegendarstellungsrecht bei Tatsachenbehauptungen

freiwillige Selbstverpflichtung

Pressekodex des Deutschen Presserats

aber: keine rechtlichen Sanktionsmöglichkeiten

M 7 Pressefreiheit in Deutschland in Gefahr?

In Deutschland ist die Pressefreiheit weniger vom Staat bedroht; bei Verletzung des Redaktionsgeheimnisses durch Sicherheitsbehörden greift das Bundesverfassungsgericht ein und lehrt die Staatsbehörden den Wert der Pressefreiheit für die Demokratie. Die Bedrohung der Pressefreiheit besorgen die Medien heute in erster Linie selber. Die Qualität des Journalismus sinkt, weil Medienunternehmen mit den Medien mehr Geld verdienen wollen als früher. [...]

In Redaktionskonferenzen ist das diskussionsfreudige Klima verschwunden, offenbar haben die wirtschaftlichen Schwierigkeiten, in die viele Zeitungen geraten sind, und die Existenzängste nicht weniger Redakteure damit zu tun. [...] Zu beklagen ist die Verquickung von Journalismus, Politik und Wirtschaft, zu beklagen ist also die Tatsache, dass sich immer mehr Journalisten zu Büchsenspannern und Handlangern vor allem von Wirtschaftslobbys machen lassen. [...]

Gelegentlich werden Fälle bekannt, in denen die Staatsanwaltschaft und Polizei die Telefone von Journalisten überwacht haben. Schlimmer als diese staatlichen Lauscher sind Medien-Manager und Finanzinvestoren, für die Zeitungen nur Produkte zum Geldverdienen sind wie andere auch – und die Redaktionen immer billiger machen wollen.

Heribert Prantl, Pressefreiheit in Deutschland, www.goethe.de, 10.11.2010

Aufgaben

1. Formuliere die Kernaussage der Karikatur in M 4. Stimmst du der Sichtweise des Karikaturisten zu?
2. Überlege, ob und ggf. wodurch sich die Säulen ersetzen ließen (M 4).
3. Nenne Gründe, warum die Pressefreiheit ein so hohes Gut ist (M 5).
4. Erläutere, wodurch der Verfasser in M 7 die Pressefreiheit in Deutschland gefährdet sieht.

Was wir wissen

Informationsgesellschaft
M 1 – M 3

Unsere Gesellschaft wird häufig als Informations- oder Wissensgesellschaft bezeichnet. Darin drückt sich die herausragende Bedeutung des Wissens bzw. der Übermittlung von Wissen durch Informationen für den Einzelnen und die Gesellschaft aus. Die Informationsgesellschaft gründet sich auf moderne, sich rasant entwickelnde, hoch technisierte Massenmedien, wie Fernsehen, Zeitungen oder das Internet. Sie bestimmen unser Alltagsleben heute nachhaltig und führen zu einer Ausweitung und Beschleunigung der Kommunikation in allen Lebensbereichen. Als Massenmedien werden die technischen Mittel bezeichnet, die Massenkommunikation ermöglichen. Massenkommunikation ist eine besondere Form der zwischenmenschlichen Kommunikation, da sie öffentlich, indirekt und (in der Regel) einseitig abläuft.

Funktionen der Medien
M 2, M 3

Da wir in einer immer komplexer werdenden Welt die wenigsten Informationen durch eigene Erfahrung oder im direkten Gespräch gewinnen können, sind wir auf die Informationen der Massenmedien angewiesen. Die Massenmedien sollten so vollständig, sachlich und verständlich wie möglich informieren, damit ihre Nutzer in die Lage versetzt werden, die Bedeutung von Ereignissen zu begreifen, die Funktionsweise des politischen Systems zu durchschauen und ihre eigenen Interessenlagen zu erkennen. Auch bei der Meinungsbildung fällt den Massenmedien eine bedeutsame Rolle zu. Diese ergibt sich aus der Funktionsweise einer pluralistischen Gesellschaft. Die Medien sollen die Vielfalt der in der Bevölkerung bestehenden Überzeugungen widerspiegeln und sie in die öffentliche Diskussion einbringen. Ohne Medien wäre es schwer, alternative Positionen und Meinungen einer breiten Öffentlichkeit zugänglich zu machen. Außerdem decken Journalisten durch eigene Recherchen immer wieder politische Missstände auf. Deshalb werden die Medien auch als „vierte (kontrollierende) Gewalt“ bezeichnet.

Presse- und Meinungsfreiheit
M 4 – M 7

Voraussetzung für die ungehinderte Information durch die Medien ist die in Grundgesetz Art. 5 verankerte Meinungs- und Pressefreiheit. Danach hat jeder das Recht, seine Meinung in Wort, Schrift und Bild frei zu äußern und zu verbreiten und sich aus allgemein zugänglichen Quellen ungehindert zu unterrichten. Dies gilt für die Medien als Institutionen sowie für jeden Einzelnen. Art. 5 wird als Fundament jeglicher freiheitlichen Demokratie betrachtet. Ohne freie Meinungs- und Willensbildung kann es keine freien Wahlen und Mitwirkung der Bürger geben. Gefährdungen für die freie Meinungsbildung ergeben sich vor allem aus der zunehmenden Pressekonzentration und engen personellen und wirtschaftlichen Verflechtungen von Medien und Politik. Der Presserat sorgt dafür, dass sich die Berichterstattung an rechtlichen und moralischen Prinzipien (Pressekodex) orientiert.

WikiLeaks

Dürfen wir alles wissen?

„We open governments" ist das Motto von WikiLeaks: „Wir machen Regierungen transparent". Die Organisation bietet eine Internetseite über sogenannte Whistleblower, die geheime Informationen an Informanten an die Öffentlichkeit bringen. [...] Die jüngste Veröffentlichung auf WikiLeaks ist unter dem Namen Cablegate bekannt geworden: Im November 2010 hat WikiLeaks mit der Veröffentlichung von etwa 250.000 Berichten US-amerikanischer Diplomaten begonnen. Neben Depeschen, die US-Botschafter über internationale Politiker angefertigt hatten, kamen auch weitere Informationen zu den von Amerika geführten Kriegen ans Licht, aber auch Einschätzungen zur Situation Nordkoreas, zu den Staaten Südamerikas und zum iranischen Atomprogramm.

Frida Thurm, WikiLeaks, in: www.blog.zeit.de, 8.12.2010

Pro und Kontra WikiLeaks – Hat die Öffentlichkeit ein Recht auf alle Informationen?

Werner Weidenfeld, Jahrgang 1947, ist Professor für Politische Wissenschaften an der Ludwig-Maximilians-Universität München; Sascha Lobo, Jahrgang 1975, ist Blogger, Unternehmer und Berater.

Weidenfeld: Nein. Im Gegenteil. Sie müssen in Demokratien verschiedene Formen der Kommunikation zulassen. Die Regierung etwa muss die Möglichkeit haben, bestimmte Dokumente als geheim zu kennzeichnen. Sonst würde sich ja die Kommunikation der Politik darauf beschränken, was sie sowieso öffentlich sagen wollen in Fernsehauftritten oder in Interviews. Damit wäre die Politik reduziert auf einen ganz minimalen Prozentsatz ihrer Kommunikation. Und das würde alle beschädigen. [...] Im diplomatischen Dienst gehören solche durchaus subtilen, sensiblen Beurteilungen zum Kerngeschäft. Unter den Vorzeichen der Indiskretion sind die kaum mehr möglich.

subtil fein

Indiskretion Verrat

Lobo: Die Öffentlichkeit hat ein Recht auf mehr Informationen, als sie im Moment bekommt. Regierungen neigen offenbar dazu, Dinge im Geheimen zu besprechen, obwohl sie eigentlich in Volkes Auftrag handeln sollten. Dinge werden als geheim klassifiziert, auf die die Öffentlichkeit durchaus ein Recht hat. Zu dieser Kontrolle ist ja die freie Presse da. WikiLeaks ist eine Art Verlängerung der freien Presse in das Internetzeitalter – als Quelle für investigativen Journalismus. Nicht umsonst arbeitet WikiLeaks mit den renommiertesten publizistischen Organen weltweit zusammen.

investigativ enthüllend, nachforschend

Interview mit Claudia Witte, Was bringen die Enthüllungen, in: www.tagesschau.de, 29.3.2011

Aufgabe

Hat die Öffentlichkeit ein Recht auf alle Informationen? Entscheide dich für eine der beiden gegensätzlichen Positionen und begründe deine Entscheidung.

4.5 Demokratie und Grundrechte – wie werden sie geschützt?

4.5.1 Rechtsextremismus in Deutschland – ein Problem?

M 1 Einstellungen zur Diktatur

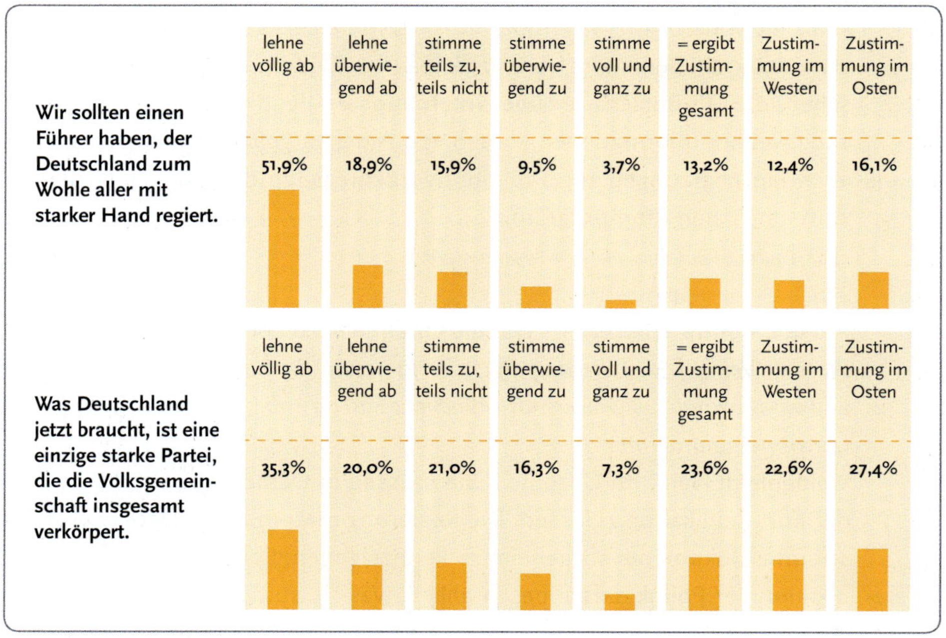

Oliver Decker u. a., Rechtsextreme Einstellungen in Deutschland 2010, Friedrich Ebert-Stiftung, 2010

M 2 Wie rechtsextrem ist Deutschland?

Nicole Asmuth sprach mit Oliver Decker, der für die Friedrich-Ebert-Stiftung eine Studie über den Rechtsextremismus erarbeitet hat […].

Wie rechtsextrem ist Deutschland, Herr Decker?

Unsere Studie zeigt: Wir haben einmal Menschen mit einem geschlossenen rechtsextremen Weltbild. Und wir haben Menschen, die einzelnen rechtsextremen Aussagen zustimmen. Die geschlossenen rechtsextremen Weltbilder machen nur etwa neun Prozent der Bevölkerung aus, allerdings werden ausländerfeindliche Aussagen von einem großen Teil der Bevölkerung geteilt. […]

Sind sich die Menschen, die rechtsextremen Aussagen zustimmen, eigentlich bewusst, dass sie damit eine rechtsextreme Haltung an den Tag legen?

Witzigerweise nein. Wir haben in unserer Studie nach der eigenen politischen Position im Sinne einer Links-Rechts-Einordnung gefragt und auch Personen, die sich selber links einordnen, stimmen zum Teil rechtsextremen Aussagen zu. Man muss dazu sagen, dass wir in der Wissenschaft mit dem Begriff des Rechtsextremismus unsere Probleme haben. Der Begriff […] hat einige Fallstricke, denn er suggeriert, dass es sich dabei um ein Problem der Ränder handelt. Und dass man also eine Mitte klar abgrenzen kann von den Rändern. Das ist absolut nicht der Fall. […]

Warum vertreten Menschen rechtsextremes Gedankengut?

Wir haben da sehr vielfältige Gründe gefunden: sozialer Abstieg, Arbeitslosigkeit, Erziehungsverhalten der Eltern und die Wertepriorität, also was wichtig ist im Leben. Wir haben in der Studie gesehen, dass sozialer Abstieg und Arbeitslosigkeit zusammen mit Rechtsextremismus häufiger auftritt. Wir haben auch gesehen, dass ein sehr autoritärer Erziehungsstil mit wenig emotionaler Nähe gerade zum Vater, aber auch zur Mutter und mit einem sehr fordernden Verhalten der Eltern ebenfalls häufiger bei Personen auftritt, die rechtsextrem sind. Wir haben hier ein ganzes Bündel von Ursachen. Sie finden aber eben auch rechtsextreme Einstellungen bei Menschen, die in allen Punkten ideale Bedingungen hatten. Die selbstbewusst sind, ein emotional ausgeglichenes Elternhaus erlebt und keinen sozialen Abstieg erfahren haben.

Interview von Nicole Asmuth mit Oliver Decker, Wie rechtsextrem ist Deutschland?, in: http://www.fluter.de/rechtsextremismus/theme/5720, 5.2.2007

suggerieren
unterstellen, einen falschen Eindruck entstehen lassen

M 3 Rechtsextremistische Gewalt

Straftaten mit extremistischem Hintergrund aus dem Bereich „Politisch motivierte Kriminalität – rechts“					
Gewalttaten	**2008**	**2009**	**Sonstige Straftaten**	**2008**	**2009**
• Tötungsdelikte	2	1	• Sachbeschädigungen	1.197	1.453
• Versuchte Tötungsdelikte	4	5	• Nötigung/Bedrohung	144	146
• Körperverletzungen	893	738	• Propagandadelikte	14.262	13.280
• Brandstiftungen	29	18	• Störung der Totenruhe	32	24
• Herbeiführen einer Sprengstoffexplosion	0	0	• Andere Straftaten, insbesondere Volksverhetzung	3.217	2.956
• Landfriedensbruch	46	44			
• Gefährliche Eingriffe in den Bahn-, Luft-, Schiffs- und Straßenverkehr	4	4			
• Freiheitsberaubung	1	3			
• Raub	10	16			
• Erpressung	6	5			
• Widerstandsdelikte	47	57			
• Sexualdelikte	0	0			
Gesamt	**1.042**	**891**	**Gesamt**	**18.852**	**17.859**

Die Zahlen basieren auf Angaben des Bundeskriminalamtes (BKA). Die Übersicht enthält – mit Ausnahme der Tötungsdelikte – vollendete und versuchte Straftaten.

Nach: www.verfassungsschutz.de, 27.6.2011

Aufgaben

1. Nimm Stellung zu den Ergebnissen in M 1.
2. Erläutere Ursachen für den Rechtsextremismus in Deutschland (M 2).
3. Sammelt auch mit Blick auf die Tabelle M 3 Lösungsvorschläge, wie man gegen den Rechtsextremismus vorgehen könnte. Erstellt dann eine Rangliste der Vorschläge und entscheidet, welchen Vorschlag ihr persönlich unterstützen würdet.

4.5.2 Linksextremismus in Deutschland – ein Problem?

M 4 „Lasst es krachen"

Ausschreitungen linker Extremisten bei einer 1. Mai-Kundgebung

„Lasst es krachen" – so bewarben die Veranstalter ihre Demo „Gegen den Polizeikongress". Und es krachte tatsächlich am Sonntag in Berlin – erst in Neukölln und dann noch heftiger in Friedrichshain. Kurz vor dem Jahrestag der Räumung der Liebigstraße am 2. Februar drehte die linksextremistische Szene am Wochenende bereits auf. Gleich nach dem Demostart flogen Flaschen und Böller auf die 600 eingesetzten Polizisten. Auf halber Strecke zur Anmelderin wurde der Verbindungsbeamte des Präsidiums – ein älterer Polizist – durch einen Tritt in den Rücken zu Fall gebracht und verletzt. Minuten später beendete die Anmelderin in der Weserstraße die Demonstration einfach. Der Zug war auf 1000 Personen angewachsen, größtenteils als gewaltbereit oder gewaltsuchend eingestufte. Das spontane Beenden ist eine schon bei anderen unfriedlichen Demonstrationen angewandte Taktik, um die Polizei zu überraschen. Urplötzlich rennen dann größere Gruppen Autonomer los. Am Sonntag Richtung Kreuzberg. Da in diesem Bereich kaum Polizei war, konnten Randalierer unter anderem die Scheiben verschiedener Geschäfte einwerfen und Auslagen plündern. [...] An der Proskauer Straße zündeten Randalierer einen Papiercontainer in einer Einfahrt an. Die Polizei verhinderte, dass die Flammen auf das Haus übergriffen. Hausbewohner beschuldigten dagegen Beamte, die Feuerlöscher entleert zu haben. Die Polizei meldete am Ende der Nacht 48 verletzte Beamte und 38 zumindest zeitweilige Festnahmen. Berlins Innensenator Frank Henkel (CDU) äußerte sich „entsetzt, wie hier gezielt Gewalt gegen Polizisten ausgeübt wurde". Die Polizei werde sich nicht auf diese Provokationen einlassen. Die Beamten hätten „gut und konsequent reagiert".

Jörn Hasselmann, Linksextreme Randale in Berlin, Henkel lobt die Polizei. Stadt vor Großeinsatz, in: Potsdamer Neueste Nachrichten, 30.1.2012, S. 12

M 5 Was genau wollen Linksextreme?

Linksextremisten zielen auf eine Beseitigung unserer bestehenden, freiheitlichen demokratischen Grundordnung ab. An deren Stelle soll – je nach ideologischer Ausrichtung im Einzelnen – eine sozialistische bzw. kommunistische Gesellschaft oder eine „herrschaftsfreie", anarchistische Gesellschaft treten. Das linksextremistische Personenpotenzial hat in den letzten Jahren kontinuierlich zugenommen und lag Ende 2009 bei rund 31.600 Personen. [...] Die weitaus gravierendere Bedrohung für die öffentliche Sicherheit der Bundesrepublik Deutschland geht hingegen von den restlichen rund 6.600 gewaltbereiten Linksextremisten aus, die ganz überwiegend der autonomen Szene angehören. Autonome lehnen jede Form von staatlichen und gesellschaftlichen Normen ab. Dabei zielen Autonome – wie alle Linksextremisten – im Kern auf die Überwindung des „herrschenden Systems". Die Anwendung von Gewalt – auch gegen Personen – halten Autonome zur Durchsetzung ihrer Ziele für legitim.

www.bmi.bund.de, 28.4.2011

Sozialismus
politische Ideologie, die durch die Vergesellschaftung der Produktionsmittel eine sozial gerechte Wirtschafts- und Gesellschaftsordnung erstrebt

Kommunismus
politische Lehre, die eine klassenlose Gesellschaft zum Ziel hat

Anarchie
Herrschaftslosigkeit

Marxismus
Bezeichnung für die von Karl Marx und Friedrich Engels entwickelte Wirtschafts- und Gesellschaftsordnung

M 6 Linksextremistische Gewalt

Straftaten mit extremistischem Hintergrund aus dem Bereich „Politisch motivierte Kriminalität – links"

Gewalttaten	2008	2009	Sonstige Straftaten	2008	2009
• Tötungsdelikte	0	0	• Sachbeschädigungen	1.468	2.091
• Versuchte Tötungsdelikte	3	7	• Nötigung/Bedrohung	57	56
• Körperverletzungen	359	502	• Andere Straftaten	898	1.472
• Brandstiftungen	62	113			
• Herbeiführen einer Sprengstoffexplosion	0	4			
• Landfriedensbruch	149	271			
• Gefährliche Eingriffe in den Bahn-, Luft-, Schiffs- und Straßenverkehr	24	18			
• Freiheitsberaubung	0	2			
• Raub	13	23			
• Erpressung	2	2			
• Widerstandsdelikte	89	173			
• Sexualdelikte	0	0			
Gesamt	**701**	**1.115**	**Gesamt**	**2.423**	**3.619**

Die Zahlen basieren auf Angaben des Bundeskriminalamtes (BKA). Die Übersicht enthält – mit Ausnahme der Tötungsdelikte – vollendete und versuchte Straftaten.

Nach: www.verfassungschutz.de, 27.6.2011

Aufgaben

1. Beschreibe die Art der Gewalt der Linksextremisten bei der Demonstration „Gegen den Polizeikongress" (M 4). Klassifiziere die Gewalttaten anschließend mithilfe von M 6.
2. Erläutere deinem Nachbarn, welche Ziele Linksextreme wie verfolgen. Beziehe dabei die Straftaten aus M 6 und den Slogan der linksextremistischen Szene *„Macht kaputt, was euch kaputt macht"* mit ein.
3. Vergleicht links- mit rechtsextremistischen Straftaten – gibt es Gemeinsamkeiten? Welche Unterschiede fallen auf (M 6, M 3)?

4.5.3 Islamismus in Deutschland – ein Problem?

M 7 Ein Attentat und viele offene Fragen

Arid Uka wurde knapp ein Jahr nach dem tödlichen Anschlag auf US-Soldaten am Frankfurter Flughafen zu lebenslanger Haft verurteilt.

Am 2. März hat Arid U. am Frankfurter Flughafen zwei US-Soldaten mit Schüssen in den Kopf getötet, als diese mit einem Bus nach Ramstein fahren wollten – von dort wäre es weiter nach Afghanistan in den Krieg gegangen. Die Tat gilt als erstes islamistisch motiviertes Attentat in Deutschland. Arid U. war nach Erkenntnissen der Ermittler nicht in eine Gruppe oder gar Terrororganisation eingebunden. Er hat sich vielmehr über das Internet radikalisiert, alleine, zu Hause. Wie aus der Anklageschrift hervorgeht, die der taz vorliegt, fanden sich auf seinem Laptop, seinem Handy und seinem iPod hunderte dschihadistische Texte, Videos und Lieder – darunter ein Buch des einstigen Bin-Laden-Mentors Abdallah Azzam und elf englischsprachige Vorträge des berüchtigten Predigers Anwar al-Awlaki, eines der wichtigsten Ideologen des al-Qaida-Ablegers im Jemen. [...] Am Abend vor der Tat schaute sich Arid U. im Internet wieder einmal dschihadistische Videos an. Gegen 23 Uhr sah er bei „YouTube" einen Clip, in dem neben Ausschnitten aus Terrorvideos die Vergewaltigung einer Muslimin durch US-Soldaten gezeigt wird. Es ist eine Szene aus dem Kinofilm „Redacted" von Brian De Palma. Arid U. hielt die Vergewaltigung für echt, wie er in Vernehmungen sagte. Er müsse „irgendetwas machen", habe er sich am nächsten Morgen gedacht – und das tat er dann auch. Er holt sich aus dem Kleiderschrank eine 9-Millimeter-Pistole, die vermutlich seinem Bruder gehört, fährt mit 22 Patronen raus zum Frankfurter Flughafen. Bis kurz vor der Tat hört er laut Anklage über seinen iPod Dschihadlieder, darunter auch das eines im afghanisch-pakistanischen Grenzgebiet aktiven Bonner Dschihadisten: „Mutter bleibe standhaft, dein Sohn ist im Dschihad." Wenig später schießt Arid U. los. „Er wollte Vergeltung", sagt die Bundesanwaltschaft.

Nach: Wolf Schmidt, Ein Attentat und viele offene Fragen, www.taz.de, 27.8.2011

Dschihad
Der Begriff besitzt im Koran unterschiedliche Bedeutungen. Er kann eine geistige Anstrengung meinen, den inneren Kampf gegen die Verführungen falscher Lehren – aber tatsächlich auch den Kampf mit der Waffe in der Hand gegen sogenannte Ungläubige. (→ S. 293)

M 8 Bundesminister warnt vor Islamisten in Deutschland

Bundesinnenminister Hans-Peter Friedrich (CSU) geht von knapp 1.000 möglichen islamistischen Terroristen in Deutschland aus. „Davon wiederum sind 128 Gefährder, also Personen, bei denen Tatsachen die Annahme rechtfertigen, dass sie erhebliche Straftaten begehen könnten", sagte Friedrich der „Bild"-Zeitung (Onlineausgabe). „Das schließt auch einen Anschlag mit ein." Friedrich sagte, ungefähr 20 dieser Gefährder hätten eine Ausbildung in einem Terroristenlager absolviert. Die Behörden wüssten, wer die Leute sind. „Die größte Gefahr geht heute eher von Einzeltätern aus. Sie sind schwer zu entdecken", sagte Friedrich. Der Minister sagte, der Islamismus missbrauche die Religion als Kampfideologie. „Es gibt deshalb ein gemeinsames Interesse muslimischer Vereine und Einrichtungen sowie der Sicherheitsbehörden, diesen Missbrauch zu stoppen", sagte er.

gxs/dapd, Friedrich warnt vor Islamisten in Deutschland, www.focus.de, 5.9.2011

Bundesinnenminister Dr. Hans-Peter Friedrich (CSU) bei einem Statement zur Sitzung der Deutschen Islamkonferenz am 19.4.2012.

M 9 Was genau ist „Islamismus"?

In Abgrenzung zur Religion „Islam" bezeichnet der Begriff „Islamismus" eine religiös verbrämte Form des politischen Extremismus. Zentraler Bestandteil dieser Ideologie ist der totale Geltungsanspruch des islamischen Rechts, der Scharia, in einer sehr strikten Auslegung. [...] Für Islamisten ist die Scharia in ihrer Gänze unantastbares Gesetz Gottes, das idealerweise ohne Begrenzung in Zeit und Raum gelten soll – kein von Menschen gemachtes Gebot oder Gesetz kann an ihre Stelle treten. Weil die Scharia nach Vorstellung der Islamisten sämtliche Lebensbereiche umfassend und abschließend regelt, ist kein Platz für demokratische Mehrheitsentscheidungen und wenig Raum für selbstbestimmte Entscheidungen. Eine islamische Ordnung in diesem Sinn, deren umfassende Einrichtung das Ziel von Islamisten darstellt, ist insbesondere mit der Gleichberechtigung von Mann und Frau, der Religionsfreiheit und dem Demokratieprinzip unvereinbar. Der Islamismus stellt daher nicht erst in seinen terroristischen Handlungsformen eine Bedrohung dar. Vielmehr kann bereits die zugrunde liegende politische Ideologie eine Gefahr für die freiheitlich-demokratische Grundordnung bedeuten. Hierbei ist festzuhalten, dass sich der Islamismus nicht in sämtlichen vorhandenen Strömungen völlig gleich darstellt. Vielmehr handelt es sich um eine in sich heterogene politische Ideologie mit gemeinsamen Grundmerkmalen. Um wirksam gegen den Islamismus und seine Verbreitung vorzugehen, werden präventive und repressive Handlungsansätze kombiniert. Zu den repressiven Maßnahmen gehören insbesondere die Bestimmungen, die der Gesetzgeber des Bundes zur Verbesserung des Kampfes gegen den internationalen Terrorismus erlassen hat.

www.bmi.bund.de, 27.4.2011

Scharia
Die Scharia wird als eine von Gott gesetzte verbindliche Ordnung des menschlichen Lebens in all seinen Bereichen verstanden, die es in einer islamischen Gesellschaftsordnung umfassend zu verwirklichen gelte.

Aufgabe

Formuliere deinen persönlichen Standpunkt. Wie beurteilst du die „Islamismusgefahr" in Deutschland (M 7 – M 9)?

4.5.4 Die wehrhafte Demokratie – Schutz der Grundrechte

M 10 Wie der Staat die Demokratie schützt

Die „streitbare Demokratie" der Bundesrepublik Deutschland kann als eine Reaktion auf das Scheitern der Weimarer Republik verstanden werden. Der Aufstieg der Nationalsozialisten, deren erklärtes Ziel die Abschaffung der Demokratie war, warf die Frage auf, wie sich ein demokratischer Staat gegen politischen Extremismus wehren kann, ohne die Freiheitsrechte seiner Bürger zu sehr einzuschränken.

Im Zentrum der streitbaren Demokratie steht die sogenannte Ewigkeitsgarantie des Art. 79 Abs. 3. Darin heißt es: „Eine Änderung dieses Grundgesetzes, durch welche die Gliederung des Bundes in Länder, die grundsätzliche Mitwirkung der Länder bei der Gesetzgebung oder die in den Artikeln 1 und 20 niedergelegten Grundsätze berührt werden, ist unzulässig." Zu den Grundsätzen gehören die Menschenwürde, die Rechts-, Sozial- und Bundesstaatlichkeit sowie das Demokratieprinzip.

M 11 Das Bundesverfassungsgericht – Hüter der Verfassung

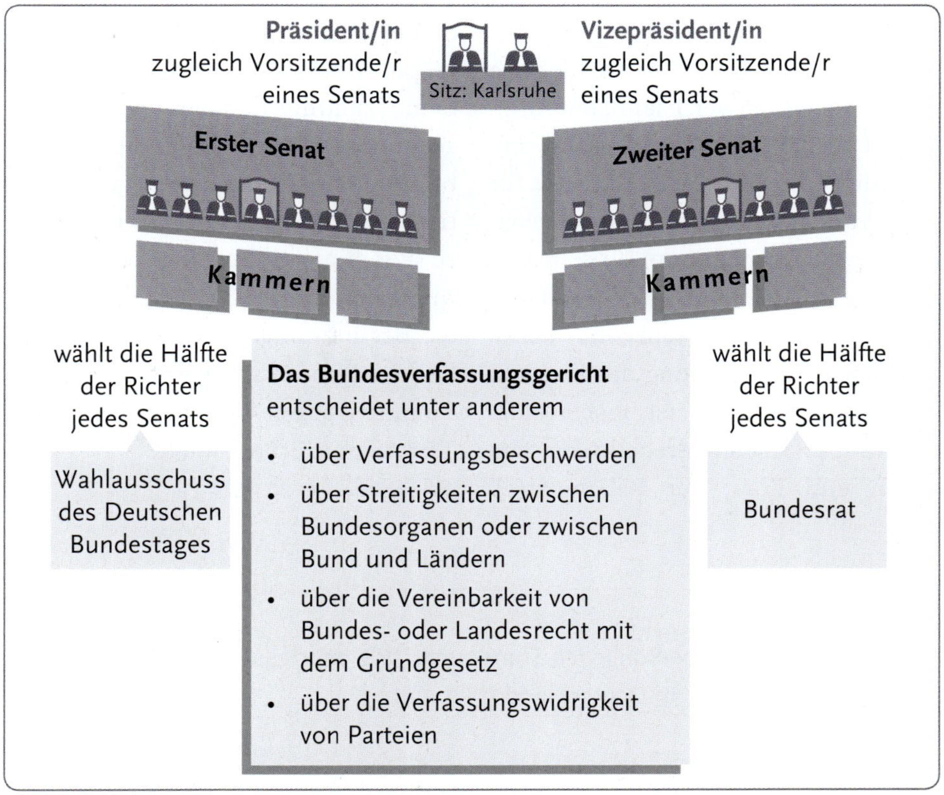

Bergmoser + Höller Verlag *129015*

Streitbare Demokratie
In einer wehrhaften streitbaren Demokratie wird die freiheitliche Ordnung vom Staat geschützt und kann nicht auf legalem Weg oder mithilfe legaler Mittel aufgehoben werden.

NPD-Aussage
„Innerhalb des Systems gibt es keine Hoffnung auf Erneuerung. Erst die rücksichtslose und restlose Beseitigung des korrupten liberal-kapitalistischen Systems kann den Weg freimachen für einen nationalen und sozialen Neuanfang in Frieden und Freiheit für unser Volk."
Winfried Petzold (1943 – 2011), ehemaliger NPD-Landesvorsitzender in Sachsen, in einer Rede vom 8.1.2006 in Meißen

Bundesverfassungsgericht
In Deutschland ist das Bundesverfassungsgericht die übergeordnete Rechtsinstanz zum Schutz des Rechtsstaates. Es gilt als „Hüter der Verfassung" und kann Gesetze, die dem Grundgesetz widersprechen, als nichtig erklären. Neben den richterlichen Kontrollaufgaben der Exekutive und Legislative wacht das Bundesverfassungsgericht darüber, dass die Grundrechte jedes Einzelnen eingehalten werden. Das Bundesverfassungsgericht wird erst nach Aufforderung tätig. Jeder Bürger kann Verfassungsbeschwerde einlegen. (→ Art. 93, 1 GG)

M 12 Die wehrhafte Demokratie im Grundgesetz

Artikel 5

(1) Jeder hat das Recht, seine Meinung in Wort, Schrift und Bild frei zu äußern und zu verbreiten und sich aus allgemein zugänglichen Quellen ungehindert zu unterrichten. Die Pressefreiheit und die Freiheit der Berichterstattung durch Rundfunk und Film werden gewährleistet. Eine Zensur findet nicht statt. [...]

(3) Kunst und Wissenschaft, Forschung und Lehre sind frei. Die Freiheit der Lehre entbindet nicht von der Treue zur Verfassung.

Artikel 9

(1) Alle Deutschen haben das Recht, Vereine und Gesellschaften zu bilden.

(2) Vereinigungen, deren Zwecke oder deren Tätigkeit den Strafgesetzen zuwiderlaufen oder die sich gegen die verfassungsmäßige Ordnung oder gegen den Gedanken der Völkerverständigung richten, sind verboten. [...]

Artikel 18

Wer die Freiheit der Meinungsäußerung, insbesondere die Pressefreiheit (Artikel 5 Abs. 1), die Lehrfreiheit (Artikel 5 Abs. 3), die Versammlungsfreiheit (Artikel 8), die Vereinigungsfreiheit (Artikel 9), das Brief-, Post- und Fernmeldegeheimnis (Artikel 10), das Eigentum (Artikel 14) oder das Asylrecht (Artikel 16a) zum Kampfe gegen die freiheitliche demokratische Grundordnung missbraucht, verwirkt diese Grundrechte. Die Verwirkung und ihr Ausmaß werden durch das Bundesverfassungsgericht ausgesprochen.

Artikel 20

(1) Die Bundesrepublik Deutschland ist ein demokratischer und sozialer Bundesstaat.

(2) Alle Staatsgewalt geht vom Volke aus. Sie wird vom Volke in Wahlen und Abstimmungen und durch besondere Organe der Gesetzgebung, der vollziehenden Gewalt und der Rechtsprechung ausgeübt.

(3) Die Gesetzgebung ist an die verfassungsmäßige Ordnung, die vollziehende Gewalt und die Rechtsprechung sind an Gesetz und Recht gebunden.

(4) Gegen jeden, der es unternimmt, diese Ordnung zu beseitigen, haben alle Deutschen das Recht zum Widerstand, wenn andere Abhilfe nicht möglich ist.

Artikel 21

(1) Die Parteien wirken bei der politischen Willensbildung des Volkes mit. Ihre Gründung ist frei. Ihre innere Ordnung muss demokratischen Grundsätzen entsprechen. [...]

(2) Parteien, die nach ihren Zielen oder nach dem Verhalten ihrer Anhänger darauf ausgehen, die freiheitliche demokratische Grundordnung zu beeinträchtigen oder zu beseitigen oder den Bestand der Bundesrepublik Deutschland zu gefährden, sind verfassungswidrig. Über die Frage der Verfassungswidrigkeit entscheidet das Bundesverfassungsgericht. [...]

Artikel 79

(3) Eine Änderung dieses Grundgesetzes, durch welche die Gliederung des Bundes in Länder, die grundsätzliche Mitwirkung der Länder bei der Gesetzgebung oder die in den Artikeln 1 und 20 niedergelegten Grundsätze berührt werden, ist unzulässig.

Aufgaben

1. Arbeite aus M 10 – M 12 die Mittel heraus, die die wehrhafte Demokratie bereit hält, um die Grundwerte unserer Demokratie zu schützen.
2. Begründe, warum das Bundesverfassungsgericht als „Hüter der Verfassung“ bezeichnet wird (M 11).
3. Ist die NPD eine Partei, die die Grundsätze unserer Demokratie akzeptiert? Untersuche dazu die Aussage des NPD-Funktionärs (Randspalte).

Recherchiere nach wegweisenden Urteilen des Bundesverfassungsgerichts und stelle die Hintergründe zu einem Urteil dar.

Was wir wissen

Rechts-extremismus
M 1 – M 3

Typische Merkmale rechtsextremistischer Gruppen und Ideologien sind Intoleranz, Rassismus, Antisemitismus und Fremdenfeindlichkeit. Rechtsextremistische Bewegungen verfolgen das Ziel eines autoritären, antipluralistischen und antidemokratischen Gesellschaftssystems und bedrohen damit die freiheitlich demokratische Grundordnung Deutschlands.

Links-extremismus
M 4 – M 6

Innerhalb der politischen Linken werden jene Gruppen linksextremistisch eingestuft, die die parlamentarische Demokratie und vor allem den Kapitalismus als Wirtschafts- und Gesellschaftssystem verneinen. Linksextremistische Gruppen streben – teils unter Verwendung von Gewalt – nach einem egalitären, klassenlosen Gesellschaftssystem.

Islamismus
M 7 – M 9

Verschiedene extremistische politische Ideologien und Bewegungen, die den Islam zum Fundament haben, werden mit dem Begriff „Islamismus" beschrieben. Allen Strömungen innerhalb des Islamismus liegen u. a. folgende Ansichten zugrunde: Islam als einzige Quelle für das politische System, politische und religiöse Einheit aller Muslime der Welt (Umma), Abschaffung des weltlichen Staats und Einführung der Staatsreligion sowie Widerstand gegenüber fremder, nicht-muslimischer Einmischung.

Wehrhafte Demokratie
M 10, M 12

Die freiheitliche demokratische Grundordnung darf nicht gefährdet oder abgeschafft werden. Deshalb wird unsere Demokratie als wehrhafte oder streitbare Demokratie bezeichnet. Zu den Mitteln der wehrhaften Demokratie gehören:

- Auf Antrag können verfassungswidrige Parteien vom Bundesverfassungsgericht verboten werden.
- Vereinigungen, die sich gegen die verfassungsmäßige Ordnung richten, können vom Innenminister verboten werden.
- Die Grundrechte einzelner Personen können vom Bundesverfassungsgericht verwirkt werden, wenn sie diese zum Kampf gegen die Demokratie missbrauchen.
- Bedienstete im öffentlichen Dienst können auf ihre Verfassungstreue verpflichtet werden.
- Als letztes Mittel räumt das Grundgesetz den Deutschen ein Recht zum Widerstand gegen jeden ein, der es unternimmt, die verfassungsmäßige Ordnung zu beseitigen, wenn keine andere Abhilfe möglich ist.

Bundes-verfassungs-gericht
M 11

Um einen Missbrauch der Instrumente der wehrhaften Demokratie zu verhindern, wurden diese überwiegend dem Bundesverfassungsgericht übertragen. Das Bundesverfasssungsgericht ist das höchste deutsche Gericht. Es entscheidet verbindlich über die Auslegung des Grundgesetzes. Außerdem kann sich jeder Bürger an das Gericht wenden, wenn er seine Grundrechte durch staatliches Handeln verletzt sieht. Deshalb wird das Bundesverfassungsgericht auch als „Hüter der Verfassung" bezeichnet.

Rechts- und Linksextremismus, Islamismus – Gemeinsamkeiten

Bei allen Differenzen gibt es eine Reihe gemeinsamer Merkmale des modernen politischen Extremismus. Hierzu gehören der Absolutheitsanspruch der eigenen Auffassungen, Dogmatismus, die Unterteilung der Welt in Freund und Feind, aber auch Verschwörungstheorien und Fanatismus (Backes 1989: 298ff.). Extremistische Ideologien sind geschlossene Denkgebäude, die von ihren Anhängern angewandt oder ausgelegt, nicht aber reflektiert und fortentwickelt werden. Sie haben einen quasi-religiösen Status, sie werden nicht diskutiert, sondern geglaubt. Politik besteht nicht aus einer Programmatik, Politik ist vielmehr Weltanschauung, die alle Lebensbereiche regelt.

Sie gilt als ewiggültig oder von Natur aus wahr. Der Glaube an Volksgemeinschaft und Nation oder an die historische Mission der Arbeiterklasse und die Diktatur des Proletariats oder an die Vorschriften des Korans und den islamischen Gottesstaat treten an die Stelle politischer Programmatiken, denen es um die Diskussion und Durchsetzung von rationalen Zielen geht. Der ewige Überlebenskampf – gegen die „Verräter" und „Ungläubigen" oder die „jüdisch-bolschewistische Weltverschwörung" oder die „kapitalistische Ausbeutung" und den „Imperialismus" – und die Utopie einer „homogenen Volksgemeinschaft", einer „klassenlosen Gesellschaft" oder eines „Gottesstaates" gelten nicht als diskussionswürdige Programme, sondern als substanzielle und unverrückbare Grundfesten des politischen Glaubensbekenntnisses.

Die demokratische Idee der Herrschaft auf Zeit und der beständigen Legitimation und Kontrolle der politischen Führung durch ein institutionelles System von checks and balances ist dem politischen Extremismus fremd, denn sie unterläuft das Bild eines starken Staates. [...] Trotz dieser Gemeinsamkeiten gibt es im Hinblick auf Entstehungsgeschichte, Ziele und Mittel erhebliche Unterschiede. Sie zeigen sich besonders deutlich in ihrer historischen Stellung zum Anfangspunkt der modernen demokratischen Gesellschaft, der Französischen Revolution und der von ihr ausgehenden modernen europäischen Verfassungsgeschichte.

Nach: Hans-Gerd Jaschke, Politischer Extremismus, Wiesbaden, 2006, VS Verlag für Sozialwissenschaften

Aufgaben

1. Erstellt in Gruppen zu jeder Form politischen Extremismus eine Mindmap. Wo liegen die Gemeinsamkeiten, wo sind die Unterschiede? Stellt eure Ergebnisse der Klasse vor.
2. Recherchiert die im Text angedeuteten Unterschiede der verschiedenen Richtungen politischen Extremismus. Untersucht dabei folgende Punkte: Entstehungsgeschichte, Mittel, Ziele, Menschenbild.

BUNDESRAT

ES GEHT UM
MEHR
8%
für mehr
Gerechtigke

5

Der politische Entscheidungsprozess

Die Verfassung gibt vor, wie ein Gesetz zu Stande kommt und welche Akteure daran beteiligt werden müssen. Wer darf in Deutschland Gesetze initiieren und beschließen? Wie können die unterschiedlichen Akteure ihre Interessen in den Entscheidungsprozess einbringen?

Kompetenzen

Am Ende dieses Kapitels solltest du Folgendes können:

- die Stellung des Bundeskanzlers im politischen System erläutern
- die Arbeitsweise und die Kontrollfunktion des Deutschen Bundestages sowie die Stellung der Abgeordneten des Deutschen Bundestages darstellen
- den Gang der Gesetzgebung an einem Beispiel erläutern
- den Politikzyklus auf ein politisches Problem anwenden

Was weißt du schon?

- Notiert alle politischen Akteure, die euch zu den Bildern auf der linken Seite einfallen.
- Sammelt darüber hinaus weitere politische Akteure.
- Welche dieser politischen Akteure haben großen Einfluss auf die Politik und sind mächtig?
  Erstellt eine Hierarchie und beginnt mit dem eurer Ansicht nach mächtigsten Akteur. Begründet eure Entscheidung und übertragt eure Ergebnisse auf ein Plakat.

5.1 Herrschaft und Kontrolle: Regierung und Opposition

5.1.1 Was heißt es, zu regieren?

M 1 Was macht ein Bundeskanzler?

M 2 Regieren? Regieren!

Opposition
im Parlament die Gruppe von Abgeordneten, die der Regierungsmehrheit gegenübersteht

Der ehemalige SPD-Vorsitzende Franz Müntefering sagte einmal: „Opposition ist Mist. Lasst das die anderen machen – wir wollen regieren." Alle Politiker wollen regieren! Sie treten in Wahlkämpfen für ihre Parteien an, um eine Mehrheit zu erreichen und „an die Regierung zu kommen". Denn wer regiert, hat die Macht im Land und kann seine politischen Vorstellungen umsetzen. Die Regierung kann weitreichende Entscheidungen vorbereiten und beeinflussen: Sie kann (zusammen mit den Abgeordneten im Bundestag) entscheiden, ob Steuern erhöht werden, ob die Bundeswehr zu einem Einsatz ins Ausland geschickt wird, ob soziale Leistungen gekürzt werden oder ob man mehr Geld in Bildung investiert. Die Politiker, die nicht an der Regierung beteiligt sind, haben dagegen nur wenig Einfluss auf die Politik. Sie können meist nur in der Öffentlichkeit sagen, dass sie anderer Meinung sind. Allein die Regierung ist berechtigt, den Kurs des Landes zu bestimmen, und deswegen wollen Politiker regieren.

M 3 Aufbau und Arbeitsweise der Bundesregierung

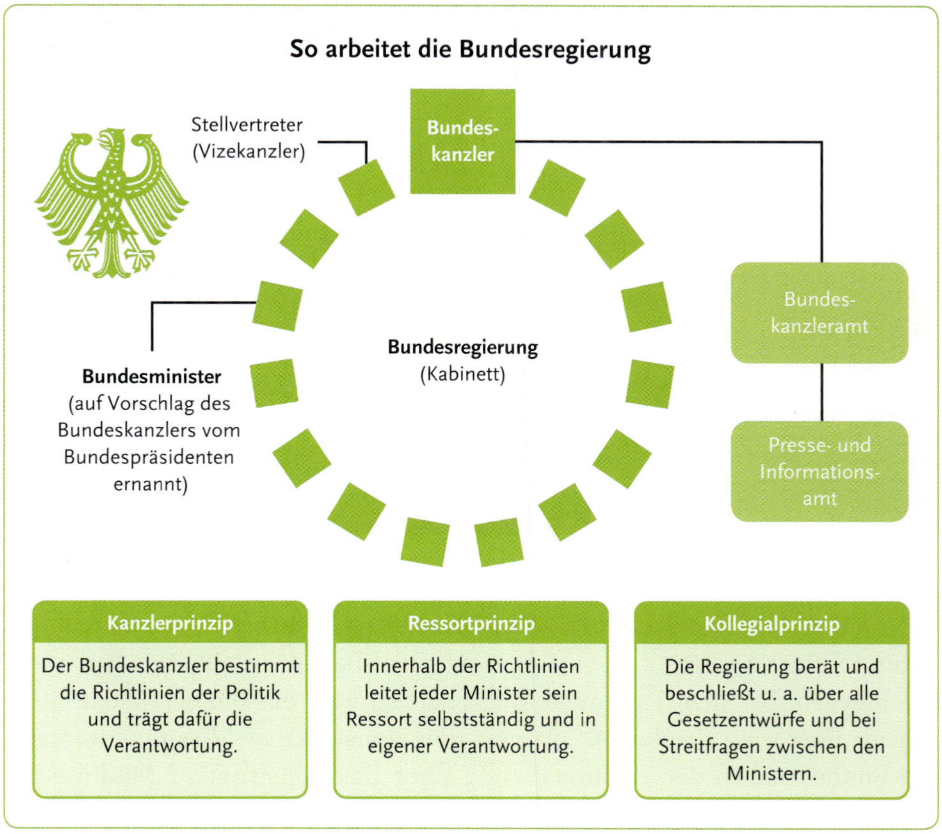

Bergmoser + Höller Verlag AG *67 123*

Artikel 65 GG
„Der Bundeskanzler bestimmt die Richtlinien der Politik und trägt dafür die Verantwortung."

M 4 Wie mächtig ist der Bundeskanzler?

Der Bundeskanzler wird häufig als mächtigster politischer Akteur in Deutschland bezeichnet. Dies liegt daran, dass er sowohl gegenüber dem Parlament eine besondere Rolle einnimmt als auch innerhalb der Bundesregierung über eine Sonderstellung verfügt. So wird innerhalb der Bundesregierung nur der Bundeskanzler direkt vom Bundestag gewählt. Alle anderen Mitglieder der Regierung werden auf seinen Vorschlag hin vom Bundespräsidenten ernannt. Damit verfügt er über eine besondere demokratische Legitimation. Innerhalb der Bundesregierung besitzt der Bundeskanzler die Richtlinienkompetenz. Das bedeutet, dass er die Grundlinien der Politik, also die allgemeine politische Ausrichtung der Regierungspolitik, bestimmen kann. Gegen den Willen des Kanzlers kann innerhalb der Regierung keine Entscheidung getroffen werden. Das Kabinett kann ihn nicht einfach überstimmen. Wie der Bundeskanzler diese Richtlinienkompetenz ausfüllen kann, hängt entscheidend von seiner Persönlichkeit, seiner Beliebtheit innerhalb der Bevölkerung und seinem Regierungsstil ab. Seine Macht ist natürlich dann beschränkt, wenn er mit einer Koalition

Legitimation
Rechtfertigung der Ausübung staatlicher Gewalt, hier: durch eine Wahl

Kabinett
die Personen, die die Bundesregierung bilden, d. h. der Bundeskanzler und seine Minister

Kabinettssaal im Bundeskanzleramt: In den wöchentlichen Kabinettssitzungen werden Gesetzesvorlagen beraten und beschlossen und politische Probleme diskutiert.

⊕ Recherchiere die Namen der aktuellen Kabinettsmitglieder.

aus verschiedenen Parteien regiert, da er auf andere Parteien einen geringeren Einfluss besitzt.
Auch gegenüber dem Parlament verfügt er über eine Sonderrolle. Wenn der Bundeskanzler den Eindruck hat, dass die Mehrheit der Abgeordneten im Parlament seine Politik nicht mehr unterstützt, dann kann er im Deutschen Bundestag die Vertrauensfrage stellen. Wird er nicht mehr von der Mehrheit der Abgeordneten unterstützt, so kann er Neuwahlen herbeiführen. Viele Abgeordnete fürchten bei Neuwahlen um ihre Wiederwahl und werden so den Kanzler eher unterstützen. Aber wehrlos ist das Parlament beileibe nicht. Das Parlament verfügt über ein starkes Machtmittel: das konstruktive Misstrauensvotum. Über das konstruktive Misstrauensvotum kann das Parlament den Kanzler und damit die gesamte Regierung abwählen. Das Parlament muss dazu allerdings einen neuen Kanzler wählen, weswegen das Misstrauensvotum „konstruktiv" – durch die Wahl eines Nachfolgers – und nicht „destruktiv" – durch die reine Abwahl eines Kanzlers – ist.

⊕ Recherchiere im Grundgesetz, welche Artikel – neben Art. 65 – die Stellung des Bundeskanzlers beschreiben.

Aufgaben

1. Was heißt es zu regieren? Sammelt Überschriften und Berichte aus aktuellen Zeitungen, die deutlich machen, welche politischen Probleme die Bundesregierung gerade bearbeitet (M 1, M 2).
2. Erläutere, welche Prinzipien die Regierungsarbeit leiten (M 3).
3. Der Bundeskanzler gilt als mächtiger politischer Akteur. Was kann er tun, um seine Vorstellungen durchzusetzen? Stelle eine Liste der Machtinstrumente des Bundeskanzlers zusammen. Welches Machtinstrument erscheint dir am wirkungsvollsten? Erstelle eine Hierarchie (M 3, M 4).

5.1.2 Wer kontrolliert die Regierung?

M 5 Die Opposition – Gegenspielerin der Regierung

Die politische Grenzlinie verläuft in erster Linie nicht mehr zwischen dem Parlament auf der einen und der Regierung auf der anderen Seite, die entscheidende Trennungslinie liegt in einem parlamentarischen System zwischen der Regierungs- beziehungsweise Parlamentsmehrheit und der Regierung auf der einen sowie der Opposition auf der anderen Seite. Die Regierungsmehrheit, die heute einen Regierungschef wählt, kann morgen nicht so tun, als ob sie mit dessen Person und Regierung nichts verbinde. Durch eine Verweigerung der Zusammenarbeit mit dem von ihr gestellten Regierungschef würde sie sich selbst einen Fehler bescheinigen – nämlich denjenigen, den falschen Kanzler gewählt zu haben. Die Brücke, über die Parlamentsmehrheit und Regierung im heutigen parlamentarischen Regierungssystem verbunden sind, bilden die Parteien. Jedoch muss dies nicht unbedingt bedeuten, dass Regierung und Parlamentsmehrheit eine absolute Einheit darstellen. Die unterschiedliche Intensität der Beziehungen zwischen diesen beiden Organen hängt in erster Linie von der Anzahl der Parteien ab, die zur Bildung einer Regierung notwendig sind.

Emil Hübner, Informationen zur politischen Bildung Nr. 227, Parlamentarische Demokratie 1, Neudruck 1993, S. 26 f.

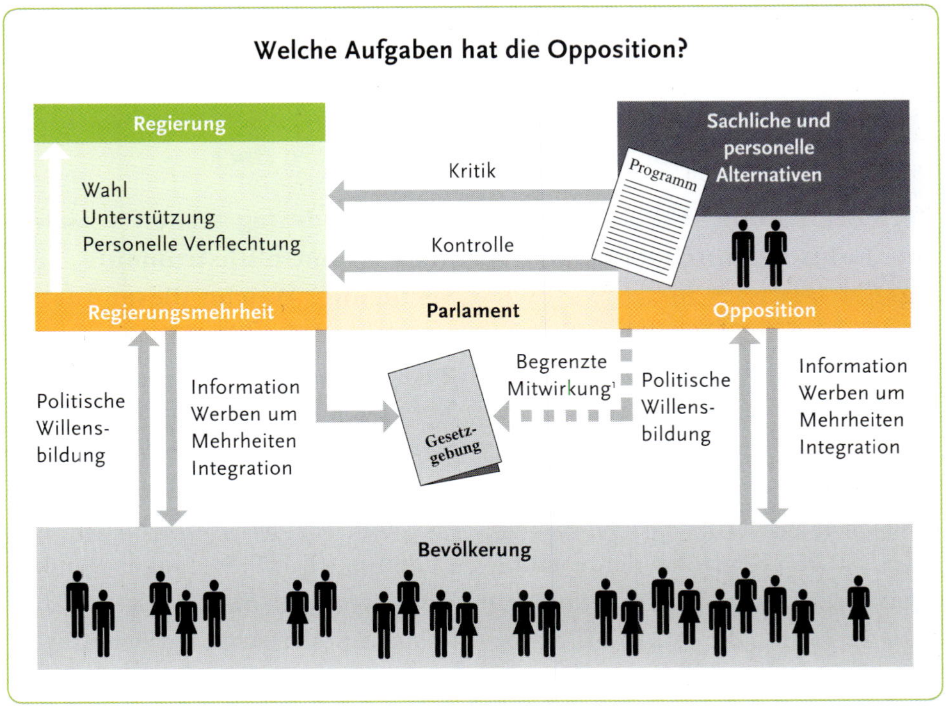

Nach: Bergmoser + Höller Verlag AG, Zahlenbilder 67 260, ¹über Ausschüsse, evtl. Bundesrat

M 6 Wie können Abgeordnete die Regierung kontrollieren?

Stelle dir folgende Situation vor: Die Regierung möchte eine allgemeine Maut für PKW einführen und bringt einen entsprechenden Gesetzesvorschlag in den Bundestag ein. Doch viele Abgeordnete, auch der Regierungsparteien, sind damit nicht einverstanden. Wie sollen sie ihre Kritik äußern?

Folgende Maßnahmen stehen den Abgeordneten zur Verfügung:

- ✓ in einer nicht-öffentlichen Versammlung Bedenken gegenüber der Parteispitze äußern
- ✓ in einer Fernsehtalkshow die Regierung offen und hart kritisieren
- ✓ noch nicht veröffentlichte Informationen heimlich und anonym an die Presse geben
- ✓ in einem Fachausschuss des Bundestages hinter verschlossenen Türen Kritik üben
- ✓ im Kreis aller Abgeordneten ihrer Partei (Fraktion) Bedenken äußern
- ✓ eine Aktuelle Stunde im Bundestag beantragen, in der in aller Breite und öffentlich Mitglieder der Regierung Stellung zu ihrer Kritik nehmen müssen; die Debatte wird sogar im Fernsehen übertragen
- ✓ auf einem Parteitag eine Rede halten, in der sie die Politik der Regierung geißeln

M 7 Interview mit dem Bundestagsabgeordneten Ernst-Reinhard Beck

Herr Beck, braucht die Regierung eine Kontrolle durch den Bundestag?

Das System der Gewaltenteilung in Legislative, Exekutive und Judikative bedeutet die Aufteilung staatlicher Gewalt in sich gegenseitig kontrollierende und beschränkende Gewalten. Eine der Hauptaufgaben des Bundestages ist die Kontrolle der Bundesregierung, denn Machtmissbrauch wird am besten durch Machtkontrolle verhindert.

Dem Bundestag stehen verschiedene Kontrollinstrumente zur Verfügung. Welche dieser Instrumente halten Sie für besonders wirkungsvoll?

Neben einer „Aktuellen Stunde" haben die Fraktionen die Möglichkeit, die Regierung mittels „Kleiner Anfragen" und „Großer Anfragen" zu kontrollieren. Darüber hinaus können Fraktionen die Einsetzung von Untersuchungsausschüssen beantragen, in denen Verfehlungen geklärt wer-

Untersuchungsausschuss
Die Abgeordneten des Bundestages können einen Untersuchungsausschuss bilden, wenn mindestens ein Viertel aller Abgeordneten zustimmen. Ziel des Ausschusses ist die Aufklärung politischer Missstände.

den sollen. Dem einzelnen Abgeordneten steht die Möglichkeit offen, vier schriftliche Anfragen pro Monat und bis zu zwei mündliche Fragen pro Sitzungswoche zu stellen. Als schärfste Form der Kontrolle steht dem Parlament das konstruktive Misstrauensvotum zur Verfügung. In diesem Fall wählt die Mehrheit der Mitglieder des Bundestages einen neuen Kanzler. All diese Instrumente werden vorwiegend von der Opposition eingesetzt. Die Regierungsfraktionen kontrollieren eher nicht in der Öffentlichkeit.

Nehmen aus Ihrer Sicht auch die Regierungsfraktionen ihr Recht, die Regierung zu kontrollieren, wahr?

Die Mitglieder der Regierungsfraktionen üben ihr Kontrollrecht über ihre eigene Regierung eher intern – in Fraktions- und Arbeitsgruppensitzungen – aus. Selten sind daher schriftliche oder mündliche Fragen an die Regierung.

Inwieweit wird die öffentliche Wirkung bei der Auswahl der Instrumente in der Fraktion berücksichtigt?

Bei der Auswahl der Instrumente ist die öffentliche Wirkung von entscheidender Bedeutung. Die größte Wirkung erzielt man, wenn das Fernsehen das Thema aufgreift.

Interview des Autors mit Ernst-Reinhard Beck über die Wahrnehmung der Kontrollrechte des Bundestags durch die Abgeordneten

Ernst-Reinhard Beck sitzt für die CDU im Deutschen Bundestag.

Aufgaben

1. Versetze dich in einen Abgeordneten der Regierungsfraktion und der Opposition. Entscheide auch mithilfe von M 6, welche Maßnahmen die beiden treffen sollen, um Kritik an der Regierung zu üben. Wähle dazu die Maßnahmen aus, die dir am sinnvollsten erscheinen, und begründe deine Auswahl.
2. Überprüfe die folgenden Aussagen zur Kontrolle der Regierung. Stimmen sie? Begründe deine Entscheidungen (M 6, M 7).
   - Hauptaufgabe des Bundestages ist die Kontrolle der Regierung.
   - Bei der Auswahl der Kontrollmöglichkeiten ist die öffentliche Wirkung von entscheidender Bedeutung.
   - Nur die Opposition kontrolliert die Regierung.
   - Regierung und Parlament sind nicht vollständig voneinander getrennt.

zu Aufgabe 2
Entwirf weitere Aussagen zur Kontrolle der Regierung und lasse sie von deinem Nachbarn überprüfen.

5.1.3 Wie arbeitet der Deutsche Bundestag?

M 8 Wo sind die Abgeordneten?

Bundestagsdebatten finden häufig vor leeren Rängen statt. Auch in der Öffentlichkeit werden sie kaum wahrgenommen. Politik-Talkshows erzielen dagegen regelmäßig hohe Einschaltquoten.

M 9 Ist die Kritik am Parlament berechtigt?

Plenumsdebatte
Eine Aussprache zwischen den Abgeordneten im großen Parlamentssaal

Transparenz
Durchsichtigkeit, hier: Nachvollziehbarkeit einer Entscheidung

Stereotyp
etwas, was ständig wiederkehrt

Abgeordnete sind verpflichtet, an Ausschusssitzungen zu den Gesetzen teilzunehmen, die ihr Ausschuss (z. B. der Verteidigungsausschuss) gerade bearbeitet. Sie müssen Fachleute hören und umfangreiches Informationsmaterial durcharbeiten, das ihr Mitarbeiterstab oder der wissenschaftliche Dienst des Bundestages zusammengetragen haben; es kostet sie Zeit, etwa im Arbeitskreis ihrer Fraktion eine kritische Anfrage an die Bundesregierung zu formulieren oder sich um Kontakte zu den Medien zu kümmern, ohne die sie ihre Anliegen nicht wirksam vertreten können. Auch für die Einzelinteressen und Probleme der Bürgerinnen und Bürger setzen sich die Abgeordneten oft in mühsamer Kleinarbeit ein. Die Arbeit im Wahlkreis erfordert zusätzlichen Zeitaufwand.

Da muss die Plenumsdebatte oft zurückstehen. Dort werden nach getaner Ausschussarbeit häufig die allen Abgeordneten bereits bekannten Argumente ausgetauscht, die niemanden, der sich monate-, manchmal jahrelang mit einer Frage auseinandergesetzt hat, noch zu einem Meinungswandel veranlassen können. Trotzdem sind diese Debatten kein überflüssiges Ritual: Die Sprecherinnen und Sprecher der Fraktionen reden bewusst „zum Fenster hinaus", um der Öffentlichkeit die Gründe für ihre Sachentscheidungen zu vermitteln und so die in der Demokratie wichtige Transparenz zu ermöglichen.

Ein weiteres Stereotyp der Parlamentskritik behauptet, dass die Parlamentarierinnen und Parlamentarier zu viel streiten und zu wenig Einigkeit beweisen. Wie wenig das mit der Realität zu tun hat, zeigt schon die Statistik der Bundestagsgesetzgebung. Die meisten Gesetze werden nämlich im Einvernehmen von den [...] Fraktionen verabschiedet. (...)

Die Präsentation der Politik in den Medien trägt ein Übriges zur kritischen Haltung der Bevölkerung gegenüber der (Partei-) Politik bei: Im Kampf um Einschaltquoten und Verkaufszahlen am Kiosk geben die Medien dem Zwang zu Verknappung, zu Dramatisierung und Zuspitzung immer stärker nach. Sie veranlassen die Politikerinnen und Politiker zu Erklärungen von 30 bis 90 Sekunden Länge – für differenzierte, angemessene Sachaussagen bleibt da kaum noch Raum.

Ursula Münch, in: Informationen zur politischen Bildung aktuell, Bundestagswahlen 2002, Bonn, 2002, S. 7

M 10 Die Organisation des Deutschen Bundestags

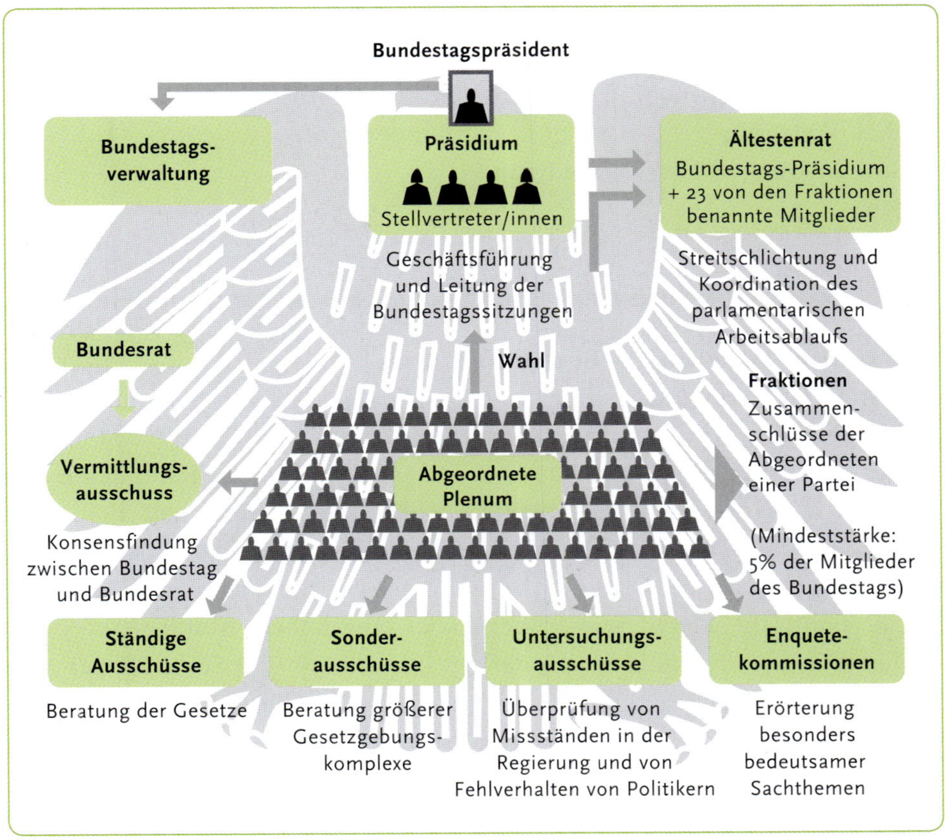

Bergmoser + Höller Verlag 64110

Rede- und Arbeitsparlament

Es gibt zwei Arten von Parlamenten: Im Redeparlament (z.B. das englische Unterhaus) wird die eigentliche Arbeit im Plenum gemacht. Es fehlt ein weit gefächertes Ausschusssystem. Im Arbeitsparlament (z.B. der amerikanische Kongress) gibt es ständige Ausschüsse. Hier findet die eigentliche politische Arbeit statt. Der Bundestag kann als eine Mischform aus beiden Parlamentsformen angesehen werden, wenngleich die Form des Arbeitsparlaments überwiegt.

Aufgaben

1. Die beiden Bilder aus M 8 können auch als Vorwurf an die Abgeordneten verstanden werden. Formuliere, welcher Vorwurf hier erhoben wird.
2. Entwirf mithilfe der nebenstehenden Begriffe eine kurze Rede aus der Sicht eines Abgeordneten, in der er sich gegen die Parlamentskritik zur Wehr setzt (M 9, M 10).
3. Der Bundestag wird neben all der vorgebrachten Kritik auch als „Herzstück der Demokratie" bezeichnet. Begründe diese Bezeichnung.

- Vorentscheidung
- Ausschusssitzungen
- Fachleute
- Gesetze
- Einschaltquoten
- Wahlkreisarbeit
- Plenumsdebatte
- Medien

5.1.4 Brauchen wir einen Bundespräsidenten?

M 11 Bedeutung und Aufgaben des Bundespräsidenten

Wahl des Bundespräsidenten
Der Bundespräsident wird für eine Amtszeit von fünf Jahren von der Bundesversammlung gewählt. Die Bundesversammlung setzt sich aus allen Abgeordneten des Bundestages und der gleichen Anzahl von Vertretern der Länderparlamente zusammen. Die Landtage bestimmen nach Verhältniswahlrecht, wen sie in die Bundesversammlung schicken. Die Bundesversammlung ist ein nicht ständiges Staats- bzw. Verfassungsorgan und hat nur eine Aufgabe: die Wahl des Bundespräsidenten. Ein Bundespräsident kann sich nur einmal wiederwählen lassen.

Der Bundespräsident ist das Staatsoberhaupt in Deutschland und hat vor allem folgende Aufgaben:

- Prüfen und Unterzeichnen der Gesetze
- Ernennung und Entlassung von Bundeskanzlern, Bundesministern und Bundesrichtern
- Unterzeichnung von völkerrechtlichen Verträgen
- Entscheidungen über Begnadigungen

Die Aufgaben des Bundespräsidenten sind in der Regel formaler Natur. Nur in politischen Krisenzeiten, etwa bei unklaren Mehrheitsverhältnissen, kommen dem Bundespräsidenten bedeutsame Einflussmöglichkeiten zu: Vorschlagsrecht für das Amt des Bundeskanzlers, Entscheidung über den Antrag auf Auflösung des Bundestages.

M 12 Kontrovers diskutiert: Brauchen wir einen Bundespräsidenten?

a) Das Amt kostet nur Geld und bringt nichts

Das Amt ist verunglückt. Der Präsident soll eine Art demokratischer Kaiser sein, aber schon mit Kaisern hatten wir wenig Fortüne [Glück]. [...] Unser Präsident ist weder reiner Repräsentant wie die Queen, noch hat er politische Macht wie früher in der Weimarer Republik (auch das ging schief) oder wie in Frankreich oder den USA. [...] Der Bundespräsident ist hingegen machtlos und soll dafür eine eigene Meinung haben, jedenfalls wird er kritisiert, wenn er nichts sagt. Freilich wird er auch kritisiert, wenn er etwas sagt [...]. Kurz: Wie er oder sie es macht, ist es falsch. [...] Der Präsident – oder die Präsidentin – wird in einer Versammlung gewählt, in der politischer Proporz [die politischen Mehrheitsverhältnisse] den Ausschlag gibt, aber das Volk würde lieber einen Nichtpolitiker im Amt sehen, Günther Jauch etwa. Warum nicht gleich Dieter Bohlen? Er sagt wenigstens die Wahrheit über die Kandidaten bei „DSDS" und schmeichelt sich nicht beim Volk ein. Der Präsident soll Bürger wie Sie und ich sein, zugleich aber eine höhere Moral verkörpern. [...] In diesem [...] Sinne ist das Amt schlicht überflüssig. Die wenigen politischen Funktionen, die der Inhaber ausüben muss, können durch andere wahrgenommen werden. Gesetze unterschreiben kann der Bundesratspräsident, der sonst nicht viel zu tun hat. Der Parlamentspräsident könnte den Ministern ihre Ernennungs- und Entlassungsurkunden aushändigen. Die Empfänge für das diplomatische Korps und die Auslandsreisen kann – und sollte – der Außenminister übernehmen.

Alan Posener, Brauchen wir einen Bundespräsidenten? Nein, sagt Alan Posener, in: Die Welt, 7.1.2012, S. 2

b) Das Schloss Bellevue verkörpert den Staat

Der Bundespräsident, und zwar er allein, entscheidet über die Auflösung des Bundestages. Weder die Bundeskanzlerin noch der Bundestag darf das tun, denn sie sind in einer solchen Machtfrage parteilich. Der Bundespräsident kann das Verfassungsgericht hinzuziehen, um rechtlich abgesichert zu sein, aber er muss das nicht tun. Er ist im engen Rahmen des Grundgesetzes in seiner Entscheidung frei. Er sorgt für Stabilität, wenn Parteien sich aus kurzfristigen Interessen nicht zusammenraufen und Kompromisse schließen wollen. Der Bundespräsident ist so gesehen erst in Notfällen wirklich stark. [...] Seine Autorität ist nicht kommerziell und nicht wahlkampfbezogen. Der Bundespräsident wird deshalb durch persönliche Eitelkeit nicht gestärkt, sondern geschwächt. In diesem Amt finden Maß und Mitte eine staatliche Verankerung. Deshalb wäre eine Direktwahl schädlich. Für eine solche Wahl würden sich die Eitlen und Lauten interessieren. Sie würden in die Versuchung geraten, Wahlkampf zu führen wie Parteipolitiker. Das Bundespräsidentenamt soll aber über den Wahlkämpfen stehen. Es soll den Wettbewerb nicht mitführen, sondern über ihn wachen. [...] Das Amt ist so gestaltet, dass es Reibungen zwischen Regierung und Staatsspitze vermeidet und starke Kanzler möglich macht. Es enthält aber die nötige Machtfülle, um Größenwahn oder Machtmissbrauch zu bremsen und wenn nötig sogar zu beenden. Der Bundespräsident darf es nämlich ablehnen (auch das wird oft übersehen), dem Bundestag jemanden zum Bundeskanzler vorzuschlagen, der oder die ihm von einer Partei präsentiert wird. Das ist zwar noch nie geschehen. Aber die rechtliche Macht dazu hat er, und niemand im Parteiengefüge sollte das vergessen.

Das Ziel, Debatten nicht einfach nur in der Hoffnung auf Machtgewinn und Machtvorteil zu führen, wird vom Bundespräsidenten verkörpert. In diesem Amt findet ein maßgeblicher Gründungsimpuls der Bundesrepublik seinen Ausdruck: nämlich der Gedanke der bewussten Selbstbeschränkung.

Torsten Krauel, Brauchen wir einen Bundespräsidenten?, Ja meint Torsten Krauel, in: http://www.welt.de, 7.1.2012

Bisherige Bundespräsidenten der Bundesrepublik Deutschland

- 1949-1959 Theodor Heuss (CDU)
- 1959-1969 Heinrich Lübke (CDU)
- 1969-1974: Gustav Heinemann (SPD)
- 1974-1979: Walter Scheel (FDP)
- 1979-1984: Karl Karstens (CDU)
- 1984-1994: Richard von Weizsäcker (CDU)
- 1994-1999: Roman Herzog (CDU)
- 1999-2004: Johannes Rau (SPD)
- 2004-2010: Horst Köhler (CDU)
- 2010-2012: Christian Wulff (CDU)
- seit 2012: Joachim Gauck (parteilos)

Aufgaben

1. Teilt eure Klasse in Pro-, Kontra- und neutrale Gruppen zu je 3 – 4 Personen ein, die sich mit der Streitfrage auseinandersetzen (M 12).
2. Sammelt in den Pro-Kontra-Gruppen jeweils entsprechende Argumente. Die neutralen Gruppen setzen sich mit beiden Positionen auseinander.
3. Bildet Diskussionsgruppen, die aus je einem Vertreter der Pro- und Kontragruppe und einem neutralen Vertreter bestehen. Die Pro-Kontra-vertreter sollen den neutralen Vertreter jeweils von ihrer Position überzeugen.
4. Alle neutralen Vertreter geben nach der Diskussion begründet an, welche Position sie besser überzeugen konnte.

Was wir wissen

Regieren
M 2

Die Bundesregierung mit dem Kanzler an der Spitze hat die zentrale Aufgabe der politischen Führung. Einerseits soll der Wille der Parlamentsmehrheit von der Regierung in praktische Politik umgesetzt werden. Andererseits formt die Regierung den Mehrheitswillen des Parlaments auch durch politische Initiativen entscheidend mit.

Stellung des Bundeskanzlers
M 3, M 4

In der Regierung hat der Bundeskanzler eine hervorgehobene Stellung. Er bestimmt nach Art. 65 GG „die Richtlinien der Politik und trägt dafür die Verantwortung" (Kanzlerprinzip), d.h., er legt umfassende Ziele fest (wie z. B. große Reformvorhaben). Darüber hinaus macht er dem Bundespräsidenten Vorschläge zur Ernennung und Entlassung von Kabinettsmitgliedern. Innerhalb der Richtlinien leiten die Minister ihr Ministerium selbstständig (Ressortprinzip). Abgeschwächt wird das Kanzlerprinzip auch durch das Kabinettsprinzip. So berät und beschließt das Kabinett als Ganzes über alle Gesetzesentwürfe und entscheidet bei Streitfragen über die Zuständigkeit zwischen einzelnen Ministerien.

Kontrolle der Regierung
M 5

Eine wichtige Aufgabe des Bundestags ist die Kontrolle der Regierung. Dies ist die Hauptaufgabe der Opposition. In der Praxis der Parteiendemokratie bilden nämlich die Regierung mit dem Bundeskanzler und die Regierungsparteien, die ja die Mehrheit im Parlament haben, eine Handlungseinheit. Man spricht in diesem Zusammenhang auch von Gewaltenverschränkung. Zwar üben auch die eigenen Abgeordneten Kritik an der Regierung, doch tun sie dies meist nicht öffentlich. So werden die Kontrollinstrumente des Bundestages wie Kleine und Große Anfrage, Aktuelle Stunden, Fragestunden, Untersuchungsausschüsse etc. hauptsächlich von der Opposition in Anspruch genommen. Außerdem kann die Opposition ihre Kritik wirksam über die Medien äußern und sich dort als die bessere Alternative präsentieren.

Stellung der Abgeordneten
M 7

Abgeordnete, die derselben Partei angehören, schließen sich im Bundestag zu einer Fraktion zusammen. Die Fraktionen sind die politische Heimat für die Abgeordneten und bilden den organisatorischen Rahmen der Arbeit im Bundestag, denn anders wäre der Bundestag wohl kaum entscheidungsfähig. Bei Abstimmungen folgen die Abgeordneten in der Regel der von der Fraktion festgelegten Linie (Fraktionsdisziplin), obwohl sie eigentlich nach Art. 38 GG in ihren Entscheidungen frei sind (freies Mandat).

Arbeitsweise des Bundestages
M 8 – M 10

Der Bundestag ist ein Arbeitsparlament, d.h., die Hauptarbeit der Abgeordneten findet nicht im Plenum des Bundestages statt, sondern in den Fachausschüssen, die sich mit der Ausarbeitung von Gesetzen beschäftigen. Dort beraten die Abgeordneten, hören Fachleute an, diskutieren die Gesetzesentwürfe und verändern diese.

Insgesamt 3.299 Kleine Anfragen an die Bundesregierung

In der 16. Wahlperiode (2005-2009) regierte Angela Merkel (CDU) als Kanzlerin einer Großen Koalition aus CDU/CSU und SPD. Grüne, FDP und Linke bildeten die Opposition. Insgesamt stellten die Fraktionen des Deutschen Bundestages in dieser Wahlperiode 3.299 Kleine Anfragen an die Bundesregierung. Mit 1.505 kamen die meisten Anfragen von der Partei Die Linke, die FDP stellte 1.005 Anfragen und Bündnis 90/Die Grünen 788. Große Anfragen gab es insgesamt 63, von denen CDU/CSU und SPD 1, die FDP 17, Die LINKE 11 und Bündnis 90/Die Grünen 34 stellten.

Statistik der Parlamentarischen Kontrolltätigkeit, Überblick 16. Wahlperiode, Stand: 21.04.2010

Fragerechte des Bundestags

Große Anfrage

Schriftliche Anfrage zu einem größeren politischen Themenkomplex durch eine Fraktion bzw. mindestens 5 % der Abgeordneten

An die Beantwortung durch die Bundesregierung schließt sich in der Regel eine Debatte vor dem Bundestag an.

Kleine Anfrage

Schriftliche Anfrage zu konkreten Einzelthemen durch eine Fraktion bzw. mindestens 5 % der Abgeordneten

Die Antwort erfolgt schriftlich durch das jeweils zuständige Bundesministerium.

Fragestunde

Einzelfragen zur mündlichen oder schriftlichen Beantwortung, von einzelnen Abgeordneten eingebracht

Mündliche Beantwortung in den beiden wöchentlichen Fragestunden des Bundestags

Möglichkeit für die Abgeordneten, mit Zusatzfragen nachzuhaken

Haupfunktionen:

- **Beschaffung von Informationen**
- **öffentliche Herausforderung der Regierung durch die Opposition**
- **Gelegenheit, die Haltung der Opposition darzulegen**

Aktuelle Stunde

Politische Debatte mit Kurzbeiträgen zu einem aktuellen Thema auf Verlangen einer Fraktion bzw. von mindestens 5 % der Abgeordneten oder nach Vereinbarung

Redezeit für die Abgeordneten: 5 min; Gesamtdauer: 1 Stunde + Redezeit der Regierung

Nach: Bergmoser + Höller Verlag *66 250*

Aufgabe

Erläutere, weshalb die Fraktionen die parlamentarischen Fragerechte so unterschiedlich stark einsetzen. Wähle für deine Erläuterung Begriffe aus dieser Begriffswolke aus:

Abgeordnete | Bundestag | Öffentlichkeit | Legislative | Gewaltenverschränkung | Gewaltenteilung | Opposition | Wahlen | Kontrollrechte | Kontrolle | Exekutive

5.2 Wie ein Gesetz entsteht

5.2.1 Das Problem: Energiesicherheit in Deutschland

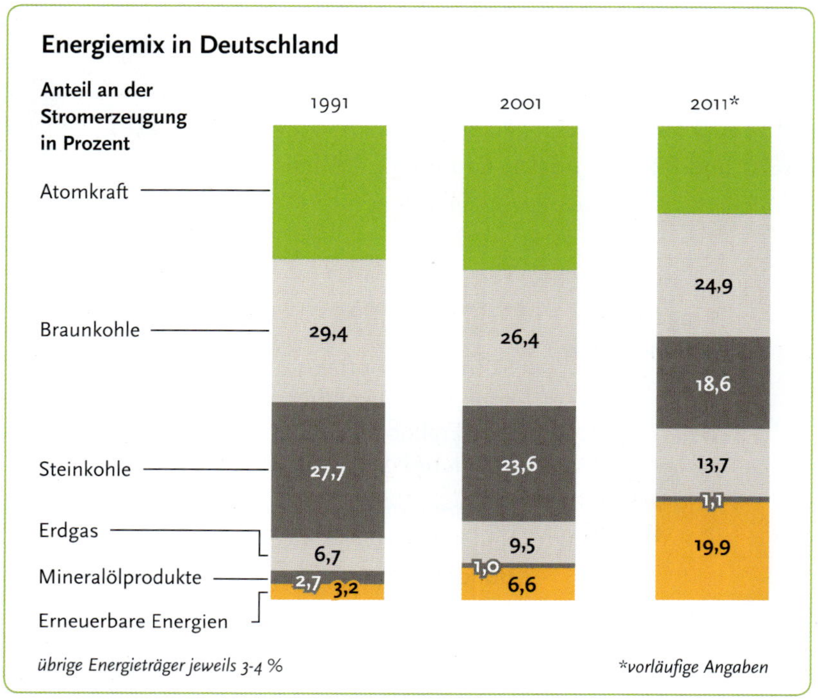

dpa-Grafik 16752; Arbeitsgemeinschaft Energiebilanzen (AGEB)

Gesetzentwurf der Fraktionen der CDU/CSU und FDP. Entwurf eines Elften Gesetzes zur Änderung des Atomgesetzes
A. Problem und Ziel

Die Sicherstellung einer zuverlässigen, wirtschaftlichen und umweltverträglichen Energieversorgung ist eine der größten Herausforderungen des 21. Jahrhunderts. Die Herausforderungen einer nachhaltigen Energieversorgung ergeben sich auch aus den langfristigen globalen Trends. Die weltweit steigende Energienachfrage wird langfristig zu deutlich steigenden Energiepreisen führen. Zudem würde die Abhängigkeit Deutschlands von Energieimporten kontinuierlich steigen. Derzeit verursacht der Energieverbrauch 80 Prozent der Treibhausgasemissionen. Die heutigen Energieversorgungsstrukturen müssen mittel- bis langfristig grundlegend umgebaut werden, damit die Ziele Versorgungssicherheit, Preiswürdigkeit sowie Klimaschutz erreicht werden.

Deutscher Bundestag, Drucksache 17/3051

M 1 Der Streit um die Atomenergie

Die rot-grüne Bundesregierung unter Bundeskanzler Gerhard Schröder hatte nach ihrem Wahlsieg 1998 die Atomkraft neu bewertet und war zu dem Ergebnis gekommen, dass die Risiken der kommerziellen Nutzung zu hoch sind. 2002 wurde der geordnete Ausstieg aus der Atomkraft beschlossen. Die Laufzeit der bestehenden Atomkraftwerke wurde auf durchschnittlich 32 Jahre seit ihrer Inbetriebnahme festgelegt. Bis Ende 2005 wurden die Atomkraftwerke Stade und Obrigheim stillgelegt. Nach dem Wahlsieg der CDU/CSU und FDP im Jahr 2009 haben sich die neuen Regierungsparteien im Koalitionsvertrag auf eine Neuausrichtung der Atompolitik geeinigt: „Kernenergie wird als Brückentechnologie gesehen, die erneuerbare Energien bis zu deren verlässlichen Einsatz ersetzen soll. Laufzeiten sollen unter Einhaltung deutscher und internationaler Sicherheitsstandards verlängert werden, das Neubauverbot bleibt bestehen." Im Herbst 2010 stellte die Bundesregierung dann ihr neues Energiekonzept vor. Bundesumweltminister Norbert Röttgen (CDU) verteidigte das Konzept als „Meilenstein" der deutschen Wirtschafts- und Umweltpolitik. Der Industriestaat Deutschland bekomme nach Jahrzehnten endlich ein Energiekonzept, sagte Röttgen.

M 2 Das Parlament debattiert und entscheidet

*Am **28. Oktober 2010** beriet der Bundestag in einer hitzigen und emotionalen Debatte über die Gesetzesvorlagen der Regierungskoalition zur **Änderung des Atomgesetzes**.*

Der Ausstieg aus dem Atomausstieg ist beschlossene Sache. Der Bundestag billigte [...] das Energiekonzept der schwarz-gelben Regierung und damit die längeren Laufzeiten der 17 deutschen Atomkraftwerke um acht bis 14 Jahre. [...] Die Opposition will weiter für den Ausstieg kämpfen und kündigte den Gang vor das Bundesverfassungsgericht an, um eine Beteiligung des Bundesrates an der Gesetzgebung zu erzwingen.

Den Entscheidungen ging eine turbulente Debatte voraus, die deutlich machte, wie aufgeladen die Stimmung zwischen Regierung und Opposition in der Atom-Frage ist. Der Ton in den Reden war rau. [...] Die Abgeordneten von Bündnis 90/Die Grünen erschienen aus Protest in schwarzer Kleidung mit gelben Anti-Castor-Kreuzen am Revers im Plenarsaal. [...] Der Parlamentarische Geschäftsführer der FDP, Jörg van Essen, [...] warf den Grünen vor: „Ihnen fehlt Stil und Anstand" und sprach von „Affentheater". Sein Amtskollege von der Linksfraktion, Jörn Wunderlich, beklagte, die Koalition demonstriere eine „bis dato nicht dagewesene Arroganz der Macht" und schimpfte mit Hinweis auf einen Vertrag der Regierung mit vier großen Energieversorgern: „Die Beteiligung der Atomenergie ersetzt noch nicht die Beteiligung des Parlaments." Der Parlamentsgeschäftsführer der Union, Peter Altmaier, wies alle Vorwürfe zurück und warf den Grünen vor, durch „Klamauk" und zahlreiche, sachlich nicht weiterführende Anträge eine sachliche Ausschussberatung verhindert zu haben. SPD-Parteichef Sigmar Gabriel warf der Regierung vor, sie schaffe „Wettbewerbsvorteile für vier Energieriesen" und würde den Ausbau von Arbeit im Sektor der erneuerbaren Energien verhindern. Jürgen Trittin (Bündnis 90/Die Grünen) kritisierte einen „Abgrund von Lobby- und Klientelpolitik". Er warf der Regierung vor, die Gesellschaft zu spalten. Ähnlich argumentierte Gregor Gysi (Die Linke). Er sprach von einem „schwerwiegenden Fehler" und „leichtfertiger Politik".

Sibylle Ahlers, Laufzeit-Turbulenzen, in: Das Parlament, 44/2010, S. 1

Die Fraktion der Grünen erschien zur Debatte in schwarzer Kleidung im Bundestag, mit gelbem Kreuz am Revers, dem Anti-Atom-Symbol aus Gorleben.

Aufgaben

1. Stelle dar, welche Gründe die Regierung für die Änderung des Atomgesetzes anführt und wie die Oppositionsparteien darauf reagieren (M 1, M 2).
2. Die Atmosphäre im Bundestag war sehr angespannt. Erläutere, weshalb Debatten über die Fragen der Atomkraft so heftig verlaufen (M 2).
3. Was ist eure Meinung? Soll die Laufzeit der Atomkraftwerke in Deutschland verlängert werden? Stellt euch dazu eine Linie vor, die zwei Ecken eures Klassenzimmers verbindet. Bestimmt eine Pro- und eine Kontra-Ecke. Überlegt euch, wie ihr die Streitfrage beantworten würdet, stellt euch dann auf der Streitlinie auf und tauscht eure Meinungen aus.

5.2.2 Das Gesetz in den Institutionen

M 3 Etappen der Gesetzgebung

Mit Gesetzen versucht die Politik das gesellschaftliche Leben zu regeln und Probleme zu lösen. Das Gesetzgebungsverfahren verläuft immer nach einem strengen Muster. Wie dieses Verfahren abläuft und wer daran beteiligt ist, zeigt folgendes Schaubild.

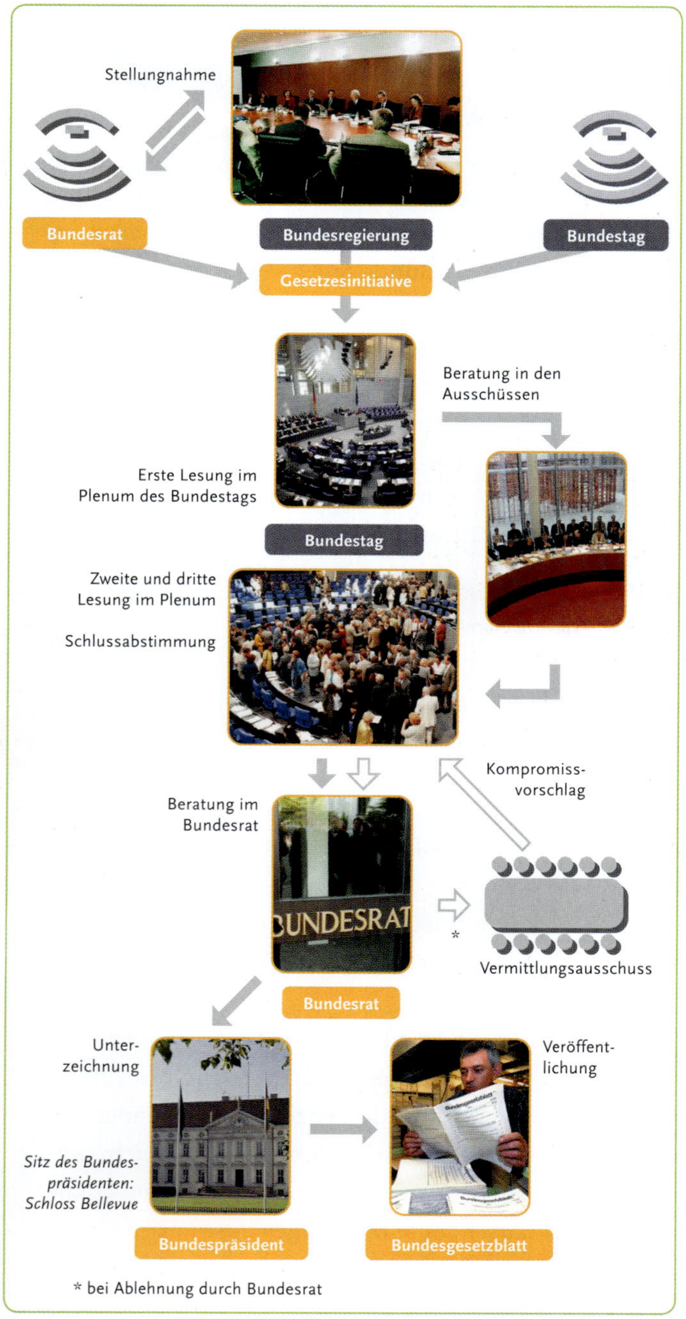

Die meisten Gesetze, die in den Bundestag eingebracht werden, sind Vorlagen der Regierung. Die Entwürfe werden in den zuständigen Fachministerien erarbeitet.

Generell können Gesetzentwürfe von der Bundesregierung, aus dem Bundestag oder vom Bundesrat eingebracht werden.

Die erste Beratung im Plenum des Bundestages dient der Begründung des Gesetzesvorhabens und der Erörterung der Grundsätze der Vorlage. Es erfolgt noch kein Beschluss.

Der Gesetzentwurf wird anschließend an die fachlich zuständigen Ausschüsse überwiesen und dort intensiv beraten. Dort können in sogenannten „hearings" auch Experten von außerhalb zu einem Gesetz gehört werden. Der Ausschuss kann dann dem Plenum eine Abänderung, Annahme oder Ablehnung des Entwurfs empfehlen.

Die zweite Lesung (Beratung) des Entwurfs erfolgt auf der Grundlage der Ausschussempfehlung. Über die einzelnen Bestimmungen wird dann abgestimmt.

Die dritte Lesung schließt sich unmittelbar an. Anschließend erfolgt die Schlussabstimmung.

Das im Bundestag beschlossene Gesetz wird dann dem Bundesrat zugeleitet. Die Zustimmung des Bundesrats ist erforderlich, wenn es sich um ein Zustimmungsgesetz handelt, in der Sache also Bund und Länder zuständig sind. Bei einem Einspruchsgesetz kann der Bundestag einen Einspruch des Bundesrats in einer weiteren Abstimmung überstimmen.

Bei Uneinigkeit über ein Zustimmungsgesetz und einer drohenden Ablehnung kann der Vermittlungsausschuss angerufen werden, der einen Kompromissvorschlag erarbeitet, über den Bundestag und Bundesrat erneut abstimmen. Bundestag und Bundesrat entsenden je 16 ihrer Mitglieder in den Vermittlungsausschuss. Können sich die Vertreter dabei nicht einigen, ist das Gesetz – wenn es sich um ein zustimmungspflichtiges Gesetz handelt – gescheitert.

Nach der Verabschiedung des Gesetzes wird es dem zuständigen Minister und dem Bundeskanzler zur Unterzeichnung vorgelegt.

Anschließend muss noch der Bundespräsident das Gesetz unterzeichnen. Er kann seine Unterschrift nur verweigern, wenn er der Auffassung ist, dass das Gesetz gegen die Verfassung verstößt.

Das Gesetz wird im Bundesgesetzblatt verkündet und tritt in Kraft.

M 4 Auf den Weg gebracht – das neue Atomgesetz

Nun hat auch der Bundespräsident das kontrovers diskutierte Gesetz unterschrieben. Das teilte das Bundespräsidialamt in Berlin mit. Damit kann die Regelung endgültig in Kraft treten.

Erste Lesung der Neufassung des Atomgesetzes im Bundestag. In einer äußerst hitzigen und emotionalen Debatte stritten die Regierungs- und Oppositionsparteien im Bundestag über das neue Atomgesetz.

Kabinett beschließt Energiekonzept: Deutschland setzt bis 2036 auf Atomkraft.
Der Ausstieg vom Ausstieg ist beschlossen: Das Bundeskabinett hat längere Laufzeiten der Atomkraftwerke beschlossen – Deutschland wird mindestens noch 25 Jahre auf Atomkraft setzen.

Vor der zweiten und dritten Lesung des von den Koalitionsfraktionen CDU/CSU und FDP in den Bundestag eingebrachten Entwurfs eines Elften Gesetzes zur Änderung des Atomgesetzes hat der Ausschuss für Umwelt, Naturschutz und Reaktorsicherheit mehrere Sachverständige zu einer öffentlichen Anhörung geladen.

Bundestag berät in dritter Lesung das Atomgesetz und stimmt darüber ab.

Der Umweltausschuss des deutschen Bundestages berät über das neue Atomgesetz. Der Geschäftsordnung des Bundestages zufolge muss der Ausschuss zwei Tage vor der letzten Lesung seinerseits ein Votum über Gesetze abgeben. Dazu debattiert er über Änderungsanträge der Fraktionen.

Aufgabe

Ordne die Meldungen den Stationen des Gesetzgebungsverfahrens zu und begründe deine Entscheidung (M 3, M 4).

5.2.3 Muss der Bundesrat dem neuen Atomgesetz zustimmen?

M 5 Der Bundesrat im Gesetzgebungsverfahren

Der Bundesrat besteht aus den Mitgliedern der Regierungen der Länder und hat folgende Stimmenverteilung:

Nordrhein-Westfalen	6
Bayern	6
Baden-Württemberg	6
Niedersachsen	6
Hessen	5
Sachsen	4
Rheinland-Pfalz	4
Berlin	4
Sachsen-Anhalt	4
Thüringen	4
Brandenburg	4
Schleswig-Holstein	4
Mecklenburg-Vorpommern	3
Hamburg	3
Saarland	3
Bremen	3

In einem föderalen Staat schließen sich mehrere Gliedstaaten zu einem Bündnis zusammen. So bilden die 16 deutschen Länder gemeinsam einen Bundesstaat, die Bundesrepublik Deutschland. In einem Bundesstaat ist der Gesamtstaat für alles zuständig, was einheitlich geordnet werden muss. Darauf sollte er sich aber auch beschränken, denn die übrigen Angelegenheiten sollen die Gliedstaaten selbst regeln. In Deutschland ist der Bundesrat das Bindeglied zwischen Bund und Ländern. Er ist die Interessenvertretung der Länder auf Bundesebene. Er ist ein Verfassungsorgan des Bundes, besteht aber aus Vertretern der Länder. Über den Bundesrat können die Länder in vielen Fällen die Gesetzgebung des Bundes beeinflussen. Auch in Angelegenheiten der Europäischen Union können die Länder mitwirken. Ihre Mitwirkungsrechte sind dabei genau festgelegt. Der Bundesrat kann keine Änderungen an einem vom Bundestag beschlossenen Gesetz vornehmen. Stimmt er dem Gesetz aber nicht zu, so kann er den Vermittlungsausschuss anrufen. Bei Zustimmungsgesetzen ist die Zustimmung des Bundesrates zwingend erforderlich. Zustimmungsbedürftig sind insbesondere verfassungsändernde Gesetze, aber auch alle Gesetze, die die Finanzen und Verwaltungszuständigkeit der Länder betreffen.

M 6 Streit um die Mitwirkung des Bundesrates beim Atomgesetz

Die Frage, ob ein Gesetz der Zustimmung des Bundesrates bedarf, ergibt sich normalerweise aus dem Grundgesetz. Da die Atompolitik ausschließlich in die Gesetzgebungskompetenz des Bundes fällt, nahm die Bundesregierung an, dass das Gesetz kein zustimmungsbedürftiges Gesetz sei. Ende Februar 2011 reichten die SPD-regierten Länder (NRW, Rh.-Pf., Berlin, Brandenburg, Bremen) jedoch beim Bundesverfassungsgericht in Karlsruhe eine Verfassungsklage gegen die Verlängerung der AKW-Laufzeiten ein. Nach Auffassung der Kläger hätte die Koalition die Laufzeitverlängerung nicht ohne Mitwirkung des Bundesrats umsetzen dürfen. Diese Länder begründen ihre Forderung nach Mitbestimmung mit der Atomaufsicht, die sie laut Gesetz ausüben sollen, sowie damit, dass sie finanziell mithaften müssen, wenn ein Kernkraftunfall passiert. Befürworter und Gegner haben Gutachten in Auftrag gegeben, und wie so oft finden beide Seiten darin ihre jeweilige Position bestätigt.

Tipp
Können sich Bundesrat und Bundestag nicht darauf einigen, ob ein Gesetz zustimmungspflichtig ist, dann muss das Bundesverfassungsgericht darüber entscheiden.

Aufgaben

1. Wende den Politikzyklus (M 7) auf das Problem der Atompolitik an.
2. Der Gesetzgebungsprozess in Deutschland ist kompliziert. Warum wurde diese komplizierte Regel ins Grundgesetz aufgenommen? Überlege dir Vor- und Nachteile des Verfahrens und beurteile es mithilfe der Kriterien „Legitimität“ und „Effizienz“.

Methode

M 7 Wie man politische Prozesse analysieren kann – der Politikzyklus

Modelle sind wichtige Instrumente, mit denen wir die politische Wirklichkeit vereinfacht abbilden können, um sie besser zu verstehen. Im Modell wird nur das Wichtigste dargestellt. Der Politikzyklus ist ein solches Modell und ihm liegt ein gewisses Verständnis von Politik zugrunde: Politik wird hier als eine (endlose) Kette von Versuchen zur Bewältigung gesellschaftlicher Probleme verstanden.
Viele Probleme werden von der Politik gelöst. Es gibt aber auch Probleme, die die Politik dauerhaft beschäftigen, wie z. B. die Energiepolitik.

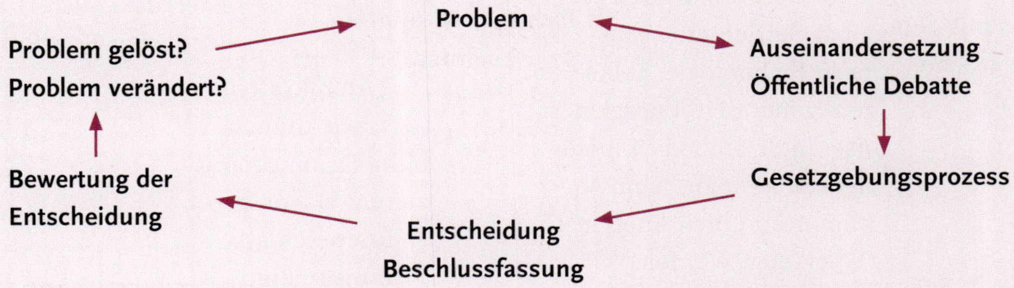

Am Beginn des Politikzyklus steht ein Problem, mit dem sich die Politik beschäftigen muss. Es wird öffentlich darüber gestritten, was man tun soll. Dabei spielen auch die Medien eine ganz wichtige Rolle. Es folgt das Gesetzgebungsverfahren in Bundestag und Bundesrat. Ist eine Entscheidung getroffen, dann wird diese wieder in der Öffentlichkeit diskutiert und bewertet. Wenn das Problem damit beseitigt werden kann, dann wird der Politikzyklus nur einmal durchlaufen. Verändert sich das Problem oder sind die getroffenen Maßnahmen nicht wirksam, dann beginnt der Zyklus von vorn. Deshalb spricht man davon, dass Politik eine (endlose) Kette von Versuchen ist, gesellschaftliche Probleme zu lösen.

Kategorien	Schlüsselfragen
Problem	Worin besteht das Problem? Welche Aufgabe hat die Politik zu lösen?
Auseinandersetzung Öffentliche Debatte	Was wirkt auf die Auseinandersetzung ein? Welche Interessen haben die Akteure? Welche Interessenkonflikte und Interessenkonstellationen gibt es? Welche Ziele verfolgen die beteiligten Akteure? Welche Lösungsmöglichkeiten werden diskutiert? Wie sind die Machtkonstellationen?
Gesetzgebungs- prozess	Greift der Gesetzgeber das Problem auf? Wie versuchen die Verbände Einfluss auf den Gesetzgebungsprozess zu nehmen?
Entscheidung Beschlussfassung	Zu welchen Ergebnissen hat die Auseinandersetzung geführt? Welche Akteure/Interessen konnten sich durchsetzen?
Bewertung der Entscheidung	Welche Akteure bewerten das Ergebnis positiv? Welche negativ? Welche Interessen und Wertvorstellungen beeinflussen die Bewertung?
Problem gelöst? Problem verändert?	Ist das Problem gelöst oder ist nur die Problemlage verändert? Greift der Vollzug der Entscheidung an den Ursachen an oder werden nur die Folgen bekämpft? Schafft es das Problem erneut auf die politische Agenda?

5.2.4 Nach dem Gesetz ist vor dem Gesetz

M 8 Stellungnahmen zum Gesetz

„Ich bin gegen die Verlängerung der Laufzeiten, da immer noch ungeklärt ist, was mit dem Atommüll geschehen soll."

„Die Atomkraft ist im Betrieb eine saubere Technologie. Solange regenerative Energien unseren Strombedarf nicht decken können, kann so klimafreundlich Energie erzeugt werden."

„Atomkraft ist nicht sicher und deshalb nicht zu verantworten. Das wissen wir seit den Katastrophen von Tschernobyl und Fukushima."

„Durch die Laufzeitverlängerung wird die Förderung alternativer Energien wie Solar- und Windenergie zurückgeworfen. Dabei weiß doch jeder, dass auch Uran ein endlicher Rohstoff ist."

„Atomkraftwerke können billig Strom produzieren. Davon profitiere ich als Konsument."

M 9 Fukushima liegt auch in Deutschland

Das Kernkraftwerk in Fukushima nach der Reaktorkatastrophe

BDEW
Bundesverband der Energie- und Wasserwirtschaft

RWE AG (Rheinisch-Westfälisches Elektrizitätswerk AG)
zweitgrößter Energieversorgungskonzern Deutschlands mit mehreren Atomkraftwerken

Es ist die alte Erzählung der deutschen Atomindustrie, auch jetzt wieder, nach dem Unglück von Fukushima. Schon am Samstag verschickte das Deutsche Atomforum eine Erklärung: „Eine Verkettung eines derart schweren Erdbebens und eines schweren Tsunamis ist in Deutschland nicht vorstellbar." So sah die Industrie das schon immer, wenn irgendwo auf der Welt ein Atomunfall passierte: andere Umstände, bei uns nicht möglich. Doch was beim Super-GAU im sowjetischen Tschernobyl vielen noch einleuchtete, verliert im Fall von Japan seine Überzeugungskraft: Japanische Ingenieure sind nicht schlechter als deutsche, die Sicherheitsstandards dort nicht laxer als hier. Auch aus der deutschen Energiewirtschaft kommen daher selbstkritische Töne. Man müsse die Risikoannahmen überprüfen, sagt der Präsident des Branchenverbands BDEW, Ewald Woste. „Die Sicherheitsstandards sind immer nur so gut wie die zugrunde liegenden Risikoannahmen." Das fängt schon bei den direkten Parallelen zu Fukushima an. RWE-Chef Jürgen Großmann verwies am Montag darauf, dass es in Deutschland keinen Tsunami geben könne – und gegen Erdbeben seien die deutschen Reaktoren gesichert. In der Tat müssen Atomkraftwerke bei der Genehmigung nachweisen, dass sie dem sogenannten Bemessungserdbeben standhalten können. Das ist die größte wissenschaftlich anzunehmende Intensität in der jeweiligen Region. Das AKW Krümmel hält laut Vattenfall zum Beispiel bis zur Stärke 6,0 – ein hoher Wert für die norddeutsche Tiefebene. Aber auch in Japan hielt die Regierung ein Erdbeben der Stärke 8,2 für das größtmögliche. Am vergangenen Freitag waren 9,0 möglich. „Die Natur kann immer noch einen drauflegen", sagt Greenpeace-Atomexperte Karsten Smid.

Nikolai Fichtner, Fukushima liegt auch in Deutschland, www.ftd.de, 15.3.2011

M 10 Ausstieg vom Ausstieg vom Ausstieg – energiepolitische Kehrtwende

Die Bundesregierung macht Ernst: Das Kabinett beschließt, bis 2022 schrittweise aus der Atomkraft auszusteigen und den Umstieg zu erneuerbaren Energien zu fördern. Damit vollendet die Kanzlerin ihre energiepolitische Kehrtwende – und lässt diese von Umweltminister Röttgen begeistert präsentieren. [...] Röttgen nennt das [Gesetzes-, Anm. d. Red.] Paket einen „Meilenstein für die wirtschaftliche und gesellschaftliche Entwicklung des Landes", er schwärmt von einem „gesellschaftlichen Pionierprojekt, das Industrie erhalten und Wachstum ermöglichen wird" und hebt die „nicht zu überschätzende Bedeutung für unser Land" hervor. Diesen „Meilenstein" hatte das Bundeskabinett am Montagmorgen verabschiedet – ein umfangreiches Gesetzespaket, das den Atomausstieg bis zum Jahr 2022 regeln und gleichzeitig den Umstieg auf eine alternative Energieversorgung beschleunigen soll. Kernstück des Pakets ist die Novelle des Atomgesetzes, das die schrittweise Abschaltung der 17 deutschen Reaktoren regelt. Acht davon – die sieben ältesten Meiler und das Atomkraftwerk Krümmel – sind bereits abgeschaltet und sollen sofort dauerhaft stillgelegt werden, die übrigen zwischen 2015 und 2022.

Wolfgang Jaschensky, Schwarz-Gelb übt sich in Eigenlob, www.sueddeutsche.de, 6.6.2011

Aufgaben

1. Nimm Stellung zu den Aussagen aus M 7. Welche leuchten dir ein und welche nicht? Überprüfe die Aussagen mithilfe einer Internetrecherche. Teilt euch in Gruppen auf und präsentiert eure Ergebnisse im Plenum.
2. *Nach dem Gesetz ist vor dem Gesetz*: Diskutiert in Gruppen, warum die Reaktorkatastrophe von Fukushima das „neue" Atomgesetz wieder „alt" werden ließ (M 7, M 8).
3. Im Herbst 2010 wurde das neue Energiekonzept von Umweltminister Röttgen als „Meilenstein" der deutschen Wirtschaft und Umwelt bezeichnet (M 1). Nach der Reaktorkatastrophe und ca. einem dreiviertel Jahr später verkündet derselbe Umweltminister wieder einen „Meilenstein für die wirtschaftliche und gesellschaftliche Entwicklung des Landes" (M 10). Beurteile die beiden Meilensteine mithilfe der Methode „Politikzyklus" (M 7).
4. Recherchiert im Internet den aktuellen Stand des Atomgesetzes.

Fast ein halbes Jahrhundert hat die Atomenergie Politik und Nation gespalten. Erstellt in Zusammenarbeit mit Geschichte eine Ausstellung/Wandzeitung über den Atomstreit in der Bundesrepublik Deutschland.

Recherchiere den Ablauf der Atomkatastrophe von Fukushima und beschreibe, welche Folgen der Reaktorunfall für Mensch und Umwelt hatte.

Was wir wissen

Gesetze

Politik beschäftigt sich mit der Lösung von Problemen und Konflikten, die für die Gesellschaft von Bedeutung sind. Damit die Lösung für alle Gesellschaftsmitglieder verbindlich ist, wird sie häufig in Form von Gesetzen herbeigeführt. Gesetze enthalten Regeln, denen sich die Betroffenen nicht entziehen können. Sie schützen die Menschen (z. B. Lebensmittelgesetz), ordnen das gesellschaftliche Zusammenleben (z. B. im Bereich des Luft- und Straßenverkehrs) und steuern das Verhalten der Menschen (z. B. Gesetz zur Verteuerung von Alkopops).

Gang der Gesetzgebung
M 3, M 4

Die Gesetzgebung ist ein langwieriger Prozess, an dem Bundesregierung, Bundestag und Bundesrat mitwirken. Aber auch einzelne Interessengruppen versuchen, über ihre Interessenorganisationen oder die öffentliche Meinung Einfluss zu nehmen. Das Initiativrecht haben Bundesregierung, Bundesrat und Bundestag (mindestens fünf Prozent der Abgeordneten). Die meisten Initiativen kommen von der Bundesregierung. Die Entwürfe werden von den Fachministerien ausgearbeitet, vom Kabinett abgesegnet und in den Bundestag eingebracht. Nach den Beratungen im Plenum (1. Lesung) wird der Entwurf an die Ausschüsse verwiesen. Dort findet eine intensive Beratung statt. Experten können befragt, strittige Themen ausdiskutiert und Kompromisse gefunden werden. Unter anderem versuchen hier Interessenverbände, Gesetze in ihrem Sinne zu beeinflussen. Der überarbeitete Entwurf kommt zur 2. und 3. Lesung und zur Beschlussfassung ins Plenum zurück. Anschließend wird (bei zustimmungspflichtigen Gesetzen) im Bundesrat beraten und abgestimmt und am Ende muss der Bundespräsident das Gesetz unterzeichnen, damit es in Kraft treten kann.

Politikzyklus
M 7

Politik kann mit dem Modell des Politikzyklus beschrieben werden. Der Politikzyklus beruht auf der Annahme, dass Politik als Prozess der Problembearbeitung zu verstehen ist. Da sich Politik mit der Lösung von Problemen beschäftigt, steht am Anfang des Politikzyklus ein gesellschaftlich relevantes Problem. Ob es sich tatsächlich um ein Problem handelt und wie man es lösen könnte, darüber wird öffentlich diskutiert. Es folgt der Gesetzgebungsprozess und – wenn es eine parlamentarische Mehrheit dafür gibt – die Verabschiedung eines Gesetzes durch den Deutschen Bundestag und gegebenenfalls den Bundesrat. Die Entscheidung wird öffentlich diskutiert und bewertet. Ist das Problem durch das Gesetz beseitigt, dann endet der Politikzyklus an dieser Stelle. Ist das Problem nicht beseitigt, dann beginnt der Politikzyklus von Neuem. Deshalb wird Politik auch als eine Kette von Versuchen zur Lösung von Problemen verstanden.

Schlagzeilen zuordnen

Täglich finden sich in den Medien zahlreiche Meldungen zur Bearbeitung von politischen Problemen. Sie lassen sich alle in das Modell des Politikzyklus einordnen.

Mehrwertsteuer für Hoteliers
Abgeordnete der CDU fordern, dass die Entscheidung, Hoteliers nur mit dem ermäßigten Mehrwertsteuersatz zu belasten, zurückgenommen wird.

Bürgerproteste gegen neues Industriegebiet
Die Ankündigung der Stadtverwaltung, ein neues Industriegebiet auszuweisen, löst eine Flut an Leserbriefen aus.

Autofahren zukünftig mit 17
Bundesregierung macht den Weg frei für das „begleitete Autofahren mit 17". Von der Neuregelung, der Bundestag und Bundesrat noch zustimmen müssen, erhofft sich das Kabinett insgesamt weniger Verkehrsunfälle.

Entscheidung des höchsten Gerichts
Das Rauchverbot in Bayern verstößt nicht gegen das Grundgesetz. Das Bundesverfassungsgericht verwarf eine Verfassungsbeschwerde gegen die per Volksentscheid beschlossene Regelung.

Bundesaußenminister fordert eine Welt ohne Atomwaffen
Staaten sollen abrüsten.

Atomkraftwerke sollen länger laufen
Der Bundestag berät darüber, ob die Laufzeiten für Atomkraftwerke verlängert werden sollen.

Volksentscheid in Bayern
Die Bürger Bayerns stimmen per Volksentscheid für ein absolutes Rauchverbot.

Viele Schulgebäude in schlechtem Zustand
Zur Sanierung fehlt jedoch in vielen Gemeinden das Geld.

45.000 Lehrer fehlen
Jetzt sollen Pensionäre unterrichten.

Alterung der Gesellschaft
In Ostdeutschland mehr offene Lehrstellen als Bewerber.

Aufgabe

Ordne die Meldungen den einzelnen Phasen des Politikzyklus zu und begründe deine Entscheidung.

EU-Führerschein
Ab 2013 soll ein einheitlicher EU-Führerschein mit integrierter Chipkarte eingeführt werden. Bis 2033 haben dann Fahrer aller Klassen Zeit, ihren alten Führerschein zu ersetzen. Eine erneute Fahrprüfung ist voraussichtlich nicht erforderlich. Ziel dieser Maßnahme ist die Angleichung der Führerscheine innerhalb der EU, wodurch auch eine direkte Speicherung von Verkehrsdelikten auf der Chipkarte möglich wird.

Feinstaub
Seit 2005 gilt die EU-Richtlinie zur Verringerung des Schadstoffausstoßes in Ballungsräumen. Zu diesem Zweck wurden von der EU Grenzwerte festgelegt. Seit dem Sommer 2008 bekommen wir diese Richtlinie durch die zunehmende Schaffung von städtischen Umweltzonen zu spüren. Diese dürfen nämlich nur mit entsprechender Plakette befahren werden.

EU-Biosiegel
Seit 1.7.2010 gibt es das neue EU-Biosiegel. Lebensmittel, die damit gekennzeichnet sind, dürfen nicht gentechnisch verändert oder mit chemischen Pflanzenschutzmitteln behandelt worden sein. Tiere müssen artgerecht gehalten und mit ökologisch produziertem Futter gefüttert worden sein.

Lärm am Arbeitsplatz
Seit 2003 wird durch eine EU-Verordnung die maximale Lärmbelastung am Arbeitsplatz geregelt. Die darin enthaltenen Mindestvorschriften zum Schutz von Arbeitnehmern sind in Deutschland mittlerweile sogar im Bundesgesetz verankert. Das Ziel der EU ist, durch diese Verordnung den Arbeitnehmer vor übermäßig hohem Lärm bzw. Vibrationen zu schützen.

6

Europa – ein Erfolgsmodell?

Die Meinungen über die Europäische Union reichen von beinahe grenzenloser Euphorie bis hin zu pessimistischer Schwarzmalerei. Was ist von der Europäischen Union zu halten – ist sie die größte politische Erfolgsgeschichte der vergangenen 50 Jahre oder ein Projekt der Eliten, nicht der Bürger? Dieses Kapitel soll bei der Suche nach einer Antwort helfen.

Kompetenzen

Am Ende dieses Kapitels solltest du Folgendes können:

- Beispiele für Einflussnahmen der EU auf das Leben in den Mitgliedstaaten nennen
- wichtige politische Organe der EU und den Entscheidungsprozess beschreiben
- Meilensteine in der Entwicklung der EU und Ziele der europäischen Integration kennen
- demokratische Mitwirkungsmöglichkeiten im europäischen Willensbildungs- und Entscheidungsprozess einschätzen und nutzen
- Errungenschaften und Gefährdungen der europäischen Integration beurteilen

Was weißt du schon?

- Übertrage die Karte in dein Heft. Markiere und benenne die Staaten der Europäischen Union.
- Europa bedeutet für mich ... – Finde möglichst viele Satzergänzungen, die zeigen, welche Bedeutung die Europäische Union für dich hat.

6.1 Die Europäische Union – „in Vielfalt geeint"?

6.1.1 Warum gibt es die Europäische Union?

M 1 Der Schuman-Plan – Geburtsstunde des vereinigten Europas

Auf dem Soldatenfriedhof in Lommel liegen aus dem Zweiten Weltkrieg 38.560 und aus dem Ersten Weltkrieg 542 gefallene deutsche Soldaten begraben. Er ist der größte Soldatenfriedhof des Zweiten Weltkriegs in Westeuropa.

Vorstellung des Schuman-Plans am 9. Mai 1950 im Salon de l'Horloge des Quai d'Orsay in Paris. Am Mikrofon der französische Außenminister Robert Schuman, zu seiner Rechten Jean Monnet.

Jahrhundertelang führten die Europäer untereinander Krieg. Seit Einführung der Wehrpflicht (1814) bis zum Ende des Zweiten Weltkriegs wurde in Deutschland jede Generation junger Männer zu den Waffen gerufen. Erst die Nachkriegsgeneration hatte das Glück, nicht mehr in den Krieg ziehen zu müssen. Ein dauerhafter Friede in Europa erscheint heute vielen sogar als selbstverständlich.

Was war geschehen? Der französische Diplomat Jean Monnet (1888–1979) entwickelte Ende der 1940er Jahre einen Plan zur Zusammenfassung der kriegswichtigen Kohle- und Stahlproduktion (Montanindustrien) Frankreichs und Deutschlands unter der Aufsicht einer europäischen Behörde. Die Überlegung dabei war, dass Staaten, die wirtschaftlich voneinander abhängig sind, ihre Konflikte mit friedlichen Mitteln lösen müssen, denn eine bewaffnete Auseinandersetzung würde auch dem Angreifer schaden. Diese Idee machte sich der französische Außenminister Robert Schuman (1886–1963) zu eigen und trug sie am 9. Mai 1950 auf einer Pressekonferenz in Paris vor. Daraufhin gründe-

Der Mythos von Europa

Europa auf dem Stier

Europa war in der griechischen Mythologie die Tochter des phönizischen Königs. Zeus, der oberste Gott der griechischen Mythologie, verliebte sich in die Königstochter. Als Europa am Strand spielte, verwandelte sich Zeus in einen Stier und entführte sie. Zeus schwamm mit ihr nach Kreta, wo er sich zurückverwandelte und mit Europa vermählte. Sie zeugten drei Söhne, von denen Minos eine der ersten Hochkulturen in Europa begründete. Die Sage berichtet von der Entstehung der abendländischen Kultur und der Namensgebung für den heutigen Kontinent Europa.

ten Frankreich, Deutschland, Italien, Luxemburg, Belgien und die Niederlande am 18. April 1951 die Europäische Gemeinschaft für Kohle und Stahl (Montanunion), die erste supranationale (überstaatliche) Organisation in Europa. Der Schuman-Plan gilt als Geburtsstunde des vereinigten Europas und deshalb wird der 9. Mai als Europatag gefeiert.

Nach: Bruno Zandonella, Europa für Einsteiger, Reihe Themenblätter im Unterricht, Bundeszentrale für politische Bildung, Bonn, 2011, S. 7

M 2 Robert Schuman im Wortlaut

„Frankreich, das sich seit mehr als zwanzig Jahren zum Vorkämpfer eines Vereinten Europas macht, hat immer als wesentliches Ziel gehabt, dem Frieden zu dienen. Europa ist nicht zustande gekommen, wir haben den Krieg gehabt. Europa läßt sich nicht mit einem Schlage herstellen und auch nicht durch eine einfache Zusammenfassung: Es wird durch konkrete Tatsachen entstehen, die zunächst eine Solidarität der Tat schaffen. Die Vereinigung der europäischen Nationen erfordert, daß der Jahrhunderte alte Gegensatz zwischen Frankreich und Deutschland ausgelöscht wird. [...] Die französische Regierung schlägt vor, die Gesamtheit der französisch-deutschen Kohle- und Stahlproduktion unter eine gemeinsame Oberste Aufsichtsbehörde (Haute Autorité) zu stellen, in einer Organisation, die den anderen europäischen Ländern zum Beitritt offensteht. Die Zusammenlegung der Kohle- und Stahlproduktion wird sofort die Schaffung gemeinsamer Grundlagen für die wirtschaftliche Entwicklung sichern – die erste Etappe der europäischen Föderation – und die Bestimmung jener Gebiete ändern, die lange Zeit der Herstellung von Waffen gewidmet waren, deren sicherste Opfer sie gewesen sind. Die Solidarität der Produktion, die so geschaffen wird, wird bekunden, daß jeder Krieg zwischen Frankreich und Deutschland nicht nur undenkbar, sondern materiell unmöglich ist. Die Schaffung dieser mächtigen Produktionsgemeinschaft, die allen Ländern offensteht, die daran teilnehmen wollen, mit dem Zweck, allen Ländern, die sie umfaßt, die notwendigen Grundstoffe für ihre industrielle Produktion zu gleichen Bedingungen zu liefern, wird die realen Fundamente zu ihrer wirtschaftlichen Vereinigung legen. [...] Durch die Zusammenlegung der Grundindustrien und die Errichtung einer neuen Obersten Behörde, deren Entscheidungen für Frankreich, Deutschland und die anderen teilnehmenden Länder bindend sein werden, wird dieser Vorschlag den ersten Grundstein einer europäischen Föderation bilden, die zur Bewahrung des Friedens unerläßlich ist."

Europa-Archiv. Folge 11 (1950), S. 3091 f. (Rechtschreibung entspricht der Originalquelle)

Der französische Außenminister Robert Schuman stellte am 9. Mai 1950 sein Konzept einer europäischen Föderation vor.

M 3 Das europäische Haus – Meilensteine

Die Europäische Union – ein unvollendetes Bauwerk

Mitten in Rom am 25. März 1957, 18 Uhr. Draußen, auf dem Kapitolsplatz, hat sich trotz strömenden Regens eine riesige Menschenmenge versammelt. Drinnen, im festlichen Saal des alten Konservatorenpalasts, herrschen Stolz, Freude und auch etwas Erleichterung: Noch bis zur allerletzten Minute hat man um die Einzelheiten gefeilscht. Jetzt sitzen die Vertreter Belgiens, Deutschlands, Frankreichs, Italiens, Luxemburgs und der Niederlande an einem langen Tisch und unterzeichnen die Verträge zur Gründung der Europäischen Wirtschaftsgemeinschaft (EWG). Zum Abschluss schenkt der Bürgermeister von Rom allen Teilnehmern eine goldene Medaille. In den Dokumenten, die „Römische Verträge" genannt werden, steht, dass die sechs Länder nicht nur bei Kohle und Stahl, sondern in der gesamten Wirtschaft zusammenarbeiten wollen. Am gleichen Abend gründeten die sechs Länder übrigens auch die Europäische Atomgemeinschaft (EAG oder Euratom). Damit wollten sie erreichen, dass die Kernkraft in Europa friedlich genutzt würde, also zum Beispiel in Kernkraftwerken, und nicht etwa zur Herstellung gefährlicher Atomwaffen. In den folgenden Jahren traten immer mehr Länder den Europäischen Gemeinschaften (EG) bei, wie sich das Bündnis ab 1967 nannte. 1992 vereinbarten die mittlerweile zwölf Mitgliedsländer in der niederländischen Stadt Maastricht, sich nicht nur wirtschaftlich, sondern auch politisch enger zusammenzuschließen. 1993 trat dieser „Vertrag von Maastricht" in Kraft und begründete die „Europäische Union". „Union" kommt vom lateinischen Wort „unio", „Vereinigung". Mit dieser Namensänderung wollten die Europäer zeigen, dass sie nun noch näher zusammengerückt waren. 2002 führte die EU eine gemeinsame Währung ein und machte damit einen weiteren großen Schritt: Heute klimpert in 17 EU-Ländern der Euro im Geldbeutel. Am Anfang, mit nur wenigen Mitgliedern, konnte die EU leicht und schnell Entscheidungen treffen. Als immer mehr Länder der EU beitraten, die alle eine eigene Meinung hatten, wurde das immer schwieriger. Doch wie sollte die EU handlungsfähig bleiben, wenn in Zukunft sogar noch mehr Länder beitreten würden? Der Versuch, in einer eigenen „Verfassung" neue Spielregeln für die EU festzulegen, klappte nicht. Die Wähler in Frankreich und in den Niederlanden waren dagegen. 2007 nahmen die 27 EU-Staaten einen neuen Anlauf und unterzeichneten in der portugiesischen Hauptstadt schließlich den „Vertrag von Lissabon". Mit 287 Seiten ist der ganz schön umfangreich. Im Vertrag stehen nicht nur neue Abstimmungsregeln. Der Vertrag stärkt auch die Rolle des Europäischen Parlamentes, in dem die direkt gewähl-

Erweiterungen

- 1973 Dänemark, Großbritannien, Irland
- 1981 Griechenland
- 1986 Spanien und Portugal
- 1995 Finnland, Österreich, Schweden
- 2004 Estland, Lettland, Litauen, Malta, Polen, Slowakei, Slowenien, Tschechische Republik, Ungarn, Zypern
- 2007 Bulgarien, Rumänien
- 2013 Kroatien

ten Abgeordneten sitzen. Er gibt auch den Auftrag, die Grundrechte jedes einzelnen Bürgers zu schützen, beispielsweise das Recht auf Bildung oder Gesundheit. Außerdem kann jeder EU-Bürger ein neues Gesetz auf den Weg bringen – vorausgesetzt, er hat vorher eine Million Unterschriften gesammelt. Inzwischen haben alle 27 EU-Länder „Ja" dazu gesagt. Am 1. Dezember 2009 ist der Vertrag von Lissabon in Kraft getreten.

© Alle Rechte Europäische Gemeinschaften, 2009, angepasst von: Europa kinderleicht, Europäische Gemeinschaften 2009, S. 18 ff. (Die Verantwortung für die Anpassung der Daten liegt ausschließlich beim C.C. Buchners Verlag.)

M 4 Werte und Ziele der Europäischen Union

Aus dem Vertrag über die Europäische Union:

Artikel 1:

Durch diesen Vertrag gründen die HOHEN VERTRAGSPARTEIEN untereinander eine EUROPÄISCHE UNION, im Folgenden als „Union" bezeichnet. Dieser Vertrag stellt eine neue Stufe bei der Verwirklichung einer immer engeren Union der Völker Europas dar, in der die Entscheidungen möglichst offen und möglichst bürgernah getroffen werden. [...]

Artikel 2:

Die Werte, auf die sich die Union gründet, sind die Achtung der Menschenwürde, Freiheit, Demokratie, Gleichheit, Rechtsstaatlichkeit und die Wahrung der Menschenrechte einschließlich der Rechte der Personen, die Minderheiten angehören. Diese Werte sind allen Mitgliedstaaten in einer Gesellschaft gemeinsam, die sich durch Pluralismus, Nichtdiskriminierung, Toleranz, Gerechtigkeit, Solidarität und die Gleichheit von Frauen und Männern auszeichnet.

Artikel 3:

(1) Ziel der Union ist es, den Frieden, ihre Werte und das Wohlergehen ihrer Völker zu fördern.

Konsolidierte Fassung des Vertrags über die Europäische Union, in: http://eur-lex.europa.eu, S. 16f., Abruf am 17.2.2012

Europäische Symbole

Die zwölf kreisförmig angeordneten Sterne der europäischen Flagge symbolisieren Vollkommenheit, Vollständigkeit und Einheit. Die Sterne auf der Flagge stehen daher für die Harmonie der europäischen Völker. Die Zahl der Sterne hat nichts mit der Anzahl der Mitgliedstaaten zu tun. Seit 1986 ist der letzte Satz von Ludwig van Beethovens 9. Symphonie die offizielle Hymne der Europäischen Union. Bei der Komposition ließ sich Beethoven von Schillers Gedicht „Ode an die Freude" inspirieren. Die Hymne hat bisher keinen offiziellen Text und kann daher nicht gesungen, sondern nur instrumental gespielt werden.

Aufgaben

1. Gib die Sage des Mythos von Europa mit eigenen Worten wieder. Welche Eigenschaften werden dem entstehenden Europa mit in die Wiege gelegt (Randspalte)?
2. Betrachte die Bilder in M1 und beziehe sie auf zentrale Äußerungen des Schuman-Plans.
3. Zeichne das europäische Haus. Das Fundament bilden die gemeinsamen Werte und Ziele. Im Erdgeschoss wohnen die sechs Gründerstaaten, in den weiteren Geschossen die jeweils neu eingezogenen Bewohner. An der Hausfassade stehen alle Meilensteine, die das Leben im europäischen Haus prägten und prägen (M 1 – M 3).
4. Braucht die EU gemeinsame Symbole? Findet Beispiele in eurer Alltagsumgebung und stellt deren Bedeutung dar.

6.1.2 Wie beeinflusst die Europäische Union unseren Alltag?

M 5 Europa im Alltag

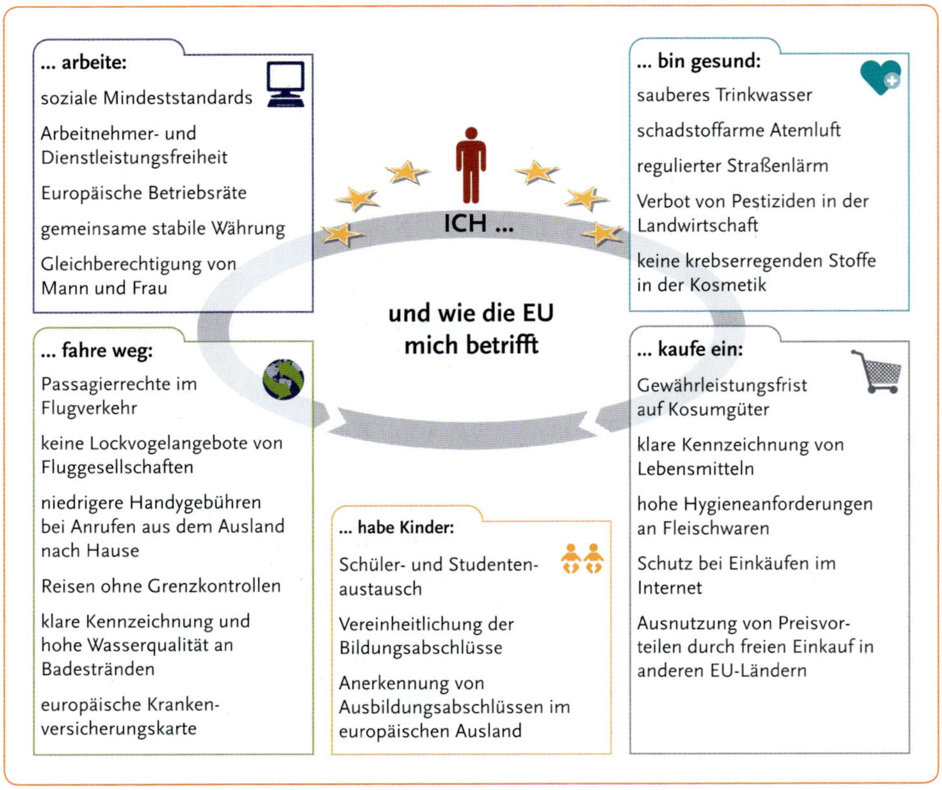

Nach: Bundeszentrale für politische Bildung, 2009, www.bpb.de

M 6 Der Europäische Binnenmarkt – ein Markt für 500 Millionen Bürger

Beispiele für die vier Freiheiten des Europäischen Binnenmarktes

Freier Personenverkehr
- Wegfall von Grenzkontrollen
- Harmonisierung der Einreise-, Asyl-, Waffen- und Drogengesetze
- Niederlassungs- und Beschäftigungsfreiheit für EU-Bürger
- verstärkte Außenkontrolle

Man kann sich die EU wie einen riesigen Marktplatz vorstellen. Da können sich Personen, Waren, Geld und Dienstleistungen frei bewegen. Diesen gemeinsamen Markt, den so genannten „Binnenmarkt", gibt es seit 1993. Er hat dazu geführt, dass die EU heute der größte Wirtschaftsraum der Welt ist. Auf keinem anderen Gebiet arbeitet die Europäische Union so eng zusammen wie in der Wirtschaft. Der Binnenmarkt hat viele Vorteile. So können EU-Bürger ohne Probleme in einem anderen Mitgliedsland wohnen, studieren, arbeiten, ein Unternehmen gründen oder ihre Rente genießen. EU-Bürger und -Unternehmen dürfen ein Bankkonto im europäischen Ausland eröffnen, ein Haus kaufen, Kredite aufnehmen oder Geld investieren. Ganz wichtig für den gemeinsamen Markt ist, dass die EU-Länder untereinander keine Zölle mehr verlangen. Stell dir als Beispiel einen Schuhhersteller vor: Dieser kann jetzt seine Schuhe nicht mehr nur den rund 80 Millionen Deutschen, sondern allen

480 Millionen EU-Bürgern zum gleichen Preis verkaufen. Um die größere Nachfrage zu befriedigen, muss er mehr Stiefel und Sandalen produzieren. Dafür stellt die Firma neue Mitarbeiter ein – so schafft der Binnenmarkt neue Arbeitsplätze. Gleichzeitig senkt das Schuhunternehmen die Preise. Sonst schnappen ihm nämlich die vielen neuen Konkurrenten aus ganz Europa die Kunden weg. In der Wirklichkeit ist genau dies geschehen. So sind Flüge und Telefongespräche seit Einführung des Binnenmarkts erheblich billiger geworden. Spezielle Behörden überwachen den Wettbewerb, dass sich die Unternehmen nicht heimlich zusammensetzen und gemeinsam einen überhöhten Preis festlegen, zu dem dann alle Bürger die Waren kaufen müssen. Es ist auch verboten, dass ein einzelner Staat den freien Wettbewerb verfälscht, indem er etwa bestimmte Unternehmen finanziell unterstützt (subventioniert).

Europa kinderleicht, Europäische Gemeinschaften 2009, S. 42

Freier Warenverkehr
- Wegfall von Grenzkontrollen
- Harmonisierung oder gegenseitige Anerkennung von Normen und Vorschriften
- geplante Harmonisierung der indirekten Steuern

Freier Dienstleistungsverkehr
- Liberalisierung der Finanzdienste
- Harmonisierung der Banken und Versicherungsaufsicht
- Öffnung der Transport- und Telekommunikationsmärkte

Freier Kapitalverkehr
- größere Freizügigkeit für Geld- und Kapitalbewegungen
- Schritte zu einem gemeinsamen Markt für Finanzdienstleistungen
- Liberalisierung des Wertpapierverkehrs

M 7 Der Europäische Binnenmarkt – Erfolgsmodell mit Tücken?

Der Binnenmarkt der Europäischen Union ist sicherlich eine der großen Errungenschaften der europäischen Integration. [...] So einfach allerdings das Prinzip ist, so kompliziert und umstritten ist seine Umsetzung. [...] In jedem Land regelt eine Vielzahl von Gesetzen und Vorschriften den Warenverkehr, dabei handelt es sich um Sicherheitsstandards, um Umweltauflagen und um Vorschriften des Verbraucherschutzes. [...] Da ist zum Beispiel die Geschichte mit dem Apfelwein, die gut die Tücken des Binnenmarkts illustriert. Für Waren, also auch für Getränke, muss es klare Definitionen geben. Jeder Supermarktkunde weiß, wenn auf einem Obstsaft „Saft" steht, besteht er zu 100 Prozent aus Fruchtsaft, ohne den Zusatz von Wasser und Zucker. Ob der Saft aus Spanien oder aus Deutschland kommt, ist egal. In gleicher Weise hat man auch festgelegt, dass Wein aus Trauben hergestellt sein muss. Das ist der Apfelwein natürlich nicht, er ist also kein Wein. Jedem deutschen Verbraucher ist das selbstverständlich klar, aber was ist mit einem Kunden in Großbritannien, der die Flasche sieht und „...wein" liest? Deshalb wollte die Europäische Kommission im Interesse der Verbraucherinformation untersagen, den Apfelwein so zu nennen – ein Vorhaben, das nach Protesten aus Deutschland übrigens zu den Akten gelegt wurde.

Eckart D. Stratenschulte, Der Europäische Binnenmarkt – Erfolgsmodell mit sozialer Schieflage?, in: http://www.bpb.de, 12.8.2010

Aufgaben

1. Entscheidet mithilfe des Ampelspiels, welche Regelungen der EU ihr für hilfreich (grün) oder überflüssig (rot) haltet, gelb steht für „weiß nicht, keine Meinung" (M 5).
2. Erläutere, wie ein Binnenmarkt funktioniert (M 6, M 7).
3. Die EU wird bisweilen kritisiert, weil sie in ihren Regulierungen für den Binnenmarkt zu weit gehe. Erläutere am Beispiel des Apfelweins die grundlegenden Probleme des Binnenmarktes und nimm Stellung, ob du diese Regelung für notwendig oder übertrieben hältst (M 7).

6.1.3 Wer entscheidet in der EU? Der lange Weg einer EU-Verordnung

M 8 Billig telefonieren im Ausland? Die EU macht's möglich

Einst ein teurer Urlaubsspaß – telefonieren mit dem Handy

Das Problem: hohe Roamingkosten im Ausland

Die Entwicklung und anschließende Verbreitung des Handys in der Bevölkerung versprach jedem unbegrenzte Mobilität beim Telefonieren. Sobald man sich jedoch bis zum Jahr 2006 mit seinem Handy außer Landes bewegte, wurde es teuer. Der Grund hierfür lag in den so genannten Roaminggebühren. Mit Roaming wird die Nutzung eines fremden Mobilfunknetzes bezeichnet.

Roamingkosten im Juli 2005

Gespräch von	nach	Kosten pro Minute
Österreich	Frankreich	1,00 €
Italien	Lettland	0,51 €
Malta	Polen	5,00 €
Österreich	Deutschland	1,70 €
Deutschland	England	1,24 €

www.tariftip.de (Stand: Juli 2005)

Kommission legt Verordnungsvorschlag zum Auslandsroaming vor

Bereits 2007 erließ die EU eine erste Verordnung zur Senkung der Roaminggebühren. Im **September 2008** hat die EU-Kommission einen Bericht über die Durchführung der Roamingverordnung von 2007 sowie einen Vorschlag zur Änderung dieser Verordnung von 2007 im Ministerrat und im Parlament eingebracht. Dies ist nötig gewesen, da die Verordnung von 2007 vorgesehen hat, die Regelungen im Juni 2010 wieder außer Kraft zu setzen. Im Bericht stellt die Kommission fest, dass zu befürchten sei, dass mit Ablauf der Roamingverordnung Nr. 717/2007 die Preise wieder steigen werden. Die Kommission schlägt deshalb u. a. vor, die Roamingverordnung um weitere drei Jahre bis ins Jahr 2013 zu verlängern, wobei auch weiterhin die Obergrenzen für die Entgelte für das Auslandsroaming jedes Jahr weiter linear (um jeweils drei Cent) abgesenkt werden sollen. Darüber hinaus sieht die Kommission aber auch Handlungsbedarf im Bereich der Textnachrichten („Short Message Service", SMS), die bisher von der Verordnung nicht erfasst waren. Die Kommission schlägt daher vor, die Roamingverordnung Nr. 717/2007 auf SMS auszudehnen und zum 1. Juli 2009 Preisobergrenzen für das SMS-Roaming einzuführen. Die Vorschläge hat die Kommission bereits in einen ausformulierten **Verordnungsentwurf** gegossen.

Europäische Bürgerinitiative
Die Europäische Bürgerinitiative ist ein im Vertrag von Lissabon beschlossenes Instrument der direkten Demokratie. Mit Hilfe der Bürgerinitiative können die EU-Bürger erreichen, dass sich die Europäische Kommission mit einem bestimmten Thema befasst. Hierfür werden mindestens eine Million Staatsangehörige aus mindestens einem Viertel der EU-Mitgliedstaaten benötigt.

Europäisches Parlament verabschiedet Roamingverordnung

Die Deckelung von Preisen für Mobilfunk-Textnachrichten (SMS) und Daten-Downloads im EU-Ausland (Roaming) ist unter Dach und Fach. Das Europäische Parlament hatte den entsprechenden Kommissionsvorschlägen nach einer politischen Einigung zwischen Parlament und Rat in seiner Plenartagung im **April 2009** mit überwältigender Mehrheit (646 Ja-Stimmen, 22 Nein-Stimmen und 9 Enthaltungen) zugestimmt.

Der Einfluss der Mitgliedstaaten – der Rat der Europäischen Union (Ministerrat)

Die Minister der 27 EU-Mitgliedstaaten verabschiedeten im **Juni 2009** einstimmig die neuen EU-Roamingvorschriften. Die neuen EU-Roamingvorschriften werden für die Verbraucher zu weiteren Preissenkungen um bis zu 60 % führen – und zwar ab 1. Juli 2009. Dadurch werden die Verbraucher für den SMS-Versand im EU-Ausland garantiert nicht mehr als 0,11 € (ohne MwSt.) bezahlen müssen. Nach den neuen Vorschriften müssen die Mobilfunkbetreiber Roaminganrufe nach den ersten 30 Sekunden nun sekundengenau abrechnen, anstatt pro Minute, was die Mobilfunkrechnungen um bis zu 24 % senken dürfte. Mit der Annahme im Rat ist der letzte Schritt des Gesetzgebungsverfahrens abgeschlossen, sodass der Präsident des Europäischen Parlaments und der Vorsitzende des Rates die Verordnung am 18.6.2009 förmlich unterzeichnen konnten. Einige Tage später wurde sie dann im Amtsblatt der EU veröffentlicht. Da die neuen Bestimmungen in einer EU-Verordnung enthalten sind, galten sie ab 1. Juli 2009 unmittelbar in allen 27 EU-Mitgliedstaaten.

Der EuGH – letzte Instanz in der EU: Roamingverordnung rechtskräftig

Nach dem positiven Urteil im **Juni 2010** des Europäischen Gerichtshofs zur Roamingverordnung bekräftigt die EU ihr Vorhaben, Roaminggebühren abzuschaffen. Als Reaktion auf das Urteil des Europäischen Gerichtshofs, dass die EU-Roamingverordnung gültig und angemessen sei, hat die Kommission angekündigt, Roaminggebühren im EU-Raum bis 2015 auf Null drücken zu wollen. Die Handybetreiber T-Mobile, Vodafone, O_2 und Orange hatten in Großbritannien Klage gegen die Verordnung eingelegt. Als Begründung nannten sie den ungerechtfertigten Eingriff in den freien Markt. Der EuGH sah einen solchen nicht gegeben und merkte an, dass die Anbieter vor der Verordnung zum Teil das Fünffache der tatsächlichen Kosten für Roaming verlangt hatten.

Wann wird die EU tätig?
Die EU soll sich nur um Dinge kümmern, die sie besser regeln kann als die Mitgliedsländer. In Artikel 5 des EG-Vertrages heißt es: „In den Bereichen, die nicht in ihre ausschließliche Zuständigkeit fallen, wird die Gemeinschaft nach dem Subsidiaritätsprinzip nur tätig, sofern und soweit die Ziele der in Betracht gezogenen Maßnahmen auf der Ebene der Mitgliedstaaten nicht ausreichend erreicht werden können und daher wegen ihres Umfangs oder ihrer Wirkungen besser auf Gemeinschaftsebene erreicht werden können." Das Subsidiaritätsprinzip dient nicht nur der Erhaltung der Eigenständigkeit der EU-Staaten, es hilft auch, ein Stückchen „EU-Bürokratie" abzubauen. Die Europäische Kommission muss bei jeder Gesetzesinitiative nachweisen, dass sie die jeweilige Aufgabe besser lösen kann als die Regionen oder die Mitgliedstaaten.

M 9 Die wichtigsten EU-Organe im Überblick

Das EU-Parlament – die Stimme der EU-Bürger

Das Europäische Parlament wird von den Bürgern der Europäischen Union gewählt, um ihre Interessen zu vertreten. Seine Ursprünge gehen zurück bis in die 50er Jahre und zu den Gründungsverträgen. Seit 1979 werden die Europaabgeordneten von den Bürgern direkt gewählt.

Die Wahlen finden alle fünf Jahre statt. Jeder EU-Bürger, wo immer in der EU er lebt, hat das aktive und passive Wahlrecht. Das Parlament vertritt somit den demokratischen Willen der Bürger der Union (über 480 Mio. Menschen) und macht ihre Interessen gegenüber den anderen EU-Organen geltend. Dem gegenwärtigen Parlament gehören 754 Abgeordnete (Stand: 2012) aus allen 27 EU-Mitgliedstaaten an, davon 99 aus Deutschland. Das Parlament hat drei wesentliche Aufgaben: Es teilt sich die gesetzgebende Gewalt mit dem Rat in vielen Politikbereichen. Durch die direkte Wahl des Parlaments wird die demokratische Legitimierung des europäischen Rechts gewährleistet. Es übt eine demokratische Kontrolle über alle Organe der EU und insbesondere über die Kommission aus. Es stimmt der Benennung der Kommissionsmitglieder zu oder lehnt sie ab und kann einen Misstrauensantrag gegen die gesamte Kommission einbringen. Es teilt sich die Haushaltsbefugnis mit dem Rat und kann daher Einfluss auf die Ausgaben der EU ausüben. In letzter Instanz nimmt es den Gesamthaushalt an oder lehnt ihn ab. Der offizielle Sitz des Europäischen Parlaments ist in Strassburg. Hier finden zwölfmal im Jahr die Plenarsitzungen statt. Die Ausschüsse und Fraktionen tagen allerdings in Brüssel, wo ebenfalls Plenarsitzungen stattfinden. D. h. an vier Tagen im Monat müssen alle Parlamentarier samt Mitarbeitern und Akten nach Strassburg reisen. Für die verschiedenen Arbeits- und Tagungsorte sind historische Gründe verantwortlich.

Das EU-Parlament in Strassburg / Frankreich

Der Ministerrat – Interessenvertretung der Mitgliedstaaten

Der Rat ist das wichtigste Entscheidungsgremium der EU. Er vertritt die Mitgliedstaaten, und an seinen Tagungen nehmen die Fachminister aus den nationalen Regierungen der EU-Staaten teil. Die Zusammensetzung der Ratstagungen hängt vom zu behandelnden Sachgebiet ab. Stehen zum Beispiel Wirtschaftsfragen auf der Tagesordnung, so kommen die Wirtschafts- und Finanzminister der einzelnen Länder im ECOFIN-Rat zusammen. Alle im Rat vertretenen Minister sind befugt, für ihre Regierungen verbindlich zu handeln. Außerdem sind die im Rat tagenden Minister ihrem nationalen Parlament sowie den von ihm vertretenen Bürgern gegenüber politisch verantwortlich. Dies gewährleistet die demokratische Legitimierung der Ratsbeschlüsse. Je nachdem, in welchen Politikbereich die Vorlagen fallen, über die der Rat entscheidet, sieht der Vertrag von Lissabon verschiedene Abstimmungsverfahren vor. In vielen Bereichen entscheidet der Rat mit qualifizierter Mehrheit (bis 2014). Dazu wurde allen Mitgliedstaaten jeweils eine bestimmte Anzahl an Stimmen zugewiesen: 3 (Malta) bis 29 (Deutschland, Frankreich, Großbritannien, Italien). Bei Fragen der Gemeinsamen Außen- und Sicherheitspolitik und anderen politisch heiklen Angelegenheiten, wie der Steuerpolitik, beschließt der Rat einstimmig. In vielen Bereichen entscheidet der Rat gemeinsam mit dem Europäischen Parlament über europäische Rechtsvorschriften.

Sitz des EU-Ministerrates: Justus-Lipsius-Gebäude in Brüssel

Die Europäische Kommission – Motor der EU

Die Kommission ist von den nationalen Regierungen unabhängig. Sie vertritt und wahrt die Interessen der gesamten EU. Die Kommission erarbeitet Vorschläge für neue europäische Rechtsvorschriften, die sie dem Parlament und dem Rat vorlegt. Sie ist auch die Exekutive der EU, d. h. sie ist für die Umsetzung der Beschlüsse des Parlaments und des Rates verantwortlich. Dies bedeutet, dass sie das Tagesgeschäft der Europäischen Union führt: Umsetzung der politischen Maßnahmen, Durchführung der Programme und Verwaltung der Mittel. Die Kommission besteht aus 27 Männern und Frauen. Jeder EU-Mitgliedstaat stellt ein Kommissionsmitglied. Die Neubesetzung der Kommission erfolgt alle fünf Jahre innerhalb von sechs Monaten nach der Wahl des Europäischen Parlaments. Die Kommission ist dem Parlament gegenüber politisch rechenschaftspflichtig. Es kann der Kommission als Ganzes das Misstrauen aussprechen und sie so zum Rücktritt zwingen. Die Europäische Kommission hat im Wesentlichen vier Aufgaben: Sie macht dem Parlament und dem Rat Vorschläge für neue Rechtsvorschriften. Sie setzt die EU-Politik um und verwaltet den Haushalt. Sie sorgt (gemeinsam mit dem Gerichtshof) für die Einhaltung des europäischen Rechts. Sie vertritt die Europäische Union auf internationaler Ebene, zum Beispiel durch Aushandeln von Übereinkommen zwischen der EU und anderen Ländern.

Das Gebäude der EU-Kommission in Brüssel

Der Europäische Gerichtshof – der Schiedsrichter

Der EuGH ist das höchste europäische Gericht im Gerichtssystem der Europäischen Union und hat u. a. die Aufgabe, auf Antrag zu prüfen, ob die Rechtsakte der Europäischen Union rechtmäßig sind (Nichtigkeitsklagen) und die Mitgliedstaaten ihren Verpflichtungen aus den Verträgen nachkommen (Vertragsverletzungsverfahren). Jedes EU-Mitgliedsland entsendet einen Richter auf sechs Jahre mit der Möglichkeit der Verlängerung der Amtszeit. Der Präsident des EuGH wird von den EuGH-Richtern ebenfalls auf sechs Jahre gewählt. Der EuGH-Präsident kann uneingeschränkt wiedergewählt werden.

Die Haupttürme des Europäischen Gerichtshofes in Luxemburg

Der Europäische Rat – europäischer Steuermann

Im Europäischen Rat treffen sich die Staats- und Regierungschefs der EU-Mitgliedstaaten, der Präsident des Europäischen Rates und der Präsident der Europäischen Kommission.

Der Europäische Rat ist die höchste Repräsentanz der Europäischen Union. Bei den Gipfeltreffen werden die Leitlinien der EU-Politik festgelegt und Fragen, die auf unterer Ebene (d. h. von den Ministern bei einer normalen Ministerratstagung) nicht geregelt werden konnten, gelöst.

Der Europäische Rat darf nicht mit dem Ministerrat (Rat der Europäischen Union) verwechselt werden.

Der Europäische Rat trifft sich mindestens zweimal im Jahr in Brüssel.

M 10 So funktioniert die Europäische Union

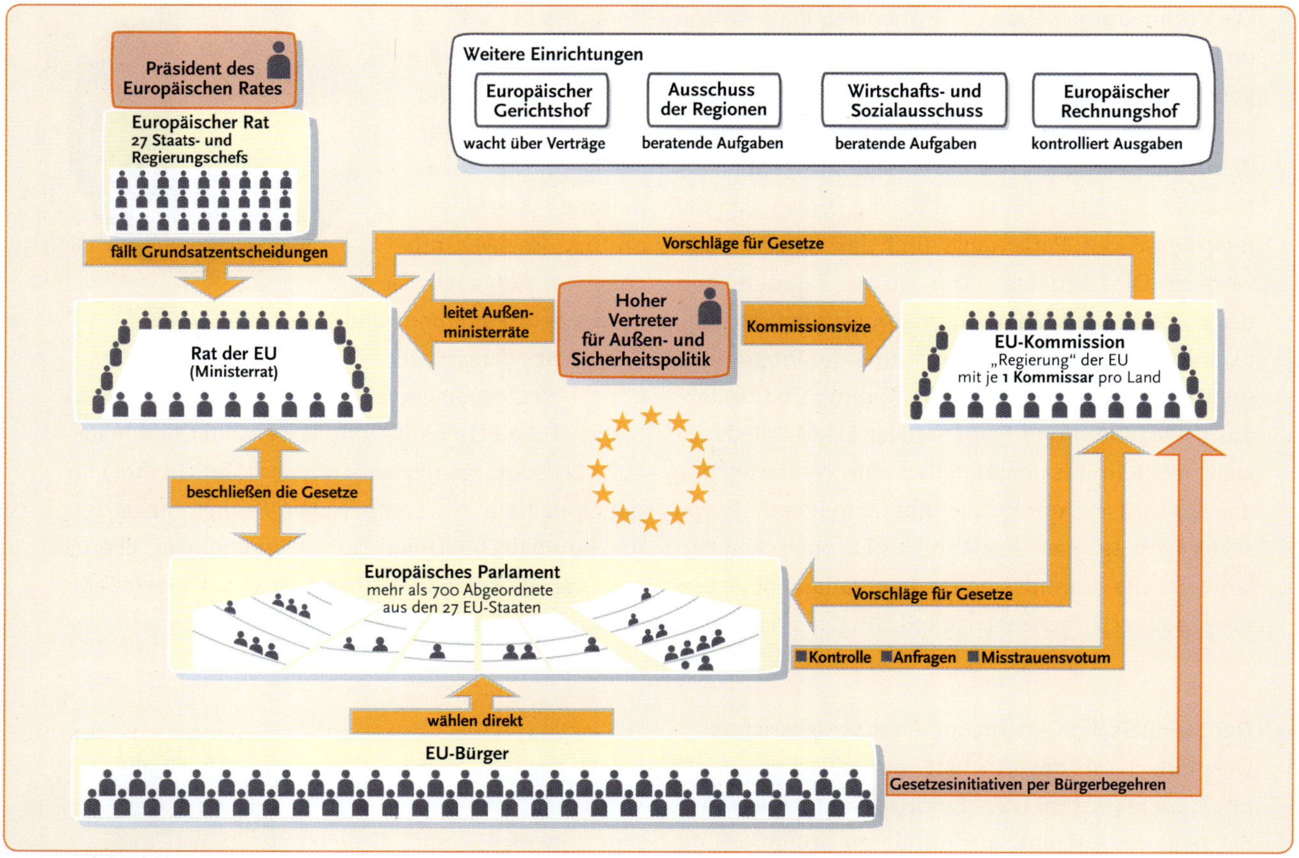

dpa-Grafik 11064

M 11 Arten von gemeinschaftlichen Rechtsakten

Beispiele für gemeinschaftliche Rechtsakte der Europäischen Union

Verordnung

Neue Sicherheitszigaretten sollen Raucher vor dem Flammentod schützen. Die deutsche Tabakindustrie darf seit 17. November 2011 gemäß einer EU-Verordnung nur noch Zigaretten mit „verminderter Zündneigung" verkaufen.

- **Verordnungen** sind ab dem Zeitpunkt ihrer Verabschiedung auf Gemeinschaftsebene für jedermann verbindlich; sie gelten unmittelbar in jedem Mitgliedstaat und müssen nicht erst in nationales Recht umgesetzt werden.
- **Richtlinien** legen Ziele fest, wobei es Aufgabe der Mitgliedstaaten ist, diese auf nationaler Ebene anzuwenden; sie geben den Mitgliedstaaten Ergebnisse verbindlich vor, stellen ihnen jedoch frei, wie sie diese erreichen.
- **Entscheidungen** beziehen sich auf ganz bestimmte Themen; sie sind in allen ihren Teilen für diejenigen verbindlich, an die sie gerichtet sind. Eine Entscheidung kann an alle Mitgliedstaaten, einen Mitgliedstaat, ein Unternehmen oder eine Einzelperson gerichtet sein.
- **Empfehlungen** und **Stellungnahmen** sind nicht rechtsverbindlich; sie geben lediglich den Standpunkt der Organe zu einer bestimmten Frage wieder.

© Europäische Union, 1995 – 2012, in: http://ec.europa.eu, 12.1.2012

M 12 Das Gesetzgebungsverfahren in der EU

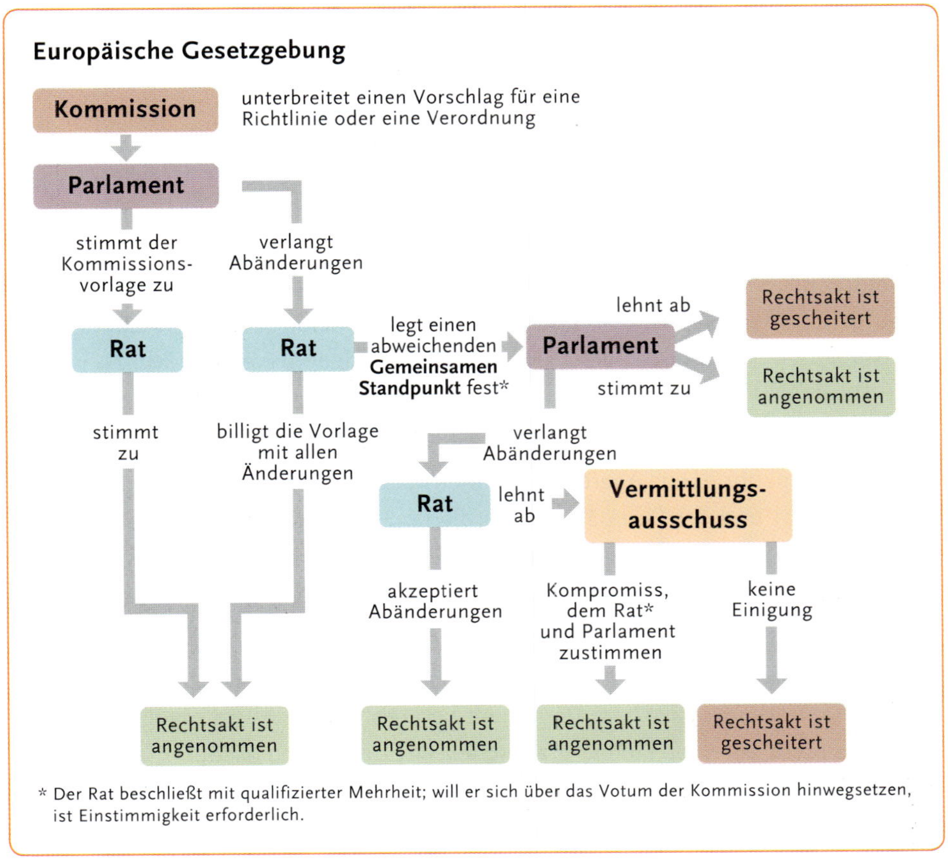

Bergmoser + Höller Verlag AG, 715420

Das „Mitentscheidungsverfahren" wird im „Vertrag von Lissabon" in „ordentliches Gesetzgebungsverfahren" umbenannt. Es wird zum Regelfall.

Aufgaben

1. Beschreibe den Weg der Roamingverordnung von 2009 (M 8) anhand der Grafik M 12. Welche Institutionen sind wie an der Entscheidung beteiligt?
2. Ordne folgende Umschreibungen den europäischen Institutionen zu: europäischer Steuermann, Motor der EU, europäischer Schiedsrichter, Interessenvertretung der Staaten, Stimme der EU-Bürger. Begründe abschließend die jeweiligen Zuordnungen (M 9 – M 12).
3. Vergleiche die Funktionen der EU-Organe mit den entsprechenden Organen in Deutschland. Welche Gemeinsamkeiten, welche Unterschiede gibt es (M 9 – M 12)?

Richtlinie
Im Juli 1999 verabschiedete die EU eine Richtlinie, die die Hühnerhaltung in kleinen Legebatterien bis 1.1.2012 aus dem EU-Raum verbannen sollte. Während Deutschland die Umstellung bereits Anfang 2010 durch eine nationale Verordnung vollzogen hat, leben im EU-Ausland nach brancheninternen Schätzungen noch 100 Millionen Legehennen in verbotenen Käfigen.

Beschluss
Die EU-Außenminister in Brüssel beschlossen im Dezember 2011 Vermögenssperren und Einreiseverbote für weitere elf syrische Unternehmen und zwölf Personen, um die syrische Führung zu einem Ende der Gewalt gegen Oppositionelle zu zwingen.

Empfehlung
Um Schäden durch UV-Strahlung weitestgehend zu verhindern und Verbraucher besser zu schützen, wurden 2010 EU-Empfehlungen zum Sonnenschutz erlassen. Nach den aktuellen Empfehlungen zum UV-Schutz sollen Sonnenschutzpräparate in der EU eine UVA/UVB Schutzbalance von 1:3 erfüllen.

Was wir wissen

Vergemeinschaftung
M 1 – M 3

Immer mehr Politikbereiche wurden im Lauf der Zeit in die Zuständigkeit der Europäischen Union übertragen, sodass heute viele politische Entscheidungen in „Brüssel" fallen und nicht mehr in Berlin oder Paris.

Vertiefung und Erweiterung

Charakteristisch für die Entwicklung des europäischen Hauses ist seit der Unterzeichnung der Römischen Verträge im Jahr 1957 ein Wechselspiel von Vertiefung und Erweiterung. Immer mehr Politikbereiche wurden in die Zuständigkeit der Europäischen Union übertragen (z. B. Verbraucherschutz, Umweltpolitik, Währungspolitik ...) und immer mehr Staaten wurden in die EU aufgenommen. Das Fundament der europäischen Einigung sind die gemeinsamen Werte: Wahrung der Menschenrechte, Frieden, Freiheit, Rechtsstaatlichkeit und Demokratie.

Institutionen der EU – Gesetzgebung
M 8 – M 12

Grundsätzlich hat nur die Europäische Kommission das Recht, Gesetzesvorschläge einzubringen. Allerdings können das Europäische Parlament, der Ministerrat und der Europäische Rat die Kommission auffordern, tätig zu werden. Die Kommission sorgt als Verwaltungsbehörde für die Umsetzung des Gemeinschaftsrechts in den Mitgliedstaaten und überwacht die Einhaltung des europäischen Rechts.

EU-Kommission

Ein Gesetzesvorschlag der Kommission wird in einem mehrstufigen Verfahren von Rat und Europäischem Parlament beraten. Sofern es im regulären Verfahren nicht zu einer Einigung zwischen Rat und Europäischem Parlament kommt, tritt der Vermittlungsausschuss in Aktion.

Ministerrat

Der Rat der Europäischen Union setzt sich aus den Fachministern der Mitgliedstaaten zusammen, die die jeweiligen nationalen Interessen durchzusetzen versuchen, dabei aber einen Kompromiss mit der Europäischen Kommission und dem Europäischen Parlament finden müssen (institutionelles Dreieck). Der Ministerrat wird auch als Hauptgesetzgeber bezeichnet, weil ohne eine Einigung im Ministerrat keine Gesetze verabschiedet werden können und er in einigen Bereichen (noch) alleine entscheiden kann.

EU-Parlament

Das Europäische Parlament gilt als Sprachrohr der Bürger der EU, da die Abgeordneten von den EU-Bürgern direkt gewählt werden. Ihm kommen wichtige Aufgaben zu: Es entscheidet über den Haushalt der EU und kontrolliert die Arbeit von Kommission und Rat. Außerdem ist es am Gesetzgebungsverfahren beteiligt.

Europäischer Rat

Die Staats- und Regierungschefs der Mitgliedsländer bilden den Europäischen Rat. Er ist nicht am Gesetzgebungsprozess beteiligt, sondern legt zusammen mit dem Kommissionspräsidenten die Leitlinien und allgemeinen Ziele der Union fest.

Europäischer Gerichtshof

Wichtigstes rechtsprechendes Organ ist der Europäische Gerichtshof, der darüber entscheidet, ob die Handlungen der EU-Organe und der Mitgliedstaaten mit den EU-Verträgen übereinstimmen.

Planspiel „Roamingtarife 2013"

Bis 2013 wird die Übertragung von großen Datenmengen über das Handy, z. B. das Versenden von Urlaubsbildern oder Fernsehen immer stärker genutzt. Die Preise der Mobilfunkanbieter dafür sind noch immer sehr hoch und für jedes Land unterschiedlich. Die EU möchte eine 3. Roamingverordnung zur Vereinheitlichung und Verbilligung dieser Dienste für den Verbraucher durchsetzen.

Aufgabe

Bildet fünf Gruppen (Kommission, Rat, Parlament, Mobilfunkkonzerne, Moderatoren) und arbeitet eure Argumentation ausgehend von den Rollenkarten weiter aus. Simuliert dann den genauen Ablauf des Gesetzgebungsverfahrens. Überlegt für eure Institution Strategien der Verhandlungsführung für die einzelnen Phasen des Verfahrens. Bei Uneinigkeit bildet sich der Vermittlungsausschuss.

Rollenkarten

Mobilfunkanbieter

Wehren sich gegen erneute Eingriffe in ihre Tarife. Fürchten um ihre Konzerngewinne. Wenden sich mit ihren Protesten an alle beteiligten Institutionen in allen Phasen des Gesetzgebungsprozesses.

Europäisches Parlament

Will für die Verbraucher eine Verbilligung und Vereinheitlichung der Kosten für Datentransfers im Ausland, nicht aber im Inland durchsetzen.

Vermittlungsausschuss

Der Vermittlungsausschuss greift ein, wenn Rat und Parlament nach der zweiten Lesung eines Vorschlags nicht zu einer Einigung gelangen.
Der Ausschuss, der sich je zur Hälfte aus Mitgliedern des Rates oder ihren Stellvertretern und aus Vertretern des Parlaments zusammensetzt, steht unter dem gemeinsamen Vorsitz des Präsidenten des Parlaments und des Präsidenten des Rats. Ziel des Vermittlungsausschusses ist es, sich auf einen für beide Parteien annehmbaren Text zu einigen. Die Kommission nimmt ebenfalls an den Verhandlungen des Vermittlungsausschusses teil.

Kommission

Will eine starke Verbilligung des Datentransfers im Inland und im Ausland für die Verbraucher erreichen. Vor allem eine Angleichung der Tarife im Inland und anderen Mitgliedstaaten.

Ministerrat

Eine deutliche Mehrheit der Mitgliedstaaten (vor allem Großbritannien) lehnt den Vorstoß der Kommission ab. Die weitere Senkung der Gebühren gefährde die Existenz und Investitionskraft der Mobilfunkanbieter. Im Übrigen seien die Tarife nicht überhöht.

Moderation

Zeigt den Ablauf des Gesetzgebungsverfahrens auf. Beruft Sitzungen ein. Protokolliert Ergebnisse. Setzt Zeitlimits. Am Schluss: Rückblick auf die Vorgehensweise.

6.2 Chancen und Probleme der europäischen Integration

6.2.1 Wie groß soll das europäische Haus werden?

M 1 Der Stand der Erweiterungsdebatte

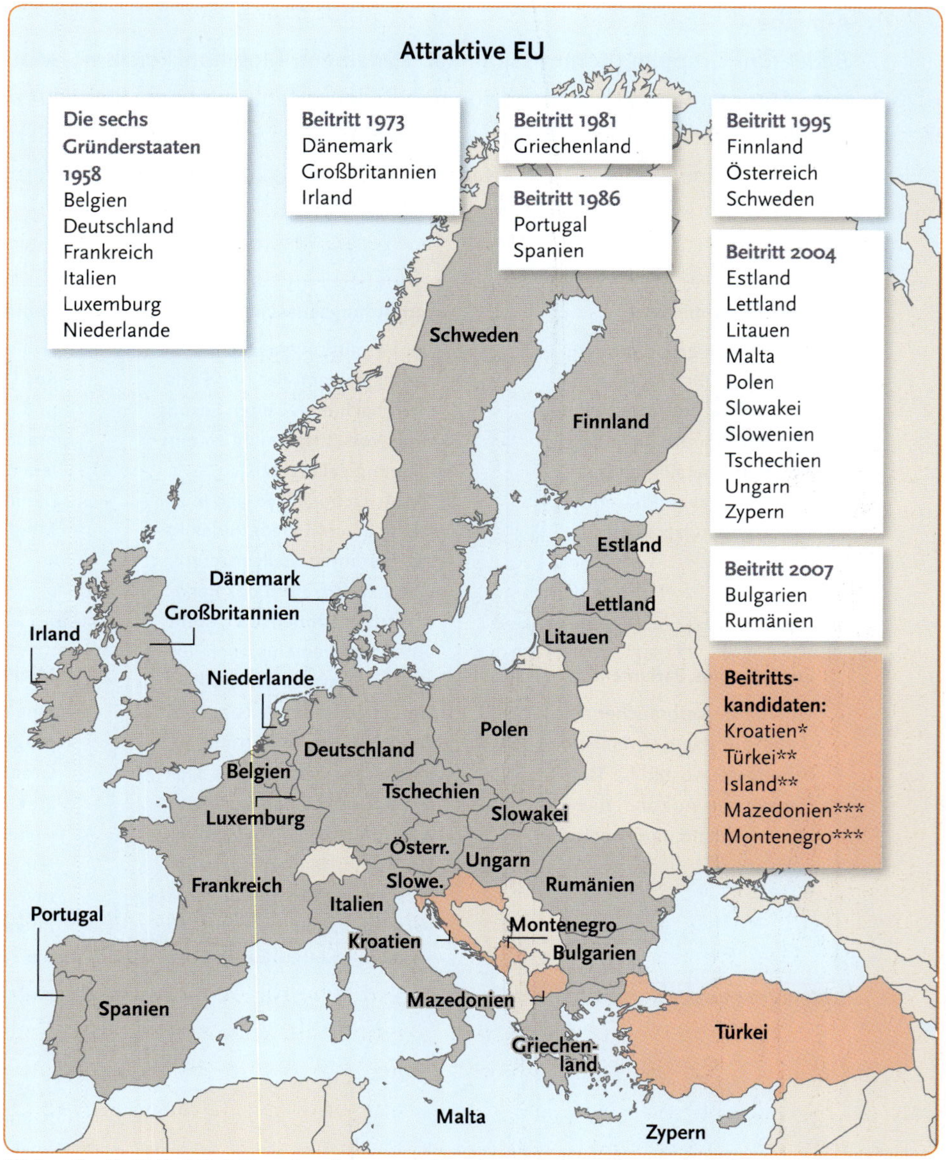

*Globus-Grafik 3216; * Beitrittsverhandlungen mit Kroatien sind abgeschlossen, Aufnahme für Juli 2013 geplant; ** Beitrittsverhandlungen laufen; *** Beitrittskandidaten noch ohne Verhandlungen*

Als weitere potenzielle Kandidatenländer gelten Albanien, Bosnien und Herzegowina, Serbien und Kosovo.

M 2 Erweiterung – wozu?

Im Verlaufe der vergangenen 50 Jahre hat die Europäische Union ihre innere Integration kontinuierlich vertieft und gleichzeitig neue Mitglieder aufgenommen. Meistens liefen diese beiden Prozesse parallel zueinander. Dadurch ist die heutige EU, die 27 Mitgliedstaaten und eine Bevölkerung von knapp 500 Millionen Menschen zählt, sicherer, wohlhabender und einflussreicher geworden als die ursprüngliche Europäische Wirtschaftsgemeinschaft mit ihren sechs Mitgliedern und einer Bevölkerung von weniger als 200 Millionen Menschen. Eine wachsende Mitgliedschaft war von Anfang an ein Wesenselement der europäischen Integration. Die Debatte über die Erweiterung ist so alt wie die EU selbst. Bei jeder Aufnahme eines neuen Mitglieds verändert sich die EU. Das Nachdenken darüber, was aus uns werden könnte, zwingt uns dazu, auch darüber nachzudenken, was wir heute sind und was wir morgen sein wollen. Die Aufnahme von Ländern Mittel- und Osteuropas und des Mittelmeerraums in den Jahren 2004 und 2007 hat sich für die EU als großer Erfolg erwiesen, auch wenn sie von manchen zum Sündenbock für allerlei soziale und wirtschaftliche Probleme in der EU gemacht wird. Die letzte Erweiterungsrunde hat den Raum des Friedens, der Stabilität und der Demokratie in Europa ausgedehnt und durch die Vergrößerung von Märkten, die Schaffung neuer Geschäftsmöglichkeiten und die Integration schnell wachsender Volkswirtschaften in den Binnenmarkt die europäische Wirtschaft gestärkt. Die EU ist heute die größte Wirtschaftszone der Welt. Der größere Binnenmarkt und die neuen wirtschaftlichen Chancen haben den Wohlstand und die Wettbewerbsfähigkeit der Europäer gesteigert.

Olli Rehn, in: Die Erweiterung verstehen, Europäische Gemeinschaften, 2007, S. 1

M 3 Wer kann Mitglied werden?

Der Vertrag von Lissabon legt die Grundsätze für die Aufnahme neuer Mitgliedstaaten fest. In Art. 6 Abs. 1 heißt es: „Die Union beruht auf den Grundsätzen der Freiheit, der Demokratie, der Achtung der Menschenrechte und Grundfreiheiten sowie der Rechtsstaatlichkeit; diese Grundsätze sind allen Mitgliedstaaten gemeinsam." Jeder europäische Staat, der diese Grundsätze achtet, kann beantragen, Mitglied der Union zu werden. Im Jahr 1993 hat der Europäische Rat auf seiner Tagung in Kopenhagen außerdem Beitrittskriterien festgelegt, die 1995 vom Europäischen Rat in Madrid bestätigt wurden (Kopenhagener Kriterien):

- Politische Kriterien: stabile Institutionen, die die Rechtsstaatlichkeit, die Menschenrechte und die Achtung und den Schutz von Minderheiten garantieren.
- Wirtschaftliche Kriterien: eine funktionsfähige Marktwirtschaft und die Fähigkeit, dem Wettbewerb und den Marktkräften in der EU standzuhalten.

- Fähigkeit zur Erfüllung der Verpflichtungen aus der EU-Mitgliedschaft und zur Übernahme der Ziele der politischen Union sowie der Wirtschafts- und Währungsunion.
- Übernahme des gesamten europäischen Rechtsbestands und dessen wirksame Anwendung mittels geeigneter Verwaltungs- und Justizstrukturen.

M 4 Was denken die europäischen Bürger?

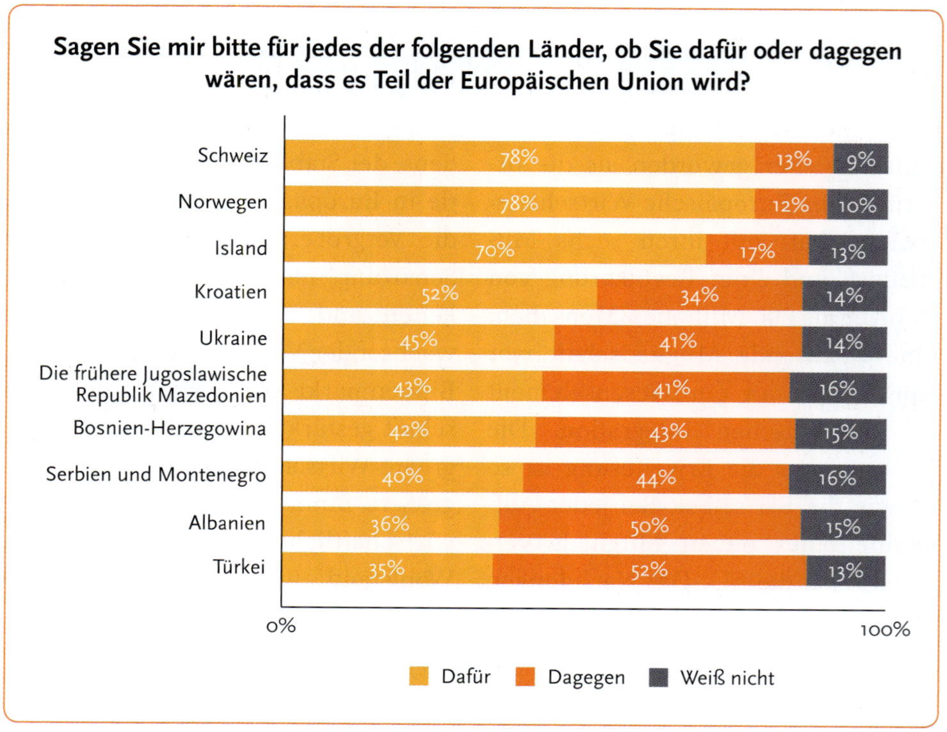

Eurobarometer 63, Juli 2005, S. 29

Kroatien wird EU-Mitglied
Anfang 2012 haben die Kroaten nach erfolgreichem Abschluss der EU-Beitrittsverhandlungen einem EU-Beitritt per Volksentscheid zugestimmt. Damit wird Kroatien 2013 das 28. EU-Mitgliedsland.

Aufgaben

1. Fasse die Begründungen für die stetige Erweiterung der EU zusammen (M 1, M 2).
2. Vergleicht die Einstellungen der Bürger zur Mitgliedschaft und diskutiert Erklärungen für die unterschiedlichen Einstellungen.
3. Diskutiert, wie groß das europäische Haus werden soll. Hat die EU bereits eine kritische Größe erreicht oder kann sie noch viele weitere Staaten aufnehmen?
4. Wo endet eurer Meinung nach Europa? Deutschland, Frankreich und Polen gehören zweifelsohne zu Europa. Wie steht es aber um Großbritannien, Island, die Türkei, Zypern, Malta, Marokko, Israel, Russland und Georgien? Diskutiert in Gruppen und vergleicht eure Ergebnisse in der Klasse.

6.2.2 Soll die Türkei Mitglied der EU werden?

M 5 Zielbahnhof EU?

Karikatur: Veenenbos

Daten und Fakten der Türkei
Fläche: 780.580 qkm
Einwohner: 74,7 Mio. (Stand: 2012)
Staatsform: Republik
Regierungsform: Parlamentarische Demokratie
Währung: türkische Lira
Amtssprache: türkisch
Religion: 99% Muslime
Volksgruppen: 80% Türken, 20% Kurden
BIP: 734 Mrd. Dollar (Stand 2010)
Export: Textilien, Nahrungsmittel, Metallwaren
Import: Maschinen, Chemikalien, Kraftstoffe

M 6 Folgen eines EU-Beitritts der Türkei für die EU

Derzeit findet eine intensive Debatte darüber statt, ob die EU einen Türkei-Beitritt verkraften kann oder ob dieser nicht zu ihrer Überlastung führt. [...] In dieser Debatte sind verschiedene Aspekte zu unterscheiden. Da ist zum ersten der institutionelle Aspekt, der gleichwohl über Macht- und Einflussverteilung in der künftigen EU entscheidet. Bei Beitritt in nicht weniger als zehn Jahren wird die Türkei mutmaßlich der bevölkerungsreichste EU-Mitgliedstaat sein. Nach den neuen Regeln des Verfassungsvertrags, der bis dahin wohl in seinen wichtigsten Aspekten umgesetzt sein wird, kommen Mehrheitsentscheide dann zustande, wenn 55 % der EU-Staaten, die 65 % der EU-Bevölkerung repräsentieren, zustimmen. Der Türkei käme somit die gewichtigste Rolle im EU-Entscheidungsprozess zu; sowohl im Ministerrat als auch im Europäischen Parlament besäße sie das größte Gewicht. Das entspricht den demokratischen Regeln. Türkei-Skeptiker werfen hier aber die Frage auf, ob die tradierten Politikziele und -inhalte der EU auch mit der neuen „Zentralmacht Europas", nämlich der Türkei, weiter verfolgt werden können. Bei diesem zweiten Aspekt der Debatte geht es nicht nur um das Problem, ob die Türkei in absehbarer Zeit fähig und willens ist, die Kopenhagener Beitrittskriterien in Bezug auf Rechtsstaatlichkeit und Menschenrechtsschutz vollumfänglich zu erfüllen.

Gisela Müller-Brandeck, Überlastet ein Türkei-Beitritt die EU?, in: http://www.bpb.de, 17.7.2006

M 7 Die Türkei braucht eine klare Beitrittsperspektive

Blick auf den Bosporus – die Meerenge verbindet Europa mit Kleinasien. An beiden Ufern der Meerenge erstreckt sich die Stadt Istanbul.

Sie braucht die Perspektive als wichtigen gesellschaftlichen Orientierungspunkt. Und sie braucht die Perspektive als Anreiz, um die erforderlichen umfangreichen Reformen weiter voranzutreiben und Demokratie und Menschenrechte mit aller Kraft weiterzuentwickeln. […]

Dabei ist klar: Vor dem Beitritt muss die Türkei die Kopenhagener Kriterien zur Gänze erfüllen. Die Konflikte mit Zypern und Griechenland müssen gelöst sein. […]

Durch das Assoziierungsabkommen von 1963 ist das Land ohnehin sehr stark an die EU angegliedert. Die wirtschaftlichen Beziehungen der Türkei mit Europa, insbesondere mit Deutschland, sind intensiv. Bereits seit 1995 haben wir eine Zollunion. […] Mit dem weiteren Erfolg der Beitrittsverhandlungen steht die EU als Wertegemeinschaft auf dem Prüfstand. Es geht um die Entwicklung zu europäischen Standards der Demokratie und Rechtsstaatlichkeit in einem Land, das mit Europa bereits seit Jahrzehnten, nicht zuletzt wirtschaftlich, eng verflochten ist. Dies ist eine große Chance für die Türkei und für Europa, die historisch nicht verpasst werden darf. Ich bin überzeugt: Die Stabilisierung im Südkaukasus, die Lösung des Konflikts im Nahen Osten, Energiesicherheit und die Bekämpfung des Terrorismus sind Aufgaben, die mit der Türkei leichter zu bewerkstelligen sind als ohne sie.

Mit einem Beitritt der Türkei verbindet sich für mich eine weitere große Chance: Unter dem Dach des europäischen Wertesystems kann sich ein fruchtbares Miteinander der Kulturen entfalten, das nach der gemeinsamen, reichen, auch konfliktreichen Geschichte durch Verständnis und Wertschätzung geprägt ist. Die Erweiterung Europas muss dabei Hand in Hand gehen mit einer Vertiefung der europäischen Identität, die immer auch die Vielfalt Europas mitbegreifen muss. […] In einem multikulturellen Europa hat jedoch auch der Islam einen festen Platz. Europa ist keine Glaubens-, sondern eine Wertegemeinschaft.

Ulla Schmidt, The European, 4.2.2010

M 8 Die Nase voll von Europa

Die Türkei ist zu einer beeindruckenden Regionalmacht herangereift […]. Von den kaukasischen und zentralasiatischen Republiken über die arabische Halbinsel bis nach Nordafrika und auf den Balkan lassen sich die Spuren ihrer neuen Außenpolitik verfolgen. Nur eine Adresse fehlt zunehmend, wenn Ankara den Globus dreht: Brüssel. Schon überschlagen sich die Spekulationen über die Motive Ankaras, und westliche Partner der Türkei fragen irritiert: Ist die Türkei dem Westen verlorengegangen? Oder gar: Sind es die Türken selbst, die vom Westen und seinen Institutionen, der NATO und der Europäischen Union, die Nase voll haben?

Das European Council on Foreign Relations, ein unabhängiger außenpolitischer Thinktank, und drei Partnerorganisationen stellten gerade in einer umfangreichen Studie fest: Die Türkei ist jetzt ein Akteur, ein Wirtschaftspol und vielleicht ein aufstrebender regionaler Hegemon. Einen amerikanischen Beobachter zitiert die Studie mit den Worten: „Die Türkei will nicht nach Osten oder Westen, sie will nach oben."

[...] Die Zustimmungsraten für einen EU-Beitritt sinken in der Türkei. Erdogan stichelte erst bei seinem jüngsten Besuch neben Kanzlerin Angela Merkel stehend, dass die EU doch den Beitrittsprozess ehrlicherweise beenden sollte. Umgekehrt bremsen vor allem die Franzosen die Beitrittsverhandlungen bei jeder sich bietenden Gelegenheit. Probleme gibt es unzählige, nur keiner macht sich mehr die Mühe, sie zu lösen. So beobachten beide Seiten einander misstrauisch, manchmal vielleicht in der Hoffnung, dass der andere doch als erster die mühselige Annäherung für beendet erklären möge. Die EU musste lernen, dass sich türkischer Nationalismus und türkischer Stolz schwer mit einem Grundgedanken der Union vertragen, nämlich: sich der Gemeinschaft zu fügen und Souveränität abzugeben. Die Türkei wiederum genießt ihre neue Stärke. Oder, wie ein hoher Berater von Premierminister Tayyip Erdogan unlängst sagte: „Europa – vielleicht ist das Thema für uns zu klein geworden. Irgendwie ist die Türkei über Europa hinausgewachsen."

Stefan Kornelius, Türkei und der Westen – die Nase voll von Europa, in: Süddeutsche Zeitung, 11.6.2011, S. 4

Galt es lange Zeit, dass die Türkei in die EU dränge, könnte es mittlerweile zu einem Umdenken in der Türkei kommen.

Aufgaben

1. Interpretiere die Karikatur in M 5 mithilfe der umseitigen Methode.
2. Gehört die Türkei in die EU? Stimmt zunächst in der Klasse darüber ab und haltet das Ergebnis dann schriftlich fest.
3. Diejenigen, die gleicher Meinung sind, bilden eine Gruppe. Diese setzt sich mit der gegenteiligen Auffassung auseinander (M 5 – M 8). Stellt die Argumente anschließend übersichtlich auf einem Plakat dar.
4. Stimmt abschließend erneut über die Ausgangsfrage ab. Hat sich das Meinungsbild verändert?

Methode

M 9 Karikaturen interpretieren

Karika-Tour

Eine Karikatur stellt zeichnerisch ein aktuelles Thema aus Politik, Gesellschaft oder Wirtschaft dar. Der Karikaturist interpretiert in überspitzter Weise einen Sachverhalt, sodass versteckt seine Sicht des Problems deutlich wird.

In den abgebildeten Karikaturen erfährst du etwas zur Frage, wie groß das europäische Haus werden soll und welche Probleme mit der Erweiterung verbunden sein können.

Vorgehen bei der Karika-Tour

Hängt die Karikaturen an den Wandseiten eures Klassenzimmers aus.
In kleinen Gruppen betrachtet ihr nun die einzelnen Darstellungen: Wie sieht der Karikaturist das Thema? Auf welches Problem macht er aufmerksam? Dies könnten Fragen sein, auf die ihr eine Antwort finden sollt.
Nach 2 – 3 Minuten wechseln die Gruppen auf ein Signal des Lehrers im Uhrzeigersinn zur nächsten Karikatur. Diese wird unter der gleichen Fragestellung betrachtet. Wenn der Rundgang mit der Kurzbesprechung der übrigen Karikaturen abgeschlossen ist, werden die Bilder abgehängt. Der Lehrer lässt nun jede Gruppe verdeckt eine Karikatur ziehen. Mit Hilfe eines Frage-Leitfadens bespricht nun jede Gruppe ausführlich „ihre" Karikatur.

Leitfragen

1. Was stellt der Zeichner oder die Zeichnerin dar?
   → Aussage oder Thema der Karikatur
2. Wie und mit welchen Mitteln (Figuren, Objekte, Symbole) wird das Thema dargestellt?
   → zeichnerische Elemente
3. Ist aus der Karikatur eine bestimmte Einstellung, Position oder Deutung des Zeichners oder der Zeichnerin erkennbar?
   → Tendenz der Karikatur
4. Wie beurteilt ihr die Aussage?
   → eigene Position
5. Welche Fragen ergeben sich für euch aus der Karikatur?
   → weitere Fragen

Ergebnisse

Einigt euch in der Klasse auf jeweils eine Kernaussage für jede Karikatur.

Karikatur: Gerhard Mester, Baaske Cartoons

Karikatur: Thomas Plaßmann, Baaske Cartoons

Karikatur: Gerhard Mester, Baaske Cartoons

Was wir wissen

Die Erweiterung der EU
M 1 – M 2

Die Europäische Einigung strahlte von Beginn an eine große Anziehung auf die Staaten Europas aus, sodass ausgehend von den sechs Gründerstaaten heute schon 27 Staaten (Stand: 2012) im europäischen Haus ihren Platz gefunden haben. Im Jahr 2013 wird die EU voraussichtlich weiter wachsen: Kroatien hat die EU-Beitrittsverhandlungen erfolgreich abgeschlossen und soll am 01. Juli 2013 das 28. EU-Mitgliedsland werden.

Beitrittsvoraussetzungen
M 3

Die Staats- und Regierungschefs der EU haben 1993 in Kopenhagen festgelegt, welche Bedingungen ein Land erfüllen muss, um Mitglied werden zu können. Nach diesen „Kopenhagener Kriterien“ muss das zukünftige EU-Land die Menschenrechte achten, eine stabile Demokratie sein, in der z. B. freie und geheime Wahlen stattfinden. Auch eine funktionierende und konkurrenzfähige Marktwirtschaft müssen die Staaten nachweisen. Schließlich muss das Land in der Lage und willens sein, das bisher geschaffene Gemeinschaftsrecht zu übernehmen und die eigenen Gesetze daraufhin anzupassen.

EU-Beitrittsverhandlungen mit der Türkei
M 5 – M 8

Nach der großen „Osterweiterung“ in den Jahren 2004 und 2007 war die Stimmung in vielen Staaten und Institutionen der EU von Zurückhaltung gegenüber einer schnellen Erweiterung geprägt: Die Gemeinschaft müsse sich in dieser Ausprägung erst finden und festigen. Vor allem über den Beitritt der Türkei wird immer wieder intensiv diskutiert. Kritiker eines Beitritts der Türkei argumentieren, sie würde nicht die kulturellen Wertvorstellungen der christlich geprägten EU teilen. Zudem müssten erhebliche finanzielle Maßnahmen der EU getroffen werden, um die türkische Wirtschaft und besonders Landwirtschaft auf europäisches Niveau zu bringen. Nicht zuletzt verweisen Skeptiker auf die rund 75 Millionen Einwohner des Landes, welche die Türkei zu einem der größten Mitgliedsländer der EU machen würden. Die Befürworter eines türkischen EU-Beitritts unterstreichen dagegen, dass Europa durch die kulturelle und ethnische Vielfalt der Türkei nur profitieren könne, zumal in der EU schon jetzt viele Muslime lebten. Sie betonen ihre geostrategische Rolle als Vermittlerin im Nahen Osten und im Südkaukasus. Zwischen der EU und der Türkei besteht bereits eine „privilegierte Partnerschaft“, wodurch die Türkei z. B. die Vorteile der Zollunion genießt. Während die Frage, ob und wann die Türkei der EU beitreten kann, noch offen ist, ist ein baldiger Beitritt Islands wahrscheinlicher.

Auseinandersetzung mit Szenarien zur Zukunft Europas – Quo vadis Europa?

Erläuterungen zu den einzelnen Szenarien:

Titanic: Das Titanic-Szenario beschreibt eine wesentliche Gefährdung bis hin zur Auflösung der europäischen Integration. Die Europäische Union ist nach diesem Szenario nicht fähig, den inneren und äußeren Herausforderungen gerecht zu werden. Innerhalb der Union nehmen die Interessenunterschiede und die Leistungsunterschiede der Mitgliedstaaten insbesondere durch die Erweiterungen immer weiter zu. Die Verteilungskämpfe werden schärfer und die Wertvorstellungen der einzelnen Mitgliedstaaten scheinen unüberbrückbar. Die bestehenden Strukturen und Institutionen der EU erweisen sich als ungeeignet für die große Zahl von Mitgliedstaaten. Das Modell der EU ist gescheitert.

Offener Gravitationsraum: Wesentliches Merkmal dieses Szenarios ist eine Gruppe von Mitgliedstaaten, die sich dem Ziel einer kontinuierlichen Integrationsvertiefung verpflichtet hat. Die ganzheitlichen Reformbemühungen scheitern an den unterschiedlichen Interessen der Mitgliedstaaten. Dennoch hält eine Mehrheit der Mitgliedstaaten am grundsätzlichen Ziel der Fortentwicklung der EU in Richtung einer politischen Union fest. Sie wählt mit Duldung der anderen Mitgliedstaaten den Weg weiter vertiefter Kooperation, jedoch wird den anderen Mitgliedstaaten die Möglichkeit der Teilnahme an der vertieften Zusammenarbeit zu einem späteren Zeitpunkt gegeben.

Kerneuropa: Dieses Szenario basiert auf der Annahme, dass die Mitgliedstaaten sich nicht mehr auf neue gemeinsame Ziele hinsichtlich der zukünftigen Entwicklung der Europäischen Union einigen können. Der Gedanke einer großen, föderativen politischen Union aller Mitgliedstaaten geht verloren. In einigen Staaten nehmen Nation und Region in ihrer identitätsstiftenden Bedeutung wieder zu. Diese blockieren aufgrund ihres Mitspracherechts in den europäischen Institutionen eine weitergehende Integration. Schließlich entschließt sich eine überzeugte Gruppe von Mitgliedstaaten zur Zusammenarbeit außerhalb der Strukturen der Europäischen Union.

Supermacht Europa: Die Staaten sind bereit, der EU immer weiterreichende Kompetenzen in zentralen Politikbereichen zu übertragen (Innen-, Außen-, Verteidigungs-, Wirtschafts- und Sozialpolitik), weil sie davon ausgehen, dass sich die Nationalstaaten nur über den Zusammenschluss in der EU im internationalen Wettbewerb behaupten können. Wirtschaftliche Leistungsfähigkeit, Rechtsstaatlichkeit, ein Wertesystem mit großer internationaler Ausstrahlungs- und Anziehungskraft und erweiterte militärische Fähigkeiten verschaffen der EU eine beachtliche Handlungsbasis. Auf der Grundlage eines sich immer stärker ausprägenden „Wir-Gefühls" entwickelt sich die EU in Richtung eines europäischen Bundesstaates mit eigener Staatsqualität.

Methode Monnet: Dieses Szenario schreibt das Muster des Einigungsprozesses der vergangenen Jahre fort. Nach dem Scheitern der Verfassung erweist sich die ständige Suche nach einem kleinsten gemeinsamen Nenner als das beherrschende Prinzip des Integrationsprozesses, der flickenhaft und unvollständig bleibt. Trotz ihrer institutionellen Schwächen und den unterschiedlichen Interessen der Mitgliedstaaten zerfällt die Union nicht. Die bisherigen Erfolge (Frieden, Binnenmarkt, Schengen-Region) halten die Union so zusammen, dass immer wieder Kompromisse und kleine Fortschritte möglich sind.

Nach: Franco Algieri u.a., Centrum für angewandte Politikforschung, München

Aufgabe

Bildet Gruppen. Lest die Szenarien zur Zukunft der Europäischen Union aufmerksam. Einigt euch dann in der Gruppe auf

– ein Szenario, das ihr für wünschenswert für die zukünftige Entwicklung der EU haltet;
– ein Szenario, das ihr für wahrscheinlich für die zukünftige Entwicklung der EU haltet.

Begründet eure Entscheidungen ausführlich.

6.3 Die Wirtschafts- und Währungsunion – ein großer Integrationsschritt?

6.3.1 Der Euro

M 1 Die Euroländer

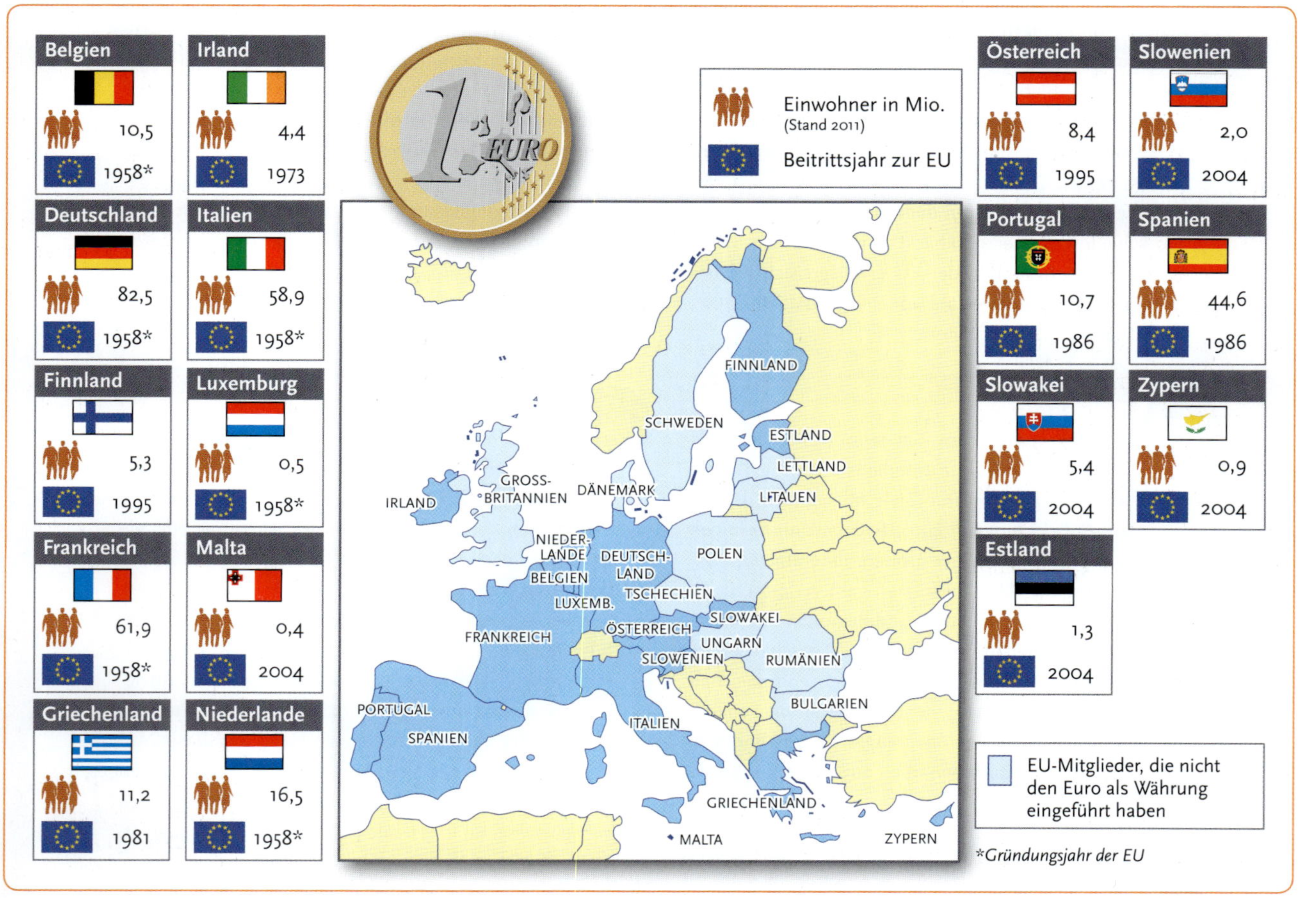

Globus-Grafik 3538

M 2 Der Euro – unsere gemeinsame Währung

Der Euro ist eine der wichtigsten Währungen der Welt. Unsere Gemeinschaftswährung hat einige Vorteile. Unternehmen haben es leichter, Waren im Ausland zu kaufen oder zu verkaufen. Und wenn man in Portugal im Supermarkt steht, weiß man sofort, ob das Eis am Stiel teurer ist als zu Hause oder nicht. Auch entfallen die Umtauschgebühren für andere Währungen.

Die Einführung der gemeinsamen Währung war für die Europäische Union ein gewaltiger Schritt, der Euro sollte zu einem Symbol der europäischen Integration werden und so ein gemeinsames europäisches Wir-Gefühl (Identität) stiften.

Alle Mitgliedstaaten der EU – mit Ausnahme von Großbritannien und Dänemark – sind verpflichtet, die gemeinsame Währung einzuführen. Um wirtschaftliche Risiken zu vermeiden hat der Vertrag von Maastricht für die Aufnahme von Ländern in die EWWU feste Kriterien definiert, die so genannten Konvergenzkriterien.

Konvergenz bezeichnet dabei die allmähliche Annäherung der Teilnehmerländer in wichtigen wirtschaftlichen Grunddaten (Staatsverschuldung, Inflation, Zinsen). Dies ist notwendig, da Spannungen zwischen Ländern entstehen können, wenn sie sich wirtschaftlich unterschiedlich entwickeln. Um dies zu verhindern, wurde außerdem der Stabilitäts- und Wachstumspakt (kurz: Euro-Stabilitätspakt) im Vertrag von Amsterdam 1997 verankert. Der Stabilitäts- und Wachstumspakt fordert von den Euroländern in wirtschaftlich normalen Zeiten einen annähernd ausgeglichenen Staatshaushalt, damit in wirtschaftlich ungünstigen Zeiten Spielraum besteht, durch eine Erhöhung der Staatsausgaben die Wirtschaft zu stabilisieren (Neuverschuldung maximal drei Prozent des Bruttoinlandsprodukts, Schuldenstand maximal 60 Prozent des Bruttoinlandsprodukts). Bei Verstößen gegen diese Regeln drohen dem Mitgliedsland Geldstrafen.

In der Folge der Finanzmarktkrise 2009/2010 wurde deutlich, dass einige Staaten, vor allem Griechenland, sehr hohe Staatsverschuldungen entstehen ließen. Dies führte zu einem starken Wertverlust des Euro gegenüber anderen Währungen und brachte die gesamte Währungsunion ins Wanken.

Der Euro in Nicht-EU-Staaten
Der Euro ist auch gesetzliches Zahlungsmittel in einigen Staaten, die nicht der Währungsunion angehören, den Euro aber einseitig übernommen haben: Andorra, San Marino, Vatikanstaat, Kosovo und Montenegro.

Euro-Ausstiegsoption
Großbritannien und Dänemark erhielten bei dem EU-Gipfel 1995 in Madrid eine Ausstiegsklausel, um nicht den Euro einführen zu müssen.

M 3 Kontrovers diskutiert: der Euro

Befürworter	Gegner
→ Der Euro fördert die Vertiefung der europäischen Integration durch die Vergemeinschaftung der Geldpolitik und den daraus erwachsenden weiteren Koordinierungsbedarf in anderen Politikfeldern wie Arbeitsmarkt-, Sozialpolitik etc. → Der Euro schafft ein Gegengewicht zur weltweiten Dominanz des US-Dollars und der amerikanischen Wirtschaft. → Der Euro ist ein Symbol der europäischen Integration und fördert eine gemeinsame europäische Identität. Er ist ein entscheidender Schritt hin zu einer politischen Union. → Der Euro fördert den Wettbewerb. Dies führt zu sinkenden Preisen für die Verbraucher. → Durch die gemeinsame Währung entfallen Umtauschkosten und Währungsrisiken.	→ Eine gemeinsame Währungspolitik funktioniert nur dann, wenn auch eine gemeinsame Wirtschaftspolitik vorhanden ist. → Das wirtschaftliche Gefälle der Mitgliedstaaten führt dazu, dass die ärmeren Staaten durch die wohlhabenden gestützt werden müssen. → Durch die Übertragung der Geldpolitik auf die Europäische Zentralbank gibt es keine nationale Kontrolle über die Geldpolitik mehr, obwohl dies angesichts unterschiedlicher wirtschaftlicher Entwicklungen in den Euroländern notwendig wäre. → Durch den einheitlichen Zinssatz der EZB gelten z. B. auch in Staaten niedrige Zinssätze, die aufgrund ihrer wirtschaftlichen Entwicklung eigentlich hohe Zinssätze bräuchten. So werden falsche Anreize gesetzt und wirtschaftliche Risiken verstärkt.

Währungsunion
Eine Währungsunion ist ein Zusammenschluss von Staaten mit unterschiedlichen Währungen zu einem einheitlichen Währungsraum. Im Gegensatz zu einer Währungsreform bleibt bei der Währungsunion der Wert des Geldes erhalten. Die beteiligten Währungen werden lediglich nach einem bestimmten Austauschverhältnis in die neue Währung umgerechnet.

M 4 Die Europäische Zentralbank – Hüterin des Euro

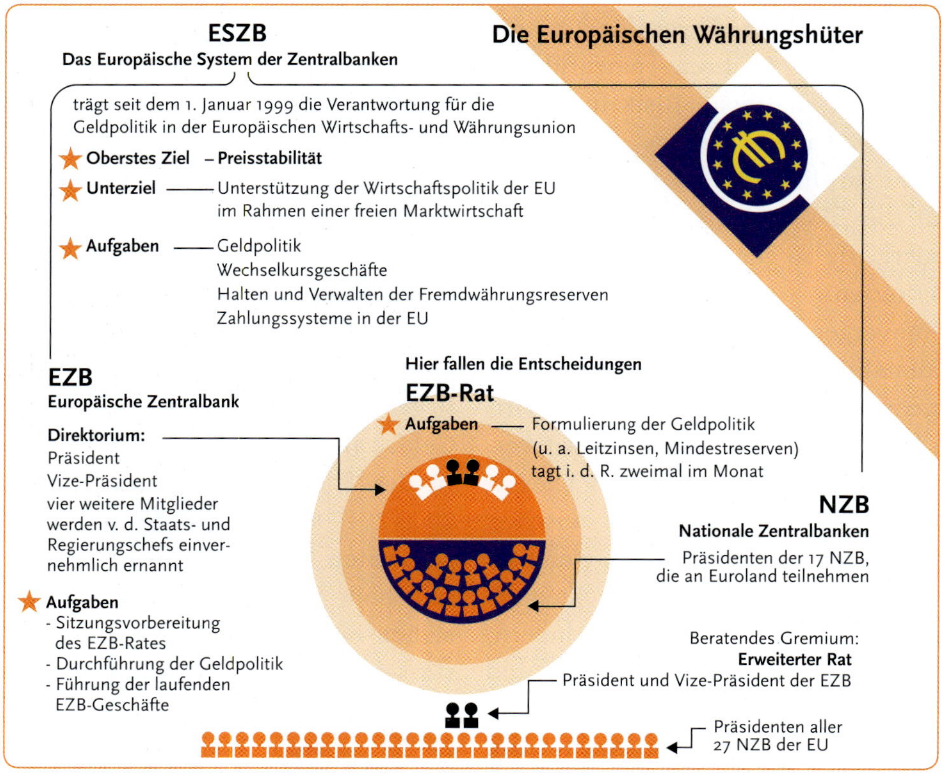

Globus-Grafik 3480

M 5 Kraftprotz oder Schwächling? Die Entwicklung des Eurokurses

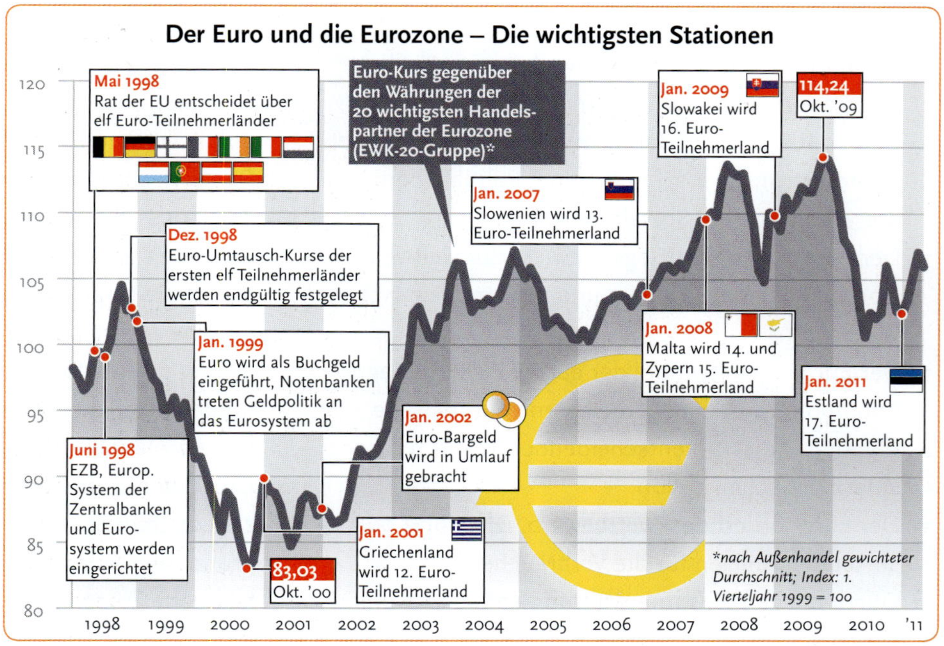

Globus-Grafik 4358; Quelle: Deutsche Bundesbank

M 6 Welche Auswirkungen haben schwankende Kurse?

Eine Währung ist, vereinfacht ausgedrückt, das Geld, welches in einem Währungsraum als Zahlungsmittel gilt. Es gibt heute über 160 Währungen auf der Welt. Wenn man von einer harten Währung spricht, meint man, dass diese Währung ihre Kaufkraft im Währungsgebiet erhält (Binnenwert der Währung), also über Jahre hinweg die Preise für die Güter nicht oder nur leicht steigen. Es herrscht dann eine geringe Inflation. Eine im Binnenwert harte Währung ist im Allgemeinen auch im Austauschverhältnis (Wechselkurs) zu anderen Währungen stark. Bekommt man z. B. für einen Euro 2 US-Dollar statt bisher 1,50 USD, dann ist der Euro stärker geworden, er ist aufgewertet worden. Dies führt z. B. dazu, dass Reisen in die USA für Deutsche billiger werden, die Reisen von US-Bürgern ins Euroland hingegen sich verteuern. Komplizierter sind die Auswirkungen auf den Handel. Ein starker Euro führt zu einer Verteuerung der deutschen Exporte in die USA. Warum ist das so? Der amerikanische Importeur bezahlt die deutschen Waren in USD. Der deutsche Exporteur möchte seine Gewinne aus dem Verkauf seines Exportgutes anschließend in Euro umtauschen. Bei einem starken Euro und schwachen USD bekommt er im Devisentausch weniger Euro. Das verringert seine Gewinne. Dies kann den Exporteur dazu bewegen, die Preise für seine Produkte zu erhöhen, was einen Rückgang des Absatzes zur Folge haben kann. Die positive Seite des starken Euro ist, dass die Einfuhren nach Deutschland aus dem Dollarraum sich verbilligen. Öl und Gas, für Deutschland wichtige Einfuhrgüter, werden in Dollar bezahlt. Bei einem starken Euro verringern sich die Kosten.

Wechselkurse
Wechselkurse geben das Austauschverhältnis zweier Währungen an. Feste Wechselkurse werden von den Regierungen vereinbart und sollen mittelfristig Schwankungen der Kurse verhindern. Bei freien Wechselkursen bildet sich der Kurs jeden Tag neu aufgrund von Devisenangebot und Devisennachfrage auf den Devisenmärkten.

Aufgaben

1. Erläutere, welche Voraussetzungen erfüllt sein müssen, damit ein Land an der Währungsunion teilnehmen kann (M 1).
2. Ordnet die Argumente in der Debatte um den Euro (M 3) nach ihrer Wichtigkeit, und einigt euch in der Klasse (in der Arbeitsgruppe) auf eine Reihenfolge.
3. Beurteile die Entwicklung des Euro-Kurses (M 5). Kann man von einer Erfolgsgeschichte des Euro sprechen?
4. M 6 beschreibt eine harte Währung. Formuliere den Text neu für eine weiche Währung. Beginne ab Zeile 5: „Wenn man von einer weichen Währung spricht ..."

6.3.2 Herausforderungen für den Euro

M 7 Euro-Konvergenzkriterien 1998 und 2010

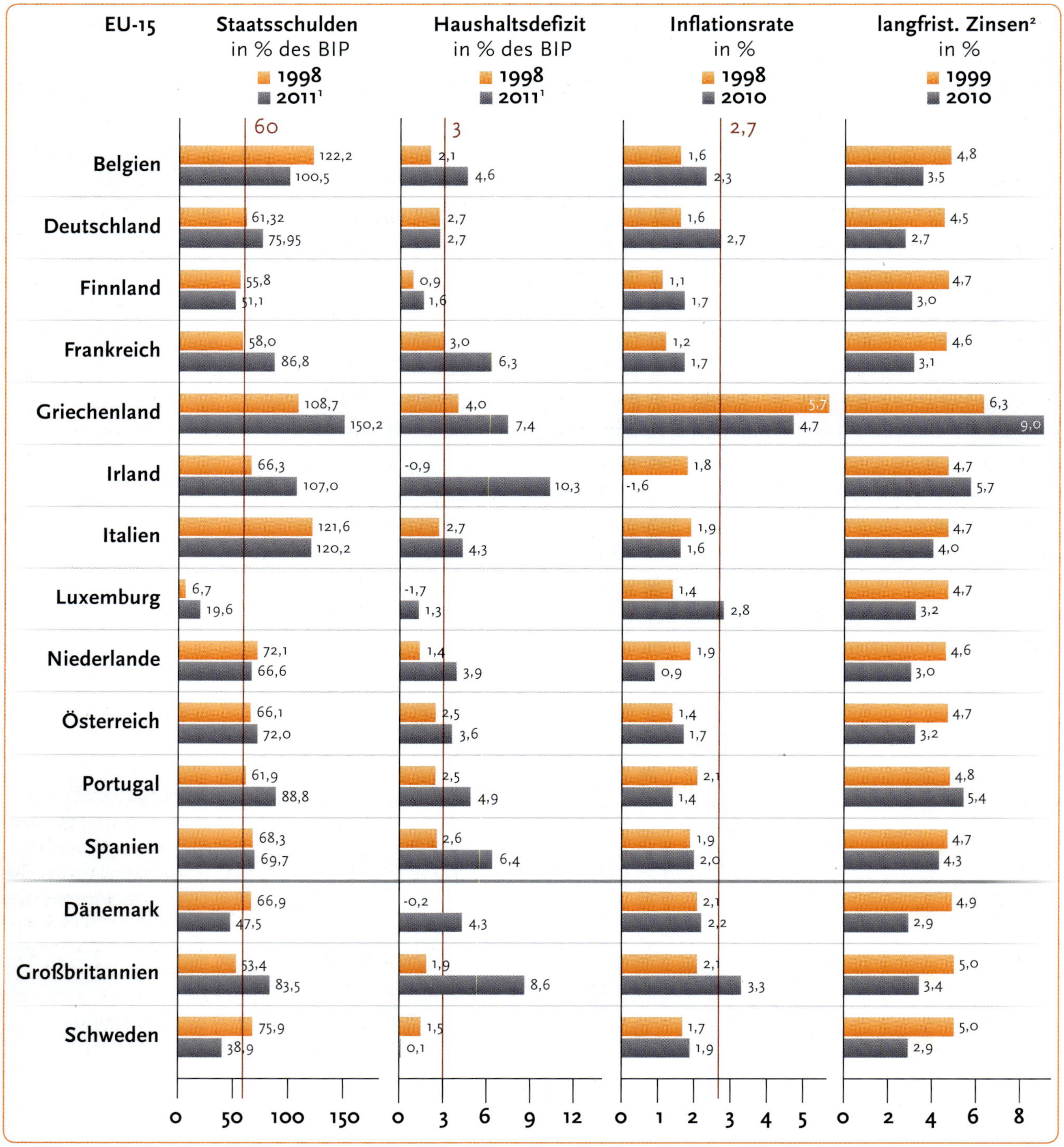

Dargestellt sind die Werte der Konvergenzkriterien in den Jahren 1998/99 und 2010/11 sowie die Schwellenwerte, deren Einhaltung die Vorbedingung zur Einführung des Euro waren bzw. weiterhin sind. (Ausnahmen waren 1998 notwendig und zugelassen.)

Zahlen: EU-Kommission/Eurostat

[1] Stand: 26.4.2011; [2] Der langfristige Zinssatz darf höchstens zwei Prozentpunkte höher als in den preisstabilsten EU-Staaten liegen.

M 8 Wie ist die Eurokrise eigentlich entstanden?

Einige Euroländer haben in den vergangen Jahren extrem hohe Schuldenberge angehäuft. Griechenland, Italien und Irland etwa gehören zu den zehn am höchsten verschuldeten Staaten der Welt. Ihre Verbindlichkeiten sind höher als ihre jährliche Wirtschaftsleistung. Die Gründe für die prekäre Lage sind vielfältig. Einige Staaten – allen voran Griechenland – haben den Eurobeitritt genutzt, um günstige Darlehen aufzunehmen. Mussten sie früher mit ihren eigenen Währungen hohe Zinsen zahlen, ermöglichte ihnen die Zugehörigkeit zur Währungsunion eine attraktive Finanzierung. Das ging jedoch nur gut, solange der Schuldenstand nicht übermäßig stieg. Genau das passierte allerdings infolge der Finanzkrise 2008 und der anschließenden Rezession. Die steigenden Schulden allein hätten die Eurozone wohl noch nicht ins Wanken gebracht. Schließlich haben Länder wie die USA oder Japan höhere Verbindlichkeiten als der Durchschnitt der Euroländer. Anders als diese Staaten können die Euro-Mitglieder ihr Geld aber nicht abwerten – also im Vergleich zu anderen Währungen verbilligen – um ihre Schulden zu reduzieren und ihre Waren billiger ins Ausland zu verkaufen. Deshalb ist es in einer Währungsunion extrem wichtig, dass alle Teilnehmer eine möglichst einheitliche Wirtschafts- und Finanzpolitik betreiben. Diesen Aspekt haben die Gründungsväter des Euro zu wenig berücksichtigt. Sie haben zwar Schuldenobergrenzen im so genannten Stabilitätspakt vereinbart. Richtig ernst hat die aber kaum jemand genommen.

Stefan Kaiser und Sven Böll, Vorhang auf für den nächsten Rettungsakt, in: http://www.spiegel.de, 20.7.2011

Die Eurokrise ist im Wesentlichen durch zwei Ursachen hervorgerufen worden: durch hohe Schulden der Euro-Mitgliedsländer sowie die fehlerhafte Konstruktion der Währungsunion.

M 9 Was passiert, wenn ein Euro-Mitgliedstaat fast pleite ist?

Die finanzielle Lage Portugals ist dramatisch. Ratingagenturen hatten [aufgrund schwacher Wirtschaftsdaten sowie im Parlament abgelehnter Sparpakete, Anm. d. R.] mehrfach die Kreditwürdigkeit Portugals gesenkt. Dementsprechend steigen die Zinsen, die Lissabon am Kapitalmarkt für neue Schulden zahlen muss, rapide. [...] Die Lage zusätzlich belasten könnte die Zinserhöhung der Europäischen Zentralbank (EZB). [...] Höhere Zinsen können den Preisauftrieb bremsen, sie verteuern aber auch Kredite. [...] Eurostaaten mit schweren Finanznöten können seit dem vergangenen Jahr unter einen milliardenschweren Rettungsschirm schlüpfen und damit eine Pleite verhindern. Kernstück des Kriseninstrumentariums ist der Rettungsfonds EFSF in Luxemburg. Er gibt in einem Notfall an den Finanzmärkten Anleihen heraus und reicht das erlöste Geld an die klammen Staat weiter.

dpa, EU-Sorgenkind Portugal bittet um Milliardenhilfen, in: Frankfurter Rundschau, 7.4.2011

Staatsbankrott

Ein Staatsbankrott (auch Staatsinsolvenz) liegt dann vor, wenn ein Staat fällige Forderungen (Gehälter, Zinsen, Schuldentilgung etc.) nicht mehr bedienen kann bzw. wenn die Staatsregierung erklärt, fällige Forderungen nur noch teilweise erfüllen zu können.

M 10 Der Europäische Rettungsfonds

Karikatur: Klaus Stuttmann

Ab Sommer 2013 gibt es einen **dauerhaften Krisenfonds**. Die Beschlüsse im Detail:

- Der Europäische Stabilitätsmechanismus (ESM) soll maximal 500 Milliarden Euro verleihen können. Dafür statten ihn die Euroländer mit 700 Milliarden Euro aus. Um die Top-Noten der Ratingagenturen zu bekommen, wird der ESM neben Garantien in Höhe von 620 Milliarden Euro als zusätzliche Sicherheit auch mit einem Grundkapital von 80 Milliarden Euro ausgestattet. Damit fließt für die Eurorettung erstmals richtiges Geld des deutschen Steuerzahlers. Für die bisherigen Rettungsaktionen waren nur Garantien fällig – also Zahlungen im Fall eines Ausfalls. Allerdings sind die deutschen Milliarden mit der Überweisung an den ESM nicht futsch. Denn die Bundesrepublik erwirbt als Gegenleistung Anteile am Fonds.
- Deutschland muss rund 168 Milliarden Euro an Bürgschaften und fast 22 Milliarden an Grundkapital beisteuern. Die Bundesregierung setzte durch, dass das Grundkapital nicht wie ursprünglich geplant bereits 2013 in vollem Umfang fällig wird. Nun müssen zwischen 2013 und 2017 jeweils 16 Milliarden Euro eingezahlt werden. Deutschland muss also fünf Jahre lang jeweils rund 4,3 Milliarden Euro an den Fonds überweisen. [...]
- Notleidende Staaten sollen aus dem ESM nur dann Kredite erhalten, wenn die „Finanzstabilität des Euroraums als Ganzes" gefährdet ist und wenn die betroffenen Länder sich auf eine Haushaltssanierung und wirtschaftliche Reformen einlassen.

Fazit: Der Krisenfonds soll nur die Ultima Ratio sein und behält das bereits beim temporären Krisenfonds etablierte Prinzip „Fördern und Fordern" bei. Das ist durchaus ein Erfolg. Allzu plumper Missbrauch wird so verhindert.

Sven Böll, Euro-Retter schmieden neue Wirtschaftsordnung, in: http://www.spiegel.de, 25.3.2011

M 11 Abkehr vom Euro – eine Alternative?

Der Wirtschaftswissenschaftler Gerhard Illing im Interview mit tagesschau.de:

Illing: Auf Dauer muss man sich entscheiden: Wollen wir am Euro festhalten oder ihn auseinanderbrechen lassen? Wenn wir den Euro aufgeben wollten, hätte das fatale Konsequenzen. Wenn wir aber am Euro festhalten wollen, brauchen wir eine andere Regierungsstruktur in Europa. Das wäre dann eine richtige politische Union, wie es in den USA der Fall ist. Wir haben bisher eine gemeinsame Währung, aber keine einheitliche, zentrale und demokratisch legitimierte Instanz in Europa, die die Regeln für alle verbindlich vorgibt.

tagesschau.de: Das Scheitern des Euro war bis vor Kurzem noch ein Tabuthema. Jetzt erscheint es als eine Alternative zur immer größeren Rechnung für den Rettungsschirm. Was geschieht, wenn der Euro auseinanderbricht?

Illing: Ein Szenario ist, dass Deutschland den Euroraum verlässt und die D-Mark wieder einführt. Das wäre für Deutschland extrem kostspielig. Es wäre aber nicht nur wirtschaftlich, sondern auch politisch fatal. Es würde eine extreme Instabilität in Europa auslösen. [...]

tagesschau.de: Die EU müsste sich politisch reformieren, um die Spekulationen zu stoppen, sagen Sie. Auf welche Bereiche sollten sich die Reformen beziehen?

Illing: Zuvorderst geht es um das Bankenwesen. Es ist bisher so, dass die Gewinne von den Banken und ihren Aktionären eingestrichen werden, die Risiken aber am Ende von der Allgemeinheit getragen werden müssen. Der Finanzsektor muss an den Risiken beteiligt werden.

Das Interview führte Christian Radler, in: http://www.tagesschau.de, 7.12.2010

Aufgaben

1. a) Analysiere die Grafik M 7 hinsichtlich der Entwicklung der Konvergenzkriterien seit 1998. Konzentriere dich dabei auf die großen EU-Mitglieder sowie die in Zahlungsschwierigkeiten geratenen Länder.
   b) Überprüfe dabei, ob die Eurostaaten die Ziele des Stabilitäts- und Wirtschaftspaktes einhalten.
2. Erläutere die Gründe für die Krise des Euro und gib an, welche Auswirkungen diese auf die beteiligten Staaten haben (M 7 – M 10).
3. Welche Maßnahmen wurden bisher beschlossen, um die Staatsschuldenkrise im Euroraum zu bekämpfen? Informiere dich über den Erfolg bzw. Misserfolg der beschlossenen Maßnahmen und stelle deine Ergebnisse der Klasse vor (M 10).
4. Bildet Gruppen von vier bis fünf Personen und erschließt mögliche Konsequenzen, die sich aus einem Austritt Deutschlands aus der Währungsunion ergeben würden (M 11).

Was wir wissen

Der Euro
M 9 – M 14

Die im Maastrichter Vertrag festgelegte Wirtschafts- und Währungsunion ist neben der Erweiterung der EU das wohl bisher ehrgeizigste Ziel europäischer Politik. Sie schmiedet die nationalen Volkswirtschaften noch enger zusammen. Die Befürworter und Verteidiger der gemeinsamen Währung sehen in ihr die „Krönung" des europäischen Binnenmarkts und einen entscheidenden Schritt zur Vertiefung europäischer Integration hin zu einer politischen Union. Darüber hinaus dient die gemeinsame Währung dem Wohlstand und bildet ein Gegengewicht zur Dominanz des US-Dollars.
Die Kritiker halten die Einführung für verfrüht, weil weder die wirtschaftlich-soziale noch die politische Integration weit genug vorangeschritten ist. Voraussetzung für die Teilnahme an der Währungsunion ist die Erfüllung der Konvergenzkriterien. Um auf Dauer eine nachhaltige wirtschaftliche Konvergenz innerhalb der EU zu erreichen, wurde 1997 zudem der Stabilitätspakt beschlossen. Er fordert von den Mitgliedstaaten eine solide Wirtschafts- und Finanzpolitik. Auch hierfür wurden bestimmte Kriterien festgelegt, die sich an den Konvergenzkriterien orientieren.

Die EZB
M 12

Die für den Euro verantwortliche Notenbank ist die Europäische Zentralbank (EZB) mit Sitz in Frankfurt am Main. Ihr oberstes Entscheidungsgremium ist der EZB-Rat, dem die sechs Mitglieder des EZB-Direktoriums sowie die 17 Gouverneure der nationalen Notenbanken angehören. Die EZB ist unabhängig und keinen politischen Weisungen unterworfen. Sie ist für die Geldpolitik im Euroraum zuständig. Ziel der Geldpolitik der EZB ist die Sicherung der Geldwertstabilität nach innen (in der Praxis wird darunter verstanden, dass die jährliche Teuerungsrate der Verbraucherpreise mittelfristig 2 % nicht übersteigen soll) und nach außen (angemessene Wechselkurse, vor allem gegenüber dem US-Dollar).

Die Eurokrise und der Europäische Stabilitätsmechanismus
M 7 – M 10

Vor allem als Folge der Finanz- und Wirtschaftskrise (2007-2010), aber auch wegen mangelnder Haushaltsdisziplin waren seit 2010 eine ganze Reihe von Eurostaaten in Zahlungsnöte geraten: Die Zinsen, die sie am Markt zahlen müssen, um sich Geld leihen zu können, stiegen immer mehr an. Um die gemeinsame Währung zu sichern, unterstützten die anderen EU-Staaten die in Schwierigkeiten geratenen Länder.
Der Europäische Stabilisierungsmechanismus (ESM) soll in die EU-Verträge integriert werden und besagt, dass den Euro-Mitgliedstaaten, die übermäßig verschuldet sind, finanzieller Beistand gewährt werden kann.
Bevor ein Mitgliedstaat den Mechanismus nutzen kann, muss ein Antrag eingereicht werden. Der Rat entscheidet darüber, ob die Kredite bzw. Darlehen gewährt werden. Dies geschieht u. a. auf der Basis eines wirtschaftlichen und finanziellen Sanierungsprogramms.

Mal unter uns – ein Zwiegespräch zwischen zwei ungleichen Währungen:

DM: Dein Ruf ist nicht der beste. Du solltest mehr auf deine Stabilität achten. In meinen mehr als 50 Jahren habe ich stets …

Euro: Mit Verlaub, an Stabilität kann ich es mit dir locker aufnehmen, meine Inflationsraten sind niedriger als deine damals. Und als ich eingeführt wurde, stand ich bei 1,18 Dollar. Heute sind es 1,32 Dollar. Ich bin härter, als du jemals warst.

DM: Die Spekulanten nehmen dich immer wieder aufs Korn. So etwas hat es zu meiner Zeit nicht gegeben.

Euro: Du warst ja auch nur eine einfache Landeswährung. Ich hingegen bin international und – ich scheue mich nicht, es zu sagen – ein europäisches Friedensprojekt.

DM: Schöner Frieden, mit Demos, brennenden Barrikaden und immer neuen Krisengipfeln. Ich habe nie einen Rettungsschirm von 750 Milliarden gebraucht, um sicherzustellen, dass ich nicht aufweiche.

Euro: Würdest du bitte zur Kenntnis nehmen, dass unter diesem Schirm Griechenland und Irland stehen und nicht ich. Die beiden haben unsolide gewirtschaftet, das stimmt. Aber das kann man mir nicht anlasten.

DM: Dem deutschen Steuerzahler war bei deiner Einführung hoch und heilig versprochen worden, er werde nie für die Schulden anderer Länder haften müssen.

Euro: Zugegeben. Aber ich glaube, so wie nun die Lage ist, kann dieses Versprechen einfach nicht gehalten werden. Es wäre auch für die Deutschen nicht gut.

DM: Die wissen ja wohl selbst am besten, was gut für sie ist. Die meisten wollen mich zurückhaben. Heimlich rechnen sie im Kopf immer noch mit mir, und viele hüten ein paar Scheine von mir als Glücksbringer. Das nenne ich Nachruhm! Die Leute hatten mit mir gute Jahre.

Rüdiger Jungbluth, Mal unter uns, in: http://www.zeit.de, 31.12.2010

Aufgaben

1. Befürwortest du die Rückkehr zur DM? Begründe deine Meinung.
2. Erstellt in eurer Klasse ein Meinungsbild zur Abschaffung des Euros und ermittelt die Konsequenzen eines solchen Schrittes.

6.4 Leben und Arbeiten in der EU

6.4.1 Leben in Europa – gibt es *eine* europäische Jugend?

M 1 Freizeit in Europa

Jugendliche Polen beim Grillen während eines Festivals

Flashmob zu Ehren von Michael Jackson in Paris

DreamHack (LAN-Party) in Jönköping/Schweden

World youth day 2010 in Rom

Eurogym 2010 in Odense/Dänemark

Junger Spanier beim Botellón (Event zum gemeinsamen Alkoholkonsum und Feiern an öffentlichen Plätzen)

M 2 Europäische und deutsche Jugend in der Freizeit – ein Vergleich

a)

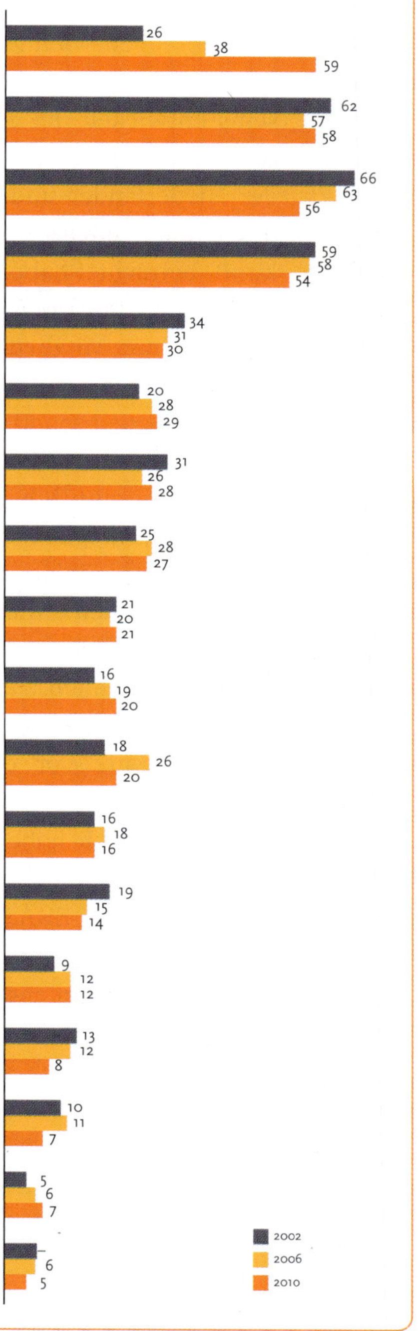

Häufigste Freizeitbeschäftigungen im Laufe der Woche
Bis zu 5 Nennungen möglich. Jugendliche im Alter von 12 bis 25 Jahren (Angaben in %)

Mathias Albert, u. a., 16. Shell Jugendstudie, 2010, S. 96f.

b)

Regular leisure activities of Europeans aged 15-30, 2007 (%)

http://www.jugendpolitikineuropa.de, Abruf am 25.5.2011

Aufgaben

1. Überlege dir anhand der Bilder in M 1, welche Gemeinsamkeiten es unter den Jugendlichen in Europa geben könnte.
2. Gibt es eine „europäische Jugend“? Diskutiert in der Klasse die Frage, ob die Jugendlichen in Europa mehr verbindet oder trennt (M 1, M 2).
3. Kläre, worum es in den Statistiken aus M 2 geht, und fasse den Inhalt mit eigenen Worten zusammen.
4. Führt in eurer Klasse eine Umfrage zu euren Freizeitbeschäftigungen durch. Haltet euch dabei an die Statistiken in M 2 und vergleicht eure Ergebnisse mit denen der Statistiken.

6.4.2 Arbeiten und Studieren in Europa

M 3 Freiwilliges Soziales Jahr in Holland

Judith Bretschneider hat nach dem Abitur ein Freiwilliges Soziales Jahr in Utrecht (Holland) gemacht.

Frau Bretschneider, Sie haben nach dem Abitur ein Freiwilliges Soziales Jahr in den Niederlanden absolviert. Was waren Ihre Beweggründe?

Zum einen sollte das Jahr zur beruflichen Orientierung dienen, da ich zu dem Zeitpunkt sehr unentschlossen war, was die Studienwahl betraf. So wollte ich in einem Feld der Sozialen Arbeit testen, ob dieser Bereich etwas für mich wäre, und arbeitete in einem Frauenhaus. Zum anderen wollte ich zwischen Schule und Studium eine Phase praktischen Arbeitens einlegen und das theoretische Lernen am Schreibtisch gegen ein Lernen in Sachen Lebenserfahrung / Eigenständigkeit eintauschen. Und zum dritten wollte ich dies in einer anderen Kultur tun, um einerseits Neues kennenzulernen und mir dadurch wiederum meiner eigenen Identität bewusster zu werden.

Welche Erfahrungen haben Sie mit dem Leben und Arbeiten im Ausland gemacht?

Das Arbeiten im Ausland kann sich sehr anders darstellen als die gewohnten Abläufe und als das, was man für „normal" gehalten hat. Ich habe zum Beispiel in meiner niederländischen Organisation die Arbeitsweise einer sehr flachen Hierarchie kennengelernt, mit der Folge, die äußerst hierarchische Struktur deutscher Unternehmen zunächst heftig zu kritisieren.

Hat sich Ihre Identität, als Deutsche, als Europäerin verändert?

Ich würde nicht von einer Veränderung sprechen, vielmehr hat sich bei mir erst eine Identität des Deutschseins entwickelt, als ich unsere Kultur aus der Ferne und mit den Augen der Niederländer und Menschen anderer, auch außereuropäischer Herkunft, betrachtet habe. Dabei wurden mir erstmals sowohl die Abhängigkeit der einzelnen Mitgliedstaaten voneinander als auch die großartigen Chancen der Gemeinschaft bewusst.

Was hat Ihnen dieses Jahr „gebracht"; persönlich, beruflich?

Es ist kaum möglich, hier jede Bereicherung aufzuzählen, die das Jahr für mich bereithielt. Richtungsweisend war ganz offensichtlich meine Arbeit, die mir tatsächlich zur richtigen Studienwahl verholfen hat (ich stehe inzwischen kurz vor dem Abschluss meines Studiums der Sozialen Arbeit). Persönlich habe ich eine neue Sprache mitgenommen, die mir bei einem späteren ERASMUS-Semester in Amsterdam gute Dienste geleistet hat und die ich im engen Kontakt mit einer Handvoll Freunde in Utrecht und Amsterdam liebevoll pflege. Das Erleben einer neuen Kultur, die viel mehr bereithält als die allgemein bekannten Stereotypen vermuten lassen, war wohl die allerwichtigste Erfahrung.

Interview des Autors mit Judith Bretschneider über ihre Erfahrungen mit dem Freiwilligen Sozialen Jahr in Holland, 8.1.2012

M 4 Studieren in Europa – Pro und Kontra der Bologna-Reform

„Was bringt's?" mag man sich als Student angesichts der Umstellung auf den Bachelor fragen. Ein heiß diskutiertes Thema, seitdem der Stein in Bologna 1999 ins Rollen gebracht wurde und eine Reformwelle über Europas Hochschulsystem hinwegrollt.

Pro: Vorteile des neuen Bachelors für Studierende

- Die gestufte Studienstruktur bringt eine kurze Studiendauer mit sich, sodass man sich bereits nach drei Jahren umorientieren kann, statt sich direkt nach dem Abi für die nächsten fünf oder sechs Jahre auf ein Fachgebiet festzulegen.
- Der Abschluss ist international bekannt und europaweit anerkannt.
- Mit der Einführung von einheitlichen Abschlüssen und einem einheitlichen Leistungsbewertungssystem soll die Mobilität von Studenten erhöht werden: Auslandsaufenthalte während und nach dem Studium sollen attraktiver gemacht werden.
- Außerdem soll der europaweit anerkannte Abschluss Türen bei ausländischen Arbeitgebern öffnen.

Kontra: Nachteile des neuen Bachelors für Studierende

- Die Studieninhalte müssen bei der kürzeren Studiendauer auch inhaltlich gekürzt werden. Bachelor-Absolventen sind Generalisten, die „von allem etwas, aber nichts richtig wissen".
- Bei den Bachelor-Abschlüssen ist der Studienplan straffer organisiert und klar vorgegeben. Freiräume bleiben auf der Strecke. Selbstständiges Denken und Entscheiden, selbstverantwortliches Handeln werden zu wenig gefördert.
- Mit einem Bachelor hat man es beim Berufseinstieg schwerer, weil der Abschluss noch unbekannt ist.

Nach: Bachelor.de, Pro - Kontra für Studierende, in: http://www.bachelor.de, Abruf am 1.3.2012

Aufgaben

1. Stelle zusammen, welche Vorteile ein Praktikum, ein Auslandsjahr, ein Studium im Ausland bringen kann (M 3).
2. Ein einheitlicher Hochschulraum ist das Ziel der EU. Recherchiere, welche Fortschritte auf dem Weg dorthin erkennbar sind (M 4).
3. Informiere dich über europäische Bildungsprogramme. Ladet euch ehemalige Praktikanten und Studenten ein, die ihr über deren Erlebnisse und Möglichkeiten, im Ausland zu arbeiten, befragt.

Bologna-Reform
Europas Bildungsminister vereinbarten in Bologna, einen „europäischen Hochschulraum" zu schaffen und die Abschlüsse zu vereinheitlichen. So gibt es nun fast flächendeckend nur noch die kurzen Bachelor-Studiengänge (meist sechs, manchmal sieben Semester) und darauf aufbauend Master-Angebote (meist vier Semester).

Informiere dich mithilfe folgender Internetseiten über weitergehende Fördermöglichkeiten und Erfahrungen von Auslandsaufenthalten und berichte der Klasse in einem Kurzreferat:
- *http://www.arbeitsagentur.de/nn_26276/zentraler-Content/A04-Vermittlung/A042-Vermittlung/Allgemein/Jobs-und-Praktika-im-Ausland.html*
- *http://www.rausvonzuhaus.de/wai2/showcontent.asp?ThemaID=3706*
- *http://www.ba-auslandsvermittlung.de*

Was wir wissen

Jugendliche in Europa
M 1, M 2

Dank der Massenmedien Fernsehen und Internet verbreiten sich Modetrends und Musikhits rasend schnell und weltweit. Jugendliche in Berlin, Paris und London, aber auch in Sydney und Buenos Aires tragen die gleichen Labels, hören dieselbe Musik, verbringen ihre Schulzeit und Freizeit ähnlich. Schon versuchen Wissenschaftler mittels Umfragen den Mainstream einer „europäischen Jugend" festzustellen. Dass dies nur bedingt möglich ist, zeigt der Vergleich mit nationalen Umfragen: Zwar gibt es durchaus Parallelen bei Freizeitbeschäftigung und Mediennutzung, von einer europäischen Jugendkultur kann man jedoch genauso wenig sprechen wie von einer deutschen oder tschechischen Jugendkultur. Jugend ist eben nicht einheitlich. Die Lebensverhältnisse von Jugendlichen unterscheiden sich bei genauerem Hinsehen nicht nur in Europa, sondern bereits innerhalb einer Stadt oder eines Bundeslandes stark voneinander.

Dennoch ist es eine große Aufgabe für Europa, sich seiner ca. 75 Millionen Jugendlichen anzunehmen, ihre Probleme und Ängste ernst zu nehmen und sie vor allem für das Projekt Europa zu begeistern. Leider beweisen Befragungen und die niedrige Beteiligung von Jugendlichen an den Europawahlen, dass ein Großteil der europäischen Jugend wenig Interesse an europäischen Fragen zeigt.

Bologna-Reform
M 4

An den Universitäten in Europa wird seit 1999 im Rahmen des Bologna-Prozesses schrittweise auf europaweit anerkannte Bachelor- und Masterstudiengänge umgestellt. So wird ein einheitlicher europäischer Hochschulraum entstehen, der die EU zum „wettbewerbsfähigsten und dynamischsten wissensbasierten Wirtschaftsraum der Welt" macht, so die Staats- und Regierungschefs auf dem EU-Gipfel in Lissabon 2000.

Diesen weitgesteckten Zielen stehen oft noch nationale Probleme entgegen. Bildungspolitik ist Sache der Einzelstaaten, in Deutschland sogar Hoheitsrecht der Bundesländer. Entsprechend zögerlich gestaltet sich die Umsetzung europäischer Vorgaben in der nationalen Hochschul- und Schulbildung.

Europäische Bildungsprogramme

LEONARDO DA VINCI

Das Programm **LEONARDO DA VINCI** stellt die **berufliche Aus- und Weiterbildung** in den Mittelpunkt. Beteiligen können sich Einrichtungen und Organisationen, die Aus- und Weiterbildungslehrgänge anbieten oder fördern. Unterstützt werden vor allem Lehrlinge in der Erstausbildung, aber auch Arbeitnehmer, Selbstständige und Arbeitssuchende, die sich zum Zwecke der beruflichen Weiterbildung ins Ausland begeben. Das Programm ist mit **1,725 Milliarden Euro** ausgestattet. Ziel ist es, die Anzahl von Praxisaufenthalten in Betrieben und Berufsbildungszentren in einem anderen europäischen Land bis 2013 auf mindestens 80.000 pro Jahr zu erhöhen.

Nationale Agentur für LEONARDO DA VINCI: Bildung für Europa beim Bundesinstitut für Berufsbildung (BIBB); → *www.na-bibb.de*

GRUNDTVIG

Beim Programm **GRUNDTVIG** geht es um **Erwachsenenbildung**. Gefördert werden die Entwicklung von Lernpartnerschaften, innovative Produkte zur Weiterbildung, Fortbildungskurse und internationale Konferenzen. Typisch für GRUNDTVIG-Fördermaßnahmen sind Themen wie Lernen im Alter (zum Beispiel Informations- und Kommunikationstechnik), Fremdsprachen, Integration von Migranten oder Familien- und Elternbildung. An Lernpartnerschaften müssen mindestens drei am Programm beteiligte Länder teilnehmen. Mit einem Budget von **358 Millionen Euro** sollen bis 2013 bis zu 7.000 Austauschprogramme im Jahr gefördert werden.

Nationale Agentur für GRUNDTVIG: Bildung für Europa beim Bundesinstitut für Berufsbildung (BIBB); → *www.na-bibb.de*

COMENIUS

COMENIUS-Partnerschaften sind für **Schulen aller Schulformen** möglich. Beteiligen können sich auch Schulverwaltungen sowie Einrichtungen der Lehreraus- und -fortbildung. Die Partner arbeiten für die Dauer von zwei bis drei Jahren zusammen. Bei COMENIUS-Schulpartnerschaften sind mindestens drei Schulen aus drei Teilnehmerstaaten beteiligt. Das Einzelprogramm verfügt über einen Etat von **1,047 Milliarden Euro**. Während seiner Laufzeit bis 2013 sollen mindestens drei Millionen Schüler an gemeinsamen Bildungsaktivitäten teilnehmen. Ziel des Programms ist die feste Etablierung von Schulpartnerschaften aus allen Mitgliedsländern der EU plus Liechtenstein, Island, Norwegen und der Türkei.

Nationale Agentur für COMENIUS ist der Pädagogische Austauschdienst (PAD) der Kultusministerkonferenz; → *www.kmk.org/pad/home.htm*

ERASMUS

Das Programm ERASMUS richtet sich an **Hochschulen** und ist auf die Lehr- und Lernbedürfnisse von Studierenden ausgerichtet. Auch Einrichtungen und Organisationen, die allgemeine oder **berufliche Bildungslehrgänge mit Fachhochschulniveau** anbieten, können sich beteiligen. Das Programm ist mit einem Etat von **3,114 Milliarden Euro** ausgestattet. Ziel ist es, bis 2013 drei Millionen Studierenden die Möglichkeit zu geben, einen Teil ihres Studiums im Ausland zu absolvieren.

Nationale Agentur für ERASMUS ist der Deutsche Akademische Austauschdienst (DAAD); → *http://eu.daad.de*

Aufgabe

Bildet vier Gruppen: Jede Gruppe wird Experte für ein europäisches Bildungsprogramm. Recherchiert dafür weitergehende Informationen (Erfahrungsberichte, Statistiken, Ansprechpartner, Auswahlverfahren, Dauer, Orte etc.) und stellt sie den anderen Gruppen in einem Kurzreferat vor.

Die Kriege 2011
1 Israel
2 Afghanistan
3 Pakistan
4 Jemen
5 Somalia
6 Sri Lanka
Weitere hochgewaltsame Konflikte in
• Mexiko
• Kolumbien
• Peru
• Nigeria
• Tschad
• Sudan
• Dem. Rep. Kongo
• Uganda
• Äthiopien
• Saudi Arabien
• Irak
• Iran
• Türkei
• Russland (Tschetschenien, Inguschetien)
• Pakistan
• Indien
• Birma
• Thailand
• Philippinen
dpa•11860
In einigen Ländern mehrere Konflikte (z. B. in Nigeria)
Heidelberger Institut für Internationale Konfliktforschung

WE WANT PEACE

7

Grundlagen der internationalen Politik

Die zahlreichen Kriege und Konflikte auf der Welt zeigen, dass bis heute Frieden und Sicherheit alles andere als selbstverständlich sind. Umweltzerstörung und Klimaveränderungen, Kriege und Konflikte, Hunger und Armut bedrohen die Menschen weltweit. Durch die Globalisierung, die man auch als Entgrenzung der Welt bezeichnet, wirken sich Krisen irgendwo auf der Welt auf die gesamte Weltgemeinschaft aus.

Kompetenzen

Am Ende dieses Kapitels solltest du Folgendes können:

- ausgewählte Gefährdungen von Frieden und Sicherheit kennen und beurteilen
- verschiedene Institutionen und Akteure internationaler Politik kennen sowie deren Möglichkeiten zur Konfliktlösung in der internationalen Politik einschätzen
- einen Konflikt mit geeigneten Methoden untersuchen
- Maßnahmen der Friedenssicherung beurteilen

Was weißt du schon?

- Ergänze folgenden Satz in Einzelarbeit:
  – Frieden bedeutet für mich ...
- Mit euren Ergebnissen könnt ihr in Gruppen einen „Friedensbaum“ gestalten, der im Laufe der Unterrichtsreihe ergänzt oder verändert wird. Was bildet den „Stamm“, was die „Äste“, was sind die „Blätter“ oder „Früchte“?

7.1 Bedrohungen für den Weltfrieden

7.1.1 Kriege in der Welt

M 1 Was ist Krieg?

Szene aus einem Abschiedsvideo eines Selbstmordattentäters. Selbstmordattentate gehören zur Strategie islamistischer Terrorgruppen.

Als Krieg bezeichnet man einen gewaltsamen Massenkonflikt, der in der Regel folgende Merkmale aufweist:

An den Kämpfen sind zwei oder mehr bewaffnete Streitkräfte beteiligt, wobei es sich mindestens auf einer Seite um reguläre staatlich gelenkte Einheiten handeln muss; auf beiden Seiten muss die Kriegführung planmäßig und zentral gesteuert werden und die bewaffneten Operationen müssen sich mit einer gewissen Kontinuität ereignen. Andernfalls handelt es sich lediglich um bewaffnete Konflikte.

Krieg bedeutet immer, dass Interessenkonflikte gewaltsam ausgetragen werden. Kriegsursachen sind häufig die Bekämpfung einer staatlichen Ordnung, Grenzstreitigkeiten, Autonomiebestrebungen, Konflikte um Ressourcen oder unterschiedliche Ideologien.

Führen zwei oder mehrere Staaten gegeneinander Krieg, so spricht man von zwischenstaatlichem Krieg. Diese Form von Krieg findet, verglichen mit früheren Jahrhunderten, immer seltener statt.

Führen verschiedene Bevölkerungsgruppen innerhalb eines Staates gegeneinander Krieg, so handelt es sich um einen Bürgerkrieg.

Ein neueres Phänomen ist der sogenannte asymmetrische Krieg. Bei dieser Form des Krieges tragen lokale Warlords, Rebellen- und Guerillagruppen, „Befreiungsarmeen" oder internationale Terrornetzwerke Gewalt in die Mitte auch fremder Gesellschaften hinein, um die staatliche Ordnung, eine Besatzungsmacht oder eine Bevölkerungsgruppe zu bekämpfen. Ein fruchtbares Umfeld zur Planung ihrer Aktivitäten finden diese Organisationen in schwachen Staaten, die Recht und Ordnung nicht oder nicht mehr durchsetzen können, weil zum Beispiel das nötige Geld zur Bezahlung von Polizisten und Richtern fehlt. Gebiete, die nur mangelhaft unter staatlicher Kontrolle stehen, werden als Rückzugs- und Ruheräume, als Orte für Trainings- und Ausbildungscamps genutzt. Auch lassen sich in solchen Staaten leichter illegale Geschäfte vom Drogenhandel bis zur Geldwäsche betreiben, um die eigene Anhängerschaft zu finanzieren.

Die Staatengemeinschaft, vor allem vertreten durch die Vereinten Nationen (VN) – engl: United Nations (UN) – steht vor der schwierigen Frage, wie sie mit dieser Form der Gewalt, bei der die Grenzen zur Kriminalität fließend sind, umgehen soll.

Tipp
Unter *www.bpb.de/themen/J3EIZ6,0,0,Konfliktportr%E4ts.html* sind zahlreiche Porträts unterschiedlicher Konflikte zu finden.

M 2 Frieden – aus Sicht der Kunst

Plakatentwurf mit Friedenstaube und Ölzweig von Pablo Picasso, 1961

„Knotted Gun" (Verknotete Waffe) Ein Geschenk Luxemburgs an die UN im Jahre 1988

M 3 Was ist Frieden?

Frieden bezeichnet eine umfassende und dauerhafte Rechtsordnung und Lebensform, bei der Wohl und Wohlstand der Bürger und Bürgerinnen oberste Ziele sind. Die Friedens- und Konfliktforschung unterteilt den Begriff in einen *engen* und einen *weiter gefassten Friedensbegriff*:

Der *negative Friedensbegriff* korrespondiert mit dem *engen Friedensbegriff* und definiert Frieden zunächst durch die Abwesenheit von Krieg bzw. durch die Abwesenheit personeller Gewalt.

Der *positive Friedensbegriff* korrespondiert mit dem *weiter gefassten Friedensbegriff*, welcher durch die Abwesenheit von struktureller und indirekter Gewalt gekennzeichnet ist. Er kommt z. B. durch die Wahrung der Grund- und Menschenrechte zum Ausdruck.

Aufgaben

1. Was ist Krieg?
   a) Erstelle gemeinsam mit deinem Nachbarn eine Mindmap zum Thema Krieg.
   b) Arbeite aus M 1 heraus, was Krieg ist.
   c) Vergleiche die in M 1 genannten Kriegsmerkmale mit deiner Mindmap und ergänze diese.
2. Interpretiere die bildlichen Vorstellungen von Frieden (M 2) und ordne sie den unterschiedlichen Begriffen von Frieden (M 3) zu.
3. „Frieden ist mehr als die Abwesenheit von Krieg!" Erläutere diese Aussage.
4. „Demokratien führen untereinander keine Kriege." Nimm Stellung zu dieser These.

7.1.2 Terrorismus – der neue Krieg?

M 4 Verantwortlich für die Anschläge vom 11. September – al-Qaida

Osama bin Laden – viele Jahre suchten die USA nach dem Terroristen – am 1. Mai 2011 wurde er in Pakistan von US-Streitkräften getötet.

al-Qaida
Name eines losen, weltweit operierenden islamistischen Terrornetzwerks, das seit 1993 zahlreiche schwere Terroranschläge in mehreren Staaten verübt hat, darunter die Anschläge auf das World Trade Center und das Pentagon in Washington im September 2001.

Ihr Name („Die Basis") geht auf ein Verzeichnis von muslimischen Kämpfern zurück, das Osama bin Laden 1988 in Afghanistan anlegte, nach dem Krieg der Mudschahedin gegen die Sowjets. Seit 1984 waren über Osama bin Ladens Rekrutierungsbüros etwa 20.000 Muslime aus aller Welt in die Ausbildungslager am Hindukusch gezogen. Bis zum Jahr 2001 erstreckte sich bin Ladens Netzwerk, laut einer Zählung des US-Außenministeriums, über etwa 55 Staaten. Unabhängige, sogenannte „non-aligned Mudschahedin" oder „Schläfer", stehen im Bedarfsfall Gewehr bei Fuß. Ihre gemeinsame Ideologie ist es, die Welt von den Ungläubigen zu befreien. Im Namen des Dschihad („heiliger Krieg") kann jeder kämpfen, der die Ziele der Bewegung teilt. Was als Adressenverzeichnis afghanischer Kämpfer begann, ist heute also eine Bewegung von Fanatikern, die mal mehr, mal weniger autonom von der al-Qaida-Gründerriege operieren.

Seit 2006 konzentriert sich al-Qaida in erster Linie auf den Kampf in Afghanistan und Pakistan. In der arabischen Welt gelten heute [2009] vor allem Algerien und der Jemen als wichtige Einsatzgebiete der Organisation. Über die „Befreiung" der arabischen und islamischen Welt hinaus zielt al-Qaida darauf ab, all diejenigen Territorien zu erobern, in denen zwar Muslime leben, die gegenwärtig jedoch von Nichtmuslimen beherrscht werden. Hierzu gehören neben Israel vor allem Tschetschenien, Ost-Timor, die südlichen Philippinen, Südthailand, Nordnigeria und einige weitere Länder. Bin Laden und Zawahiri haben keine Grenzen der Expansion benannt. Al-Qaida geht es um den Rückzug der USA nicht nur aus der arabischen und islamischen Welt, sondern aus der Weltpolitik insgesamt. Es ist anzunehmen, dass sie auch nach Erreichen ihrer unmittelbaren Ziele den Kampf gegen den Westen fortzusetzen plant. Die erstaunliche Regenerationsfähigkeit der al-Qaida lässt vermuten, dass sie noch auf Jahre hinaus eine Bedrohung für die muslimische Welt, Europa und die USA bleiben wird.

Nach: Jochen Bittner, Die Zeit, 29/2005 und Guido Steinberg, al-Qaida, www.bpb.de, 6.5.2009

M 5 Was ist transnationaler Terrorismus?

Aus einem Interview mit Dr. Ulrich Schneckener. Er ist Leiter der Forschungsgruppe „Globale Fragen" an der Stiftung Wissenschaft und Politik in Berlin. Das Interview führte Hanna Huhtasaari.

Der transnationale Terrorismus unterscheidet sich vom herkömmlichen Terrorismus in erster Linie dadurch, dass er eine internationale Zielsetzung verfolgt. Das heißt: Transnationalen Terrornetzwerken – wie etwa al-Qaida oder anderen Gruppen – geht es darum, eine internatio-

nale oder regionale Ordnung zu verändern. Den meisten herkömmlichen und lokalen Terrorgruppen geht es hingegen darum, ein konkretes politisches Regime zu ändern.
Ein weiterer Aspekt ist, dass transnationaler Terrorismus eine Form von transnationaler Ideologie braucht. Hier spielt der Islamismus eine wesentliche Rolle. Der Islamismus erlaubt es, Menschen unterschiedlichster Nationalität und Kultur miteinander in Verbindung zu setzen. Die transnationale Ideologie schafft eine Offenheit der Netzwerke, weil sich hier im Prinzip jeder beteiligen kann, der sich dieser Ideologie verschreibt. Das gilt beispielsweise auch für Menschen, die zum Islam übergetreten sind. Diese Form der Ideologie dient sozusagen der Netzwerkausbreitung. Und drittens unterscheiden sich transnationale Netzwerke in ihrer Mitgliederstruktur von herkömmlichen Gruppen. Klassische Terrorgruppen sind oftmals von einer Nation dominierte Gruppierungen, in denen relativ wenig Ausländer vertreten sind. In den transnationalen Netzwerken ist diese Unterscheidung zwischen In- und Ausländern gar nicht vorhanden: Sie sind multinationale Unternehmen. Der letzte Aspekt ist der Netzwerkcharakter selber, also die Organisationsstruktur. [...]
Grundsätzlich spielen Medien für den Terrorismus eine große Rolle. Der Terrorismus setzt darauf, psychologische Effekte zu erzeugen: Schrecken, Panik, das Gefühl von Unsicherheit. Das lässt sich nicht durch den Terrorakt selbst erreichen, sondern nur durch die mediale Berichterstattung über den Akt und über das Phänomen Terrorismus. Diffuse Ängste können im Wesentlichen eigentlich nur gefördert werden, weil Terroristen einen medialen Zugang haben. Heute ist es so, dass Terroristen in der Lage sind, sich diesen medialen Zugang selbst zu schaffen. Die Terroristen verfügen über eigene Verbreitungskanäle, in denen sie ihre eigenen Inhalte ohne jede Redaktion eins zu eins senden und verbreiten können. Hier ist das Internet ein zentraler Punkt, aber natürlich auch Videobänder, eigene TV-Sender, Chatrooms oder ganz herkömmliche Publikationsformen.

Interview von Hanna Huhtasaari mit Ulrich Schneckener, Terrorismus setzt auf psychologische Effekte, in: www.bpb.de, 20.9.2007

Anschlag mit Verkehrsflugzeugen auf das World Trade Center in New York am 11.9.2001. Fast 3.000 Menschen verloren dabei ihr Leben. Die Terrororganisation al-Qaida übernahm die Verantwortung dafür.

Aufgaben

1. Informiere dich über den Terroranschlag vom 11.9.2001 in New York (Geschehnisse, Hintergründe, Folgen) und erstelle eine knappe Chronik weiterer schwerer Terroranschläge der letzten Jahre (M 4, Internetrecherche).
2. Nenne verschiedene Erscheinungsformen und Gründe für Terrorismus (M 5).
3. Erläutere den Unterschied zwischen transnationalem und herkömmlichem Terrorismus (M 5).
4. Stelle auch anhand des Bildes in M 5 dar, welche Bedeutung die Medien für den Terrorismus haben.
5. Beurteile, ob es sich beim internationalen Terrorismus um eine Form des Krieges handelt (M 1, M 5).

7.1.3 Wie kann die Verbreitung von Massenvernichtungswaffen verhindert werden?

M 6 Die Verbreitung von Massenvernichtungswaffen

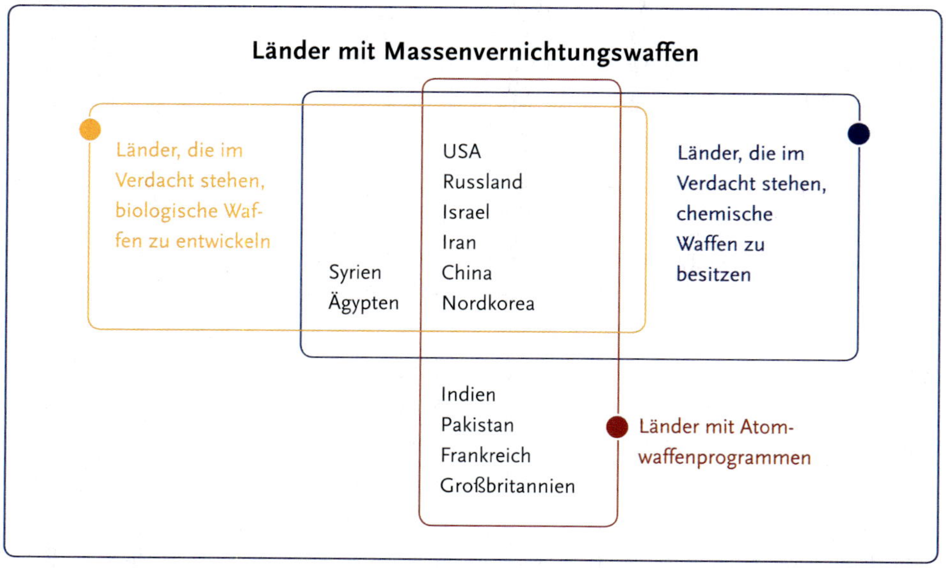

Frieden und Sicherheit, Schülerheft, hrsg. von der Aktionsgemeinschaft Jugend und Bildung, 2009/10, S. 6

Nuklear- und andere Massenvernichtungswaffen (biologische, chemische Waffen) werden (wieder) zu einer zunehmenden Bedrohung für die Weltgemeinschaft, wenn sie in die Hände von Herrschaftssystemen gelangen, die wenig oder keine Skrupel hätten, diese selbst einzusetzen oder radikalen Terroristen in die Hände zu spielen. Diese Gefahr ist besonders bei schwachen Staaten gegeben, die von Zerfall und Bürgerkrieg bedroht sind, wie zum Beispiel Pakistan.

Dass Staaten und nichtstaatliche Akteure in den Besitz von Nuklear- und Trägertechnologien kommen können, ist kein Geheimnis mehr, seit Nordkorea mithilfe des pakistanischen Nuklearwissenschaftlers A. Q. Kahn das Wissen zum Bau einer Atombombe erlangte. Je mehr schwache Staaten über Nukleartechnik oder Nuklearwaffen verfügen, desto schneller wächst die Gefahr der unkontrollierten Weiterverbreitung (Proliferation). Hinzu kommt, dass diese Staaten durch die rasante Entwicklung der Trägerraketen mit immer größeren Reichweiten zu einer globalen Bedrohung werden können.

Zusätzlich besteht die Gefahr, Terroristen könnten sogenannte schmutzige Bomben einsetzen. Dabei handelt es sich um konventionelle Sprengsätze, die mit radioaktiven Substanzen versetzt sind. Die unmittelbaren Folgen einer Explosion wären so schlimm wie die einer herkömmlichen Bombe. Könnten die freigesetzten Substanzen doch ein ganzes Stadtzentrum radiologisch verseuchen. Die psychologische Wirkung wäre verheerend.

M 7 Spät kann zu spät sein – droht ein Krieg gegen Iran?

„Ob wir den Iran erfolgreich angreifen können?" Der israelische Ex-General lacht leise: „Da können Sie sicher sein." US-Verteidigungsminister Leon Panetta geht davon aus, dass Israel im Frühjahr 2012 einen Angriff auf die iranischen Atomanlagen startet. Das berichtet neben der „Washington Post" auch der Nachrichtensender CNN. Netanjahu wolle dadurch verhindern, „dass das Schicksal Israels von Amerika abhängt". Doch auch in Washington drohen Obamas Minister mit Krieg, um das Land zu stoppen, das mutmaßlich auf dem Weg zur Atommacht ist. […]

Und jetzt noch das angekündigte Öl-Embargo der EU – ein Sanktionsbündel, das selbst die Israelis beeindruckt: Je nach Schätzung kaufen die Europäer 20 bis 30 Prozent des iranischen Öls. Darauf sollen die Iraner ab Juli sitzen bleiben. Der Westen glaubt, dass der Iran unter dem Deckmantel seines zivilen Atomprogramms intensiv den Bau von Atombomben vorbereitet. Andy Terrill, Dozent am War College, einer Washingtoner Kaderschmiede für die amerikanische Offizierselite sagt: „Natürlich ist der Iran ganz generell an ziviler Atomkraft interessiert. Das verbirgt aber nicht die Tatsache, dass die Führung dermaßen viel Geld investiert und alles so gut bewachen und verbergen lässt – teils weit unter der Erde –, dass man nur von einem Waffenprogramm ausgehen kann." […]

Die andere Möglichkeit: Die Welt findet sich mit der iranischen Bombe ab. Viele Geheimdienstler glauben jetzt schon, dass „der Zug abgefahren ist". Auch mit der Sowjetunion habe man sich schließlich arrangiert. Den Einsatz der Bombe könnte sich der Iran sowieso nicht leisten – der Gegenschlag wäre tödlich. Doch die Machtverhältnisse im Nahen Osten könnten sich dramatisch verschieben.

Christian Kreutzer, www.t-online.de, 3.2.2012

dpa-Grafik 13255

Aufgaben

1. Erläutere, worin die besonderen Bedrohungen von Massenvernichtungsmitteln heute zu sehen sind (M 6).
2. Arbeite die unterschiedlichen Lösungsansätze zum Atomstreit mit dem Iran heraus. Bildet dann Gruppen und stellt allgemein die Vorteile und Risiken der Lösungsansätze gegenüber (M 7).
3. Nimm abschließend Stellung, welchen Weg Israel und die westlichen Staaten gegenüber dem Iran wählen sollten.

7.1.4 Gescheiterte Staaten – das Beispiel Somalia

M 8 Informationen zu Somalia

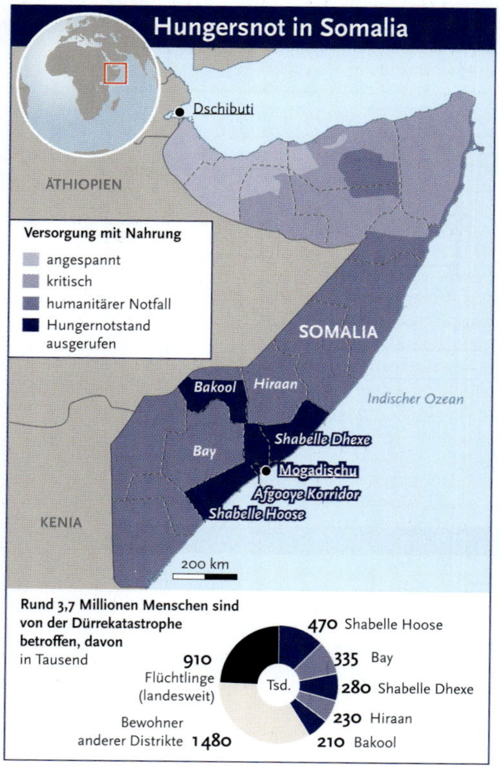

Pro-Kopf-Einkommen
Somalia 2002: $226 (Deutschland: ca. $36.000)
(von den 14 Ländern, deren Bruttoinlandsprodukt pro Kopf 2008 weniger als 1.000 US-Dollar beträgt, liegen 13 in Afrika)

Human Development Index des UNDP
Somalia wird zurzeit nicht bewertet. Die letzte Wertung stammt aus dem Jahr 2001: Von 163 gewerteten Ländern lag Somalia auf Platz 161 (Deutschland aktuell Platz 9). Der Index setzt sich zusammen aus: Lebenserwartung, Alphabetisierungsrate, reale Kaufkraft pro Kopf.

Verstädterung / Migration
Die meisten Somalier sind Nomaden. In den wenigen fruchtbaren Gegenden leben auch Bauern. Im Jahr 2010 lebten ca. 37% der Somalier in Städten. 1 Mio. Somalier sind aus ihrem Land geflüchtet.

Bildung
Schätzungsweise 13% der Jungen und 7% der Mädchen besuchen eine Schule. Unterricht findet heute in Abwesenheit eines offiziellen Bildungssystems hauptsächlich in Koranschulen und privaten Einrichtungen statt.

Privateigentum
Ohne ein formelles Gewalt- und Rechtssystem kann auch das Eigentumsrecht nicht gewährleistet werden. Der Schutz des privaten Eigentums hängt von der privaten Fähigkeit ab, dieses zu schützen.

dpa-Grafik 15135, OCHA, World Food Programme

Die Küste vor Somalia gilt aufgrund der Bedrohung durch Piraten als eines der gefährlichsten Gewässer der Welt. Dies gilt besonders im Golf von Aden – zwischen dem Jemen und dem Norden Somalias –, der eine zentrale Schifffahrtsroute vor allem für Öllieferungen aus dem Nahen Osten bildet.

M 9 Hungersnot in Ostafrika: Selbst schuld? Von wegen!

Somalia, das ist doch der Piratenstaat, in dem die Regierung nicht einmal die eigene Hauptstadt Mogadischu kontrolliert. Ein Land, in dem islamistische Milizen den Ton angeben. Kein Wunder, dass sie dort hungern. Das ist nicht einmal völlig falsch. Aber es ist zu einfach. Diese Hungersnot ist mit großer Wahrscheinlichkeit [...] der Anfang einer Globalisierung, die nicht durch Warenströme oder Nachrichten vermittelt wird – sondern durch Kohlendioxid in der Erdatmosphäre. Es sind amerikanische Flugzeuge, deutsche Autos und chinesische Kraftwerke, die Dürre und Hunger am Horn von Afrika verursachen oder zumindest dazu beitragen. Dies ist auch unsere Katastrophe. [...] In der Katastrophe am Horn von Afrika [ist] das wiederzuerkennen, was Klimaforscher seit vielen Jahren vorhergesagt und immer häufiger auch beobachtet haben: die Folgen eines zunehmend unregelmäßigen Monsuns, der die Lebensgrundlage der Menschen in trockenen Erdregionen zerstört.

Frank Drieschner, Die Zeit, 14.7.2011

M 10 Somalia – ein gescheiterter Staat

Im Zuge zunehmender Islamisierung der Somali-Region kam es schon im 16. Jahrhundert zu kriegerischen Handlungen gegen den nördlichen, christlichen Nachbarn Äthiopien, die bis heute andauern. Die Folgen dieser Kriege zwischen Somalia und seinen Nachbarländern Äthiopien und Kenia sind ungeklärte Grenzverläufe, die relativ große Zersplitterung der Bevölkerungsgruppe der Somali und der andauernde Kampf um die Vorherrschaft in der Region, welcher im somalischen Bürgerkrieg von 1991 seinen letzten, bis heute nachwirkenden Höhepunkt erfahren hat. Seither ist es keiner Regierung gelungen, ihre Macht zu behaupten. Im Februar 2011 startete die mit internationaler Hilfe in Mogadischu etablierte Übergangsregierung eine Offensive gegen die islamistischen Milizen Al Shabaab und Hizbul Islam. Diese finanzierten sich u. a. über Steuern, die sie in der Hauptstadt von Händlern und Firmen erpressten. Dem Staat fehlte das Geld, seine Sicherheitskräfte zu entlohnen, woraufhin viele zu Hause blieben oder zu den Milizen überliefen. Darum sind Attentate und Gewalt nach wie vor Alltag in Mogadischu.

Gescheiterter Staat
Staat mit zusammengebrochener Staatlichkeit, d. h. staatliches Gewaltmonopol, staatliche Dienstleistungen und politische Ordnung sind nicht mehr oder nur teilweise vorhanden.

M 11 Von Fischen, Fischern und Piraten

„Früher waren wir ehrliche Fischer, aber seit Fremde unsere Meere leer fischen, müssen wir nach anderen Wegen suchen, um zu überleben", sagt Abdullah Hassan, 39 Jahre alt. Er lebt in der sogenannten Welthauptstadt der Piraterie, dem ehemaligen Fischerdorf Eyl mit seinen 18.000 Einwohnern im halbautonomen Gebiet Puntland im früheren Somalia. Mit dem Zusammenbruch der staatlichen Autorität in Somalia wurde die fischreiche Küste vor Somalia interessant für asiatische und europäische Fischtrawler. Da keine staatlichen Behörden die ausländischen Fischerboote davon abhalten konnten, wurden selbst die küstennahen Gebiete illegal und mit besonders brutalen Methoden so überfischt, dass die Lebensgrundlagen der somalischen Fischer faktisch vernichtet wurden. Die ökologischen Folgen der Überfischung sind ebenso katastrophal wie die wirtschaftlichen und sozialen. Die Piraterie hat sich deshalb zu einer alternativen Lebensgrundlage entwickelt, die finanziell einträglich ist und für viele Somalis einen Ausweg aus den ärmlichen Verhältnissen darstellt.

Piraterie
Die Piraterie vor der Küste Somalias am Horn von Afrika bedroht wichtige internationale Schifffahrtsrouten sowie die Lieferung von Nahrungsmittelhilfe für Millionen Somalier. Rund tausend Piraten operieren von der Küste Somalias aus im Indischen Ozean und im Roten Meer. Sie kapern Schiffe und deren Besatzungen und erpressen Lösegeld für die Freigabe.

Aufgaben

1. Bearbeitet die Texte M 8 / M 9, M 10 und M 11 in Gruppen. Stellt jeweils dar, welche Ursachen und welche Folgen das im Text geschilderte Problem für den somalischen Staat und gegebenenfalls andere Staaten hat.
2. Bildet anschließend neue Gruppen, in denen jeweils mindestens ein Mitglied aus den alten Gruppen vertreten ist. Arbeitet nun gemeinsam eine Concept-Map aus, die die Zusammenhänge zwischen den von den einzelnen Gruppenmitgliedern eingebrachten Aspekten aufzeigt. Vergleicht eure Ergebnisse.
3. Wie könnte Somalia geholfen werden? Sammelt gemeinsam Vorschläge und bewertet sie mithilfe einer Punktabfrage.

Was wir wissen

Wandel des Kriegsbildes
M 1

Klassische Kriege sind eine Form des Konfliktaustrags zwischen Staaten, in denen die Konfliktparteien organisiert und systematisch, unter Einsatz der Armee und umfangreicher militärischer Mittel, Gewalt gegeneinander anwenden. Diese Kriege, die noch Anfang des vergangenen Jahrhunderts unvorstellbares Leid über die Menschheit brachten, sind heute jedoch die Ausnahme. Gewaltsame Konflikte werden heute dagegen häufig als „neue" oder „asymmetrische" Kriege bezeichnet. Die neuen Kriege tragen die Merkmale von Bürgerkriegen, denn meist kämpfen private Gruppen (Warlords, lokale Stammesfürsten, Guerillabewegungen oder Terrorgruppen) gegen andere Gruppen oder staatliche Einrichtungen.

Frieden – keine Selbstverständlichkeit
M 3

Frieden im engeren Sinne bedeutet die Abwesenheit von Krieg und Gewalt. Im weiteren Sinne ist Frieden ein Zustand, in dem Menschen unter Anerkennung und Wahrung der Menschenrechte frei von Unterdrückung zusammenleben können und Konflikte gewaltfrei gelöst werden. Doch nicht überall leben die Menschen friedlich zusammen.

Terrorismus
M 4, M 5

Seit den verheerenden terroristischen Anschlägen in den USA am 11. September 2001 gilt der internationale Terrorismus als eine der größten sicherheitspolitischen Herausforderungen der Gegenwart. Terroristen wollen durch geplante Gewaltanwendung (auch und gerade gegen Zivilisten) Angst und Schrecken erzeugen, um so politische oder religiöse Ziele zu erreichen. Ein Beispiel für ein global agierendes terroristisches Netzwerk ist al-Qaida. Der islamisch-fundamentalistische Terrorismus kann als Abwehrbewegung gegenüber der Ausbreitung westlicher demokratischer Werte und Lebensweisen verstanden werden.

Massenvernichtungswaffen
M 6

Eine große Gefahr geht außerdem von der Verbreitung atomarer, biologischer und chemischer Waffen aus. Immer mehr Staaten streben den Besitz von Massenvernichtungswaffen an, um mehr Macht zu erlangen oder potenzielle Gegner abzuschrecken. Dadurch werden Rüstungswettläufe in einigen Regionen in Gang gesetzt und die Gefahr verstärkt, dass instabile Staaten oder Terrorgruppen in den Besitz solcher Waffen gelangen. Es ist dann nicht auszuschließen, dass diese Waffen auch eingesetzt werden.

Gescheiterte Staaten
M 10

Gescheiterte Staaten, in denen es keine staatlichen Strukturen mehr gibt, können nicht für ihre innere und äußere Sicherheit sorgen. Sie müssen häufig eine Vielzahl von Problemen bewältigen, die sich gegenseitig verstärken. Ethnische Konflikte, Konflikte um Ressourcen, Umweltzerstörung, Armut und Vertreibung münden häufig in einen Teufelskreis der Gewalt, der zur Destabilisierung einer ganzen Region führen kann.

Bedrohungen des Friedens und der Teufelskreis der Konfliktursachen

Innerstaatliche und zwischenstaatliche Kriege werden aus dem Streben ethnischer oder religiöser Gruppen nach mehr politischer Unabhängigkeit oder sogar Eigenstaatlichkeit geführt. Für ohnehin wirtschaftlich und politisch angeschlagene Staaten besteht die Gefahr des Staatszerfalls.

Die weltweite Verknappung wirtschaftlicher Ressourcen wie Rohöl oder gar der lebensnotwendigen Ressource Wasser birgt für die Zukunft das Risiko zwischenstaatlicher oder innerstaatlicher Ressourcenkonflikte.

Hunger und Elend als Folge von Naturkatastrophen, die nicht zuletzt durch den Klimawandel hervorgerufen werden, haben gewaltsame Verteilungskämpfe zur Folge. Hohes Bevölkerungswachstum und nichtdemokratische staatliche Strukturen verschärfen die Situation in den betroffenen Ländern.

Migrationswellen bringen häufig auch die Nachbarstaaten in wirtschaftliche Schwierigkeiten. Die Instabilitäten eines Landes breiten sich so auf ganze Regionen aus.

Das technische Wissen und die Bestandteile, die benötigt werden, um Massenvernichtungswaffen zu bauen, sind heute auf einem globalen schwarzen Markt insbesondere in schwachen Staaten zu erwerben.

Internationale Bandenkriminalität und politisch oder anderweitig motivierter internationaler Terrorismus können die innere Sicherheit von Staaten erheblich gefährden.

Aufgaben

1. Erstelle eine Skizze, die die Bedrohungen des Friedens und die Vernetzung der Konfliktursachen (Teufelskreis) im 21. Jahrhundert verdeutlicht (Einzelarbeit).
2. Bildet anschließend Gruppen und einigt euch auf einen Aspekt eurer Skizzen. Erstellt dann ein Plakat, das aufzeigt, welche Handlungsmöglichkeiten es gibt, um das dargestellte Problem zu lösen.

7.2 Können Soldaten Frieden schaffen? Das Beispiel Afghanistan

7.2.1 Kampf gegen den Terrorismus

M 1 George W. Bush: „Unser Krieg gegen den Terrorismus beginnt mit der al-Qaida“

Nach den Terroranschlägen vom 11. September 2001 stimmt der amerikanische Präsident George W. Bush (2001 – 2009) am 20. September 2001 in einer Rede vor dem Kongress in Washington das amerikanische Volk und die Welt auf einen langen Kampf gegen den Terrorismus ein.

„Am 11. September haben Feinde der Freiheit eine kriegerische Handlung gegen unser Land begangen. [...] Die von uns gesammelten Beweise weisen alle auf eine Reihe lose verbundener Terroristenorganisationen hin, die als al-Qaida bekannt sind. [...] Diese Gruppe und ihr Anführer – eine Person namens Osama bin Laden – werden mit vielen anderen Organisationen in verschiedenen Ländern in Verbindung gebracht. [...] Es gibt Tausende dieser Terroristen in mehr als 60 Ländern. Sie werden in ihren eigenen Ländern und Nachbarschaften rekrutiert und in Lager wie beispielsweise in Afghanistan gebracht, wo sie in der Taktik des Terrors ausgebildet werden. [...] Unser Krieg gegen den Terrorismus beginnt mit der al-Qaida, aber er wird dort nicht enden. [...] Die Amerikaner fragen: Wie werden wir diesen Krieg führen und gewinnen? Wir werden alle uns zur Verfügung stehenden Mittel einsetzen – alle Mittel der Diplomatie, alle nachrichtendienstlichen Mittel, alle polizeilichen Instrumente, alle Möglichkeiten der finanziellen Einflussnahme und alle erforderlichen Waffen des Krieges, um das Netzwerk des weltweiten Terrors zu zerschlagen und zu besiegen. [...] Dies ist nicht nur ein Kampf Amerikas. Und es geht hier nicht nur um die Freiheit Amerikas. Dies ist der Kampf der gesamten Welt. Dies ist der Kampf der gesamten Zivilisation. Es ist der Kampf aller, die an Fortschritt und Pluralismus, Toleranz und Freiheit glauben."

Amerikanische Botschaft (Berlin), amerika dienst (USINFO-B-DE), 21.09.2001

M 2 Die Antwort der USA: Operation Enduring Freedom

Die Operation Enduring Freedom (OEF, englisch für „Operation andauernde Freiheit") ist die erste und bisher einzige militärische Großoperation im Rahmen des von den Vereinigten Staaten ausgerufenen Krieges gegen den Terrorismus. Sie begann am 7. Oktober 2001 mit dem Krieg gegen die Taliban in Afghanistan. Militärischer Hauptakteur der Operation Enduring Freedom sind die Streitkräfte der Vereinigten Staaten, jedoch nehmen viele Streitkräfte von Verbündeten der USA an ihr teil. Die erste Kriegsphase endete mit dem Fall der Hauptstadt Kabul und der Provinzhauptstädte Kandahar und Kunduz im November und Dezember 2001. Die Operation Enduring Freedom wird außer in Afghanistan in drei weiteren Regionen durchgeführt: am Horn von Afrika, auf den Philippinen und in Afrika innerhalb und südlich der Sahara. Deutschland beteiligte sich militärisch mit Einheiten der Marine an dem Einsatz im Indischen Ozean. Die Beteiligung der Bundeswehr mit Spezialkräften an Teiloperationen in Afghanistan wurde beendet. Als Rechtsgrundlage wird von den USA die Resolution 1368 des Sicherheitsrats der Vereinten Nationen vom 12. September 2001 in Anspruch genommen. Diese Resolution verurteilte die Ereignisse vom 11. September 2001 als Bedrohung für den internationalen Frieden und die internationale Sicherheit und bekräftigte das Recht auf individuelle und kollektive Selbstverteidigung.

Resolution des Sicherheitsrates
Eine Resolution des Sicherheitsrates der Vereinten Nationen ist völkerrechtlich bindend. Eine Resolution wird einstimmig vom Sicherheitsrat verabschiedet und enthält konkrete Forderungen an betreffende Staaten bzw. Konfliktparteien sowie die Androhung von Maßnahmen bei Nichteinhaltung.
→ Kapitel 7.3.2, S. 302 ff.

M 3 ISAF – Stabilisierung und Wiederaufbau in Afghanistan

Erst Ende 2001 konnten die Kräfte der so genannten „Nordallianz", unterstützt von den Vereinigten Staaten von Amerika und Großbritannien im Rahmen der Operation Enduring Freedom, das Taliban-Regime in Kabul stürzen. Die größten ethnischen Gruppen in Afghanistan einigten sich im Dezember 2001 während einer Konferenz auf dem Petersberg bei Bonn auf eine Übergangsregelung bis zum Aufbau dauerhafter stabiler Regierungsinstitutionen in Afghanistan. Das Petersberger Abkommen wurde Grundlage für die Resolution 1623 des Sicherheitsrats der Vereinten Nationen, der noch im Dezember 2001 die Aufstellung der International Security Assistance Force (ISAF) beschloss. Diese Mission steht unter Führung der NATO und auch die Bundeswehr beteiligt sich seit 2002 an diesem Einsatz. Ziel der ISAF ist die Unterstützung der afghanischen Regierung sowie die Herstellung und Wahrung der inneren Sicherheit in Afghanistan. Außerdem soll der Wiederaufbau des Landes und funktionierender demokratischer Regierungs- und Verwaltungsstrukturen (z. B. Polizei, Gerichte) begleitet werden. Die Resolution des Sicherheitsrates erlaubt dabei „friedenserzwingende Maßnahmen", also Maßnahmen zur Wiederherstellung des Friedens in Konfliktgebieten unter Anwendung militärischer Mittel. Ca. 90.000 Soldaten aus zahlreichen Ländern beteiligen sich an der Mission. Nach anfänglichen Erfolgen beim Wiederaufbau und der Befriedung zumindest von Teilen des Landes hat sich die Sicherheitslage in Afghanistan bis zum Jahr 2010 wieder deutlich verschlechtert, sodass immer mehr Beobachter von einem Krieg in Afghanistan sprechen, an dem auch deutsche Soldaten beteiligt sind.

Aufgaben

1. Die Operation Enduring Freedom war eine unmittelbare Reaktion auf die Anschläge vom 11. September 2001. Arbeite aus M 1 heraus, wie der amerikanische Präsident George W. Bush den Kampf gegen den Terrorismus begründet und mit welchen Mitteln er geführt werden soll.
2. Nenne die unterschiedlichen Ziele der Missionen „Enduring Freedom" und „ISAF" (M 2, M 3).
3. Bildet Gruppen und erstellt zusammen ein Porträt über Afghanistan. Mögliche Aspekte: Geschichte, Bevölkerung, Wirtschaft, Geografie und Politik. (Kap. 7.2.3 + Methode S. 294)

M 4 ISAF-Soldaten am Hindukusch

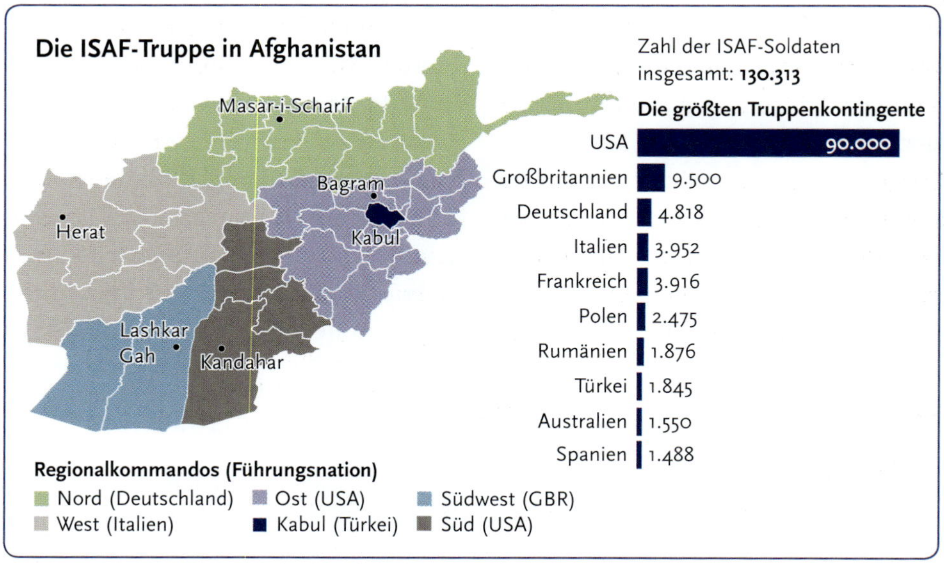

dpa-Grafik 15367; Quelle: ISAF, Stand: Dezember 2011

M 5 Zehn Jahre später …

Der amerikanische Präsident Barack Obama verkündet im Jahr 2011 den Abzug der amerikanischen Soldaten aus Afghanistan.

Der US-Präsident will sein Land im Inneren stärken und dazu die Ausgaben für den Krieg kürzen. […] Nach fast zehn Jahren Krieg in Afghanistan leiten die USA ihren Abzug aus dem Land ein. Bis Ende des Sommers 2012 sollen 33.000 Soldaten in die Heimat zurückkehren. Dies entspricht einem Drittel der derzeit am Hindukusch stationierten US-Kräfte. „Das ist der Anfang, aber nicht das Ende unserer Bemühungen, diesen Krieg schrittweise zu beenden", sagte Obama in einer Fernsehansprache. „Amerika, es ist Zeit, dass wir uns auf unseren Staatsaufbau zu Hause konzentrieren", rief er seinen Zuhörern zu. Die USA hatten es sich ursprünglich zum Ziel gesetzt, Afghanistan beim Aufbau eines Rechtsstaates zu helfen und damit Kriegsherren und Aufständischen wie den Taliban den Nährboden zu entziehen. Obama signalisierte zudem an mehreren Stellen seiner Rede einen militärstrategischen Kurswechsel: Nach den Anschlägen am 11. September 2001 seien Zahl und Umfang der Militäreinsätze deutlich gestiegen, die einen Wiederaufbau geschwächter Staaten zum Ziel gehabt hätten. „Die Flut des Krieges zieht sich nun aber zurück", sagte er […]. Die USA zögerten nicht mit einseitigen Schlägen gegen Extremisten, die Amerikaner ins Visier genommen hätten, sagte er. Die USA hatten vor kurzem in Pakistan al-Qaida-Chef Osama bin Laden getötet, ohne zuvor die Regierung in Islamabad zu informieren. Nach Obamas Worten sollen noch in diesem Jahr 10.000 Soldaten aus Afghanistan abgezogen werden. Starttermin ist der 1. Juli 2011. An dem Tag beginnt die

von der NATO angekündigte Übergabe der Sicherheitsverantwortung an einheimische Kräfte. Deutschland will zum Jahresende erstmals Bundeswehr-Soldaten aus dem Land abziehen. [...]
Erstmals haben die USA kürzlich bestätigt, Verhandlungen mit den Taliban für eine Befriedung Afghanistans zu führen. Die Bundesregierung wollte Berichte nicht bestätigen, wonach diese Gespräche auch in Deutschland stattfanden. [...] Hochrangige Vertreter von Verteidigungsministerium und Militär haben davor gewarnt, durch einen überstürzten Abzug die Fortschritte am Hindukusch zu gefährden. Andererseits steht Obama unter Druck, mit einem harten Sparprogramm die Staatsschulden der USA unter Kontrolle zu bringen. Der Einsatz in Afghanistan kostet jährlich mehr als 110 Milliarden Dollar.

Zeit online, dpa, Reuters, Obama will 33.000 Soldaten abziehen, in: http://www.zeit.de, Abruf am 15.02.2012

M 6 Was denken die Afghanen über die Abzugspläne?

Im Zeitraum vom 25. bis zum 30. September 2011 wurden von der Konrad-Adenauer-Stiftung und dem National Centre for Policy Research (NCPR) der Universität Kabul insgesamt 5.000 Personen in fünf Provinzen Afghanistans [...] zu insgesamt 23 Fragen interviewt, die mit Ja oder Nein beantwortet werden konnten. [...]
Nach Angaben der Vereinten Nationen hat sich die Sicherheitslage in Afghanistan im Vergleich zum Vorjahr erheblich verschlechtert. Bis Ende August 2011 sind monatlich im Schnitt 2.108 Vorfälle registriert worden, das ist ein Plus von 39 Prozent. Insofern ist es nicht überraschend, dass bei der Umfrage lediglich 22% der Befragten angaben, mit der Sicherheitslage in Afghanistan zufrieden zu sein. [...] Die Antwort auf die Frage, ob es nach dem Abzug der ISAF möglicherweise einen Bürgerkrieg geben könnte, beantworteten rund 60% der Befragten mit Ja. Demgegenüber sehen 40% diese Gefahr nicht als relevant an. Das Umfrageergebnis zeigt, dass in Afghanistan anscheinend immer stärker Angst statt Hoffnung die Devise zu sein scheint. Hauptursachen für die zunehmende Besorgnis sind Trends wie die ethnische Polarisierung, die zunehmende Konfliktintensität sowie der historische Reflex, der nicht wenige vermuten lässt, dass sich nach 2014 ähnliche Szenarien abspielen könnten wie 1989, als die Sowjet-Armee aus Afghanistan abgezogen wurde.

Dr. Babak Khalatbari, 10 Jahre Afghanistan – Einsatz mit widersprüchlichen Ergebnissen?, in: http://www.kas.de, Abruf am 15.2.2012

Aufgaben

1. Ermittle anhand von M 5 die Strategieänderung der USA hinsichtlich deren ISAF-Beteiligung. Welche Gründe werden genannt?
2. Diskutiere die Folgen eines Abzugs für Afghanistan (M 6).

7.2.2 Die Bundeswehr am Hindukusch – Sicherheit für Deutschland?

M 7 Momentaufnahme aus Afghanistan

M 8 Gefangen im Grauen der Nacht

Am 4. September forderte die Bundeswehr amerikanische Flugzeuge auf, einen festgefahrenen Tanklaster nahe Kunduz zu bombardieren. Dabei starben 100 afghanische Zivilisten, zahlreiche andere wurden teils schwer verletzt. Der Bauer Nur Jan war einer der Verwundeten.

Er wäre lieber tot, sagt Nur Jan, 28. Besser gar nicht mehr, als so weiterleben zu müssen. Der Mann mit den eingefallenen Wangen sieht an sich herab. Von seinem rechten Arm ist unterhalb des Ellenbogens nur ein Stummel übrig, er kann ihn kaum bewegen. Nur Jan wäre fast gestorben. Am 4. September, gut anderthalb Stunden nach Mitternacht. Mit einem Plastikkanister in der Hand rannte der Bauer aus dem Dorf Omar Khel zum Kunduz-Fluss.

Nachbarn hatten Nur Jan aus dem Haus gerufen, kurz nach dem traditionellen Mitternachtsessen im Fastenmonat Ramadan. Auf einer Sandbank hatten sich in Kies und Schlamm zwei Tanklaster festgefahren. Um die hundert Menschen waren schon dort, teilweise waren sie eine Stunde zum Fluss gelaufen. Sie füllten sich Benzin ab. Als Nur Jan ankam, fielen die Bomben.

Der Bauer Nur Jan ist eines der Opfer des Bombardements. Auch wenn er den Angriff überlebt hat, werden ihn die Erlebnisse jener Septembernacht wohl immer verfolgen. [...]

Noch hofft Nur Jan zwar, dass die Bundeswehr ihn nach Deutschland fliegt und die Schulter wenigstens richten lässt. Falls das nicht passiert, dann will Nur Jan nicht weiterleben. „Dann will ich lieber als Selbstmordattentäter sterben."

Matthias Gebauer, Gefangen im Grauen der Nacht, in: http://www.spiegel.de, 3.9.2010

M 9 Der Alltag der Soldaten

Seit 2002 sind mehr als 40 Bundeswehrsoldaten im Einsatz in Afghanistan ums Leben gekommen. Das Wiedererstarken der Taliban auch im Norden des Landes verhindert den weiteren Wiederaufbau des Landes. Ein Soldat berichtet von seinem Einsatz:

Als ich im März nach Kunduz kam, habe ich mir geschworen, alle meine Männer wieder nach Hause zu bringen. Das Versprechen konnte ich nicht halten. Am Karfreitag gerieten wir in Isa Khel, das ist ein kleines Dorf in der Taliban-Hochburg Chahar Darreh, in einen Hinterhalt. Es ging alles sehr schnell. Innerhalb von Sekunden wurden wir von mehreren Seiten angegriffen, drei meiner Kameraden fielen, es war der schwerste Tag meines Lebens. [...] Der Gegner nutzt unsere Schwäche, dass wir gut sichtbar sind, gnadenlos aus. Am Anfang wollten wir noch etwas erreichen, dem Gegner vielleicht ein Stück des Raumes wegnehmen. Doch nach dem Tod meiner Männer fragen wir uns manchmal, ob es das noch wert ist. Warum unser Leben riskieren, wenn die Taliban doch gleich wiederkommen, sobald wir weg sind? Wir kämpfen um unser Leben und um unseren Auftrag, wenn es den überhaupt noch gibt. Am Ende kämpfen wir hier in Kunduz vor allem ums eigene Überleben. Dafür, dass nicht weitere meiner Männer sterben, dass ich wenigstens den Rest meiner Truppe nach Hause bringen kann. Wir haben gelernt zu töten und tun dies auch. Wer auf uns schießt, den erschießen wir. Doch so einfach ist es oft nicht. Jeder von uns kennt den Auftrag, wir sollen die Zivilbevölkerung so gut wie es geht schützen, schließlich kämpfen wir ja für sie. Doch wie macht man das, wenn man beschossen wird? Wie soll ich meinen Männern erklären, dass sie mit dem Schießen warten sollen, bis wir in Lebensgefahr sind?

Fallschirmjägerbataillon 373, Der Spiegel, 19.04.2010

Entwicklung der Bundeswehr
1955 wurde die Bundeswehr ausschließlich zu Verteidigungszwecken gegründet. Zunächst bestand die Bundeswehr aus Freiwilligen. Am 21. Juli 1956 wurde die allgemeine Wehrpflicht für alle Männer (vom 18. bis zum 45. Lebensjahr) eingeführt.
Zur Bundeswehr gehören neben den Wehrpflichtigen (2010: sechs Monate Wehrpflicht) freiwillige Soldaten auf Zeit (2 bis 15 Jahre) und Berufssoldaten. In Friedenszeiten beträgt die Sollstärke der Bundeswehr in Deutschland 245.000 Personen (Stand: 2010). Seit Juli 2011 ist die Wehrplicht in Deutschland ausgesetzt, mit anderen Worten: Niemand wird mehr zur Wehrpflicht gegen seinen Willen eingezogen.
Nach: Klaus Schubert, Martina Klein, Das Politiklexikon, Stichwort: Bundeswehr, 5. Aufl. 2011, S. 61

M 10 Der Auftrag der Bundeswehr

Wie die Bundeswehr eingesetzt werden darf, ist im Grundgesetz der Bundesrepublik Deutschland festgehalten. Es besagt, dass die Bundeswehr in erster Linie zur Verteidigung des Landes eingesetzt werden soll, sich aber auch an bewaffneten Auslandseinsätzen beteiligen darf. Als Voraussetzung für den Einsatz im Ausland gilt ein Beschluss eines „Systems gegenseitiger Sicherheit" (UNO) oder eines Verteidigungsbündnisses (NATO, EU) und die Zustimmung des Bundestags. Im Innern darf die Bundeswehr nur zur Amtshilfe bei Naturkatastrophen eingesetzt werden oder wenn der Bestand der Bundesrepublik Deutschland z. B. durch Aufständische gefährdet wird und die Polizei die Lage nicht mehr kontrollieren kann.

Das Bundesverteidigungsministerium hat die allgemeinen Aufgaben der Bundeswehr so beschrieben:

Wehrpflicht
Wehrpflicht bedeutet die Pflicht eines Staatsbürgers, für eine gewisse Zeit in der Armee oder einer anderen Wehrform – z. B. im Bereich der Feuerwehr – zu dienen. Wer in Deutschland aus Gewissensgründen den Dienst in der Bundeswehr nicht antreten konnte, musste einen Wehrersatzdienst (Zivildienst) leisten.

Die Bundeswehr in Afghanistan

Bundeswehr-Kontingent
Zahl der Soldaten

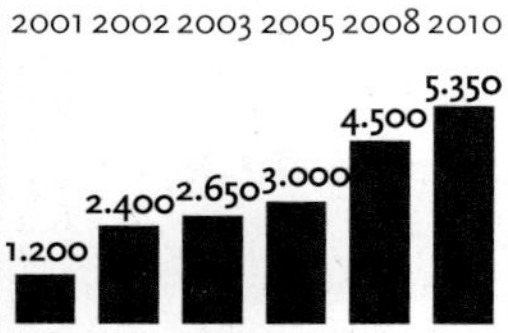

Chronologie

22.12.2001 Zustimmung des Bundestags zum ISAF-Einsatz

20.12.2002 Verdoppelung des Kontingents und Einsatzverlängerung

27.08.2003 Aufstockung um 250 zusätzliche Soldaten

28.09.2005 Einsatzausweitung auch auf andere Gebiete neben Kabul und dem Norden

16.10.2008 Weitere Truppenaufstockung und Einsatzverlängerung

4.09.2009 Bundeswehr ordnet Luftangriff auf Tanklastzüge an

12.10.2009 Trauerfeier für den 36. getöteten deutschen Soldaten

9.02.2010 Bundeskabinett beschließt Kontingenterweiterung um 850 Soldaten auf 5.350

dpa-Grafik: 12113

- die außenpolitische Handlungsfähigkeit zu sichern,
- einen Beitrag zur Stabilität im europäischen und globalen Rahmen zu leisten,
- die nationale Sicherheit und Verteidigung zu gewährleisten,
- zur Verteidigung der Verbündeten beizutragen und
- die multinationale Zusammenarbeit und Integration zu fördern.

Als konkrete Aufgaben bedeutet dies für die Bundeswehr:

- internationale Konfliktverhütung und Krisenbewältigung, einschließlich des Kampfes gegen den internationalen Terrorismus,
- Unterstützung von Bündnispartnern,
- Schutz Deutschlands und seiner Bürgerinnen und Bürger,
- Rettung und Evakuierung,
- Partnerschaft und Kooperation,
- Hilfeleistungen (Amtshilfe, Naturkatastrophen, besonders schwere Unglücksfälle)

M 11 Erfolge der Entwicklungs- und Aufbauarbeit in Afghanistan

Entwicklungspolitisch sind in Afghanistan aus Sicht der Bundesregierung große Erfolge erzielt worden. Einige Beispiele:

Bildung:
Fast sieben Millionen Mädchen und Jungen wurden eingeschult. Mehr als 100.000 Lehrer wurden eingestellt – viele befinden sich noch in der Ausbildung. 200.000 Schüler lernen in neu gebauten Schulen. Die Provinzen Nordafghanistans – dem Schwerpunktgebiet der deutschen Entwicklungszusammenarbeit – weisen die höchsten Einschulungsraten im Land auf.

Gesundheit:
Die Kindersterblichkeit ist deutlich gesunken. Jedes Jahr überleben zusätzlich 100.000 Kinder mehr.

Trinkwasserversorgung:
900.000 Menschen wurde – zum Teil zum ersten Mal überhaupt – Zugang zu Strom und sicherem Trinkwasser ermöglicht.

Wirtschaft:
Afghanistan beeindruckt durch zweistellige Raten wirtschaftlichen Wachstums; der grenzüberschreitende Handel nimmt kontinuierlich zu. 60.000 Mikrokredite wurden mit Förderung durch die deutsche Entwicklungszusammenarbeit an kleine und mittlere Unternehmen vergeben.

Verkehrsinfrastruktur:
Insbesondere im ländlichen Raum haben 1,3 Millionen Menschen durch den Bau von Infrastruktur Einkommens- und Beschäftigungsmöglichkeiten gefunden.

Einer aktuellen Umfrage zufolge glauben 70 Prozent der Afghanen, dass sich ihr Land in die richtige Richtung bewegt.

BMZ, Ziviler Wiederaufbau in Afghanistan stärken, in: http://www.bmz.de, 28.1.2010

M 12 Kontrovers diskutiert: Soll die Bundeswehr in Afghanistan bleiben?

Pro: Dem Land beim Wiederaufbau helfen

Und es ist ja auch richtig - nach acht Jahren fällt die Bilanz äußerst mager aus: Korruption durchzieht das Land wie eh und je. Die radikalen Islamisten bedrohen Afghanen wie Alliierte, kriminelle Machenschaften ziehen sich bis hinauf in die oberen Regierungsämter. Und die Demokratie funktioniert, zumindest nach westlichem Verständnis, mehr schlecht als recht. Doch rechtfertigen diese Umstände einen schnellen Rückzug vom Hindukusch? - frei nach dem Motto: Wir haben es probiert, aber es hat nicht funktioniert. Die Antwort muss Nein lauten, denn Aufgeben wäre feige und verantwortungslos. Die Alliierten haben ihren Einmarsch 2001 auf zwei Versprechen gegründet. Eines war an sich selbst gerichtet: das Taliban-Regime zu verjagen und damit dem Terror, der mit deren Hilfe möglich wurde, den Boden zu entziehen. Das andere ging an die internationale Gemeinschaft, vor allem aber an Afghanistan: dem Land beim Wiederaufbau zu helfen, um ihm eine Perspektive jenseits von Armut und Gotteskriegern zu ermöglichen.

Nils Kruse, Stern, 22.9.2009

Nach vielen Jahren Krieg in Afghanistan werden die Zweifel am Erfolg größer.

Kontra: Mehr als genug tote Soldaten

Trotz ihres ehrlichen Engagements ist es der Bundeswehr weder gelungen, die Brutstätten des Terrors zu vernichten, noch schafften es die Soldaten, das Land mit Waffengewalt zu befrieden. Im Gegenteil: Experten schätzen die Zahl der Terror-Camps allein im afghanisch-pakistanischen Grenzgebiet auf bis zu 1.500. Dutzende Provinzen sind für ausländische Truppen zu „no go-areas" geworden, in denen die Taliban völlig ungeniert und ungehindert herrschen. Und mehr als 60 Prozent der Afghanen lehnten den Einsatz der ausländischen Truppen in ihrem Land ab. Die Ablehnung hat sich in den vergangenen zwei Jahren sogar noch verstärkt. Warum also sollten deutsche Soldaten in Afghanistan bleiben? Um wirtschaftliche Strukturen zu fördern, von denen bislang hauptsächlich die radikal-islamistischen Warlords oder irgendwelche kriminellen Provinzfürsten profitieren? Um die politische Macht eines eitlen und korrupten Präsidenten zu erhalten, der frei ist von jeglicher demokratischer Zukunftsvision und eigener Handlungsfähigkeit? Oder um sich für die sinnlose „Wir ziehen das jetzt durch"-Strategie mancher Bundespolitiker von den Taliban bei immer neuen Anschlägen abknallen zu lassen? 35 tote Soldaten, die der Afghanistan-Einsatz bislang forderte, sollten mehr als genug sein.

Manuela Pfohl, Stern, 22.9.2009

Aufgaben

1. Eine afghanische Schulklasse befragt dich, warum die Bundeswehr in ihrem Land ist. Entwirf einen Kurzvortrag, in dem du diese Frage beantwortest (M 7 – M 11).
2. Führt eine Diskussion (Pro-Kontra-Streitgespräch, S. 307) zur Frage, ob die Bundeswehr in Afghanistan bleiben oder abziehen sollte (M 12).

7.2.3 Afghanistan – ein Land mit Zukunft?

M 13 Afghanistan – der Vielvölkerstaat

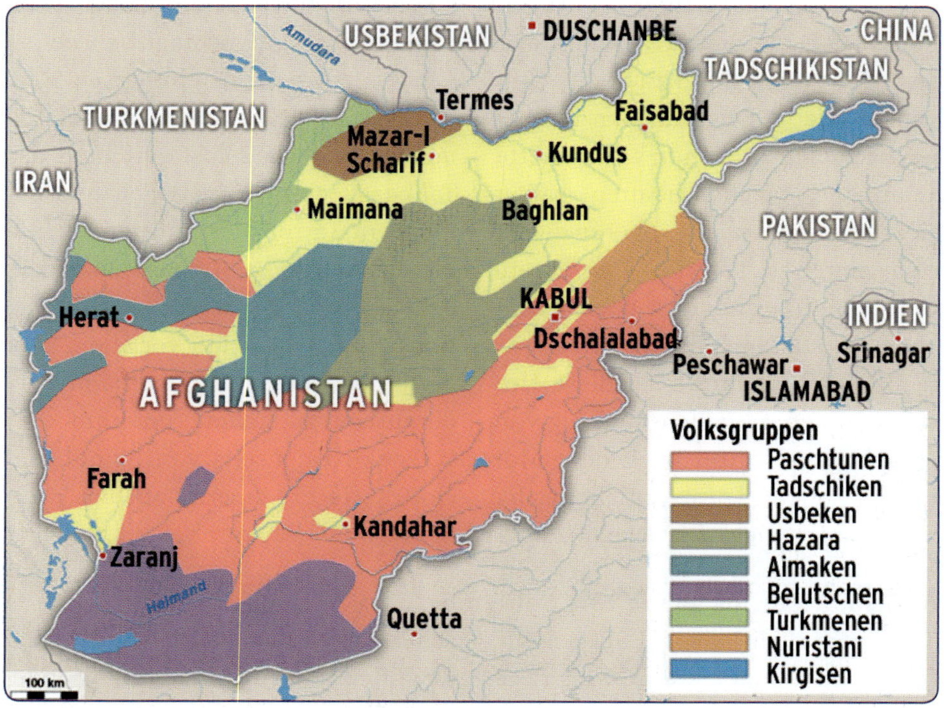

Afghanistan wird als Vielvölkerstaat bezeichnet. Die Karte verdeutlicht, wie viele verschiedene Ethnien es in Afghanistan gibt.

Zersplittertes Afghanistan
Die Taliban haben 1996 die Macht in Kabul übernommen und wirkten eigenen Darstellungen zufolge der Zersplitterung Afghanistans entgegen. Nach dem Beginn der internationalen Intervention im Herbst 2001 zersplitterte das Land in eine Vielzahl schwer überschaubarer Herrschaftsgebiete, die wiederum von unzähligen Kommandeuren, Drogenclans, Stämmen und religiösen Würdenträgern regiert wurden. Bis in die Gegenwart hinein gelingt es der Regierung unter Präsident Hamid Karzai nicht, jenseits von Kabul und einiger Provinzstädte eine staatliche Kontrolle auszuüben. Präsident Karzai scheint daher Spöttern zufolge lediglich der „Bürgermeister" von Kabul zu sein.

M 14 Die Machtverhältnisse in Afghanistan

Afghanistan ist geprägt von seinen unterschiedlichen Gemeinschaften: Clans, Stämme, religiöse und ethnische Gruppen. Lokale Herrschaftsstrukturen verhinderten lange Zeit die Entstehung eines einheitlichen afghanischen Staates. Und auch heute sind sie eine Hürde für den Aufbau staatlicher Strukturen. Die militärische Intervention der von den USA geführten Coalition against Terrorism im Herbst 2001 sollte nicht nur das Taliban-Regime hinwegfegen und die Horte des Terrorismus beseitigen, sondern gleichzeitig die Befriedung und den Wiederaufbau Afghanistans einleiten. Sechs Jahre später scheint Afghanistan von dieser Zielsetzung weit entfernt. Nicht nur erleben die Taliban ein Revival und kontrollieren bereits ganze Distrikte in Südafghanistan, sondern auch andernorts stellen die lokalen Gegebenheiten eine enorme Herausforderung für den Wiederaufbau und eine Modernisierung Afghanistans dar. So dominieren gegenwärtig lokale Macht- und Gewaltstrukturen das Land, die Analytiker gern als „Kriegsfürstentum" umschreiben [...]. Kaum gibt es eine staatliche Präsenz in Form von Polizisten oder Beamten in den ländlichen

Distrikten, in denen das Gros der afghanischen Bevölkerung lebt. So entziehen sich bis heute die ländlichen Regionen der staatlichen Kontrolle. Jedoch sind die lokalen Macht- und Gewaltstrukturen recht facettenreich und reichen von gelegentlichen Selbstverteidigungsfronten und Ordnungstrupps auf Dorf- oder Stammesebene bis hin zu hoch professionellen Milizen, Privatarmeen, Gangs, kriminellen Banden und militanten Oppositionsgruppen; letztere werden in der Regel unter dem Begriff „Taliban" zusammengefasst.

Conrad Schetter, Lokale Macht- und Gewaltstrukturen in Afghanistan, Aus Politik und Zeitgeschichte (APuZ), 39/2007

M 15 Ein bisschen Frieden

Licht! Als ich das letzte Mal in Kabul war, gab es täglich drei Stunden Strom, und den auch nur tagsüber. Fünf Jahre Wiederaufbau waren damals bereits vergangen, prächtige Geberkonferenzen hatte es gegeben und Hilfszusagen in einem Umfang, dass rechnerisch kein Afghane mehr unter der Armutsgrenze hätte leben müssen. Heute liegt Afghanistan im Human Development Index noch immer auf Rang 172 von 182 erfassten Staaten, und doch könnte der Fortschritt greifbarer nicht sein, den es für eine Millionenstadt bedeutet, durchgehend mit Strom versorgt zu werden. Auch scheint der Staat in Gestalt der Soldaten und Polizisten, die an jeder Ecke stehen, ein Mindestmaß an Ordnung zu gewährleisten. Die Kriminalität sei praktisch nicht mehr existent, sagen die Kabuler, was übersetzt bedeutet, dass man sich nachts in den eigenen vier Wänden nicht mehr mit der Bewachung der Fenster und Türen abwechseln muss. [...] Die westliche Militärmacht ist aus den Straßen verschwunden, keine rasenden Panzerkolonnen mehr, die den Staub aufwirbeln, an den Checkpoints nunmehr afghanische Sicherheitskräfte, die anders als die Nato-Soldaten in ihren Schutzanzügen nicht wie Astronauten aussehen. Statt Springerstiefeln trägt der afghanische Rekrut auch schon mal Turnschuhe. Die Kabuler, mit denen ich ins Gespräch komme, sind froh, dass der Eindruck der Besatzung schwindet, und fürchten zugleich, was geschehen könnte, wenn die ausländischen Soldaten das Land 2014 real verließen, betonen dabei auffällig oft den Konjunktiv.

Navid Kermani, Ein bisschen Frieden, in: http//:www.zeit.de, 9.1.2012

Human Development Index (HDI)
Der HDI ist ein Wohlstandsindikator, der von den Vereinten Nationen genutzt wird, um den Entwicklungsstand eines Staates messen zu können. Der HDI besteht aus mehreren Teil-Indizes und berücksichtigt somit so viele Aspekte der menschlichen Entwicklung wie möglich. Dazu gehören z. B. die Lebenserwartung bei der Geburt, erfolgte Schulbildung in Jahren, das Bruttoinlandsprodukt (BDI) pro Person, etc. Deutschland erreichte im Jahr 2011 einen HDI-Wert von 0,905 und rangiert damit an neunter Stelle weltweit. Afghanistan kam hingegen auf einen HDI-Wert von 0,398 und belegte damit den 172. Platz in der Welt.

Aufgaben

1. Beschreibe das Alltagsleben in Afghanistan (M 13 – M 15).
2. Diskutiert Ursachen für die unterschiedlichen Darstellungen.
3. Beurteilt, inwieweit die Verhältnisse eine friedliche Konfliktregelung beeinflussen.

M 16 Wer sind die Taliban?

Bewaffneter Taliban-Krieger in Afghanistan

Paschtunen
Die Paschtunen sind ein ostiranisch-sprachiges Volk, das vor allem aus sunnitischen Muslimen besteht. Weltweit gibt es ca. 40 Millionen Paschtunen, die hauptsächlich in Pakistan beheimatet sind.

Die Bewegung der Taliban [...] entstand in den frühen 1990er Jahren als Organisation aus Pakistan zurückgekehrter paschtunisch-afghanischer Flüchtlinge und Veteranen des Krieges gegen die Sowjetunion. Ihre pakistanische Mutterorganisation war die Gemeinschaft der Gelehrten des Islam (Jam'iyat-i 'Ulama'-i Islam, JUI). [...] Nach der sowjetischen Invasion Afghanistans 1979 flüchteten sich viele Afghanen in die Gebiete jenseits der pakistanischen Grenze. Die Schulen der JUI nahmen vor allem paschtunische Flüchtlinge auf und wurden nach dem sowjetischen Truppenabzug 1989 zur Kaderschmiede für die Taliban.

In Afghanistan selbst brach schon kurz nach dem Abzug der Sowjets ein Bürgerkrieg zwischen rivalisierenden Gruppierungen aus. Pakistan hatte diese Organisationen unterstützt, um Einfluss auf die künftige Politik des Nachbarlandes nehmen zu können. Idealerweise sollte in Kabul eine pro-pakistanische Regierung an die Macht kommen. Als der Ausbruch des Bürgerkrieges verdeutlichte, dass diese Gruppen kein geeigneter Partner waren, benötigte die pakistanische Armee einen neuen Verbündeten. Zu diesem Zweck rekrutierte ihr militärischer Geheimdienst ISI (Inter-Services Intelligence) paschtunische Flüchtlinge aus den Schulen der JUI und baute eine schlagkräftige Miliz auf. So wurden die Taliban zu einem Instrument pakistanischer Außenpolitik.

In einem beispiellosen Siegeszug eroberten die Taliban Afghanistan. [...] Die verfeindeten Mujahedin in Kabul schlossen sich unter dem Druck der Taliban zusammen. Trotzdem konnten sie Kabul nicht halten und zogen sich 1996 in den Norden zurück. Unter der Führung von Ahmed Shah Masud (1953-2001) hielten sie sich als „Nordallianz" bis zur amerikanisch-britischen Invasion 2001.

Guido Steinberg, Taliban, in: http://www.bpb.de/themen/AWNDMN,1,0,Taliban.html, 20.9.2011

M 17 Einfluss der Taliban

Emirat
Das Emirat bezeichnet den Herrschaftsbereich eines Emirs. „Emir" kann mit Fürst übersetzt werden. Ein Emirat bezeichnet also eine monarchische Staatsform. Heutige Emirate sind z.B.: Emirat Kuweit, Emirat Katar, Vereinigte Arabische Emirate.

In den von ihnen beherrschten Gebieten setzten die Taliban unerbittlich ihre Verhaltensvorschriften durch. Männer mussten Bärte tragen, Musik und Fernsehen waren ebenso wie die meisten Sportarten verboten. Eine nach saudi-arabischem Vorbild eingerichtete Religionspolizei überwachte die Einhaltung dieser Ge- und Verbote. Bei Zuwiderhandlung drohten, je nach Schwere des Delikts, Prügelstrafen, Auspeitschung oder Gefängnis. Die schlimmsten Einschränkungen trafen jedoch die Frauen, die weitgehend aus der Öffentlichkeit verbannt wurden. Die Taliban schlossen alle Mädchenschulen und verboten Frauen zu arbeiten. Nach der Einnahme Kabuls riefen die Taliban im September 1996 das „Islamische Emirat Afghanistan" aus. [...] [Das Emirat gestattete,

Anm.d.R.] neben zentralasiatischen und pakistanischen auch arabischen Jihadisten [...], ihre Hauptquartiere und Trainingslager auf afghanischem Territorium aufzuschlagen. Eine dieser Gruppen war die al-Qaida Osama bin Ladens. Nur die staatliche Unterstützung durch die Taliban ermöglichte es al-Qaida, zu der internationalen Terrororganisation zu werden, die am 11. September 2001 sogar im Herzen der USA zuschlug.

Die Taliban waren auf die amerikanische Gegenreaktion nicht vorbereitet. Innerhalb weniger Wochen gelang es den USA mithilfe der Nordallianz, den Taliban-Staat zu zerschlagen und die verbliebenen Angehörigen der Organisation zur Flucht zu zwingen. [...] Ab 2005/2006 gingen die Taliban immer häufiger zu komplexeren militärischen Aktionen über, an denen sich größere Formationen beteiligten. Gleichzeitig verfeinerten sie ihre Taktik, legten Sprengfallen am Straßenrand, mit denen sie Militärfahrzeuge angriffen und verübten Selbstmordattentate, die sich häufig auch gegen die afghanischen Sicherheitskräfte und gegen Zivilisten richteten. Die Taliban folgten hier dem Vorbild der Aufständischen im Irak, so dass seit 2005 immer häufiger die Rede von einer „Irakisierung" der afghanischen Aufstandsbewegung war. [...] Mit dem Frühjahr 2006 gerieten die im Süden und Südosten des Landes – den Hauptsiedlungsgebieten der Paschtunen – stationierten Amerikaner, Briten, Kanadier und Niederländer unter enormen Druck. Die Selbstmordattentate verfünffachten sich gegenüber 2005. Seit 2006 verloren die Koalitionstruppen die Kontrolle über große Teile dieser Gebiete. Die Taliban hingegen weiteten ihre Angriffe auf Kabul und seine Umgebung und vereinzelt auch auf den bis dahin verhältnismäßig sicheren Norden aus. Die ursprünglich angestrebte Stabilisierung Afghanistans rückte in weite Ferne [...]. Die Beziehungen zwischen den Taliban und al-Qaida waren Ende 2001 schlecht. Viele Taliban warfen bin Laden und seinen Anhängern vor, durch die Attentate des 11. September die amerikanische Invasion Afghanistans provoziert zu haben. Trotzdem kam es zu keinem offenen Bruch und in den folgenden Jahren näherten sich die beiden Organisationen – im Kampf gegen den gemeinsamen Feind – einander wieder an. Dennoch hat al-Qaida beim Kampf in Afghanistan lediglich unterstützende Funktion, indem sie terroristisches Know-how an die Aufständischen weitergibt und möglicherweise Selbstmordattentäter ausbildet und zur Verfügung stellt. Die militärische Bedeutung ihrer Kämpfer ist sehr gering.

ebd.

Jihadisten
Jihadisten (dt.: Dschihadisten) sind Anhänger des Jihadismus. Der Jihadismus ist eine Gewaltideologie, die Gewalttaten damit begründet, dass der Islam sie angeblich rechtfertige oder gar fordere. Der Begriff „Jihad" steht im Koran und bezeichnet die Anstrengungen bzw. den Kampf auf dem Weg Gottes. Moderne muslimische Gelehrte interpretieren diesen Begriff nicht militärisch. Tatsächlich verbietet der Islam Mord und Selbstmord. Jihadisten hingegen ziehen aus dem Begriff „Jihad" die Legitimation, terroristische Angriffe gegen Menschen und Einrichtungen zu verüben, um vermeintliche Feinde des Islam zu bekämpfen. Diese „Jihad"-Interpretation der Jihadisten steht im eindeutigen Widerspruch zu den anerkannten Normen und Werten des Islam.
(→ S. 198)

Aufgaben

1. Stellt die Akteure des Konflikts, deren Beziehung zueinander und die jeweiligen Interessen schematisch dar (M 16, M 17).
2. Diskutiert die Bedeutung dieser Akteure für eine friedliche Regelung des Afghanistankonflikts.

Methode

M 18 Analyse eines internationalen Konflikts

Afghanistan – der Konflikt

Nach Jahren des Bürgerkriegs ergriffen im Jahr 1996 die radikal-islamischen Taliban die Macht in Afghanistan. Das Land sollte zu einem Gottesstaat werden: Musik, Sport, Bilder und Fernseher wurden verboten. Die meisten Schulen und Universitäten wurden geschlossen. Frauen konnten sich fortan nur in Ganzkörperverschleierung und männlicher Begleitung auf die Straße wagen. Dem internationalen Terrorismus boten die Taliban einen Unterschlupf: Die Anschläge vom 11. September wurden in Afghanistan geplant. Als Reaktion griffen im Oktober 2001 die USA und Großbritannien das Land an und stürzten gemeinsam mit der Nordallianz das Taliban-Regime. Die Vereinigten Staaten und ihre Verbündeten verfolgten dabei das Ziel, die seit 1996 herrschende Taliban-Regierung zu stürzen und die Terrororganisation al-Qaida zu bekämpfen, die für die Terroranschläge am 11. September 2001 verantwortlich gemacht wurde. Dazu gingen sie in Afghanistan ein Bündnis mit der Anti-Taliban-Allianz der Vereinigten Front ein, deren Truppen am 7. Oktober 2001 mit US-Luftunterstützung die Stellungen der Taliban angriffen. Diese Phase des Krieges endete mit der Eroberung der Hauptstadt Kabul und der Provinzhauptstädte Kandahar und Kunduz im November und Dezember 2001 durch die Vereinigte Front. Es folgte die Einsetzung einer Interimsregierung unter Präsident Hamid Karzai auf der parallel stattfindenden ersten Petersberger Afghanistan-Konferenz. Zum Schutz dieser Regierung und zur Unterstützung des Wiederaufbaus wurde durch den UN-Sicherheitsrat im Dezember 2001 eine von NATO-Staaten und mehreren Partnerländern gestellte Internationale Sicherheitsunterstützungstruppe (International Security Assistance Force, ISAF) mandatiert. Die afghanische Zentralregierung ist seit 2003 zunehmend Angriffen durch häufig als Neo-Taliban bezeichnete Guerillagruppen ausgesetzt. Um deren Vormarsch zu bremsen, wurde das Engagement von ISAF schrittweise erheblich ausgeweitet. Mehr als 40 Länder beteiligen sich seitdem am Wiederaufbau Afghanistans: Staatliche Strukturen sollen geschaffen, Schulen, Straßen und Krankenhäuser gebaut werden. Deutschland hat versprochen, vor allem beim Aufbau der afghanischen Polizei und Armee zu helfen. Doch immer wieder erschüttern Anschläge der Taliban das Land. Mit ihrer Terrorstrategie des „Mordens und Zerstörens" wollen sie die afghanische Bevölkerung einschüchtern, im Westen Zweifel am Sinn der Afghanistan-Mission schüren und die Macht im Land zurückerobern.

Die Schwäche der staatlichen Institutionen Afghanistans stellt nach wie vor das Hauptproblem im Hinblick auf die Anstrengungen dar, Sicherheit und Stabilität zu schaffen. Die Zentralregierung ist in weiten Teilen des Landes auf die Kooperation der dortigen Machthaber angewiesen, die oft keine formale Position innehaben und deren Einfluss auf Milizen und andere Netzwerke zurückgeht.

Die Drogenökonomie spielt besonders im Süden und in den Grenzregionen eine unvermindert große Rolle. Hinzu kommen die Machtkämpfe zwischen lokalen Stammesführern und Warlords. Aufständische, meist Taliban, sorgen insbesondere im Süden und Südosten des Landes für Unruhe, sind aber immer stärker auch in anderen Landesteilen aktiv.

Tipp: Eine ausführliche Sammlung von Internetlinks zum Konflikt in Afghanistan findet sich unter: *www.politische-bildung.de/afghanistan_sicherheitspolitik.html*

Wie analysiert man einen internationalen Konflikt?

In jedem Konflikt lassen sich drei Aspekte ausmachen:

- ein Widerspruch, d. h. eine Unvereinbarkeit von Zielen, Interessen bzw. Bedürfnissen,
- ein den Konflikt anzeigendes und allzu oft verschärfendes Verhalten (z. B. Konkurrenz, Aggressivität, Hass, Gewalt) der Konfliktparteien sowie
- eine auf den Konflikt bezogene und diesen – bewusst oder unbewusst – rechtfertigende Einstellung/Haltung. Diese ist eng verbunden mit den Wahrnehmungen und Annahmen der Konfliktparteien in Bezug auf ihre eigene Stellung im Konflikt und die Bewertung der anderen Parteien (z. B. Feindbilder).

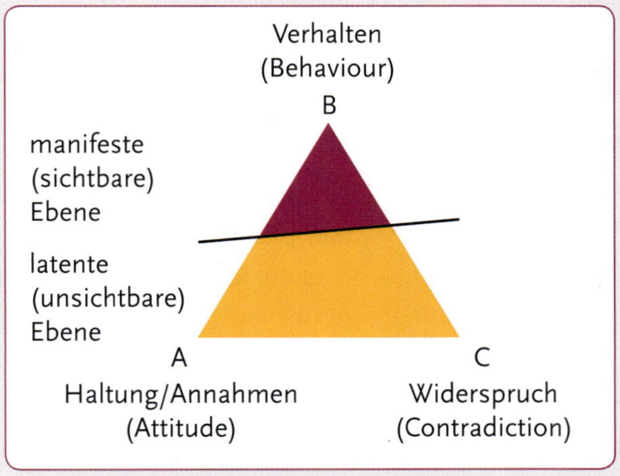

Konfliktdreieck nach Johan Galtung

Die drei Komponenten können im so genannten Konfliktdreieck anschaulich dargestellt werden. Dieses weit verbreitete Werkzeug der Konfliktanalyse wurde von Johan Galtung entwickelt, einem der Mitbegründer der Friedens- und Konfliktforschung. Das Dreieck verdeutlicht den unauflöslichen Zusammenhang zwischen den drei Komponenten jedes Konflikts. Es wird erkennbar, dass ein „objektiver" Widerspruch allein nicht ausreicht, um einen Konflikt zu begründen. Mindestens eine Partei muss sich auch dieses Widerspruchs, konkret der Unvereinbarkeit ihrer Bedürfnisse, subjektiv bewusst sein und in ihrem Verhalten und ihrer Haltung auf eine Veränderung der für sie unbefriedigenden Situation dringen. Das Modell zeigt, dass eine erfolgreiche Konfliktbearbeitung an allen drei Ecken ansetzen muss.

Leitfragen zur Untersuchung eines Konflikts:

1. **Worin besteht der Gegenstand des Konflikts (Widerspruch) und worum wird gestritten?**
   - Vorgeschichte des Konflikts
   - Wer sind die Akteure?
   - Welche Interessen und Ziele verfolgen sie?
2. **Welche Haltungen haben die Konfliktparteien?**
   - Wie begründen (legitimieren) die Konfliktparteien ihre Ziele (Tradition, Religion, Recht ...)?
   - Welche Einstellung haben die Akteure zu den verschiedenen Mitteln der Konfliktlösung?
3. **Wie verhalten sich die Konfliktparteien?**
   - Welche Standpunkte werden formuliert und mit welchen Mitteln werden diese durchgesetzt (Propaganda, Einschüchterung, militärische Mittel)?
   - Wie reagieren die Konfliktparteien auf unterschiedliche Mittel der Konfliktlösung?
4. **Welche Folgen ergeben sich für die Wahl einer geeigneten Konfliktlösung?**
   - Wie kann dem Konflikt begegnet werden?
   - Wie kann eine dauerhafte Konfliktlösung aussehen?
   - Welche Maßnahmen sind zu ergreifen?
5. **Welche Folgen hat dies für mein eigenes politisches Handeln?**
   - Was kann ich tun?

Was wir wissen

Krieg gegen den Terrorismus seit 2001
M 1, M 2

Der von der Bush-Regierung 2001 erklärte „Krieg gegen den Terror“ mit den Angriffszielen Afghanistan und Irak sollte die Führungsebene, Hintermänner und Rückzugsgebiete von al-Qaida treffen. Die Maßnahmen der USA haben jedoch bislang nicht zu einer Einschränkung bzw. Beendigung islamistischer Terroranschläge geführt. Eher das Gegenteil ist der Fall. Auch die ideologische Offensive des Demokratieexports hat nicht das gewünschte positive Ergebnis, sondern vielmehr eine Verschlechterung der westlich-muslimischen Beziehungen gebracht, da viele Staaten den USA vorwerfen, den Antiterrorkampf zum Ausbau der eigenen Machtposition zu nutzen. In vielen Staaten der westlichen Welt wurden Maßnahmen zur Terrorbekämpfung und für die innere Sicherheit ergriffen, die eine Einschränkung von Freiheits- und Persönlichkeitsrechten sowie einer Ausweitung der Rechte von Ermittlungsbehörden zur Folge hatten.

ISAF-Einsatz
M 3

Nach dem Sturz der Taliban wurde die internationale Schutztruppe ISAF (engl. International Security Assistance Force) unter dem Kommando der NATO mit einer Sicherheits- und Aufbaumission in Afghanistan betraut. Das Mandat für den Einsatz deutscher Soldaten erfolgte im Dezember 2001. Ziel des ISAF-Einsatzes ist in erster Linie die Unterstützung einer legal gewählten Zentralregierung beim Aufbau demokratischer Strukturen und die Schaffung von Sicherheit für die Zivilbevölkerung sowie die beteiligten Truppen und Hilfsorganisationen. 2009 waren 42 Nationen nicht nur aus NATO-Mitgliedstaaten an der Aktion beteiligt.

Abzugsstrategien
M 6

Zehn Jahre nach Beginn des ISAF-Einsatzes kündigt der amerikanische Präsident Barack Obama den Abzug der amerikanischen Soldaten aus Afghanistan an. Andere Staaten, darunter Deutschland, folgen seinen Abzugsstrategien und rufen ihre Soldaten sukzessive heim. Ab 2014 sollen die Afghanen sich selbst überlassen werden. Die afghanische Bevölkerung befürchtet allerdings den Ausbruch eines Bürgerkrieges und ein Erstarken der Taliban.

Bundeswehr in Afghanistan
M 7, M 9, M 12

Im Rahmen des ISAF-Mandats engagiert sich Deutschland in Afghanistan mit ca. 4.800 Bundeswehrsoldaten (Stand Dezember 2011), ein paar Hundert Polizeikräften sowie zahlreichen Entwicklungshelfern. Neben vielfältigen humanitären Projekten (z. B. Einrichtung von Schulen, Bau von Brunnenanlagen etc.) leistet Deutschland Hilfe bei Aufbau und Ausbildung der Polizei und bemüht sich – mit Hilfe der Bundeswehr – um Sicherheit und Stabilität v. a. in der Region um Kunduz. Der Einsatz der Bundeswehr in Afghanistan ist innerhalb der deutschen Bevölkerung umstritten, zumal die Soldatinnen und Soldaten immer wieder in Kampfhandlungen verwickelt werden bzw. gezielten Terroranschlägen ausgesetzt sind. Der 2011 zurückgetretene Verteidigungsminister Karl Theodor zu Guttenberg sprach von „kriegsähnlichen Zuständen“ in Afghanistan.

Afghanistan – ein funktionierender Staat?

Afghanische Kinder in einer Schule in Herat, die von UNICEF eingerichtet wurde (September 2010).

Ein Polizist zerstört ein Mohnfeld in einer Provinz im nördlichen Afghanistan (April 2006).

Strenge Sicherheitskontrollen vor einem Wahllokal in Kabul bei den Präsidentenwahlen im August 2009.

Bei einem Autobombenattentat in der Nähe von Kabul sind ein Provinzgouverneur und drei seiner Bodyguards ums Leben gekommen (September 2008).

Rund 1.600 afghanische Stammesführer treffen sich auf der Friedens-Dschirga in Kabul (Juni 2010).

Aufgaben

1. Beschreibt die Bilder zur Situation in Afghanistan.
2. Arbeitet darauf aufbauend gesellschaftliche und politische Problemlagen in Afghanistan heraus und diskutiert die Eingangsfrage, ob Afghanistan in der Lage sein wird, ohne Hilfe einen funktionierenden Staat aufzubauen.

7.3 Frieden schaffen durch internationale Zusammenarbeit

7.3.1 Die NATO – ein Verteidigungsbündnis im Wandel

M 1 Die NATO-Staaten

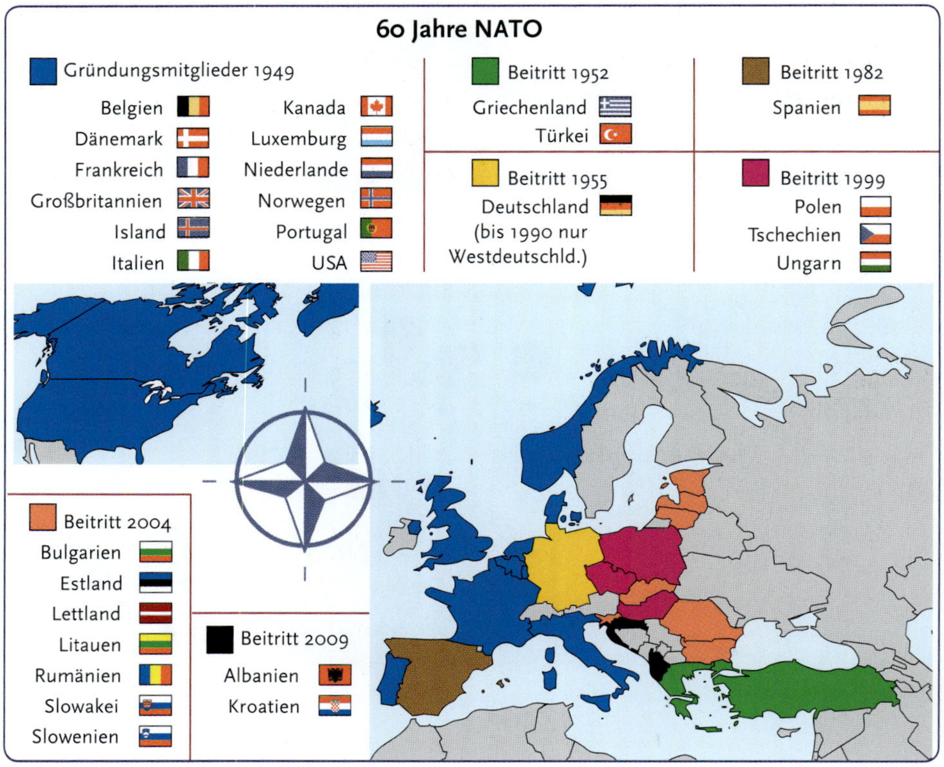

Globus Grafik 2727

M 2 Aus dem NATO-Vertrag

Beistandsklausel: Art. 5

Die Parteien vereinbaren, dass ein bewaffneter Angriff gegen eine oder mehrere von ihnen in Europa oder Nordamerika als ein Angriff gegen sie alle angesehen werden wird; sie vereinbaren daher, dass im Falle eines solchen bewaffneten Angriffs jede von ihnen in Ausübung des in Artikel 51 der Satzung der Vereinten Nationen anerkannten Rechts der individuellen oder kollektiven Selbstverteidigung der Partei oder den Parteien, die angegriffen werden, Beistand leistet, indem jede von ihnen unverzüglich für sich und im Zusammenwirken mit den anderen Parteien die Maßnahmen, einschließlich der Anwendung von Waffengewalt, trifft, die sie für erforderlich erachtet, um die Sicherheit des nordatlantischen Gebiets wiederherzustellen und zu erhalten.

A. Randelzhofer (Hg.), Völkerrechtliche Verträge, Berlin 2007

M 3 Die Entstehung der NATO

Am 4. April 1949 unterzeichneten in Washington zehn westeuropäische Staaten sowie die USA und Kanada den Nordatlantikvertrag und gründeten damit die NATO (North Atlantic Treaty Organization). Der Kalte Krieg zwischen den von der Sowjetunion dominierten kommunistischen Staaten Osteuropas und dem nichtkommunistischen Westen war bereits voll entbrannt. Sieben weitere Staaten, unter ihnen die Bundesrepublik Deutschland, traten in den Folgejahren dem Bündnis bei.

Zu Zeiten des Kalten Krieges galt die NATO bei den Staaten des Warschauer Pakts, die bereits wenige Jahre nach seinem Ende ihr Interesse an einer Mitgliedschaft bekundeten, als aggressives Bündnis. Ziemlich genau 40 Jahre lang war es die Hauptaufgabe der NATO, einen potenziellen Gegner durch die eigene militärische Stärke abzuschrecken. Etwaige Angriffsabsichten sollten angesichts der Vergeltungsmöglichkeiten der Nordatlantischen Allianz von vornherein entmutigt werden. Als Voraussetzung für einen Erfolg dieser Politik galt, dass die Mitglieder der NATO weitaus höher gerüstet waren, als das etwa heute der Fall ist.

Bernard von Plate, in: Informationen zur politischen Bildung Nr. 274, Internationale Beziehungen II, Bonn 1/2002, S. 18 ff.

Kalter Krieg
So wird der Konflikt zwischen den Westmächten unter Führung der USA und dem Ostblock unter Führung der Sowjetunion bezeichnet, den diese von 1945 bis in die 1980er Jahre mit allen Mitteln unterhalb der Schwelle eines offenen Krieges austrugen.

Warschauer Pakt
Militärbündnis der damaligen „Ostblock"-Staaten unter Führung der Sowjetunion (14.5.1955 – 1.7.1991)

M 4 Die NATO – ein Bündnis im Wandel

Mit dem Ende des Kalten Krieges stellte sich die Frage, wie die NATO mit ehemaligen, nun unabhängigen Staaten des Warschauer Paktes umgehen sollte. Diese strebten nun eine Mitgliedschaft in der NATO an, um Sicherheit vor dem aus ihrer Sicht (über)mächtigen Russland zu erhalten. Die NATO vergrößerte ihr Bündnisgebiet nach und nach immer weiter nach Osten und versuchte dabei, das Verhältnis zu Russland nicht zu stark zu belasten.

Gleichzeitig brach vor den Toren Westeuropas ein Krieg im ehemaligen Jugoslawien (1991 - 1999) aus. Die NATO entschloss sich erstmals zum Eingreifen auch außerhalb ihres eigenen Bündnisgebietes. Von den Vereinten Nationen wurde das Eingreifen legitimiert. So erfolgte der erste Kampfeinsatz in der Geschichte der NATO im August 1995 in Bosnien-Herzegowina.

Schon einige Jahre später stellte sich eine neue Herausforderung: Wie sollte die NATO den Völkermord im Kosovo verhindern, wenn kein Mandat der Vereinten Nationen - Russland hatte in diesem Fall ein Veto im UN-Sicherheitsrat eingelegt - die NATO zum Eingreifen

Bundeswehrbeteiligung an NATO-Missionen	
30.06.1995 – 19.06.1996	Ex-Jugoslawien SHARP GUARD (WEU/NATO-Operation)
20.12.1996 – 19.06.1998	Bosnien-Herzegowina JOINT GUARD/ SFOR
24.03.1999 – 10.06.1999	Ex-Jugoslawien ALLIED FORCE
13.04.1999 – 10.06.1999	Albanien und Mazedonien ALLIED HARBOUR
10.06.1999 – heute	Kosovo JOINT GUARDIAN/ KFOR
12.06.1999 – 24.08.1999	Adria ALLIED HARVEST
27.09.2001 – 15.12.2002	Mazedonien AMBER FOX
12.10.2001 – 16.05.2002	Nordamerika EAGLE ASSIST (AWACS)
26.10.2001 – heute	Mittelmeer ACTIVE ENDEAVOUR
01.01.2002 – heute	Afghanistan ISAF
16.12.2002 – 31.03.2003 (Übergabe an EU)	Mazedonien ALLIED HARMONY

Quelle: Bundesministerium der Verteidigung (www.bmvg.de)

ermächtigte? Angesichts der sich abzeichnenden humanitären Katastrophe entschloss sich das Bündnis 1999, nunmehr auch ohne Mandat der Vereinten Nationen, Mord und Vertreibungen mit militärischen Mitteln zu verhindern.
Spätestens nach dem Eingreifen im Kosovo zeigte sich, dass die NATO neben der Verteidigung des Bündnisgebietes ihre Aufgabe nun darin sah, in ganz Europa für Sicherheit und Stabilität zu sorgen, in Ausnahmefällen auch dann, wenn kein Mandat der Vereinten Nationen den Einsatz legitimierte. Die Anschläge vom 11. September 2001 auf die USA ließen auch diese Strategie als veraltet erscheinen. Zum ersten Mal in der Geschichte der NATO wurde der Bündnisfall festgestellt und die NATO engagiert sich seitdem auch im fernen Afghanistan. Insgesamt hat sich die NATO damit zu einer globalen Sicherheitsorganisation gewandelt, die ihre Ziele folgendermaßen definiert: „Der wesentliche und fortdauernde Zweck der NATO [...] besteht darin, die Freiheit und Sicherheit aller ihrer Mitglieder mit politischen und militärischen Mitteln zu erreichen [...]. Die Verwirklichung dieses Ziels kann durch Krisen und Konflikte, die die Sicherheit des euro-atlantischen Raums berühren, gefährdet werden."
(Strategisches Konzept von 1999)

M 5 Die neue NATO-Strategie

Die NATO-Staaten haben in der portugiesischen Hauptstadt Lissabon im November 2010 eine neue Bündnisstrategie für das kommende Jahrzehnt beschlossen. Zentrale Punkte der neuen Strategie sind:

Neuartige Bedrohungen:
Die NATO reagiert mit der neuen Strategie auf „neuartige Bedrohungen" wie Angriffe von Terroristen, von Hackern aus dem Internet (so genannte Cyber-Attacken) oder Mittelstreckenraketen.

Kollektive Verteidigung:
Grundprinzip bleibt die „kollektive Verteidigung" nach Artikel 5 des Nordatlantik-Vertrags von 1949. Ein bewaffneter Angriff auf einen oder mehrere Mitgliedstaaten ist danach ein Angriff auf alle. Diesen Bündnisfall hat die NATO nur einmal nach den Terrorangriffen auf die USA vom 11. September 2001 ausgerufen.

Ziel der atomaren Abrüstung:
Auf deutsches Drängen verankerte die NATO erstmals das Ziel der atomaren Abrüstung in ihrer Strategie. Dazu heißt es: „Wir sind entschlossen, eine sicherere Welt für alle anzustreben und die Bedingungen für eine Welt ohne Atomwaffen zu schaffen."

Festhalten am Prinzip der Abschreckung:
Atommächte wie Frankreich und die USA setzten durch, dass das Prinzip der Abschreckung ein zentrales Element der Strategie bleibt: „Solange Atomwaffen existieren, wird die NATO eine nukleare Allianz bleiben", heißt es in dem Text.

Neue Raketenabwehr:
Ein neuer NATO-Raketenschirm soll weite Teile Europas schützen. Dazu heißt es: „Wir entwickeln unsere Fä-

higkeit, unsere Bevölkerung und unser Territorium gegen einen Angriff mit ballistischen Raketen zu schützen." Der Iran wird auf Druck der Türkei nicht ausdrücklich als Bedrohung genannt.

Annäherung an Russland:
Die Allianz betont, die NATO stelle „keinerlei Bedrohung für Russland dar". Dies hatte Moskau angesichts der Osterweiterung des Bündnisses so empfunden. Kooperieren will das Bündnis beim Raketenschirm: „Wir suchen aktiv eine Zusammenarbeit mit Russland und anderen euro-atlantischen Partnern im Bereich der Raketenabwehr", heißt es in dem Text.

Krisenbewältigung:
Bei internationalen Krisen will die Allianz auch künftig eine Rolle spielen, allerdings will sie die Lehren aus dem blutigen Einsatz in Afghanistan ziehen. „Die NATO wird sich engagieren, wenn es möglich und nötig ist, um eine Krise zu verhindern oder zu bewältigen", heißt es in dem Text, ohne den bisher größten NATO-Einsatz ausdrücklich zu nennen.

AFP, Die neue NATO-Strategie, in: http://www.n-tv.de, 19.11.2010

M 6 Nach Gaddafis Tod – NATO-Einsatz in Libyen

Im NATO-Hauptquartier hat der Tod von Muammar Gaddafi für Aufatmen gesorgt. NATO-Generalsekretär Anders Fogh Rasmussen wertete den Libyen-Einsatz als historischen Erfolg. Nach dem Tod von Gaddafi will die NATO den Libyen-Einsatz nun am 31. Oktober beenden. Mit weit mehr als tausend Angriffen auf Stellungen und Waffenlager von Gaddafis Streitkräften hatte die Militärallianz den Sieg der Rebellen gegen das zermürbte Regime überhaupt erst ermöglicht [...]. Deutschland hatte sich bei der Abstimmung über die UN-Resolution im Sicherheitsrat enthalten und eine Beteiligung am Militäreinsatz seither abgelehnt – genau wie Russland und China. Daraufhin sah sich die Bundesregierung international und seitens der Opposition massiver Kritik ausgesetzt.

Nach Angaben der NATO ging die größte militärische Beteiligung an einer solchen Operation erstmals von europäischen Mitgliedern und Kanada aus – und nicht von den USA [...]. Laut Frankreichs Außenminister Alain Juppé war es zwar nicht das Ziel der Operation, Gaddafi zu töten, sondern ihn zum Machtverzicht zu zwingen.

gxs/dapd, Nach Gaddafis Tod – NATO will Libyen-Einsatz am 31. Oktober beenden, in: http://www.focus.de, 21.10.2011

Erst zum zweiten Mal in der 66-jährigen Geschichte der Vereinten Nationen hat der Sicherheitsrat in New York den Einsatz nahezu uneingeschränkter militärischer Zwangsmittel gegen ein Mitgliedsland autorisiert. Mit seiner Resolution 1973 verhängte der Rat in der Nacht zum Freitag eine Flugverbotszone über Libyen „zum Schutz der Zivilbevölkerung" vor weiteren Angriffen der Luftstreitkräfte des Gaddafi-Regimes.
Du bist Berater eines Bundestagsabgeordneten: Er gibt dir den Auftrag, ihm eine Expertise zu erstellen, ob der NATO-Einsatz in Libyen mit den Zielen der Vereinten Nationen in Einklang zu bringen ist (→ M 7 – M 9).

Aufgaben

1. Beschreibe, wie und warum sich die NATO im Lauf der Geschichte verändert hat (M 1 – M 4).
2. Verdeutliche die Funktionsweise der NATO als Verteidigungsbündnis (M 2).
3. Überprüfe, inwieweit der Libyen-Einsatz der NATO mit der Strategie von 2010 übereinstimmt (M 5, M 6).
4. Recherchiere den Verlauf und das Ergebnis des Aufstandes in Libyen.

Dag Hammarskjöld (1905 – 1961), UN Generalsekretär von 1953 – 1961
„The United Nations was created not to lead mankind to heaven, but to save humanity from hell.“

Gewalt – durch die UN legitimiert?
Die Charta der Vereinten Nationen aus dem Jahr 1945 (Kapitel I, Artikel 2) verbietet Gewalt. Es gelten nur zwei Ausnahmen: das Recht zur Selbstverteidigung im Fall eines bewaffneten Angriffs und der Einsatz von Waffengewalt, der vom UN-Sicherheitsrat durch eine so genannte Resolution legitimiert wird. Eine UN-Resolution kommt jedoch nur zustande, wenn die fünf ständigen Mitglieder des UN-Sicherheitsrats (USA, Russland, China, Großbritannien und Frankreich) zustimmen.

7.3.2 Die Vereinten Nationen – Garant für den Weltfrieden?

M 7 UN-Charta – ein Vertrag für Frieden?

Wir, die Völker der Vereinten Nationen [...], haben beschlossen, in unserem Bemühen um die Erreichung dieser Ziele zusammenzuwirken.

Art. 1 [Ziele]

1. Den Weltfrieden und die internationale Sicherheit zu wahren und zu diesem Zweck wirksame Maßnahmen zu treffen, um [...] Angriffshandlungen und andere Friedensbrüche zu unterdrücken und internationale Streitigkeiten [...] durch friedliche Mittel nach den Grundsätzen der Gerechtigkeit und des Völkerrechts zu bereinigen oder beizulegen.
2. Freundschaftliche, auf der Achtung vor dem Grundgesetz der Gleichberechtigung und Selbstbestimmung der Völker beruhende Beziehungen zwischen den Nationen zu entwickeln. [...]
3. Eine wirtschaftliche Zusammenarbeit herbeizuführen, um internationale Probleme wirtschaftlicher, sozialer, kultureller und humanitärer Art zu lösen und die Achtung vor den Menschenrechten und Grundfreiheiten für alle ohne Unterschied der Rasse, des Geschlechts, der Sprache oder der Religion zu fördern. [...]

Art. 2 [Grundsätze]

Die Organisation und ihre Mitglieder handeln im Verfolg der in Artikel 1 dargelegten Ziele nach folgenden Grundsätzen:

1. Die Organisation beruht auf dem Grundsatz der souveränen Gleichheit aller ihrer Mitglieder.
2. Alle Mitglieder erfüllen, um ihnen allen die aus der Mitgliedschaft erwachsenden Rechte und Vorteile zu sichern, nach Treu und Glauben die Verpflichtungen, die sie mit dieser Charta übernehmen.
3. Alle Mitglieder legen ihre internationalen Streitigkeiten durch friedliche Mittel so bei, dass der Weltfriede, die internationale Sicherheit und die Gerechtigkeit nicht gefährdet werden.
4. Alle Mitglieder unterlassen in ihren internationalen Beziehungen jede gegen die territoriale Unversehrtheit oder die politische Unabhängigkeit eines Staates gerichtete oder sonst mit den Zielen der Vereinten Nationen unvereinbare Androhung oder Anwendung von Gewalt.
5. Alle Mitglieder leisten den Vereinten Nationen jeglichen Beistand bei jeder Maßnahme, welche die Organisation im Einklang mit dieser Charta ergreift; sie leisten einem Staat, gegen den die Organisation Vorbeugungs- oder Zwangsmaßnahmen ergreift, keinen Beistand.

Regionales Informationszentrum der Vereinten Nationen für Westeuropa, Charta der Vereinten Nationen, in: http://www.unric.org/de/charta, Abruf am 24.7.2012

M 8 Was sind die Vereinten Nationen?

Nach dem Zweiten Weltkrieg wurde 1945 die „United Nations Organization" (auf Deutsch „Vereinte Nationen", abgekürzt UNO oder VN) mit Sitz in New York gegründet. Man wollte verhindern, dass sich solche Weltkriege wiederholen. Heute sind fast alle Staaten der Erde in der UNO. Wenn es Probleme zwischen Staaten gibt, versucht die UNO zu vermitteln und damit einen Krieg zu verhindern. Die Ziele der UNO sind: die Erhaltung des Weltfriedens und die internationale Sicherheit, die freundschaftliche Zusammenarbeit der Mitglieder sowie der Schutz der Menschenrechte. Der Sicherheitsrat trägt die Hauptverantwortung, wenn es darum geht, dass Streitigkeiten zwischen Ländern beigelegt werden sollen. Im Sicherheitsrat sind immer die USA, Russland, China, Frankreich und England vertreten. Sie sind ständige Mitglieder. Andere Länder gehören nur zeitweise zum Sicherheitsrat. Die ständigen Mitglieder des Sicherheitsrates können ein Veto gegen Resolutionen einlegen, die von der Mehrheit der Mitgliedstaaten gefasst wurden. Damit wird dann dieser Beschluss aufgehoben.

Nach: Gerd Schneider, Christine Toyka-Seid, Politik-Lexikon für Kinder, Bonn 2006, S. 281

UN-Nebenorgane
Innerhalb der UN gibt es UN-Nebenorgane, die zwar keinen völkerrechtlichen Status haben, aber autonom auftreten und sich auf ein spezielles Aufgabengebiet konzentrieren. Eines der bekanntesten Nebenorgane ist **UNICEF**. Das Kinderhilfswerk UNICEF (*United Nations International Children's Emergency Fund, seit 1953 United Nations Children's Fund*) besteht seit 1946. Seine erste Aufgabe bestand darin, den Kindern in Europa nach dem Zweiten Weltkrieg zu helfen. Heute unterstützt UNICEF in über 160 Staaten Kinder und Mütter und leistet Erste Hilfe in Notsituationen.

UN-Sonderorganisationen
Die Sonderorganisationen der UN sind rechtlich, organisatorisch und finanziell selbstständige Internationale Organisationen. Derzeit gibt es 17 Sonderorganisationen der UN. **UNESCO** (*United Nations Educational, Scientific and Cultural Organization*), **IWF** (*Internationaler Währungsfonds*) oder **WHO** (*World health organization*) zählen zu den bekanntesten UN-Sonderorganisationen.

M 9 Der Sicherheitsrat der Vereinten Nationen

Bergmoser + Höller Verlag AG, *615124*

M 10 Mögliche Maßnahmen der UNO

→ **Friedensschaffende Maßnahmen**
Diplomatische Maßnahmen zur friedlichen Lösung eines Konflikts. Neben der Bereitstellung guter Dienste, Vermittlung und Schlichtung können sie auch diplomatische Isolationsmaßnahmen und Sanktionen umfassen.

→ **Friedenserzwingende Maßnahmen**
Maßnahmen zur Wiederherstellung des Friedens in Konfliktgebieten unter Einsatz militärischer Mittel. Die Zustimmung der Konfliktparteien ist nicht erforderlich.

→ **Friedenserhaltende Maßnahmen**
Aktivitäten zur Eindämmung, Entschärfung und/oder Beendigung von Feindseligkeiten zwischen Staaten oder in Staaten durch Intervention einer neutralen dritten Partei unter internationaler Organisation und Leitung. Militärische Streitkräfte und zivile Organisationen können die politische Streitbeilegung ergänzen und für die Wiederherstellung und Wahrung des Friedens sorgen. Friedenserhaltende Maßnahmen beinhalten die Stationierung einer Friedenstruppe im Krisengebiet. Die Zustimmung der Konfliktparteien ist erforderlich.

→ **Friedenskonsolidierende Maßnahmen**
Maßnahmen zur Bestimmung und Förderung von Strukturen, die geeignet sind, den Frieden zu festigen und zu konsolidieren, um das Wiederaufleben eines Konflikts zu verhindern. Diese können sowohl militärisches als auch ziviles Eingreifen erfordern.

Eine klare Grenzziehung zwischen den einzelnen „Typen" von Maßnahmen ist häufig schwierig. Friedenserhaltung setzt in vielen Fällen zunächst einmal die Schaffung von Frieden voraus, zugleich können vorausgehende oder begleitende „friedenserzwingende Maßnahmen" unerlässlich sein.

Arbeitsgemeinschaft Jugend und Bildung e.V. (Hg.), Frieden und Sicherheit, Wiesbaden 2003, S. 24

M 11 Die Blauhelmsoldaten – Markenzeichen der UNO

Weitere VN-Missionen
Neben den reinen VN-Missionen aus M 10 gibt es noch viele Missionen, die zwar von den VN legitimiert sind (also ein VN-Mandat haben), aber von einzelnen Staaten (z. B. den USA), Bündnissen oder regionalen Organisationen (z. B. der NATO) durchgeführt werden.

Die bekannten „Blauhelmsoldaten" der VN übernehmen in der Regel Aufgaben der Friedenserhaltung (Peace-Keeping). Dies bedeutet im Gegensatz zur Friedenserzwingung, dass die Soldaten den nach Beendigung eines Konflikts in einer Krisenregion oft brüchigen Frieden sichern sollen. Für das klassische Peace-Keeping gelten folgende Leitsätze:

- Die Entsendung erfolgt nur im Konsens mit den Konfliktparteien. Die Konfliktparteien müssen den Konflikt beenden wollen und sich einig über die Rolle der Blauhelmsoldaten sein (z. B. Sicherung der Grenze, Bildung einer Pufferzone zwischen den Konfliktparteien, Polizeiaufgaben, Beobachtung von Wahlen).
- Die Verantwortung für den Einsatz liegt bei den Vereinten Nationen, genauer beim VN-Generalsekretär, der die politische und operative Verantwortung trägt.
- Für die Blauhelmsoldaten gilt, dass sie strikt unparteiisch sein müssen, weshalb sich Länder, die in der Region eigene Interessen verfolgen, an den Missionen nicht beteiligen sollten.
- Die Blauhelmsoldaten dürfen nur leichte Waffen zur Selbstverteidigung tragen, um keiner Partei einen Vorwand zu bieten, die Soldaten in die Kampfhandlungen miteinzubeziehen.

M 12 Blauhelme – im Einsatz weltweit

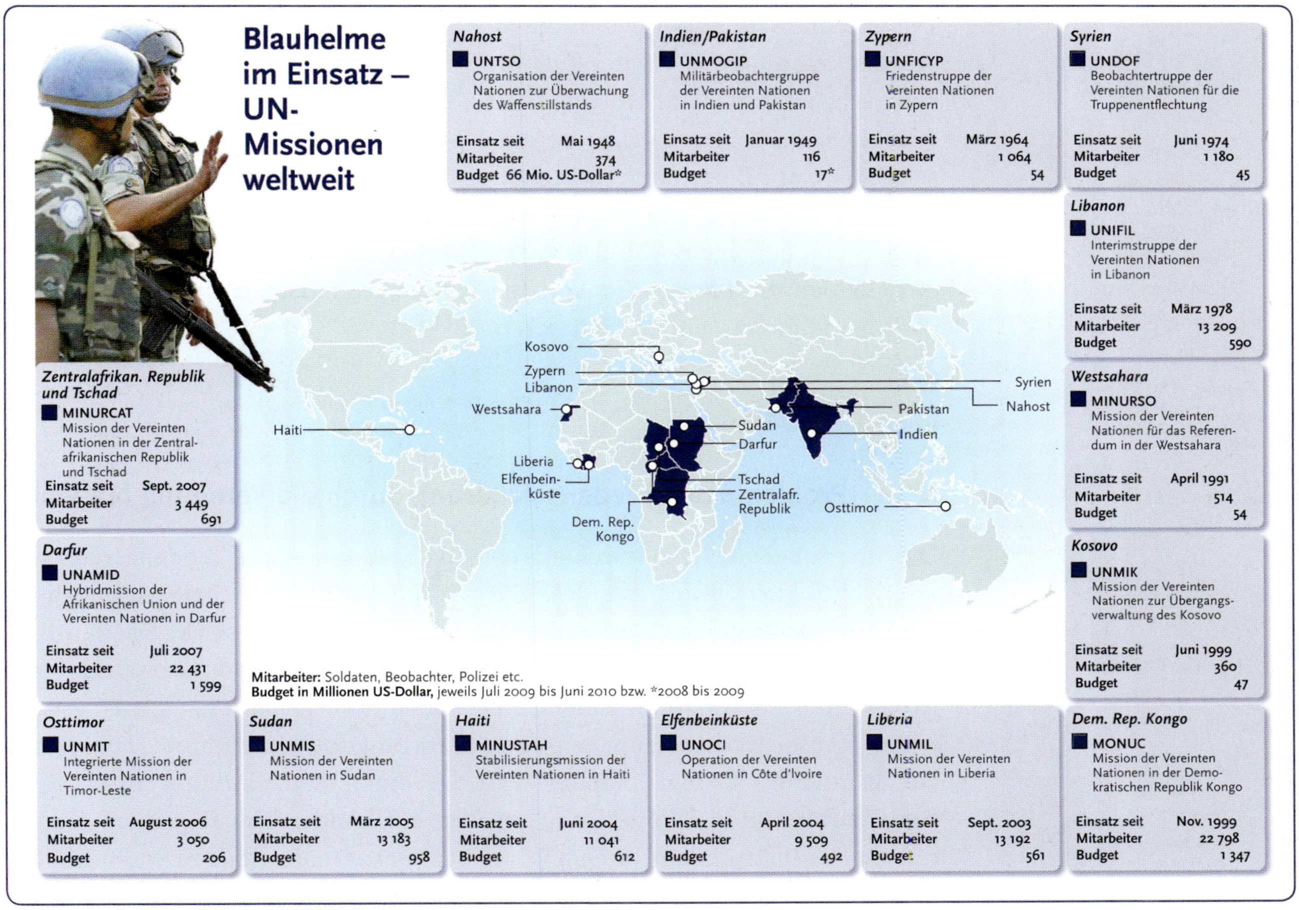

Globus-Grafik 3151; Quelle: UN; Stand: August 2009

M 13 Die Rolle der UNO bei der Bekämpfung des Terrorismus

Unmittelbar nach den Anschlägen des 11. September verabschiedete der UN-Sicherheitsrat Resolution 1373. Sie verlangt von jedem Land, die Finanzanlagen von Terroristen und ihren Unterstützern einzufrieren, ihnen die Durchreise oder einen sicheren Zufluchtsort zu verweigern, terroristische Rekrutierungsmaßnahmen und Waffenlieferungen zu verhindern und mit anderen Ländern bei der gemeinsamen Nutzung von Informationen sowie bei der Strafverfolgung zusammenzuarbeiten.
Um die staatliche Einhaltung dieser neuen Anti-Terror-Mandate zu überwachen, wurde mit der Resolution 1373 das „Counter-Terrorism-Committee" (CTC) ins Leben gerufen, das der ehemalige Generalsekretär Kofi Annan als „das Zentrum der globalen Anstrengungen zur Bekämpfung des Terrorismus" bezeichnete. Die vorrangige Aufgabe des CTC ist die Stärkung der Anti-Terror-Kapazitäten der UN-Mitgliedstaaten. […] Es versucht ebenfalls, die Anti-Terror-Anstrengungen einer großen Zahl internationaler, regionaler und subregionaler Organisationen innerhalb des UN-

Stelle Auftrag und Arbeit einer aktuellen UN-Blauhelmmission vor.

Thesen zur Rolle der UNO

Die Vereinten Nationen können auf viele erfolgreiche Blauhelm-Einsätze zurückblicken.

Wenn es den Weltsicherheitsrat nicht gäbe, müsste man ihn erfinden. Nur so kommen doch alle an einen Tisch.

Streng militärische Aufgaben überfordern die Vereinten Nationen.

Die Stärke der Vereinten Nationen ist der zivile Aufbau.

Der Sicherheitsrat kann keine Kriege verhindern.

Der Sicherheitsrat kann Waffenstillstand erzwingen und Verhandlungen in Gang setzen.

Der Weltsicherheitsrat blockiert sich doch oft durch das Vetorecht, das jedem der fünf ständigen Mitglieder zusteht.

Systems und darüber hinaus zu koordinieren.

Das CTC hat seitens der UN-Mitgliedstaaten eine große Unterstützung erfahren, aber es steht trotzdem vor erheblichen Problemem: Es ist ausschließlich auf Berichte der Mitgliedstaaten angewiesen und verfügt über keine unabhängigen Mittel, um zu entscheiden, ob Länder die Anti-Terror-Mandate tatsächlich umsetzen. Außerdem wurde es in seinen Anstrengungen, die Aktivitäten internationaler, regionaler und subregionaler Organisationen zu koordinieren, mehrfach behindert. Im April 2004 wurde mit der Resolution 1540 das UN-Anti-Terror-Programm weiter gestärkt. Die neue Resolution verbietet Staaten jegliche Form von Unterstützung für nicht-staatliche Akteure, die versuchen, nukleare, chemische oder biologische Waffen zu erlangen.

Nach: David Cortrigh, Wissenschaft & Frieden 4/2005, übersetzt von Brigitte Keinath

M 14 Probleme der Friedenssicherung durch die Vereinten Nationen

Die ursprüngliche und durchaus erfolgreiche Ausrichtung der VN auf die Verhinderung zwischenstaatlicher Kriege hat sich mit dem Wandel des Kriegsbildes in Richtung innerstaatlicher Auseinandersetzungen radikal verändert. Gemäß Kapitel VII der Charta stünde den VN ein hinreichendes Instrumentarium an Maßnahmen bei Bedrohung oder Bruch des Friedens zur Verfügung, in der Praxis wurde aber von diesen Bestimmungen bisher kaum Gebrauch gemacht. Da den Vereinten Nationen keine eigenen Truppen zur Verfügung stehen, dürfte eine zu beobachtende Praxis die Relevanz der VN im Bereich der Friedenssicherung nachhaltig bestimmen: die Tendenz, dass sich insbesondere die leistungsfähigen Industriestaaten verstärkt Friedensmissionen mandatieren lassen (oder auch nicht), um sie dann in eigener Verantwortung durchzuführen. Dies führt zu einer Konzentration ihrer Kräfte auf Länder und Regionen, die für die betroffenen Staaten von unmittelbarem Interesse oder von Bedeutung sind. Den VN droht dabei nur noch eine Restkompetenz für vergessene Konflikte zuzufallen, für die sie dann – wie z. B. in Afrika zu beobachten – von den Industriestaaten zudem nur zögerlich unterstützt werden.

Johannes Varwick, Aus Politik und Zeitgeschichte, B 43/2004

Aufgaben

1. Beschreibe Aufbau und Ziele der Vereinten Nationen (M 7 – M 9).
2. Erläutere, unter welchen Bedingungen die Blauhelmsoldaten der UNO eingesetzt werden können (M 10, M 12).
3. Gruppenarbeit: Einigt euch in der Klasse auf eine der in der Randspalte gestellten Thesen und führt mithilfe der Methode von S. 307 ein Streitgespräch über Pros- und Kontras der ausgewählten These durch (M 7 – M 14).

Pro-Kontra-Streitgespräch

Im Pro-Kontra-Streitgespräch wird ein konfliktreiches Thema von allen Seiten beleuchtet. Es geht bei diesem Streitgespräch nicht darum, den „Gegner“ durch bessere Argumente zu schlagen, vielmehr soll ein Thema facettenreich erschlossen werden. Unterschiedliche Meinungen und konträre Perspektiven werden mit dem Ziel zusammengetragen, sich mit verschiedenen Sichtweisen auseinander zu setzen.

Die Teilnehmer sammeln in zwei Gruppen zu einer These oder einer Frage (Beispiel: „Soll die gesetzliche Schulpflicht in Deutschland abgeschafft werden?“) Argumente zur Begründung ihres Standpunktes. Es ist durchaus erwünscht, Positionen zu vertreten, die nicht mit der eigenen Meinung identisch sind. So können festgefahrene Positionen verlassen werden, und die Thematik wird neu durchdacht. Nach der Sammlung der Argumente in den Kleingruppen erfolgt eine Diskussion mit Vertretern der zwei Gruppen.

Außer Befürwortern und Gegnern der These gibt es sowohl einen Moderator als auch Beobachter. Der Moderator ist neutraler Leiter des Streitgesprächs, d. h. er darf nicht erkennbar auf einer der beiden Seiten stehen. Als Beobachter agieren die Gruppenmitglieder, die nicht aktiv am Streitgespräch teilnehmen. Sie bekommen konkrete Beobachtungsaufträge.

Vorbereitung

- Aufteilung in zwei Gruppen (Pro- bzw. Kontra-Gruppe)
- Festlegung der jeweiligen Redner (drei pro Gruppe)
- Vorbereitung der Argumentation mithilfe des ausgegebenen Materials

Das Streitgespräch

1. Darstellung der These durch den ersten Redner der Gruppe „Pro“ – max. drei Minuten
2. Widerrede durch den ersten Redner der Gruppe „Kontra“ – max. drei Minuten
3. Striktes Abwechseln der zwei Gruppen: geregelter Austausch der Argumentation
4. Zusammenfassendes Schlusswort durch den jeweiligen Hauptredner beider Gruppen

Auswertung

- Distanzierung: Redner äußern ihre Gefühle und Erfahrungen.
- Bewertung des Streitgesprächs durch Beobachter
- Abstimmung über Streitpunkt im Plenum

Nach: Sibylle Reinhardt, Politik Didaktik. Praxishandbuch für die Sekundarstufe I und II, Berlin 2005, S. 203-205

Was wir wissen

Gründung und Aufgaben der NATO
M 3

Angesichts der Expansion des sowjetischen Machtbereichs in Mittel- und Osteuropa gründeten 1949 zehn europäische Staaten gemeinsam mit den USA und Kanada ein Bündnis zur gemeinsamen Verteidigung, die NATO (North Atlantic Treaty Organization). Deutschland trat dem Nordatlantikpakt 1955 bei. Inzwischen gehören ihm 28 Staaten (2010) an – darunter auch viele ehemalige Mitglieder des früheren östlichen Militärbündnisses, des 1991 aufgelösten Warschauer Paktes. Die Mitgliedstaaten haben sich verpflichtet, bei einem bewaffneten Angriff dem jeweiligen betroffenen NATO-Partner Beistand zu leisten. Dabei kann es sich sowohl um militärische als auch um zivile Unterstützung handeln. Außerdem kann die NATO auch im Auftrag der Vereinten Nationen tätig werden.

Neue NATO-Strategie unter veränderten Vorzeichen
M 4 – M 6

Nach der Auflösung des Warschauer Paktes fehlte der NATO der unmittelbare Gegner, und das ursprüngliche Ziel der Verteidigung verlor an Bedeutung. Allerdings entstanden andere Gefahren für den Frieden und die Sicherheit, wie z. B. der internationale Terrorismus oder die Bedrohung durch menschenverachtende, diktatorische Regime. Diese neuen Herausforderungen führten zu einer Neuorientierung und einer veränderten strategischen Ausrichtung des Bündnisses.

- Die NATO kann heute im Falle von Bürgerkriegen oder im Falle schwerwiegender Menschenrechtsverletzungen eingreifen, auch wenn dabei kein Mitgliedstaat unmittelbar bedroht ist (out of defense).
- Darüber hinaus ist ihr Einsatz nicht mehr nur auf das NATO-Gebiet beschränkt, sondern sie kann im Auftrag der Vereinten Nationen weltweit agieren (out of area).

Die Vereinten Nationen
M 7 – M 14

Die Vereinten Nationen wurden am 24.10.1945 von 51 Staaten als globale Friedensorganisation gegründet. Heute sind fast alle Länder der Welt Mitglied der VN. Zu ihren Zielen gehört insbesondere die Wahrung des Weltfriedens und der internationalen Sicherheit durch ein allgemeines Gewaltverbot. Der Sicherheitsrat ist das wichtigste Organ der VN. Allein seine Beschlüsse (Resolutionen) sind für alle Staaten bindend. Der Sicherheitsrat besteht aus fünf ständigen Mitgliedern (USA, Großbritannien, Frankreich, China und Russland) und zehn nichtständigen Mitgliedern. Jedes ständige Mitglied ist mit einem Vetorecht ausgestattet, kann also Entscheidungen des Sicherheitsrates blockieren.
In der Generalversammlung haben alle Mitgliedstaaten eine Stimme. Die Generalversammlung kann jedoch nur Empfehlungen verabschieden, die völkerrechtlich nicht verbindlich sind.

Projektarbeit – internationale Zusammenarbeit durch Nichtregierungsorganisationen

Internationale Zusammenarbeit findet nicht nur zwischen Staaten bzw. in von Staaten legitimierten Organisationen statt. Vielmehr werden weltweite Probleme, Konflikte oder Missstände sehr häufig von nichtstaatlichen Organisationen aufgedeckt und zu lösen versucht. Sogenannte (internationale) Nichtregierungsorganisationen (NROs) bzw. Non Governmental Organizations (NGOs) engagieren sich hauptsächlich in Bereichen der Entwicklungspolitik, humanitären Hilfe oder in umweltpolitischen Themengebieten. NGOs sind nicht als Gegenpart der staatlichen Organisationen zu verstehen. Vielmehr ergänzen sich staatliche und nichtstaatliche Organisationen häufig. Mehr noch: Staatliche Institutionen beauftragen nicht selten NGOs mit Aufgaben, die zu lösen sie nicht imstande sind.

Attac-Aktivisten bei einer Demonstration für die Einführung einer Transaktionssteuer in Frankfurt 2012

In der Politikwissenschaft unterscheidet man nationale und internationale NGOs. Genaue Definitionen liegen nicht vor. Es herrscht jedoch Konsens darüber, dass internationale NGOs folgende Kriterien aufweisen:

- Sie werden durch private Initiativen gegründet.
- Sie sind von staatlicher Einflussnahme unabhängig und weisen eine internationale Mitgliedschaft vor.
- Sie beziehen ihre finanziellen Mittel aus mindestens drei Staaten.
- Sie sind in mindestens drei Staaten tätig.
- Sie sind demokratisch strukturiert und verfügen über einen wählbaren Vorstand.
- Sie besitzen einen Hauptsitz mit einem festen Mitarbeiterstab und sind nicht gewinnorientiert.

Je nach Definition agieren derzeit ca. 8.000 verschiedene NGOs in verschiedenen Politikfeldern weltweit. Zu den bekanntesten internationalen NGOs zählen u. a. *Greenpeace, Brot für die Welt, Attac, Amnesty International, etc.*

Auch wenn NGOs keiner Partei zuzuordnen sind und sich auf allgemeine Gesellschaftsinteressen fokussieren, werden NGOs mit Kritik konfrontiert. Hauptsächlich wird die fehlende öffentliche Legitimation moniert. Da NGOs einen immer größeren Einfluss ausüben, hierfür aber nicht vom Bürger gewählt bzw. ermächtigt wurden, wird es immer wichtiger, dass NGOs vor allem Transparenz zulassen – etwa, wie sie sich finanzieren.

Aufgabe

In diesem Schulbuch sind mehrere internationale Politikfelder unter verschiedensten Gesichtspunkten thematisiert worden, *u. a.: Eurokrise, Afghanistankonflikt, Migration, Globalisierung, Wirtschaftskrisen, Einkommensverteilungen, Umweltverschmutzung, Herrschaftssysteme, Terrorismus, Massenvernichtungswaffen, demografischer Wandel, etc.*

Teilt euch in Gruppen auf und recherchiert nach einer internationalen NGO, die sich im entsprechenden Politikfeld engagiert. Untersucht die Interessen, Strukturen, Finanzen sowie Ziele und bereits errungene „Erfolge" der jeweiligen NGO. Stellt Eure Ergebnisse der Klasse vor.

Kleines Politiklexikon

Abgeordnete
Die gewählten Mitglieder eines Parlaments.

Agenda 21
Handlungsprogramm für eine nachhaltige Wirtschaftsweise der Staaten, verabschiedet im Jahr 1992 in Rio de Janeiro. Die Lokale Agenda 21 soll das Programm auf lokaler Ebene (Städte und Gemeinden) verwirklichen.

Arbeit
Der Begriff umschreibt in erster Linie Erwerbsarbeit. Diese sichert die Lebensgrundlage der Arbeitnehmerinnen und Arbeitnehmer und ihrer Familien. Wurde sie in früheren Zeiten vor allem als Mühsal und Plage empfunden, so ist die Arbeit heute ein wichtiger Bestandteil der Identität, denn in der Arbeit kann der Mensch seine Fähigkeiten unter Beweis stellen. Arbeit verleiht dem Leben einen Sinn.

Arbeitslosengeld
Unterstützungsleistung für arbeitslose Arbeitssuchende. Zu unterscheiden ist zwischen Versicherungsleistungen aus der Arbeitslosenversicherung (das ist in Deutschland das Arbeitslosengeld I, das in der Regel für ein Jahr gezahlt wird) und aus Steuergeldern finanzierten Mindestsicherungssystemen (dazu gehört das Arbeitslosengeld II, Hartz IV).

Armut
Von absoluter Armut spricht man, wenn einer Person weniger als 1,25 US-Dollar (ca. 1 Euro) pro Tag zur Verfügung steht. Von relativer Armut spricht man, wenn das Einkommen weniger als 50 % des Durchschnittseinkommens in einem Land (Staat) beträgt.

Bedürfnis
Wunsch, einen Mangel zu beseitigen. So liegt dem Bedürfnis zu trinken Durst als Mangelempfinden zu Grunde.

Beruf
Tätigkeit, die ein Mensch in der Regel gegen Entgelt erbringt bzw. für die er ausgebildet, erzogen oder berufen ist. Im Allgemeinen dient die Ausübung eines Berufes der Sicherung des Lebensunterhaltes.

Binnenmarkt
Ein Wirtschaftsraum, in dem einheitliche Bedingungen für den Verkehr von Waren, Dienstleistungen und Kapital herrschen. Bürger können ihren Wohn- und Arbeitsort frei wählen. Der Binnenmarkt in der EU wurde zum 1. Januar 1993 verwirklicht.

Bruttoinlandsprodukt (BIP)
Messgröße, mit der die wirtschaftliche Leistungskraft eines Landes dargestellt wird. Das BIP umfasst den Geldwert aller in einem Jahr innerhalb der Landesgrenzen produzierten Waren und Dienstleistungen (von Inländern und Ausländern). Um das BIP pro Kopf zu erhalten, teilt man das BIP eines Landes durch die Zahl der Einwohner.

Bürgerinitiative
Lockerer, zeitlich befristeter Zusammenschluss von Bürgerinnen und Bürgern, die wegen eines bestimmten Anliegens Einfluss auf die Politik nehmen möchten.

Bund (Bundesstaat)
Der Zusammenschluss mehrerer Staaten zu einem Gesamtstaat, zum Beispiel die Bundesrepublik Deutschland mit allen Bundesländern.

Bundeskanzler
Der Chef der Bundesregierung. Er bestimmt die Richtlinien der Politik und trägt die Verantwortung dafür.

Bundespräsident
Das Staatsoberhaupt der Bundesrepublik. Er repräsentiert Deutschland nach außen. Außerdem gehören zu seinen Aufgaben die Ernennung und Entlassung der höchsten Staatsbeamten und die Unterzeichnung der vom Bundestag verabschiedeten Gesetze.

Bundesrat
Der Bundesrat ist ein Teil der Legislative. Über ihn wirken die Länder an der Gesetzgebung des Bundes mit. Der Bundesrat muss bei Gesetzen, die Länderinteressen berühren oder die Verfassung ändern, zustimmen, damit diese in Kraft treten können. Bei anderen Gesetzen kann er Einspruch erheben, der aber vom Bundestag überstimmt werden kann.

Bundestag
Name des deutschen Parlaments, s. dort!

Bundesverfassungsgericht
Höchstes deutsches Gericht mit Sitz in Karlsruhe. Das Bundesverfassungsgericht wacht darüber, dass Parlamente, Regierungen und Gerichte in Deutschland das Grundgesetz einhalten. Jeder Bürger kann eine Verfassungsbeschwerde beim Bundesverfassungsgericht einreichen.

Demografischer Wandel
So werden die Veränderungen in der Bevölkerungszusammensetzung hinsichtlich ihrer Größe und Struktur (z. B. Alterszusammensetzung) bezeichnet.

Demokratie
Das Wort stammt aus dem Griechischen und bedeutet Herrschaft des Volkes. Die Beteiligung aller Bürgerinnen und Bürger an allen Abstimmungen kann nur in sehr kleinen Staatsgesellschaften verwirklicht werden (direkte Demokratie). Wo dies nicht möglich ist, wählt das Volk Vertreter (Repräsentanten), die für das Volk handeln (repräsentative Demokratie).

Dienstleistungsgesellschaft
Eine Gesellschaft, in der der größte Teil der Bevölkerung nicht mehr im landwirtschaftlichen und industriellen, sondern im tertiären Sektor arbeitet.

Einkommen
Allgemein meint man damit das Arbeitseinkommen für Erwerbstätigkeit (Lohn, Gehalt, Gewinn). Darüber hinaus gibt es auch Einkommen als Entgelt für die Bodennutzung (Miete, Pacht) oder als Entgelt für die Nutzung von Kapital (Sparzinsen, Kreditzinsen). Einkommen, die der Staat ohne Gegenleistung bezahlt, nennt man Transfereinkommen.

Entwicklungsländer
Länder, die besonders arm sind. Kennzeichen dieser Länder sind häufig eine hohe Staatsverschuldung, daher sind auch das Gesundheits- und Bildungssystem häufig schlecht ausgestattet. Die Menschen sind schlechter ernährt und leben kürzer.

Erziehung
Erziehung nennt man alles, was dazu beiträgt, die Persönlichkeit eines Menschen zu bilden und zu fördern.

Europäische Union
Die Gemeinschaft von heute (2009) 27 europäischen Staaten wurde 1957 als Wirtschaftsbündnis gegründet. Neben der gemeinsamen Politik in allen wirtschaftlichen Bereichen wurde im Vertrag von Maastricht (1992) auch eine Zusammenarbeit in der Außen- und Sicherheitspolitik sowie der Justiz- und Innenpolitik beschlossen.

EU-Organe
Zu den wichtigsten Organen der Europäischen Union – vergleichbar mit den Verfassungsorganen in der Bundesrepublik Deutschland – gehören der Ministerrat, die Europäische Kommission, das Europäische Parlament, der Europäische Gerichtshof und der Europäische Rechnungshof. Der Europäische Rat hat eine große Bedeutung für die Entwicklung der Europäischen Union.

Europäische Zentralbank (EZB)
Die EZB wurde am 1.6.1998 gegründet und bildet zusammen mit den nationalen Notenbanken das Europäische System der Zentralbanken. Die EZB ist von politischen Weisungen unabhängig und seit der Einführung des Euro am 1.1.1999 für die Geldpolitik im Euro-Raum zuständig. Ihre Hauptaufgabe ist es, die Preisstabilität zu garantieren. Darüber hinaus unterstützt sie auch die allgemeine Wirtschaftspolitik.

Exekutive
Die ausführende Gewalt, d.h. Regierung und Verwaltung.

Familie
Gemeinschaft, die in modernen Industriestaaten in der Regel aus den Eltern und ihren unmündigen Kindern besteht (Klein- oder Kernfamilie). Im weiteren Sinne gehört zur Familie auch die Verwandtschaft. Immer mehr Familien sind sogenannte Patchwork-Familien. Der Begriff Patchwork kommt aus der Textilgestaltung und bedeutet Flickenteppich: Im Zusammenleben heißt das, dass Menschen aus unterschiedlichen Ursprungsfamilien zu einer neuen Familie zusammenfinden.

Föderalismus
Gliederung eines Staates in Gliedstaaten (in der Bundesrepublik Deutschland die Bundesländer) mit eigener Verfassung, Regierung und Parlament. Bezeichnet auch das Bestreben, die Rechte der Gliedstaaten zu wahren.

Fraktion
Vereinigung im Parlament, die aus den Abgeordneten einer Partei besteht. Auch Mitglieder verschiedener Parteien, die gleichgerichtete politische Ziele verfolgen, können sich zu einer Fraktion zusammenschließen.

Fünf-Prozent-Klausel
Vorschrift, dass alle Parteien bei einer Wahl mindestens fünf Prozent der gültigen Zweitstimmen erhalten müssen, um ins Parlament zu kommen, bzw. um an der Sitzverteilung teilnehmen zu können.

Geld
Geld ist ein allgemein anerkanntes und gültiges Zahlungsmittel, mit dem man Waren oder Dienstleistungen erwerben kann. Geld ist Tauschmittel, Wertaufbewahrungsmittel, Wertübertragungsmittel und Recheneinheit.

Geldpolitik
Ziel der Geldpolitik ist die Stabilität des Geldwertes (also eine niedrige Inflationsrate). Daneben soll die Geldpolitik auch die allgemeine Wirtschaftspolitik unterstützen. Die Geldpolitik ist Sache der Europäischen Zentralbank.

Gemeinde
Die Gemeinden (Kommunen) bilden das unterste politische Gemeinwesen in der Bundesrepublik Deutschland. Gemeinden besitzen das Recht der Selbstverwaltung (Art. 28 GG) und regeln im Rahmen der Gesetze alle Angelegenheiten der örtlichen Gemeinschaft in eigener Verantwortung.

Gemeinwohl
Unter Gemeinwohl versteht man das Wohlergehen einer gesellschaftlichen Gruppe (z.B. eines Staates, einer Religionsgemeinschaft, einer Schule, einer Klasse). Das Gemeinwohl zu steigern, ist ein Ziel politischer Entscheidungen. Dazu müssen einzelne oder persönliche Interessen manchmal aufgegeben oder durch einen Kompromiss ausgeglichen werden.

Generationenvertrag
Bezeichnung für das Grundprinzip der gesetzlichen Rentenversicherung, nach dem der heute arbeitende Teil der Gesellschaft für die Rentenzahlungen an den nicht mehr arbeitenden Teil aufkommt.

Gerechtigkeit
Einstellung, Prinzip, Zustand, bei dem jede Person das erhält, was ihr zusteht. Wie dieser Zustand zu erreichen ist, ist umstritten. So unterscheidet man Chancengerechtigkeit, Leistungsgerechtigkeit, Bedarfsgerechtigkeit und Teilhabegerechtigkeit.

Gesellschaft
Eine Gesellschaft bezeichnet einen relativ dauerhaften Verbund von Gemeinschaften/Gruppen, die innerhalb einer politischen und wirtschaftlichen Ordnung leben und gemeinsame Normen und Werte teilen.

Gesetz
Ein Gesetz ist eine verbindliche Vorschrift, die das Ziel hat, das Zusammenleben der Menschen zu regeln. Es muss in einem dafür vorgesehenen Verfahren rechtmäßig zu Stande kommen. Gesetze werden von den Parlamenten (Bundestag, Landtag, Gemeindevertretung) beschlossen.

Gewaltenteilung
Verteilung der drei Gewalten Gesetzgebung (Legislative), Verwaltung (Exekutive) und Gerichtsbarkeit (Judikative) auf verschiedene, voneinander unabhängige Staatsorgane. In der Regel sind dies Parlament, Regierung und Verwaltung und eine unabhängige Richterschaft. In der Bundesrepublik Deutschland ist die klassische Gewaltenteilung teilweise durchbrochen (Gewaltenverschränkung).

Gewerkschaft
Freiwilliger Zusammenschluss von Arbeitnehmern, um gemeinsame wirtschaftliche, soziale und berufliche Interessen besser durchsetzen zu können.

Gleichberechtigung
Gleichberechtigt sind Menschen, wenn sie die gleichen Rechte haben. Der Begriff kann sich auf das Verhältnis von Frauen und Männern beziehen, aber auch auf Ausländer, Behinderte usw. Häufig besteht zudem ein Unterschied zwischen dem rechtlichen Anspruch und dem tatsächlichen Zustand.

Globalisierung
Die wachsende Verflechtung der Weltwirtschaft, ermöglicht u.a. durch die Ausweitung der Kommunikationsmedien und enger Verkehrsverbindungen. Die G. bewirkt auch in einigen Bereichen eine Vereinheitlichung der Lebensstile.

Grundgesetz
Die Verfassung der Bundesrepublik; sie regelt den Aufbau, die Aufgaben und das Zusammenspiel der Staatsorgane. Im Grundgesetz werden auch die Grundrechte garantiert.

Grundrechte
In der Verfassung garantierte Rechte, die für jeden Einzelnen gewährleistet werden, wie zum Beispiel die Meinungsfreiheit, die Versammlungsfreiheit und die Menschenwürde.

Gruppe/soziale Gruppe
Ein „sozialer Verband" von mindestens drei Menschen, die durch ein bestimmtes „Wir-Gefühl" miteinander verbunden sind. Dabei gibt es Gruppen, in die man hineingeboren wird (Familie) oder die man sich nicht aussuchen kann (z. B. Schulklasse). Diese Gruppen nennt man Zwangsgruppen. Und es gibt Gruppen, für die man sich freiwillig aufgrund von Freundschaften oder gemeinsamen Interessen (z. B. Sport, Politik, Religion) entscheidet.

Güter
Güter sind ganz allgemein Mittel (z.B. Waren, Dienstleistungen, Rechte), mit denen Bedürfnisse befriedigt werden können. Sie haben einen Preis und sind in der Regel nicht unbegrenzt verfügbar. Nur wenige Güter auf der Erde (z. B. Luft, Sand in der Wüste) sind freie Güter, d. h. unbegrenzt vorhanden.

Haushaltsplan
Die genaue Aufstellung der geplanten Einnahmen und Ausgaben für einen bestimmten Zeitraum (meist das kommende Jahr). Die Einnahmen werden nach den Quellen unterschieden, die Ausgaben nach dem Zweck der Verwendung.

Inflation
Prozess anhaltender Preisniveausteigerungen bzw. anhaltender Geldentwertung.

Integration
Im allgemeinen Sprachgebrauch versteht man darunter die Eingliederung oder Einbindung eines (fremden) Einzelnen oder einer Minderheit in eine größere Gruppe.

Judikative
Die rechtsprechende Gewalt; sämtliche Gerichte der Bundesrepublik Deutschland.

Kabinett
Der Kanzler, die Minister und politischen Beamten (Staatssekretäre).

Kaufvertrag
Wird beim Kauf zwischen Verkäufer und Käufer geschlossen. Er besteht in dem Austausch von Sachen gegen Geld. Der Verkäufer muss dem Käufer das Eigentum verschaffen und dieser den vereinbarten Kaufpreis zahlen und den Gegenstand abnehmen.

Klimawandel
Mit dem Begriff Klimawandel bezeichnen wir heute meist die von natürlichen Schwankungen unabhängige Erderwärmung. Sie hat schwerwiegende Folgen für Menschen, Tiere und Pflanzen: Teile der Erde werden zu Wüsten, die Gefahr von Hurrikanen und Sturmfluten steigt, Tierarten werden aussterben.

Koalition
Zusammenschluss zweier oder mehrerer Parteien, die gemeinsam eine Regierung bilden und Gesetzentwürfe ausarbeiten.

Konstruktives Misstrauensvotum
Der Bundestag kann den Bundeskanzler nur durch die Wahl eines neuen Kanzlers (konstruktiv!) zum Rücktritt zwingen.

Legislative
Die gesetzgebende Gewalt; sie wird in der Bundesrepublik Deutschland von Bundestag und Bundesrat ausgeübt (auf Landesebene von den Länderparlamenten).

Mandat
Auftrag; der Wähler beauftragt durch die Wahl einen Politiker, seine Interessen zu vertreten.

Markt
Der reale oder virtuelle Ort, an dem Angebot und Nachfrage nach Gütern und Leistungen aufeinandertreffen und Preise gebildet werden (z. B. Automarkt, Börse). Das Grundprinzip des Marktes ist der Tausch.

Marktwirtschaft
In der Marktwirtschaft steuern Angebot und Nachfrage, Wettbewerb und

freie Preisbildung den Wirtschaftsprozess. Das Privateigentum an den Produktionsmitteln wird garantiert.

Massenmedien
Sammelbezeichnung für Presse, Rundfunk, Fernsehen und Internet. Allgemein Kommunikationsmittel, mit denen Informationen durch Schrift, Ton oder Bild einseitig an ein sehr breites Publikum übermittelt werden können.

Mediendemokratie
Form der Demokratie, in der die Artikulation und Diskussion von politischen Problemen in erster Linie von den Medien angestoßen und vermittelt wird.

Mehrheitswahlrecht
Danach ist gewählt, wer in seinem Wahlkreis die Mehrheit der Stimmen erhalten hat, die Minderheiten werden nicht berücksichtigt. Relative Mehrheit: Gewählt ist, wer die meisten Stimmen hat. Absolute Mehrheit: Gewählt ist, wer mehr als die Hälfte der Stimmen erzielt. Qualifizierte Mehrheit: Eine vereinbarte Mehrheit, z. B. 2/3 der Stimmen, muss erreicht werden.

Menschenrechte
Das sind die persönlichen Rechte, die jedem Menschen von Geburt an zustehen, z. B. das Recht auf Meinungsfreiheit.

Migration
Im Laufe der Geschichte haben sich immer wieder kleinere oder größere Gruppen von Menschen oder ganze Völker auf Wanderungen begeben. Dies hatte ganz unterschiedliche Gründe: So wurden die Menschen aus religiösen oder politischen Motiven verfolgt, andere waren arm und sahen für sich und ihre Kinder keine Zukunft mehr in ihrer Heimat. Alle diese Wanderungen (lat. migrare = wandern) nennt man Migration.

Monopol
Unter einem Monopol versteht man eine Marktform, in der ein Unternehmen als alleiniger Anbieter auftritt oder einen so großen Marktanteil besitzt, dass er allein die Preise kontrollieren kann und damit über eine besondere Marktmacht gegenüber den Nachfragern bzw. Konsumenten verfügt.

Nachhaltigkeit
Der Begriff bedeutet, dass man nicht mehr von einem Rohstoff (der Natur) verbrauchen soll, als nachwachsen kann. In Bezug auf die Umwelt heißt das, dass man den Ausgangszustand für die folgenden Generationen bewahren soll und die Umwelt nicht durch Abgase und Müll irreparabel schädigen darf.

NATO
(engl. North Atlantic Treaty Organization, Nordatlantikpakt)
Das Verteidigungsbündnis zwischen den USA, Kanada und den westeuropäischen Staaten wurde am 4.4.1949 gegründet. Die Mitglieder verpflichten sich im Falle eines Angriffs auf einen Mitgliedstaat zum gegenseitigen Beistand. Wichtigstes Gründungsmotiv war die Abwehr der Expansionsabsichten des Kommunismus, insbesondere die Verteidigung gegenüber der Sowjetunion und seinen Verbündeten. Heute hat die NATO zum Ziel, Frieden und Freiheit weltweit zu verteidigen, z. B. auch im Auftrag der Vereinten Nationen.

Ökologie
So bezeichnet man die Wissenschaft von den Wechselbeziehungen zwischen den Lebewesen und ihrer Umwelt.

Ökonomisches Prinzip
Das ökonomische Prinzip besagt, dass die vorhandenen Mittel (Geld, Zeit) optimal eingesetzt werden sollen, um ein bestimmtes Ergebnis zu erreichen. Bei vorgegebenen Mitteln soll ein möglichst hoher Ertrag erzielt werden (Maximalprinzip). Bei einem vorgegebenen Ertrag sollen möglichst geringe Mittel eingesetzt werden (Minimalprinzip).

Opposition
Alle Personen und Gruppen, die der Regierung im Parlament gegenüberstehen und sie kritisieren.

Parlament
Die Versammlung der vom Volk gewählten Abgeordneten. Das Parlament regt Gesetze an, bewilligt sie und kontrolliert die Regierung. In einer parlamentarischen Demokratie nimmt vor allem die Opposition die Kontrollfunktion wahr, da die Mehrheit im Parlament die Regierung trägt.

Parteien
Politische Gruppen, die über einen längeren Zeitraum Einfluss auf die politische Willensbildung nehmen. Sie sind bereit, in Parlamenten und Regierungen Verantwortung zu übernehmen.

Preisbildung
Prozess, in dem sich in einer Marktwirtschaft auf den Märkten die Preise bilden. Preisbildung ist abhängig von Marktform und Anzahl der Anbieter und Nachfrager. Sie vermittelt zwischen Produktion und der Befriedigung bestehender Bedürfnisse.

Pressefreiheit
Garantie für die freie Berichterstattung und Veröffentlichung von Informationen und Meinungen. Sie ist im deutschen Grundgesetz festgeschrieben (Art. 5 GG) und gilt als Grundlage der Demokratie, da sich die Bürger nur mithilfe der Informationen an politischen Entscheidungen beteiligen können.

Rechtsstaat
Ein Rechtsstaat ist ein Staat, in dem die öffentliche Gewalt an eine objektive Rechtsordnung gebunden ist. In einem Rechtsstaat ist die Macht des Staates begrenzt, um die Bürger vor gesetzloser Willkür zu schützen.

Riesterrente
Modell einer privat finanzierten Rente in Deutschland, das vom Staat finanziell gefördert wird. Der Name geht auf den damaligen Arbeitsminister Riester zurück.

Rolle
Das menschliche Verhalten, das andere Menschen in bestimmten Situationen erwarten. Eng damit verbunden ist der Begriff des Rollenkonflikts, der dann eintritt, wenn an eine Person,

die eine Rolle einnimmt, unterschiedliche und auch sich widersprechende Erwartungen gestellt werden.

Soziale Marktwirtschaft
Die Soziale Marktwirtschaft ist eine Wirtschaftsordnung, die den Grundsatz der Freiheit auf dem Markt mit dem des sozialen Ausgleichs verbindet.

Soziales Netzwerk
Der Begriff soziales Netzwerk bezeichnet ein Beziehungsgeflecht, das Menschen mit anderen Menschen verbindet. Menschen sind untereinander zum Beispiel durch Beziehungen in der Familie und Verwandtschaft sowie im Freundeskreis, aber auch mit der Nachbarschaft und in der Arbeitswelt vernetzt. Soziale Netzwerke werden zunehmend im Internet gebildet.

Sozialisation/Sozialisationsprozess
Der lebenslange Erziehungs- und Entwicklungsprozess eines Menschen aufgrund von Einflüssen aus seiner Umwelt. Durch die Sozialisation wird ein Individuum zu einem vollwertigen Teil der Gesellschaft.

Sozialstaat
Bezeichnung für einen Staat, der seinen Bürgern ein Existenzminimum sichert, wenn sie in Not geraten sind, und für einen gerechten Ausgleich zwischen Reichen und Bedürftigen sorgt. In Deutschland geschieht dies z. B. durch die Sozialversicherungspflicht und durch staatliche Unterstützung, wie Sozialhilfe, Kindergeld oder Ausbildungs- und Arbeitsförderung.

Sozialversicherungssystem
Bezeichnung für die Gesamtheit gesetzlicher Pflichtversicherungen in Deutschland (Arbeitslosen-, Renten-, Kranken-, Pflege- und Unfallversicherung). Die Sozialversicherung versichert den Einzelnen gegen Risiken für seine Existenz. Sie ist organisiert nach dem Solidarprinzip. Sozialversicherungspflichtig sind alle abhängig Beschäftigten. Die Versicherungsbeiträge teilen sich Arbeitgeber und Arbeitnehmer.

Staat
Mit dem Begriff bezeichnet man eine Vereinigung vieler Menschen (Staatsvolk) innerhalb eines durch Grenzen bestimmten geografischen Raumes (Staatsgebiet) unter einer unabhängigen (souveränen) Staatsgewalt, die von den Staatsorganen (Regierung, Parlamente, Gerichte, Polizei) ausgeübt wird.

Staatsangehörigkeit
Zugehörigkeit zu einem Staat. Als Staatsbürger besitzt man bestimmte Rechte und Pflichten in dem jeweiligen Land. So darf man wählen oder gewählt werden, muss aber auch Steuern bezahlen oder zum Beispiel Wehr- oder Zivildienst leisten.

Steuern
Steuern sind Zwangsabgaben, die der Staat von seinen Bürgern und Unternehmen ohne eine spezielle Gegenleistung erhebt. Sie sind die Haupteinnahmequelle des Staates.

Streitbare/wehrhafte Demokratie
Begriff für eine Demokratie, die Mittel bereithält, um gegen Feinde der Demokratie vorzugehen. So können in Deutschland zum Beispiel Parteien oder Vereine verboten werden, die sich gegen die freiheitliche demokratische Grundordnung wenden.

Strukturwandel
Veränderungen der wertmäßigen Beiträge der einzelnen Wirtschaftssektoren (Land- und Forstwirtschaft, verarbeitendes Gewerbe und Dienstleistungen) zur Wirtschaftsleistung eines Landes. Der Anteil des Dienstleistungsbereichs nimmt dabei in Deutschland ständig zu. Beschleunigt und verstärkt wird der Strukturwandel durch neue Technologien sowie den zunehmenden internationalen Wettbewerb.

Subsidiaritätsprinzip
Prinzip, nach dem ein Problem auf der Ebene gelöst werden soll, auf der es entsteht. „Was der Einzelne tun kann, sollen nicht andere für ihn tun." Erst wenn auf dieser Ebene keine Abhilfe möglich ist, soll die nächst höhere Ebene sich des Problems annehmen (Familie, Gemeinde, Land, Bund, EU).

Tarifvertragsparteien
Dazu zählen Gewerkschaften (vertreten die Arbeitnehmer) und Arbeitgeberverbände (vertreten die Arbeitgeber). Im Rahmen der Tarifautonomie handeln diese beiden Interessengruppen in eigener Verantwortung Tarifverträge aus, die Löhne, Arbeitszeiten und sonstige Arbeitsbedingungen regeln sollen. Der Staat darf sich nicht einmischen.

Terrorismus
Planmäßige Gewaltanwendung von Einzeltätern oder Gruppen zur Verfolgung politischer oder religiöser Ziele. Der Terrorismus möchte durch gezielte Anschläge Angst, Schrecken und Unsicherheit unter der Bevölkerung verbreiten.

Transfereinkommen
Als Transfereinkommen bezeichnet man Einkommen, welches durch den Staat oder andere Institutionen bereitgestellt wird, ohne dass eine konkrete Gegenleistung erfolgt. (Beispiel: Sozialhilfe, Arbeitslosengeld II etc.)

Transnationale/multinationale Unternehmen
Konzerne, die über mehrere Nationen verteilt sind. Sie sind in mehreren Geschäftsbereichen (Handel, Vertrieb, Herstellung, Forschung und Entwicklung) außerhalb ihres Heimatlandes tätig und stützen sich finanziell auf Unternehmen in zwei oder mehr Ländern.

Unternehmen
Dauerhafte organisatorische Einheit zur Produktion bzw. zur Erbringung von Dienstleistungen, die mehrere Betriebe umfassen kann. Je nach Träger werden private, öffentliche oder gemeinwirtschaftliche Unternehmen unterschieden, je nach Rechtsform Einzel-, Personen- und Kapitalgesellschaften.

Verbände
Organisierte Gruppen, die auf die Politik Einfluss nehmen möchten, ohne politische Verantwortung zu übernehmen. Zur Verfolgung gemeinsamer

Interessen werden Zusammenschlüsse gebildet, z. B. Berufsverbände.

Verbraucherpolitik
Alle Maßnahmen (Gesetze) des Staates zum Schutz der Verbraucher.

Vereinte Nationen
(engl. United Nations Organization) Nach dem Zweiten Weltkrieg gegründete kollektive Sicherheitsorganisation zur Wahrung des Weltfriedens und der Menschenrechte. Fast alle Staaten sind Mitglieder der UNO.

Verhältniswahlrecht
Jede Partei bekommt so viele Sitze im Parlament, wie sie prozentual Stimmen von den Wählern erhalten hat. Auch Minderheiten werden berücksichtigt.

Vermittlungsausschuss
Bundesrepublik Deutschland: Ausschuss, der tätig wird, wenn ein Gesetzesbeschluss des Bundestages auf Einwände des Bundesrates stößt. Bundestag und Bundesrat entsenden je die Hälfte der 32 Mitglieder. Aufgabe des Vermittlungsausschusses ist es, Kompromisse auszuarbeiten. Europäische Union: Ausschuss, der tätig wird, wenn nach der Zweiten Lesung eines Gesetzes keine Einigung zwischen Europäischem Parlament und Ministerrat erzielt werden kann. Der Vermittlungsausschuss setzt sich aus den Mitgliedern des Rates und ebenso vielen Vertretern des Europäischen Parlaments zusammen, Vertreter der EU-Kommission nehmen beratend teil.

Vier Freiheiten
Wirtschaftliche Freiheiten des europäischen Binnenmarktes: Freiheit des Warenverkehrs, Personenfreizügigkeit, Dienstleistungsfreiheit, freier Kapital- und Zahlungsverkehr.

Volkspartei
Partei, die aufgrund ihres Programms für Wähler und Mitglieder aller gesellschaftlichen Schichten unterschiedlicher Weltanschauungen offen ist.

Währungsunion
Zusammenschluss souveräner Staaten mit vorher unterschiedlichen, aber ähnlich starken Währungen zu einem einheitlichen Währungsgebiet. Im Gegensatz zu einer Währungsreform bleibt der Geldwert beim Übergang zu einer Währungsunion erhalten.

Wahlen
Verfahren der Berufung von Personen in bestimmte Ämter durch Stimmabgabe einer Wählerschaft. In Demokratien werden die wichtigsten Staatsämter durch Wahlen besetzt. Demokratische Wahlen müssen die Bedingungen allgemein, frei, gleich und geheim erfüllen. Das genaue Wahlverfahren (Verhältniswahl, Mehrheitswahl) ist meist in Wahlgesetzen geregelt.

Wirtschaftskreislauf
Modell, in dem die Tauschvorgänge zwischen den Wirtschaftssubjekten (private Haushalte, Unternehmen, Staat, Banken; erweiterte Darstellung umfasst auch das Ausland) dargestellt werden.

Wirtschaftsordnung
Setzt sich zusammen aus den Regeln und Institutionen, die die Rahmenbedingungen wirtschaftlichen Handelns abstecken. Klassisch werden v. a. Fragen der Eigentumsrechte, der Preisbildung und der Steuerung von Wirtschaftsprozessen entschieden.

Wirtschaftssektoren
Die Wirtschaftswissenschaften unterteilen die Produktionsbereiche einer Volkswirtschaft in drei Wirtschaftssektoren: Der primäre Sektor beinhaltet die Produktgewinnung der Land- und Forstwirtschaft sowie Fischerei. Im sekundären Sektor werden Produkte hergestellt oder verarbeitet (Industrie und Handwerk, Bergbau und Baugewerbe). Der tertiäre Sektor umfasst die Dienstleistungen, zum Beispiel Handel, Verkehr, Kultur, Bildung und Gesundheitswesen.

Werbung
Werbung wird zumeist (und hier) als Wirtschaftswerbung verstanden und ist dann die Bekanntmachung von Gütern oder Dienstleistungen mit der Absicht, beim Konsumenten eine Kaufhandlung auszulösen.

Zentralverwaltungswirtschaft/ Planwirtschaft
Bezeichnung für Wirtschaftssysteme (z. B. der DDR), deren Produktion durch zentrale Pläne (einer staatlichen Planungsbehörde) gelenkt wird. Es gibt kein Privateigentum an Produktionsmitteln.

Register

Bildnachweis

Einband	DPA picture alliance (2): /epa Lusa Inacio Rosa // Wolfgang Kumm; Ullstein-Bild / Phalanx Bildagentur, Berlin; iStockphoto (2): / 36klicks // Diane39; Technische Universität, Chemnitz
S. 8	picture alliance (2): dpa/Arno Burgi // dpa/Uli Deck; Vario images GmbH, Bonn/Hörnlein; Ullstein-Bild (2) /CARO/Kaiser // Schicke; IPON, Berlin/Stefan Boness
S. 11	picture alliance/dpa
S. 18	picture alliance (2): dpa/Boris Roessler // dpa/Bernd Weißbrod; iStockphoto (4): Yuri Arcurs // Becart // vgajic // diane39;
S. 21	www.schuelervz.net/L/parents/3;
S. 22	UNICEF, Köln;
S. 25	Marie Marcks, Heidelberg;
S. 26	iStockphoto (3): jessicaphoto // alvrez // CharlesKnox; DPA picture alliance/Schroewig_ML, Frankfurt; http://www.culturalartculturaltheory.wordpress.com/2010/08/13/week-2-inventing-subjectivity - S. 178;
S. 28	iStockphoto (2): Stigur Karlsson // kristian sekulic;
S. 33	iStockphoto/studioversion;
S. 34	Visum Foto GmbH, Manfred Witt, Hamburg (2);
S. 35	Visum Foto GmbH, Manfred Witt, Hamburg (2);
S. 36	dpa-infografik/Globus-infografik, Frankfurt;
S. 37	Superbild, München;
S. 38	istockphoto/richyrichimages;
S. 40	iStockphoto (2): juanestey // kevinruss;
S. 42	Anne-Frank-Realschule, Düsseldorf;
S. 43	Keystone Pressedienst/Mai-Inken Knackfuss, Hamburg;
S. 45	dpa/EFE/MonserratTDiez, Frankfurt;
S. 46	Baaske Cartoons/Gerhard Mester/Müllheim;
S. 53	Sinus Markt- und Sozialforschung GmbH, Heidelberg;
S. 54	Hans Traxler, Frankfurt;
S. 56	Karl-Heinz Schoenfeld, Potsdam;
S. 59	www.augsburgwiki.de;
S. 60	Aurel-Cartoonstudio, Ludwigsburg;
S. 62	iStockphoto/Yuri Arcurs:
S. 63	Barbara Henninger, Strausberg; iStockphoto/Alex Raths;
S. 65	iStockphoto/Steve Debenbort;
S. 67	dpa-infografik/Globus-Grafik, Frankfurt;
S. 69	DPA picture alliance /MCT/Landov/Rick Wood;
S. 70	Statistisches Bundesamt, Wiesbaden;
S. 71	dpa-infografik/Globus-Grafik, Frankfurt;
S. 73	iStockphoto/CEFutscher;
S. 74	iStockphoto (2): dlewis33 // RapidEye;
S. 75	picture alliance/dpa/Jens Wolf;
S. 77	Roger Schmitt, Brunsbüttel; Baaske Cartoons/ Gerhard Mester/ Müllheim;
S. 80	DPA picture alliance/akg-images;
S. 82	istockphoto/amphotora, Berlin;
S. 84	Stadtarchiv Frankfurt an der Oder; www.amazon.de, Stefan Oelsner/Keystone Pressedienst, Hamburg;
S. 92	DPA picture alliance, Frankfurt;
S. 94	Bergmoser und Höller Verlag, Aachen;
S. 107	Statistisches Bundesamt, Wiesbaden; dpa-infografik/Globus-Grafik, Frankfurt;
S. 112	DPA-infografik/ Globus-Grafik, Frankfurt;
S. 120	Baaske Cartoons/ Thomas Plassmann/ Müllheim;
S. 121	DPA-picture-alliance / ZB/Wolfgang Wittchen;
S. 123	fotolia.com/Oleg Dubas;
S. 124	DPA picture-alliance, Frankfurt / akg images; Bundesagentur für Arbeit, Nürnberg;
S. 127	iStockphoto / Royal Five 7;
S. 128	Baaske Cartoons/ Thomas Plaßmann/ Müllheim;
S. 129	dpa-infografi k/Globus-infografik, Frankfurt;
S. 134	Version 'Foto, Berlin;
S. 135	Der Spiegel, Hamburg;
S. 136	iStockphoto/mollokeith;
S. 142	DPA-infografik/Globus-infografik, Frankfurt;
S. 148	Baaske Cartoons/ Erich Rauschenbach/ Müllheim;
S. 149	Bergmoser und Höller Verlag/ Aachen;
S. 151	www.staatsrecht4u.de;
S. 155	Bergmoser und Höller Verlag/ Aachen;
S. 156	Baaske Cartoons/ Thomas Plaßmann/ Müllheim;
S. 157	Bergmoser und Höller Verlag/ Aachen;
S. 159	Bergmoser und Höller Verlag/ Aachen;
S. 162	Deutscher Bundestag, Berlin; DPA picture alliance/dpa/EPA AFP;
S. 164	ddp-images/AP; Deutscher Bundestag, Berlin;
S. 171	www.patriot.ch;
S. 172	Bergmoser + Höller Verlag AG, Aachen;

S. 177 Bergmoser + Höller Verlag AG, Aachen;
S. 178 DPA-infografik/Globus-infografik, Frankfurt;
S. 180 Bermoser und Höller Verlag/ Aachen;
S. 181 www.cdu.de; www.spd.de; www.gruene.de; www.die-linke.de; www.fdp-bundespartei.de; www.piratenpartei.de;
S. 182 Baaske Cartoons/ Gerhard Mester/ Müllheim;
S. 183 Wolfgang Rudzio, Die organisierte Demokratie, Parteien und Verbände in der Bundesrepublik, Stuttgart 1977, S. 41;
S. 184 Greenpeace, Hamburg;
S. 187 Bundeszentrale für politische Bildung, Bonn 2009;
S. 188 DPA picture-alliance, Frankfurt / Michael Kappler;
S. 190 EDSTEIN.COM;
S. 196 DPA-picture alliance/ ZB/Bernd Wüstneck;
S. 197 DPA-picture alliance/ Fredrik von Erichsen;
S. 199 DPA-picture alliance/ Wolfgang Kumm;
S. 200 Bergmoser und Höller Verlag/ Aacehn;
S. 204 DPA picture alliance (4): Arno Burgi // Uli Deck // ZB /Tom Maelsa // epa Bildfunk/FFB // chromeorange/Reinhold Tscherwitschke;
S. 206 DPA picture alliance (2): Peer Grimm // Daniel Karmann; Bundesbildstelle des Presse- und Informationsamts der Bundesregierung. Bild-Nr.: B 145 Bild-00236273 Fotograf: Steffen Kugler; Photothek.net/Photoagentur GbR, Berlin;
S. 207 Bergmoser + Höller Verlag AG, Aachen;
S. 208 DPA picture alliance/Peer Grimm;
S. 209 Bergmoser + Höller Verlag AG, Aachen;
S. 211 DPA picture alliance/Stefan Puchner;
S. 212 DPA picture alliance/Wolfgang Kumm; Anne Will/NDR, Hamburg;
S. 213 Bergmoser + Höller Verlag AG, Aachen;
S. 217 Bergmoser + Höller Verlag AG, Aachen;
S. 218 DPA-infografik/Globus-infografik, Frankfurt;
S. 219 DPA picture alliance/Wolfgang Kumm;
S. 220 DPA picture alliance (3): Wolfgang Kumm // chromeorange/Reinhold Tscherwitschke // Fotoreport/Roland Scheidemann; Ullstein-Bild, Berlin;
S. 224 DPA picture alliance/Maxppp;
S. 228 Wildner + Designer, Fürth; iStockphoto/monkeybusinessimages;
S. 230 Deutscher Soldatenfriedhof, Lommel; DPA picture alliance/dpa-Bildarchiv; DPA picture alliance, Frankfurt/akg-images/ Erich Lessing;
S. 231 DPA picture alliance, Frankfurt/akg-images;
S. 232 Wieslaw Smętek, Hamburg;
S. 233 Henner Damke/fotolia.com;
S. 234 Bundeszentrale für politische Bildung, Bonn;
S. 236 stask/istockphoto;
S. 238 Eucom/European Communication, Brüssel;www.wikimedia.com;
S. 239 DIZ – Süddeutscher Verlag, Bilderdienst, München /AP, München; DPA picture alliance/ Frankfurt/Bildagentur-online/Fischer; ddp images/AP/Michael Euler;
S. 240 DPA-infografik/Globus-Grafik, Frankfurt;
S. 241 Bergmoser und Höller Verlag, Aachen;
S. 244 DPA-infografik/Globus-Grafik, Frankfurt;
S. 247 Jean Veenenbos, Wien; DPA-infografik/Globus-Grafik, Frankfurt;
S. 249 Bildmaschine.de/ A.M. Begsteiger;
S. 251 Haiko Sakurai, Köln; Baaske Cartoons, Müllheim (2): Thomas Plaßmann / Gerhard Mester;
S. 254 DPA-infografik/Globus-Grafik, Frankfurt;
S. 256 DPA-infografik/Globus-Grafik, Frankfurt;
S. 259 Vieraugen/fotolia.com;
S. 260 Klaus Stuttmann, Berlin;
S. 263 buFka/fotolia.com; Euro-Informationen, Berlin;
S. 264 DPA picture-alliance, Frankfurt (3): dpa/dpaweb/epa efe Miguel Angel Molina // MAXPPP/Julie Goujon // dpa/Mikael Fritzon; www.world-youth-day.org; http://eurogym2010.com; DPA picture-alliance, Frankfurt;
S. 266 Judith Bretschneider, Dresden;
S. 270 ddp images/AP; Ullstein Bild/phalaux Photoagentur; DPA picture alliance/dpa/afp/EPA/Jimin Lai; DIZ-Süddeutscher Verlag, Bildedienst, München/AP, München; DPA picture alliance/EPA/Tannen Mauri;
S. 272 DPA Picture-Alliance / AFP, EPA;
S. 273 Archiv für Kunst und Geschichte, Berlin;
Ullstein-Bild / Phalanx Bildagentur, Berlin;
S. 274 World Press Photo, Amsterdam;
S. 275 ddp-images / AP, Hamburg;
S. 277 DPA-infografik/Globus-Grafik, Frankfurt;
S. 278 DPA-infografik/Globus-Grafik, Frankfurt;
S. 284 DPA-infografik/Globus-infografik, Frankfurt; DPA picture alliance/dpa/epa Michael Reynolds;
S. 286 DPA picture alliance/Isaf Handout;
S. 288 DPA-infografik/Globus-infografik, Frankfurt;
S. 289 Der Spiegel, Hamburg;
S. 290 www.bpb.de;
S. 292 Vario images;
S. 297 DPA picture alliance (5): EPA/Jalil Rezayee // Xinhua Landov // EPA/Hadi Tabrizi // EPA Syed Jan Sabowoon (2);
S. 298 DPA-infografik/Globus-infografik, Frankfurt;
S. 303 Bergmoser + Höller Verlag AG, Aachen;
S. 305 DPA-infografik/Globus-infografik, Frankfurt;
S. 309 iStockphoto/ ollo